CARREIRAS BANCÁRIAS

Abril EDUCAÇÃO

AlfaCon
Concursos Públicos

www.alfaconcursos.com.br

Capa:	Alexandre Rossa	
Diagramação:	Alexandre Rossa	
	Eduardo Niehues	

Conselho Editorial

Diretor Pedagógico	-	Evandro Guedes
Diretor de Operações	-	Javert Falco
Coordenação Editorial	-	Pablo Jamilk Flores
Gerente de Produção	-	Paulo Henrique Szpikula
Supervisor de Diagramação	-	Alexandre Rossa
Revisão Textual	-	Heloísa Perardt

Autores

Atendimento	-	Lilian Novakoski
Atualidades do Mercado Financeiro	-	Júlio Raizer
Código de Defesa do Cosumidor	-	Lilian Novakoski
Conhecimentos Bancários	-	Thais Vieira
Ética no Serviço Público	-	Isabel Rosoni
História da Caixa Econômica Federal	-	Júlio Raizer
Leis Especiais	-	Thállius Moraes
Matemática Financeira	-	Daniel Lustosa
Técnicas de Vendas		Tháis Vieira

Ficha Catalográfica

F657c

FLORES, Pablo Jamilk (Org.) - **Carreiras Bancárias**. Cascavel: Editora AlfaCon, 2014.

184 p. 20.5x27.5 cm

ISBN: 978-85-8339-041-1

1. Atendimento. 2. Atualidades. 3. Código de Defesa do Consumidor. 4. Conhecimentos Bancários. 5. Ética no Serviço Público. 6. História. 7. Leis Especiais. 8. Matemárias e Raciocínio Lógico. 9. Técnicas de Vendas.

CDU: 811.134.3

Proteção de direitos

Todos os direitos autorais desta obra são reservados e protegidos pela Lei nº 9.610/98. É proibida a reprodução de qualquer parte deste livro, sem autorização prévia expressa por escrito do autor e da editora, por quaisquer meios empregados, sejam eletrônicos, mecânicos, videográficos, fonográficos, reprográficos, microfílmicos, fotográficos, gráficos ou quaisquer outros que possam vir a ser criados. Essas proibições também se aplicam à editoração da obra, bem como às suas características gráficas.

Endereço: rua Jacarezinho, 800, Cascavel-PR.
www.alfaconcursos.com.br/apostilas

Apresentação

No material didático **AlfaCon**, você encontra os principais conteúdos elaborados especialmente para os que almejam a estabilidade profissional das carreiras bancárias. Os autores, especialistas em concursos públicos, oferecem os itens exigidos em edital, além de questões comentadas que irão ajudar você a compreender melhor as questões aplicadas pelas bancas avaliadoras, como FCC e CESPE/UNB.

A obra contempla o conteúdo prescrito nos principais editais dessa carreira, como também fornece subsídios para a compreensão do Sistema Financeiro Nacional. Entender o nosso sistema financeiro permite que você domine temas relacionados à inflação, ao mercado de ações, aos sistemas previdenciários, bem como órgãos normativos, supervisores e operadores.

Dominar os conteúdos específicos é essencial para alcançar a aprovação. Por isso, a obra **Carreiras Bancárias** traz os principais assuntos: Atualidades Financeiras, Código de Defesa do Consumidor, Conhecimentos Bancários, Leis Especiais, Matemática Financeira, entre outros, além de questões comentadas e dicas fundamentais para o seu sucesso.

Desfrute de seu material o máximo possível.

Bons estudos e rumo à sua aprovação!

2014

SUMÁRIO

Atendimento 05
Atualidades do Mercado Financeiro 16
Código de Defesa do Consimidor 44
Conhecimentos Bancários 64
Ética no Serviço Público 124
História da Caixa Econômica Federal 141
Leis Especiais 147
Matemática Financeira 162
Técnicas de Vendas 173

ÍNDICE

CAPÍTULO 01 6
  Marketing 6
    Conceitos.. 6
    Os 7 P's de Marketing... 6
    Marketing de Relacionamento 7
    Marketing de Serviços 7
    Marketing Direto 10
    Qualidade no Atendimento...11

ATENDIMENTO

CAPÍTULO 01
Marketing

Conceitos

Conforme a AMA-*American Marketing Association*, Marketing é uma função organizacional e um conjunto de processos que envolvem a criação, a comunicação e a entrega de valor para os clientes, bem como a administração do relacionamento com eles, de modo que beneficie a organização e seu público interessado.

Segundo Kotler (2006), podemos definir o marketing como o processo social e gerencial por meio do qual indivíduos e grupos obtêm aquilo que desejam e necessitam, criando e trocando produtos e valores uns com os outros.

Peter Drucker, um dos principais pensadores da administração, afirma que o objetivo do marketing é tornar a venda supérflua. É conhecer e compreender o cliente muito bem, de modo que o produto ou serviço se ajuste e venda por si só.

Os produtos e serviços são comercializados no mercado, e entende-se como mercado um grupo de compradores reais e potenciais de um grupo, sendo que existem vários tipos de mercado, como: por exemplo o mercado industrial, mercado consumidor, revendedor, governamental, mercado internacional e mercado financeiro. O mercado consumidor é influenciado pela idade, renda, nível de educação, pelo padrão de mobilidade e gosto dos consumidores, e é preciso identificar as forças ambientais que provocam influências no comportamento consumido e entender este comportamento é a tarefa essencial do administrador de marketing.

→ **Os fatores que influenciam o comportamento de consumo são:**
> **Fatores culturais:** exercem uma das mais amplas e profundas influências, pois o profissional de marketing precisa compreender o papel exercido pela cultura, subcultura e classe social do consumidor.
> **Fatores sociais:** podem ser grupos de referência, família, papéis sociais e posições do consumidor, podendo afetar as reações dos consumidores.
> **Fatores pessoais:** são as características pessoais do consumidor, tais como: idade e ciclo de vida, ocupação, situação econômica, estilo de vida, personalidade e autoestima.
> **Fatores psicológicos:** podem ser definidos como: motivação, percepção, aprendizado, crenças e atitudes

Os 7 P's de Marketing

Os 7 P´s de marketing são utilizados pelos administradores como uma ferramenta para identificar e satisfazer as necessidades e desejos dos clientes, bem como auxiliar a empresa alcançar os seus objetivos estabelecidos. Dessa forma foram estabelecidos inicialmente os 4 P's de marketing definidos baseados em Produto, Preço, Promoção e Ponto de vendas ou distribuição (Praça), porém para ampliar as estratégias focadas também no marketing de serviços, foram incorporados mais 3 P's, sendo eles: Pessoa, Processos, e Processos físicos, assim tem-se a definição dos 7 P's de marketing, para que seja possível analisar e determinar a abrangência de cada um deles e sua influência dentro da organização, bem como avaliar as ferramentas que estão sendo utilizadas e tudo que poderá ser feito em termos de estratégias de atuação para desenvolver diferencial estratégico.

→ **Produto:** o produto deve, com obrigatoriedade, ser o produto desejado pelo cliente, dentro das suas expectativas e que satisfaçam às suas necessidades; o produto pode ser definido como tudo o que pode ser oferecido a um mercado para satisfazer uma necessidade ou um desejo, ou seja, bens físicos, serviços, experiências, eventos, pessoas, lugares, propriedades, organizações, informações e ideias.

→ **Preço:** o cliente procurará um preço justo, que não deve ser nem muito elevado, de modo que o cliente considere que não vale a pena comprá-lo, nem tão baixo que o leve a pensar que há algo de errado com o produto, a ponto de recusá-lo; o preço é o único elemento do composto de marketing que produz receita, os demais produzem custo, os autores avaliam ainda que por meio da determinação do preço uma empresa pode perseguir objetivos que definem estratégias como de sobrevivência, maximização do lucro atual, maximização da participação de mercado ou liderança de qualidade de produto. Os itens restantes que tangem o composto preço para os quais estão previstos descontos, concessões, condições e prazos de pagamento são igualmente importantes, mas devem levar em consideração principalmente o momento e a circunstância da venda, baseados também em uma realidade de mercado imposta pela concorrência, com o intuito de igualar-se ou criar diferencial competitivo.

→ **Praça/ponto ou distribuição:** o produto desejado com um preço justo deve estar ao acesso do cliente, isto é, num local em que ele possa comprá-lo no momento que desejar; o ponto de Venda/distribuição ou Praça pode ser entendido como a combinação de agentes, pelos quais o produto flui, desde o vendedor inicial (geralmente o fabricante) até o consumidor final. Uma empresa pode, dependendo da logística planejada, utilizar-se do atacadista, do distribuidor, do varejista, do correio, de loja própria, ou de qualquer outro canal para distribuir seus produtos na praça.

→ **Promoção:** o marketing moderno é muito mais do que apenas criar bons produtos e disponibilizá-los ao mercado consumidor, é indispensável neste processo a comunicação com os clientes. Isso se chama promoção a qual pode ser feita pela propaganda, promoção de vendas, venda pessoal e relações públicas.

→ **Pessoas:** todas as pessoas envolvidas direta e indiretamente na produção e consumo de um serviço são parte importante do marketing mix, sendo que o nível de desenvolvimento das pessoas que prestam o serviço é fator fundamental de diferenciação, a ser alcançado por meio de treinamento e motivação.

→ **Processos (ou procedimentos):** os procedimentos, mecanismos e fluxo de atividades pelos quais um serviço é consumido são elementos essenciais dessa estratégia, sendo assim os processos estão relacionados ao método utilizado para a prestação do serviço, padronizado ou customizado, por meio de atendimento direto ou tipo self-service, linhas de conhecimento aplicadas etc.

→ **Peculiaridades físicas:** essa estratégia está relacionada ao estilo ou modo de tratamento destinado aos clientes em sua experiência de compra, à aparência do local e das pessoas, à velocidade do atendimento ou da prestação do serviço, à limpeza das instalações. Sendo assim, o ambiente no qual um serviço é prestado, assim como materiais impressos e outros itens físicos, podem tornar palpável a promessa que um serviço representa.

Marketing de Relacionamento
Conceitos e Objetivos

O marketing de relacionamento tem o objetivo de construir relacionamentos de longo prazo mutuamente satisfatório com partes-chave (clientes, fornecedores, distribuidores) a fim de conquistar ou manter negócios com ela. Sendo assim, de acordo com Gordon (2000), entende-se que o marketing de relacionamento procura criar novo valor para os clientes e compartilhar esse valor entre o produtor e o consumidor. Assim, é possível construir um ativo insubstituível para a empresa, uma base de clientes fidelizados, pois foi possível entender as capacidades, necessidades, metas e desejos dos grupos.

Dessa forma pode-se dizer que a fidelização de clientes, conforme Gonçalves (2002) é um dos principais objetivos do Marketing de Relacionamento. Para ele, isso torna os clientes parceiros permanentes, além de defensores da marca. Todo ambiente em que haja relacionamentos comerciais duradouros propicia o desenvolvimento e manutenção das vendas, possibilitando o aumento da escala de produção, aperfeiçoamento do produto e redução de custos.

Kotler (1998), destaca a necessidade de se manter contato constante com os clientes a fim de monitorar suas experiências de consumo. O mapeamento dessas impressões por meio dos relatos dos próprios clientes é o caminho mais rápido para se melhorar o desempenho da empresa. Estar atento às demandas e respostas dos clientes aos produtos e serviços oferecidos ao mercado é fundamental para se desenvolver um relacionamento sólido e duradouro que possa ser convertido em aumento de ticket médio dos consumidores.

Etapas do Marketing de Relacionamento

Segundo Kotler (1998) as principais etapas envolvidas no estabelecimento de um programa de marketing de relacionamento são:

> Identificação de clientes-chave que merecem atenção especial.

> Designação de um gerente de relacionamento habilitado a cada cliente-chave.

> Desenvolvimento de uma clara descrição das tarefas dos gerentes de marketing de relacionamento. Devem ser descritos seus objetivos, responsabilidades e critérios de avaliação.

> Indicação de um gerente-geral para supervisionar os gerentes de relacionamento. Esta pessoa deverá desenvolver descrições de tarefas, critérios de avaliação e recursos de apoio para aumentar a eficácia dos gerentes de relacionamento.

> Cada gerente de relacionamento deve desenvolver um plano a longo prazo e um plano anual de relacionamento com o cliente.

As Dimensões do Marketing de Relacionamento

Para Gordon (1998), o Marketing de Relacionamento possui 6 dimensões as quais podem transformar a visão da empresa sobre o marketing em que ela atua. O autor retrata a seguir a atuação do marketing de relacionamento perante a empresa:

→ Procura criar novo valor para os clientes e compartilhar esse valor entre o produtor e o consumidor.

→ Reconhece a importância que os clientes individuais têm não apenas como compradores, mas na definição do valor que desejam.

→ Exige que uma empresa, em consequência de sua estratégia de marketing e de seu foco no cliente, planeje e alinhe seus processos de negócios, suas comunicações, sua tecnologia e seu pessoal para manter o valor que o cliente individual deseja.

→ É um esforço contínuo entre comprador e vendedor, funcionando em tempo real.

→ Reconhece o valor dos clientes por seu período de vida de consumo e não como clientes ou organizações individuais que devem ser abandonados a cada ocasião de compra.

→ Procura construir uma cadeia de relacionamentos dentro da organização para criar o valor desejado pelos clientes, assim como entre a organização e seus principais participantes, incluindo fornecedores, canais de distribuição intermediários e acionistas.

Marketing de Serviços
Definição de Serviço

Serviço pode ser definido como qualquer ato ou desempenho, essencialmente intangível, que uma parte pode oferecer a outra e que não resulta na propriedade de nada. A execução de um serviço pode ou não estar ligada a um produto concreto.

Os serviços permitem diferenciação, a personalização e a customização. Como exemplo de serviços podem citar os serviços de telecomunicações, bancos, escolas, hospitais, profissionais liberais, serviços domésticos e pessoais, e podem ser serviços que passam pela internet e pelo varejo, o serviço de venda e atendimento ao público, como também os serviços de consultorias especializadas, serviços técnicos, logísticos e de distribuição. Devido à grande quantidade de serviços diferenciados, as empresas precisam preparar continuamente os seus colaboradores e principalmente os seus gerentes para que seja possível fazer atendimentos especiais, ou seja, atendimentos diversos para cada tipo de necessidade dos clientes.

Classificação dos Serviços

→ **Os serviços podem ser classificados de acordo com a oferta no mercado, da seguinte maneira:**

> **Bem tangível:** sem serviço associado.

> **Bem tangível associado a serviço:** apresentação, entrega, assistência técnica, treinamento, instalação, garantia.

> **Híbrido:** bens + serviços.
> **Serviço principal associado a serviço secundário ou bem tangível:** os bens são elementos de apoio.
> **Serviço puro:** somente serviço, como por exemplo o serviço de um médico, psicoterapeuta, empregada doméstica etc.

Características dos Serviços

→ **Os serviços possuem as seguintes características:**

> **Intangibilidade:** não podemos "pegar" ou ver antes de adquirir (incerteza). A intangibilidade dificulta a elaboração do preço e as estratégias de comunicação, uma vez que o cliente nem sempre percebe claramente o valor agregado e o benefício do serviço no momento da contratação. Além disso, os serviços não podem ser tocados nem patenteados.

> **Inseparabilidade:** também conhecida como Produção e consumo simultâneos - Produzidos e consumidos simultaneamente. A simultaneidade entre produção e consumo envolve a participação do cliente no processo de execução e na sua influência junto aos prestadores em relação ao resultado final. Além do fato de o cliente consumir o serviço no momento de sua execução.

> **Variabilidade:** também conhecida como Heterogeneidade - A variabilidade ou heterogeneidade se refere à variabilidade do serviço, no sentido de ser adaptado de cliente para cliente, dependendo da relação deste com o fornecedor, envolvendo o fator humano. Um serviço nunca se repete exatamente da mesma forma e pode apresentar diferentes resultados de acordo como perfil do contratante, tempo de execução, recursos utilizados, entre outras influências. E isso pode afetar o grau de satisfação do cliente. Dependem de quem produz, onde e quando são produzidos.

> **Perecibilidade:** os serviços não podem ser estocados. A perecibilidade impacta a sincronização da oferta e demanda, pois, serviços não podem ser devolvidos, armazenados ou revendidos. Por exemplo, a hora técnica de um consultor é perecível e quando desperdiçada não há como recuperar. Assim, como um cliente não pode devolver um serviço que não o satisfez.

Estratégias de Marketing de Serviços

As atividades do Marketing de Serviço exigem que, além dos quatro P's do marketing tradicional - voltado para os clientes externos - sejam enfocados os aspectos que dizem respeito ao marketing interno e ao marketing interativo.

Como forma de melhorar a prestação de serviços da empresa para seus clientes, o chamado composto de marketing, ou mix de marketing, deve ser desenvolvido pelo administrador para se acompanhar o atendimento aos desejos e às necessidades dos clientes.

Normalmente são estudados quatro compostos mercadológicos, mas, no estudo do marketing de serviços, são incluídos mais três elementos devido às diferenças entre a prestação de serviços e a venda de bens. Estas sete variáveis já vistas anteriormente são conhecidas também como os 7P's do marketing: Produto (*product*), Preço (*price*), Praça (*placement*), Promoção (*promotion*), Pessoal (*personnel*), Procedimentos (*procedures*) e Peculiaridades físicas (*physical evidence*). Os quatro primeiros "P`s" correspondem ao marketing externo, o quinto (pessoal) corresponde ao marketing interno e os dois últimos ao marketing interativo, conforme a seguir:

Marketing Externo

No marketing de serviços, o elemento produto representa o desenvolvimento e a prestação do serviço em si. Em relação a este item, o administrador deve se preocupar com a qualidade percebida pelo cliente. Porém, devido à dificuldade de padronização dos serviços, a mensuração da qualidade percebida pelo consumidor depende da avaliação feita pelo próprio cliente, com isso, deve a empresa elaborar meios de consultar constantemente o padrão de qualidade oferecido, a fim de manter satisfação dos clientes como prioridade fundamental.

Já o preço tem fundamental importância nos serviços, pois por meio dele, o consumidor avalia a qualidade do que comprou. O preço praticado deve ser justo. Se for cobrado um valor alto, o serviço deverá ter qualidade alta, se o preço for baixo, o cliente não será tão exigente quanto à qualidade.

Além disso, tem-se o elemento praça (ou distribuição), sendo que em serviços influi no acréscimo de valor para os clientes. O administrador deve buscar meios de tornar o mais acessível possível os serviços aos consumidores. As formas de se posicionar no mercado são várias, pode ser pela entrega rápida, pela localização fácil, pela disponibilidade de vários pontos de atendimento etc. No comércio, para que um produto chegue até o consumidor final, ele passa por centros de distribuição, atacadistas, varejistas, até que chegam ao cliente.

Quanto ao elemento promoção direcionado aos serviços, que por serem intangíveis, o administrador deve buscar meios de demonstrar ao consumidor que o serviço que está sendo oferecido possui alta qualidade e que atenderá às suas necessidades. Uma importante fonte de comunicação e promoção dos serviços é por meio de vendedores, pois estes podem demonstrar ao cliente as vantagens, os benefícios, os custos e as garantias, diminuindo, assim, a insegurança do cliente.

Marketing Interno

Quanto se trata de marketing interno, a empresa precisa concentrar esforços para treinar e motivar seus funcionários, para quem somente funcionários satisfeitos e orgulhosos do que fazem conseguem transmitir satisfação e levar serviços de qualidade aos clientes que atendem. A empresa poderá buscar um diferencial competitivo por meio desse elemento quando se preocupa com o recrutamento, seleção e treinamento de seus funcionários.

A contínua capacitação fará com que os consumidores percebam a preocupação do profissional em atualizar-se e em oferecer inovações, que é requisito essencial para o acompanhamento das mudanças do mercado. E isto é fundamental para todos os ramos de serviço em que há maior contato e interação entre empregados e clientes. Por isso, são importantes as ações de marketing interno - isto é, a ações de marketing voltadas para dentro da própria empresa, dirigidas para "vender" a ideia, o conceito da própria organização para os "clientes internos", os quais devem ser preparados para preceder as ações de marketing externo.

Marketing Interativo

No que se refere ao marketing interativo, pode-se entender que na consecução dos serviços, os clientes julgam a qualidade não apenas por seus aspectos técnicos, a qualidade técnica, mas também, pelos aspectos ligados à maneira como o serviço foi prestado, que constitui a qualidade funcional. Essa faceta da qualidade, envolve a maneira pela qual o cliente foi atendido e as habilidades, principalmente de relacionamento interpessoal, demonstradas pelo prestador dos serviços.

À medida que se acirra a concorrência e aumentam as pressões para custos menores, o marketing interativo precisa ser aprimorado, gerando, três tarefas desafiadoras para se atingir o sucesso: aumentar a diferenciação competitiva, a produtividade, e a qualidade do serviço.

→ **Diferenciação competitiva**

A diferenciação competitiva, pode ser transmitida aos clientes por meio de três fatores:

> **Pessoas:** funcionários mais capazes e confiáveis que os dos concorrentes.
> **Ambiente físico:** deve ser adequado ao desempenho das atividades específicas do serviço, e também devem transmitir a impressão de qualidade, sendo um dos componentes básicos da "atmosfera de loja" - arranjo físico e disposição das instalações físicas, inclusive sons, cores, odores etc.
> **Processo:** é o conjunto de ações e procedimentos de execução dos serviços que deve procurar ser feito de modo a ser percebido pelos clientes como mais eficaz que o processo dos concorrentes.

→ **Produtividade**

O aumento da quantidade produzida numa mesma unidade de tempo ou com os mesmos recursos, ou a obtenção dos mesmos resultados com emprego de menor quantidade de recursos (tempo, mão de obra, recursos financeiros etc.), por sua vez, pode ser alcançado, nos serviços, de diversas formas, tais como, dentre outras:

> **Tornar mais eficientes os funcionários:** treinando melhor os atuais ou contratando funcionários que estejam mais aptos a trabalhar com afinco e a produzir mais com os mesmos recursos atuais.
> **Aumentar a quantidade de serviço prestado:** (por exemplo, atendendo maior número de clientes), o que, em alguns casos, pode ocasionar perda de qualidade e acabar gerando perdas maiores que os ganhos de produtividade.
> **"Industrializando" os serviços:** isto é, padronizando sua execução ou fazendo-os por meio do uso de máquinas e equipamentos, como nos casos de algumas lanchonetes e serviços bancários automatizados.
> **Fazer com que o próprio cliente execute parte do serviço:** como ocorre nos estabelecimentos de autosserviço (*self-service*), com supermercados e alguns restaurantes, principalmente os de comida a quilo.

→ **Qualidade do Serviço**

Segundo Kotler e Armstrong (1993), a qualidade do serviço é uma das principais formas de uma empresa se diferenciar de seus concorrentes. Sendo assim, é necessário identificar cinco abordagens básicas para definir o que vem a ser qualidade:

> **Qualidade transcendental -** a qualidade se constituiria na excelência inata, uma característica absoluta, passível de ser apreendida, porém não de ser definida.
> **Qualidade baseada no produto -** é definida como um conjunto mensurável e preciso de características.
> **Qualidade baseada no usuário -** pode ser entendida como a capacidade de promover a satisfação de uma necessidade, de forma adequada às preferências do consumidor, o que significa estar adequada ao uso.
> **Qualidade baseada na produção -** pode ser definida como a conformidade às especificações ou o grau de conformidade em que determinado produto se atém às especificações do projeto, ou que esteja em conformidade com as especificações e adequado ao propósito com que as especificações foram feitas.
> **Qualidade baseada no valor -** os custos e os preços adquirem relevo e "um produto de qualidade é aquele que provê desempenho ou conformidade a um preço ou custo aceitável".

No que concerne aos serviços, o conceito de qualidade se torna ainda mais complexo, pois não pode ser medido por meio de aspectos objetivos, como acontece no caso dos bens físicos, pois, a qualidade de serviço tem natureza mais abstrata, dadas as características de intangibilidade e demais características que compõem a singularidade dos serviços. Nesse caso, a medida mais adequada, é a percepção da qualidade por parte do cliente.

Dimensões que Determinam a Qualidade nos Serviços

→ **Os fatores que determinam a qualidade nos serviços são:**

> **Tangíveis:** aparência das instalações físicas, prédios, equipamentos, do pessoal e dos materiais de comunicação.
> **Confiabilidade:** capacidade para prestar o serviço prometido, de forma segura e acurada.
> **Presteza:** boa vontade para servir os consumidores e fornecer atendimento com presteza.
> **Garantia:** conhecimento e cortesia dos empregados e sua habilidade para inspirar credibilidade e confiança.
> **Empatia:** consideração e atenção individualizada, que a empresa presta aos seus clientes. Colocar-se no lugar do cliente para entender suas necessidades e expectativas.

- > **Competência:** posse das habilidades e conhecimentos necessários à execução dos serviços.
- > **Cortesia:** polidez, respeito, consideração e manifestação amistosa nos contatos pessoais.
- > **Credibilidade:** capacidade de gerar confiança e credibilidade, honestidade do provedor do serviço.
- > **Segurança:** isenção de perigo, risco ou dúvida.
- > **Acessibilidade:** facilidade de acesso e de contato.
- > **Comunicação:** cliente mantido bem informado e em linguagem adequada e habilidade de ouvir o cliente.
- > **Compreensão das necessidades do cliente:** esforço feito para conhecer o cliente e suas necessidades.

Outros fatores que podem influenciar na qualidade do atendimento podem ser: a organização, a agilidade, a iniciativa e interesse, a flexibilidade, a apresentação, a atenção, a eficiência, a tolerância, a conduta, a descentralização, a personalização e a adequação.

Marketing Direto

Para Kotler (2003), marketing direto é o sistema interativo que usa mídias de propaganda para obter resposta ou transação mensurável, mantendo um contato direto com o cliente. Uso de ferramentas de propaganda direcionada para possibilitar o cliente dar retorno ou realizar transação.

→ **Os principais objetivos do marketing direto são:**
- > Pesquisa mercado.
- > Identificação de clientes potenciais.
- > Conquistar novos clientes.
- > Fidelização de clientes.
- > Divulgação da marca e dos seus produtos ao público alvo definido.
- > Rentabilização da Força de Vendas.
- > Obtenção de resultados mensuráveis.
- > Maximização do lucro.

Propaganda

Pode-se definir propaganda como qualquer forma paga de apresentação pessoal e promocional de ideias, bens ou serviços por um patrocinador, que pode ou não estar identificado.

→ **Espécie de propaganda**

As espécies de propaganda são:
- > **Informativa:** novos produtos, características.
- > **Persuasiva:** por que clientes devem escolher o seu produto ou serviço e não o de um concorrente.
- > **Lembrança:** manter os clientes pensando no produto.
- > **Reforço:** convencer clientes de que fizeram a compra certa.

→ **Características da propaganda**

A propaganda tem as seguintes características:
- > Tem como objetivos comunicar e trabalhar a formação da imagem do objeto da propaganda;
- > Patrocinadores identificados ou não.
- > Informar, persuadir ou recordar.
- > Forma paga de apresentação.

→ **Tipos de propaganda**

A propaganda pode ser classificada de acordo com o seu tipo, conforme a seguir:
- > **Produto:** o objetivo é levar o mercado-alvo de consumidores a adquirir os bens e serviços anunciados pela empresa patrocinadora.
- > **Institucional**: busca promover a imagem, a reputação ou as ideias de uma organização.
- > **Promocional**: promover a venda imediata de produtos e serviços da empresa promotora.
- > **Cooperativa**: união de empresas ou entidades do segmento para promover os produtos e serviços enfatizando os benefícios adquiridos na compra ou consumo.
- > **Competitiva**: consideram-se os gastos das empresas concorrentes do mesmo segmento do mercado para obter previsões e alocar verbas. As verbas para propaganda variam conforme o feedback do mercado.

→ **Mídias de propaganda**

A propaganda pode ser dividida em Impressa, Eletrônica e Digital conforme o meio utilizado para a propagação de informações:
- > **Impressas**: jornais, revistas, flyers, folders.
- > **Eletrônicas**: televisão, rádio.
- > **Digitais**: redes sociais, celulares, email marketing, sites.
- > **Marketing direto**: mala direta, vendas por catálogo.

Promoção

A promoção de vendas é um método que vem complementar as ações propostas por atividades de venda pessoal, sendo um método que visa ao contato com os consumidores do mercado-alvo.

A promoção consiste em um conjunto de ferramentas de incentivo, a maioria de curto prazo, projetadas para estimular a compra mais rápida ou em maior quantidade de produtos ou serviços específicos.

→ **Tipos de promoções**

Os tipos mais comuns de promoções são:
- > Cupons.
- > Ofertas especiais.
- > Brindes ou prêmios.
- > Concursos ou sorteios.
- > Amostra grátis.
- > Experiências grátis com o produto.

Telemarketing

O telemarketing compreende o uso de operadores de telefone para atrair novos clientes, entrar em contato com clientes atuais, aferir o nível de satisfação ou receber pedidos.

Tipos de Telemarketing

→ **No telemarketing são apresentados os seguintes tipos:**
- > **Telemarketing ativo:** contata clientes atuais.
- > **Telemarketing receptivo (passivo)**: recebe ligações dos potenciais clientes.

O **telemarketing ativo** serviço em que o contato é feito no sentido empresa-cliente, e caracteriza-se por:

> Requerer cadastro para ligações.
> Requer roteiro (orientação na forma de interação com o cliente).
> Operador comanda.
> Picos previstos.
> Aproveita as mídias.
> Maior conhecimento de técnicas pelo operador.
> Mais questionamentos dos Prospects durante o contato.
> Adequados ao tamanho do esforço de Vendas.

O **telemarketing receptivo (passivo):** serviço em que o contato é feito no sentido cliente-empresa, e caracteriza-se por:

> Gerar cadastro dos contatos.
> Requer roteiro para abordagem.
> Público comanda a ligação.
> Picos de demandas sazonais.
> Depende das mídias.
> Menos questionamentos dos clientes durante o contato.
> Maior conhecimento do produto pelo operador.
> Equipamentos e estrutura devem estar adequados à demanda.

Vantagens do Telemarketing

→ As vantagens do telemarketing são:

> **Interatividade**: é a mídia mais pessoal e interativa que existe.
> **Flexibilidade**: muitas operações são montadas durante um curto período para atender as exigências da empresa.
> **Replanejamento**: a qualquer momento uma estratégia poder ser modificada, já que às informações de seu sucesso chegam rapidamente.
> **Otimização**: num mesmo contato, muitas informações podem ser repassadas ou cadastradas de um mesmo cliente.
> **Controle**: é razoavelmente fácil controlar uma operação de telemarketing, já que todas as informações trafegam em sistema.
> **Foco**: condições especiais de preço e conteúdo podem ser ofertadas para clientes da mesma empresa.
> **Cobertura**: pode atingir distâncias continentais em segundos.
> **Comodidade**: tanto para o comprador quanto para o vendedor.
> **Custo**: é mais barato vender pelo telemarketing, pois os custos de comissões, estrutura e logística são muito menores do que em uma loja.
> **Velocidade**: um operador de telemarketing pode efetuar 70 contatos com empresas no mesmo dia, já um vendedor de campo pode, em média, visitar 12 clientes.

Atendimento Telefônico

→ **Para falar bem ao telefone:** são apresentados a seguir alguns fatores que são usados para falar bem ao telefone:

> Use o volume certo de voz.
> Use a velocidade correta para falar.
> Use riqueza de variação na sua voz.
> Fale claramente.
> Use as palavras certas (termos simples).
> Crie uma boa imagem.
> Organize a fala.

→ **Para ouvir bem ao telefone:** além de saber falar corretamente ao telefone, também é preciso saber ouvir o cliente, e para isso apresentam a seguir alguns fatores importantes:

> Não interromper o interlocutor.
> Fique atento (concentração).
> Entenda tudo o que está sendo dito.
> Ouça com atenção.
> Tome notas.

→ **Estratégia de chamada:** existem também algumas estratégias que ajudam e orientam a organizar as chamadas telefônicas, conforme a seguir:

> Identifique-se e a sua empresa.
> Estabeleça um relacionamento.
> Faça um comentário e crie interesse.
> Transmita a sua mensagem de vendas.
> Supere as objeções.
> Feche a venda ou o atendimento.
> Agradecer.

Qualidade no Atendimento

O bom atendimento significa ser reconhecido como um cliente importante; é ter facilidade no acesso a produtos e serviços, ser atendido com agilidade, atenção e cordialidade, enfrentar pouca burocracia, ter soluções de problemas de forma facilitada etc.

Para entender melhor essa definição, é importante entender o que é qualidade nos serviços, sendo assim pode-se dizer que o ponto-chave da qualidade de prestação de um serviço é atender ou superar as expectativas do cliente. Assim, a qualidade, do ponto de vista do cliente, pode ser definida como a extensão da discrepância entre suas expectativas ou desejos e suas percepções. A expectativa é a esperança de conseguir ou de realizar algo.

Fatores que Influenciam as Expectativas dos Clientes

Existem alguns fatores que podem influenciar as expectativas dos clientes, os quais são apresentados a seguir:

> Propaganda boca-a-boca.
> Necessidades pessoais do cliente.
> Experiência anterior com o serviço.
> Comunicação que a empresa promove com seus clientes.

Satisfação, Valor e Retenção de Clientes

A satisfação é um estado de prazer emocional agradável resultante da avaliação que o indivíduo faz de seu trabalho e resulta da percepção da pessoa sobre como este satisfaz; é a função da relação entre o que a pessoa quer e o que ela percebe estar recebendo

A satisfação reflete os julgamentos comparativos de uma pessoa do desempenho percebido de um produto em relação às suas expectativas. Se o desempenho fica aquém das expectativas, o cliente fica insatisfeito. Se o desempenho alcança as expectativas, o cliente fica satisfeito e se o desempenho supera as expectativas, o cliente fica encantado.

→ **Como enfatizar a satisfação dos clientes:**
> Focar na retenção de clientes em vez de simplesmente conquistar novos clientes.
> Satisfazer as expectativas relevantes do cliente melhor de que o concorrente.
> Bom relacionamento.
> A cultura e liderança devem valorizar o conhecimento e a percepção sobre o Cliente.
> Recrutar, treinar e preservar profissionais que vejam o cliente como centro de seu trabalho.
> Pesquisa detalhada sobre o perfil dos consumidores.

→ **Satisfação x fidelidade**

Em geral, um cliente satisfeito permanece por mais tempo - pode levar à fidelidade. Fidelidade é "Um compromisso profundo de comprar ou recomendar repetidamente certo produto ou serviço no futuro, apesar de influências situacionais e esforços de marketing potencialmente capazes de causar mudanças comportamentais". (KOTLER E KELLER, 2006)

→ **Retenção de clientes**

Para enfatizar a satisfação e retenção de clientes, as principais capacidades que uma empresa precisa desenvolver, levando-se em consideração o marketing de relacionamento são:
> Pessoal, processo, tecnologia, conhecimento, percepção.
> Medição periódica da satisfação dos clientes.
> Levantamentos.
> Cliente oculto (compra simulada).
> Índice de perda de cliente.
> Monitoramento da qualidade.
> Prestar atenção às reclamações (Ouvidoria-SAC).
> Gestão do relacionamento - CRM - Ações.

O Papel (Perfil) do Atendente

Para prestar serviço para pessoas e atendê-las de forma correta, além de técnicas, habilidades e conhecimentos, é necessário ter o perfil adequado, pois esse conjunto de fatores é que traz a qualidade para o atendimento. Sendo assim seguem abaixo alguns papéis (perfis) do atendente:
> **Demonstrar comprometimento tendo:** disposição de aprender, espírito de equipe, iniciativa, disponibilidade e motivação.
> **Buscar maior produtividade tendo:** dinamismo, organização, preparo, disciplina, precisão, motivação, iniciativa, foco e visão de resultado.
> **Primar pela qualidade, focando em:** atenção, desenvolvimento das habilidades, busca de conhecimento, aperfeiçoamento e qualidade dos processos.
> **Demonstrar postura adequada tendo:** relação de ajuda, ética e honestidade, disciplina e estabilidade emocional.

Critérios para um Bom Atendimento

Todo atendimento precisa seguir alguns critérios para que ele seja excelente, conforme apresentados a seguir:

> **Empatia:** colocar-se no lugar do cliente, compreender suas necessidades, estabelecer, vínculos e cria confiança.
> **Simpatia:** a simpatia cria afinidade por meio do bom humor, da flexibilidade e do sorriso.
> **Linguagem corporal:** postura aberta, braços e pernas descruzadas, sorriso, contato visual, sinalizar que concorda com a cabeça, não se aproximar demais, não encostar ou pegar no cliente.
> **Espelhamento:** procurar imitar certas características do cliente, tom, volume e ritmo da fala, observar a postura corporal, usar frases de impacto, identificar crenças e valores do cliente.
> **Conhecimento:** ter conhecimento de mercado, da empresa, dos produtos, preços, clientes.
> **Ouvir:** ter atenção total, captar tudo o que puder do cliente, fazer perguntas inteligentes, segurar a ansiedade, nunca interromper, falar pouco deixando o cliente chegar as próprias conclusões.
> **Credibilidade:** respeito, verdade, coerência, responsabilidade, interesse genuíno pelo cliente, profissionalismo, ser uma pessoa que gera e honra a confiança. A credibilidade solidifica a relação e facilita a venda de produtos e serviços.
> **Rapport:** comunicar-se em rapport significa receptividade ao que a outra está dizendo, não necessariamente concordar com o que está sendo dito. Você e os outros sentem que estão sendo ouvidos e num nível inconsciente existe o confortável sentimento de "essa pessoa pensa como eu, eu posso relaxar".

Inteligência Emocional

Para que o atendente tenha maior qualidade em seu atendimento é necessário que ele tenha inteligência emocional, a qual pode ser definida como a capacidade de identificar os próprios sentimentos e os dos outros, de saber motivar-se e gerir bem as emoções dentro de si mesmo e nos relacionamentos interpessoais.

Pessoas com qualidade de relacionamento humano como afabilidade compreensão e gentileza têm mais chances de obter sucesso.

→ **As cinco habilidades da inteligência emocional importantes para o atendimento são:**
> **Autoconhecimento emocional** - reconhecer as próprias emoções e sentimentos quando ocorrem.
> **Controle emocional** - lidar com os próprios sentimentos, adequando-os a cada situação vivida.
> **Automotivação** - dirigir as emoções a serviço de um objetivo ou realização pessoal.
> **Reconhecimento das emoções em outras pessoas** - reconhecer emoções nos outros, ter empatia de sentimentos.
> **Habilidades em relacionamentos interpessoais** - interação com outros indivíduos utilizando competências sociais.

Resolução 3.849 - 25/03/2010

Para as instituições financeiras, o Conselho Monetário Nacional expediu a Resolução 3849/2010 para disciplinar esse assunto.

Resolução nº 3.849, de 25 de março de 2010. O Banco Central do Brasil, na forma do art. 9º da Lei nº 4.595, de 31 de dezembro de 1964, torna público que o Conselho Monetário Nacional, em sessão realizada em 25 de março de 2010, com fundamento no art. 4º, inciso VIII, da referida lei,

RESOLVEU

Art. 1º As instituições financeiras e demais instituições autorizadas a funcionar pelo Banco Central do Brasil que tenham clientes pessoas físicas ou pessoas jurídicas classificadas como microempresas na forma da legislação própria devem instituir componente organizacional de ouvidoria, com a atribuição de atuar como canal de comunicação entre essas instituições e os clientes e usuários de seus produtos e serviços, inclusive na mediação de conflitos.

§ 1º A estrutura do componente organizacional deve ser compatível com a natureza e a complexidade dos produtos, serviços, atividades, processos e sistemas de cada instituição.

§ 2º As instituições a que se refere o caput devem:

I. dar ampla divulgação sobre a existência da ouvidoria, bem como de informações completas acerca da sua finalidade e forma de utilização;

II. garantir o acesso gratuito dos clientes e usuários de produtos e serviços ao atendimento da ouvidoria, por meio de canais ágeis e eficazes; e

III. disponibilizar acesso telefônico gratuito, cujo número deve ser:

a) divulgado e mantido atualizado em local e formato visível ao público no recinto das suas dependências e nas dependências dos correspondentes no País, bem como nos respectivos sítios eletrônicos na internet e nos demais canais de comunicação utilizados para difundir os produtos e serviços da instituição;

b) registrado nos extratos, nos comprovantes, inclusive eletrônicos, nos contratos formalizados com os clientes, nos materiais de propaganda e de publicidade e nos demais documentos que se destinem aos clientes e usuários dos produtos e serviços da instituição; e

c) registrado e mantido permanentemente atualizado em sistema de informações, na forma estabelecida pelo Banco Central do Brasil.

§ 3º A divulgação de que trata o § 2º, inciso I, deve ser providenciada inclusive por meio dos canais de comunicação utilizados para difundir os produtos e serviços da instituição.

§ 4º O componente organizacional deve ser segregado da unidade executora da atividade de auditoria interna, de que trata o art. 2º da Resolução nº 2.554, de 24 de setembro de 1998, com a redação dada pela Resolução nº 3.056, de 19 de dezembro de 2002.

§ 5º Os bancos comerciais, os bancos múltiplos, as caixas econômicas, as sociedades de crédito, financiamento e investimento, as associações de poupança e empréstimo e as sociedades de arrendamento mercantil que realizem operações de arrendamento mercantil financeiro devem instituir o componente organizacional de ouvidoria na própria instituição.

§ 6º As cooperativas singulares de crédito filiadas à cooperativa central podem firmar convênio com a respectiva central, confederação ou banco cooperativo do sistema, para compartilhamento e utilização de componente organizacional de ouvidoria único, mantido em uma dessas instituições.

§ 7º As cooperativas singulares de crédito não filiadas à cooperativa central podem firmar convênio com cooperativa central, ou com federação ou confederação de cooperativas de crédito, ou com associação representativa da classe, para compartilhamento e utilização de ouvidoria mantida em uma dessas instituições.

§ 8º As instituições não referidas nos §§ 5º, 6º e 7º podem firmar convênio com a associação de classe a que sejam afiliadas ou com as bolsas de valores ou as bolsas de mercadorias e de futuros nas quais realizam operações, para compartilhamento e utilização da ouvidoria mantida em uma dessas entidades.

§ 9º As instituições que fazem parte de conglomerado financeiro podem instituir componente organizacional único que atuará em nome de todos os integrantes do grupo.

§ 10. As instituições referidas no caput que não façam parte de conglomerado financeiro podem firmar convênio com empresa não financeira ligada, conforme definição constante do art. 1º, § 1º, incisos I e III, da Resolução nº 2.107, de 31 de agosto de 1994, que possuir ouvidoria, para compartilhamento e utilização da respectiva ouvidoria.

§ 11. Os bancos comerciais sob controle direto de bolsas de mercadorias e de futuros que operem exclusivamente no desempenho de funções de liquidante e custodiante central das operações cursadas, constituídos na forma da Resolução nº 3.165, de 29 de janeiro de 2004, ficam excluídos da exigência estabelecida no caput.

§ 12. Nas hipóteses previstas nos §§ 7º e 8º, o convênio somente pode ser realizado com associação de classe, ou bolsa de valores, ou bolsa de mercadorias e de futuros, ou cooperativa central, ou federação ou confederação de cooperativas de crédito que possua código de ética e/ou de autorregulação efetivamente implantados aos quais a instituição tenha aderido.

Art. 2º Constituem atribuições da ouvidoria:

I. receber, registrar, instruir, analisar e dar tratamento formal e adequado às reclamações dos clientes e usuários de produtos e serviços das instituições referidas no caput do art. 1º que não forem solucionadas pelo atendimento habitual realizado por suas agências e quaisquer outros pontos de atendimento;

II. prestar os esclarecimentos necessários e dar ciência aos reclamantes acerca do andamento de suas demandas e das providências adotadas;

III. informar aos reclamantes o prazo previsto para resposta final, o qual não pode ultrapassar quinze dias, contados da data da protocolização da ocorrência;

IV. encaminhar resposta conclusiva para a demanda dos reclamantes até o prazo informado no inciso III;

V. propor ao conselho de administração ou, na sua ausência, à diretoria da instituição medidas corretivas ou de aprimoramento de procedimentos e rotinas, em decorrência da análise das reclamações recebidas; e

VI. elaborar e encaminhar à auditoria interna, ao comitê de auditoria, quando existente, e ao conselho de administração ou, na sua ausência, à diretoria da instituição, ao final de cada semestre, relatório quantitativo e qualitativo acerca da atuação da ouvidoria, contendo as proposições de que trata o inciso V.

§ 1º O serviço prestado pela ouvidoria aos clientes e usuários dos produtos e serviços das instituições referidas no caput do art. 1º deve ser identificado por meio de número de protocolo de atendimento.

§ 2º Os relatórios de que trata o inciso VI devem permanecer à disposição do Banco Central do Brasil pelo prazo mínimo de cinco anos na sede da instituição.

Art. 3º O estatuto ou o contrato social das instituições referidas no caput do art. 1º deve conter, de forma expressa, entre outros, os seguintes dados:

I. as atribuições da ouvidoria;
II. os critérios de designação e de destituição do ouvidor e o tempo de duração de seu mandato; e
III. o compromisso expresso da instituição no sentido de:
   a) criar condições adequadas para o funcionamento da ouvidoria, bem como para que sua atuação seja pautada pela transparência, independência, imparcialidade e isenção; e
   b) assegurar o acesso da ouvidoria às informações necessárias para a elaboração de resposta adequada às reclamações recebidas, com total apoio administrativo, podendo requisitar informações e documentos para o exercício de suas atividades.

§ 1º O disposto neste artigo, conforme a natureza jurídica da sociedade, deve ser incluído no estatuto ou contrato social da instituição, na primeira alteração que ocorrer após a criação da ouvidoria.

§ 2º As alterações estatutárias ou contratuais exigidas por esta resolução relativas às instituições que optarem pela faculdade prevista no art. 1º, §§ 6º e 9º, podem ser promovidas somente pela instituição que constituir o componente organizacional único de ouvidoria.

§ 3º As instituições que não instituírem componente de ouvidoria próprio em decorrência da faculdade prevista no art. 1º, §§ 6º a 10, devem ratificar tal decisão por ocasião da primeira assembleia geral ou da primeira reunião de diretoria, após a formalização da adoção da faculdade.

Art. 4º As instituições referidas no caput do art. 1º devem designar perante o Banco Central do Brasil os nomes do ouvidor e do diretor responsável pela ouvidoria.

§ 1º Para efeito da designação de que trata o caput, são estabelecidas as seguintes disposições:

I. não há vedação a que o diretor responsável pela ouvidoria desempenhe outras funções na instituição, exceto a de diretor de administração de recursos de terceiros;
II. nos casos dos bancos comerciais, bancos múltiplos, caixas econômicas, sociedades de crédito, financiamento e investimento e associações de poupança e empréstimo, o ouvidor não poderá desempenhar outra atividade na instituição, exceto a de diretor responsável pela ouvidoria; e
III. na hipótese de recair a designação do diretor responsável pela ouvidoria e do ouvidor sobre a mesma pessoa, esta não poderá desempenhar outra atividade na instituição.

§ 2º Nas hipóteses previstas no art. 1º, §§ 6º e 9º, o ouvidor e o diretor responsável pela ouvidoria responderão por todas as instituições que utilizarem o componente organizacional único de ouvidoria e devem integrar os quadros da instituição que constituir o componente de ouvidoria.

§ 3º Nas hipóteses previstas no art. 1º, §§ 7º, 8º e 10º, as instituições devem:

I. designar perante o Banco Central do Brasil apenas o nome do diretor responsável pela ouvidoria; e
II. informar o nome do ouvidor, que deverá ser o do ouvidor da associação de classe, bolsa de valores ou bolsa de mercadorias e de futuros, entidade ou empresa que constituir a ouvidoria.

§ 4º Os dados relativos ao diretor responsável pela ouvidoria e ao ouvidor devem ser inseridos e mantidos atualizados em sistema de informações, na forma estabelecida pelo Banco Central do Brasil.

§ 5º O diretor responsável pela ouvidoria deve elaborar relatório semestral, na forma definida pelo Banco Central do Brasil, relativo às atividades da ouvidoria nas datas-base de 30 de junho e 31 de dezembro e sempre que identificada ocorrência relevante.

§ 6º O relatório de que trata o § 5º deve ser:

I. revisado pela auditoria externa, a qual deve manifestar-se acerca da qualidade e adequação da estrutura, dos sistemas e dos procedimentos da ouvidoria, bem como sobre o cumprimento dos demais requisitos estabelecidos nesta resolução, inclusive nos casos previstos no art. 1º, §§ 7º, 8º e 10º;
II. apreciado pela auditoria interna ou pelo comitê de auditoria, quando existente;
III. encaminhado ao Banco Central do Brasil, na forma e periodicidade estabelecida por aquela Autarquia:
   a) pelas instituições que possuem comitê de auditoria, bem como pelas cooperativas centrais de crédito, confederações e bancos cooperativos que tenham instituído componente organizacional único para atuar em nome das respectivas cooperativas de crédito singulares conveniadas nos termos do art. 1º, § 6º; e
   b) pelas instituições referidas no caput do art. 1º, no caso de ocorrência de fato relevante;
IV. arquivado na sede da respectiva instituição, à disposição do Banco Central do Brasil pelo prazo mínimo de cinco anos, acompanhado da revisão e da apreciação de que tratam os incisos I e II.

Art. 5º As instituições não obrigadas, nos termos desta resolução, à remessa do relatório do diretor responsável pela ouvidoria ao Banco Central do Brasil, devem manter os relatórios ainda não enviados na forma exigida pela Resolução nº 3.477, de 26 de julho de 2007, na sede da instituição, conforme previsto no art. 4º, § 6º, inciso IV.

Art. 6º As instituições referidas no caput do art. 1º devem adotar providências para que todos os integrantes da ouvidoria sejam considerados aptos em exame de certificação organizado por entidade de reconhecida capacidade técnica.

§ 1º O exame de certificação de que trata o caput deve abranger, no mínimo, temas relacionados à ética, aos direitos e defesa do consumidor e à mediação de conflitos, bem como ter sido realizado após 30 de julho de 2007.

§ 2º A designação dos membros da ouvidoria fica condicionada à comprovação de aptidão no exame de certificação de que trata o caput, além do atendimento às demais exigências desta resolução.

§ 3º As instituições referidas no caput do art. 1º são responsáveis pela atualização periódica dos conhecimentos dos integrantes da ouvidoria.

§ 4º O diretor responsável pela ouvidoria deve atender à formalidade prevista no caput somente na hipótese prevista no art. 4º, § 1º, inciso III.

§ 5º Nas hipóteses previstas no art. 1º, §§ 7º, 8º e 10º, os respectivos convênios devem conter cláusula exigindo exame de certificação de todos os integrantes das ouvidorias das associações de classe, entidades e empresas conveniadas, nos termos desta resolução.

Art. 7º A ouvidoria deve manter sistema de controle atualizado das reclamações recebidas, de forma que possam ser evidenciados o histórico de atendimentos e os dados de identificação dos clientes e usuários de produtos e serviços, com toda a documentação e as providências adotadas.

Parágrafo único. As informações e a documentação referidas no caput devem permanecer à disposição do Banco Central do Brasil na sede da instituição, pelo prazo mínimo de cinco anos, contados da data da protocolização da ocorrência.

Art. 8º O Banco Central do Brasil poderá adotar medidas complementares necessárias à execução do disposto nesta resolução.

Art. 9º Esta resolução entra em vigor na data de sua publicação.

Art. 10º. Ficam revogadas as Resoluções nº 3.477, de 26 de julho de 2007, e nº 3.489, de 29 de agosto de 2007.

Exercícios Comentados

01. Demonstrar irritação com clientes impacientes pode neutralizar as tensões do diálogo. É importante também ter bloco e caneta sempre à mão e ao atender empregar o termo "quem gostaria?".

ERRADO. Perguntar "quem gostaria" e ter bloco e caneta na mão não vai resolver a situação, em caso de clientes impacientes, e demonstrar irritação também não vai ajudar em nada. O atendente precisa ter inteligência emocional, saber ouvir o cliente, ter cortesia, e empatia para poder entender o cliente.

02. A propaganda consiste em um conjunto diversificado de ferramentas de incentivo, em sua maioria a curto prazo, que visa estimular a compra mais rápida e (ou) em maior volume de produtos e serviços específicos por consumidores ou comerciantes.

ERRADO. Esse conceito é de promoção, pois propaganda é qualquer forma paga de apresentação não pessoal e promocional de ideias, bens ou serviços por um patrocinador identificado.

03. O colaborador pode empregar tratamento informal internamente e com clientes, pois conversas informais e de cunho pessoal geram descontração e ganham a confiança do interlocutor. O atendente deve fornecer todas as informações que estiverem ao alcance.

ERRADO. O colaborador NÃO deve manter conversar de cunho pessoal com os clientes, e muito menos prover todas as informações, pois existem informações que são sigilosas e não devem ser passadas, então o atendente precisa saber avaliar que tipo de informação o cliente quer e quais informações a organização permite divulgar.

04. A possibilidade de baixar gratuitamente a música cantada por Zeca Baleiro pelo portal www.bb.com.br caracteriza uma ação de promoção de vendas.

CERTO. A promoção consiste em um conjunto de ferramentas de incentivo, a maioria de curto prazo, projetadas para estimular a compra mais rápida ou em maior quantidade de produtos ou serviços específicos. E no caso da questão, o estímulo dado aos clientes para adquirir gratuitamente a música, caracteriza-se em uma promoção.

05. Serviço é qualquer ação ou desempenho que uma parte possa oferecer a outra e que seja, essencialmente tangível, inseparável, variável e perecível. Essas características exigem estratégias de marketing específicas para empresas de serviços.

ERRADO. A questão apontou as 4 características dos serviços, porém o serviço é INTANGÍVEL (não podemos "pegar" ou ver antes de adquirir), e não TANGÍVEL como foi mencionado.

06. Primar pela qualidade em todos os processos é um dos papéis do atendente, mas ele deve sempre esperar a iniciativa da sua equipe ou do seu líder para resolver os problemas mais difíceis.

ERRADO. Primar pela qualidade realmente é um dos papéis do atendente, assim como a iniciativa, então ele não deve ficar esperando a equipe ou o líder para encontrar as soluções esperadas pelos clientes, ele deve ter a iniciativa de buscar a solução para os problemas, não importa se são difíceis ou não.

Anotações

_____
_____
_____
_____

Referências Bibliográficas

CHURCHILL JR., Gilbert A; PETER, J. Paul. Marketing: criando valor para os

clientes. São Paulo: Saraiva, 2002.

GONÇALVES, C; JAMIL, G; TAVARES, W. Marketing de Relacionamento – Data Base Marketing – Uma Estratégia Para Adaptação em Mercados competitivos. Rio de Janeiro: Axcel Books do Brasil, 2002.

GORDON, Ian. Marketing de relacionamento: estratégias, técnicas e tecnologias para conquistar clientes e mantê-los para sempre. 3. ed. São Paulo: Futura, 2000.

KOTLER, Philip. Administração de marketing: análise, planejamento, implementação e controle. 5. ed. São Paulo: Atlas, 1998.

KOTLER, Philip. Administração de Marketing: a edição do novo milênio. São Paulo: Prentice Hall, 2000.

KOTLER, Philip; AMSTRONG, Gary. Princípios de Marketing, 7ª ed., Ed. LTC, 1993.

KOTLER, P.; KELLER, K. L. Administração de marketing. 12.ed. São Paulo: Prentice Hall, 2006.

PORTER, M. E. Estratégias Competitivas: técnicas para análises de indústria da concorrência. 5ª edição, Rio de Janeiro, Campus, 1991.

ÍNDICE

CAPÍTULO 01 17
  Atualidades do Mercado Financeiro.. 17
    Introdução..17
    Neoliberalismo 17
    Organização Mundial do Comércio 18
    Globalização 19
    Tecnologia 20
    Blocos Econômicos ou Supranacionais...21
    O Atual Cenário Econômico Global 24
    A Crise de 2008 24
    Economia Brasileira 27
    Mercado Financeiro 28
    Sistema Financeiro Nacional 29
    Dinâmica do Mercado Financeiro 34
    Mercado Bancário..37

CAPÍTULO 01
Atualidades do Mercado Financeiro

Introdução

Os concursos estão diversificando sua forma de cobrar questões pertinentes a atualidades. Uma das novidades tem sido o tema Atualidades no Mercado Financeiro, que é, podemos dizer, um misto das matérias de Economia e Atualidades. Essa mudança acompanha o ritmo das informações, com o objetivo de verificar o quanto o candidato está comprometido com os temas relevantes do mundo atual.

O tema atualidades, porém, nem sempre está restrito a aspectos da atualidade imediata. Por isso, e visando a um melhor aproveitamento do conteúdo, partiremos de uma contextualização que tem início ainda na década de 90 do século XX. A partir daí, entenderemos toda a formação econômica do mundo atual. Muitas vezes, a resposta para questões que envolvem o mercado financeiro pode ser buscada em fatores com uma grande relevância histórica. Por exemplo, se entendermos a nova ordem mundial e a globalização, entenderemos a importância dos Estados Unidos na atual fase do capitalismo e, logo, entenderemos o impacto que a crise de 2008 teve na economia global, afetando inclusive a União Europeia e impactando nos países da Zona do Euro. Note-se como o problema econômico de hoje tem sua vinculação história atrelada a elementos do período pós-Guerra Fria.

A importância histórica de acontecimentos relevantes será destacada no seu material, que foi preparado com todo o cuidado e a atenção, objetivando um grande aproveitamento das informações no momento em que você mais precisará delas: a hora da sua prova.

Em um primeiro momento, abordaremos o contexto relacionado à formação das características econômicas atuais, para em seguida tratarmos sobre o mercado financeiro e apontarmos algumas diferenças conceituais que ajudarão a compreender o seu funcionamento. Logo depois, faremos uma análise da estrutura do Sistema Financeiro Nacional, sua evolução histórica e os números apresentados atualmente. Com base nas notícias mais relevantes divulgadas pelas mídias, veremos comentários sobre a dinâmica do mercado financeiro, sob o ponto de vista dos fatores que o influenciam. Na última parte, já familiarizados com o tema, destacaremos o que de mais importante vem acontecendo no mercado bancário - concentração, solvência de bancos, intervenção do Banco Central e influência da queda de juro no mercado serão alguns dos assuntos abordados.

Neoliberalismo

Talvez essa seja uma das expressões mais ouvidas a partir da década de 70 do século XX. Muito popular nos anos 1980, tal expressão foi difundida pela América e pela Europa como a alternativa que salvaria as economias comprometidas pelo processo inflacionário que se tornara insustentável devido ao modelo Keynesiano de condução da economia. Os Estados estavam "atolados" em dívidas e era necessária uma medida para resolver tais problemas econômicos. Nesse contexto surgiu e se desenvolveu o pensamento neoliberal.

O que se convencionou chamar de Neoliberalismo é uma prática político-econômica baseada nas ideias dos pensadores monetaristas (representados principalmente por Milton Friedman, dos EUA, e Friedrich August Von Hayek, da Grã Bretanha).

Após a Crise do Petróleo de 1973, tais pensadores começaram a defender a ideia de que o governo já não podia mais manter os pesados investimentos que havia realizado após a II Guerra Mundial, pois agora tinha déficits públicos, balanças comerciais negativas e inflação. O Estado possuía três características: empregador, empreendedor e assistencialista. Era o chamado Estado de bem-estar social, ou keynesiano.

Para resolver tais problemas, associados principalmente à inflação, foi retomada a ideia liberal de não-intervenção do Estado na economia. Tal ideia ganhou força depois que os conservadores venceram nas eleições do Reino Unido, em 1979 (ungindo *Margareth Thatcher* como Primeira Ministra - e aqui há maior relevância devido à morte da "Dama de Ferro", que aconteceu em maio de 2013) e dos Estados Unidos, em 1980 (eleição de Ronald Reagan para a presidência). Como consequência, o Estado passou apenas a preservar a ordem política e econômica, deixando as empresas privadas livres para investirem como quisessem. Além disso, os Estados passaram a desregulamentar e a privatizar inúmeras atividades econômicas antes controladas por eles.

Características do Neoliberalismo

> Mínima participação estatal nos rumos da economia de um país;
> Pouca intervenção do governo no mercado de trabalho;
> Política de privatização de empresas estatais;
> Livre circulação de capitais internacionais e ênfase na globalização;
> Abertura da economia para a entrada de multinacionais;
> Adoção de medidas contra o protecionismo econômico;
> Desburocratização do Estado: leis e regras econômicas mais simplificadas para facilitar o funcionamento das atividades econômicas;
> Diminuição do tamanho do Estado, com vistas a torná-lo mais eficiente;
> Posição contrária aos impostos e tributos excessivos;
> Aumento da produção, como objetivo básico para atingir o desenvolvimento econômico;
> Posição contrária ao controle de preços dos produtos e serviços por parte do Estado, ou seja, a lei da oferta e demanda é suficiente para regular os preços;
> A base da economia deve ser formada por empresas privadas;
> Defesa dos princípios econômicos do capitalismo.
> Principais órgãos de defesa das ideias e práticas do neoliberalismo:
> FMI - Fundo Monetário Internacional;
> BIRD - Banco Internacional de Reconstrução e Desenvolvimento;
> OMC - Organização Mundial do Comércio.

Organização Mundial do Comércio

A OMC foi estabelecida em 1995, mas a maior parte do trabalho atual da organização decorre de negociações anteriores, ocorridas durante a chamada a Rodada Uruguai (1986-1994) e por meio do Acordo Geral sobre Tarifas e Comércio (GATT). A OMC também abriga novas negociações, no âmbito da Rodada de Doha para o Desenvolvimento, lançada em 2001, que atualmente está travada.

Quais são as funções da OMC?

Podemos apontar entre as principais atribuições da OMC: negociar a redução e eliminação de obstáculos comerciais entre os países (exemplo: as tarifas de importação e outras barreiras comerciais). Evidentemente, não é apenas isso. A OMC também lida com regras que regem a conduta do comércio internacional (como subsídios antidumping, padrões de produtos etc.).

Administrar e monitorar o cumprimento de seus acordos comerciais e realizar fóruns para negociações também são atribuições da OMC, além de lidar com disputas comerciais, monitorar as políticas comerciais nacionais, dar assistência técnica e treinamento para os países em desenvolvimento e cooperar com outras organizações internacionais.

Como são os acordos da OMC?

Os acordos da OMC abrangem bens, serviços e propriedade intelectual. Eles englobam os princípios de liberalização de comércio e exceções permitidas. Incluem, ainda, compromissos de cada país sobre reduções de tarifas alfandegárias e outras barreiras comerciais, além de buscarem abrir e manter mercados de serviços abertos. Eles também estabelecem procedimentos para a resolução de litígios.

Esses acordos não são estáticos, visto que são renegociados ao longo do tempo e novos acordos podem ser adicionados ao pacote. Muitos deles têm sido negociados no âmbito da Agenda de Desenvolvimento de Doha, lançada pelos ministros de comércio da OMC em Doha, no Qatar, em novembro de 2001.

Como ocorrem as disputas na OMC?

Os países levam as disputas à OMC se acham que seus direitos sob os acordos estão sendo violados. Julgamentos por peritos especialmente designados e independentes são baseados em interpretações dos acordos e compromissos de cada país.

Quem é o responsável por comandar a OMC?

A OMC é comandada por seus membros de governo. Ela é composta por 159 países atualmente. As grandes decisões são tomadas pelos membros como um todo. Nesse caso, estão incluídos ministros (que normalmente se encontram pelo menos uma vez a cada dois anos) e seus embaixadores ou representantes (que se reúnem regularmente em Genebra, na Suíça). Como é dirigida pelos membros, a OMC tem uma secretaria para coordenar as atividades.

A secretaria é composta por mais de 700 representantes e seus especialistas (como, por exemplo, economistas, estatísticos, advogados e especialistas em comunicação). Tais profissionais auxiliam os membros da OMC para garantir, entre outras coisas, que as negociações avancem e que as regras do comércio internacional sejam corretamente aplicadas. Localizada em Genebra, a organização tem um orçamento anual de cerca de US$ 180 milhões (€ 130 milhões). As três línguas oficiais da OMC são inglês, francês e espanhol.

O que faz o diretor-geral da OMC?

A direção-geral do órgão é a principal instância na administração do sistema comercial internacional e é escolhida pelos membros da OMC para um período de quatro anos. O diretor é responsável por supervisionar as decisões tomadas pelos membros de governo. Ele também supervisiona a secretaria. Entretanto, destaca-se que o **diretor-geral da OMC não pode definir políticas nem tem voz sobre a agenda da instituição**. Quem define os rumos das negociações são os países-membros e as decisões são tomadas por consenso - ou seja, qualquer país pode vetar uma medida e travar as negociações. Apesar de o cargo ser essencialmente administrativo, não quer dizer que não tenha importância. Cabe ao titular administrar os debates, costurando consensos e contornando discordâncias - o que exige ampla capacidade de negociação e habilidades diplomáticas.

Quais são os desafios do diretor no cargo?

Por estar à frente da principal organização de comércio mundial, é crucial que o diretor tenha experiência em negociações e relações exteriores e diplomáticas, tendo em vista que a OMC é uma das organizações da linha de frente da política internacional. Um dos desafios do diretor-geral atualmente é destravar a Rodada de Doha, atualmente um impasse na OMC - trata-se da negociação de um pacote de novas regras de liberalização e facilitação do comércio. Frustrados por essa paralisação, muitos países passaram a buscar a ampliação do comércio com acordos bilaterais e regionais.

Brasileiro Roberto Azevêdo vence mexicano e vai comandar a OMC

É a primeira vez que um brasileiro assume o comando da entidade.

O diplomata brasileiro Roberto Azevêdo foi escolhido o próximo diretor-geral da Organização Mundial do Comércio (OMC), o órgão máximo do comércio internacional, a partir de setembro, segundo o Ministério das Relações Exteriores (Itamaraty). O anúncio é informal; a confirmação oficial será feita pela OMC na quarta-feira (8). A decisão ainda será formalizada em reunião entre os países membros na próxima semana.

A disputa final ficou entre o brasileiro, que contou com o apoio dos países emergentes e em desenvolvimento, e o mexicano Hermínio Blanco, visto como candidato dos países ricos.

Nove candidatos se apresentaram para suceder o francês Pascal Lamy, que deixará seu posto no fim de agosto. Lamy está no cargo desde 2005.

Saíram da disputa, na primeira fase da seleção, os quatro candidatos que conseguiram menor apoio por parte da consulta feita com os 159 países-membros da OMC: Alan John Kyerematen (Gana), Anabel González (Costa Rica), Amina Mohamed (Quênia) e Ahmad Thougan Hindawi (Jordânia). Na segunda fase, deixaram a disputa o neozelandês Tim Groser, o sul-coreano TaehoBark e a indonésia Mari Pangetsu.

É a segunda vez que o Brasil tenta emplacar no comando do órgão. Em 2005, quando Pascal Lamy foi eleito, o Brasil lançou Luiz Felipe de Seixas Corrêa para o posto. Desde sua fundação, em 1995, nunca um brasileiro ocupou a presidência da OMC, responsável por conduzir as rodadas que visam à liberalização do comércio mundial.

Um dos grandes desafios do novo chefe da OMC será reativar as negociações da Rodada Doha para liberalizar o comércio mundial, em ponto morto há anos.

Fonte: http://g1.globo.com/economia/noticia/2013/05/brasileiro--roberto-azevedo-vence-mexicano-e-vai-comandar-omc.html.

Azevêdo volta a defender acordos multilaterais para comércio mundial

O diretor-geral eleito da Organização Mundial do Comércio (OMC), Roberto Azevêdo, voltou a defender nesta terça-feira (21) o fortalecimento das negociações multilaterais como maneira de trazer mais vantagens para o comércio entre países.

'Não somos contra eles [acordos bilaterais ou regionais], nem o governo brasileiro nem a OMC. São acordos que têm a sua própria dinâmica. Mas não trazem os benefícios e as vantagens que um acordo multilateral com 159 países traz', disse Azevêdo ao deixar a sede do Ministério da Fazenda, em Brasília, onde se reuniu com o ministro Guido Mantega.

Azevedo disse que Mantega não fez nenhum pedido durante o encontro que, segundo ele, serviu para que conversassem 'sobre as maneiras de fortalecer o sistema multilateral de comércio'.

'Esse foi, desde o começo, o propósito do governo brasileiro quando apresentou a minha candidatura: de ter uma pessoa que pudesse fazer com que o multilateralismo voltasse a funcionar, voltasse a atuar de maneira consequente, com resultados', disse.

Ele informou que ainda esta semana deve se reunir com a presidente Dilma Rousseff.

Fonte: http://g1.globo.com/economia/noticia/2013/05/azevedo--volta-defender-acordos-multilaterais-para-comercio-mundial.html.

Globalização

Conceito: Processo de integração do espaço mundial, caracterizado pelo fluxo intenso de capitais, serviços, produtos e tecnologias entre os países. Entre outros fatores, ela criou uma interdependência entre os mercados financeiros, em escala mundial, encurtou distâncias e barateou a informação.

Quando analisamos o termo Globalização, precisamos ressaltar que esse é um processo antigo, apesar de o termo ser relativamente recente. Entendemos globalização como o "aumento de trocas em escala global". É um processo econômico, social, político, cultural, que estabelece uma integração entre os países e as pessoas do mundo, tornando-o assim um lugar quase comum. Por meio dessa integração, as pessoas, os governos e as empresas trocam ideias, realizam transações financeiras e comerciais e espalham aspectos culturais por todo o globo. Assim, o mundo é transformado numa grande ALDEIA GLOBAL, as distâncias aparentam ser mais curtas facilitam-se as relações culturais e econômicas, que ganham dinamismo no contexto atual.

As "globalizações" ao longo da história

→ **Primeira Globalização: Império Romano**

O Império Romano foi o primeiro grande agregador de valores. Ele dominava todo o mundo dito "civilizado" de então e estendeu sobre todos os seus domínios uma relação cultural, social e econômica. Sua atuação se intensificou principalmente após o Edito de Caracala, de 212 d. C., quando a cidadania romana foi ampliada e concedida para todos os moradores dentro dos limites do império. Até hoje há resquícios da cultura romana em nossa língua, no direito, no conceito de urbano, nas relações políticas etc.

→ **Segunda Globalização: Idade Moderna - Grandes Navegações e Renascimento**

Durante a Idade Moderna (1453 - 1789), as Grandes Navegações permitiram uma integração entre três etnias diferentes: branco europeu, índio americano e negro africano. Essa fusão étnica foi muito além do campo genético e também influenciou as esferas sociais, possibilitando uma miscigenação fundamentada na multiculturalidade. Infelizmente, por muito tempo predominou a visão etnocêntrica, mas é inegável o fato de que a cultura e a sociedade que emergiram desse processo apresentam em si os elementos nítidos desse hibridismo.

→ **Terceira Globalização: Neocolonialismo**

No século XIX, as nações industrializadas da Europa partiram em busca de novos mercados, novas fontes de energia, novas áreas de exploração e partilharam entre si a África e a Ásia, dando origem já naquela época ao embrião de muitos conflitos na atualidade. A expansão cultural e econômica também acabou gerando como resultado uma integração desses diferentes espaços. Vale lembrar, contudo, que nessa época a integração se dava a partir da imposição cultural, econômica e social das potências dominantes.

→ **Quarta Globalização: Século XX - A partir dos anos 70**

Nenhum tipo de movimento é instantâneo em sua forma de organização. Seus precedentes ocorrem muito tempo antes de o movimento ocorrer. A atual fase da Globalização se torna mais nítida a partir do fim da Guerra Fria e do estabelecimento da Nova Ordem Mundial, mas seu início remonta à década de 70 do século XX, quando começou a 3ª Revolução Industrial.

A 3ª Revolução Industrial, também pode ser chamada de TÉCNICO-CIENTÍFICA-INFORMACIONAL, visto que apresenta elementos como: nanotecnologia, biotecnologia, robótica, informática, energia nuclear, expansão da indústria farmacêutica e aceleração no trânsito das informações.

Existem, porém, aqueles que não participam integralmente do processo de Globalização. Podemos defini-los em dois grupos:

Autoexcluídos: optam pela exclusão. Os motivos são basicamente: religioso (exemplo da comunidade Amish, nos Estados Unidos, cujos integrantes são conservadores e escolheram não partilhar das novidades tecnológicas do mundo contemporâneo) ou político (como é o caso da Coreia do Norte, que restringe o acesso tecnológico da população por uma escolha do governo).

Excluídos: A exclusão se dá por motivos políticos (Cuba, por exemplo, que, depois do Embargo Econômico, viu suas possibilidades comerciais extremamente reduzidas) e econômicos (alguns países africanos, por exemplo, como a Eritréia, que, devido a suas condições sociais, não têm acesso às tecnologias da Globalização).

Sociedade Tecnológica

Uma das marcas da civilização contemporânea diz respeito às rápidas mudanças estruturais nas formas de organização, principalmente relacionadas ao trabalho, que ganhou impulso com a revolução dos transportes e das comunicações. Tal revolução também possibilitou o processo de globalização devido à diminuição das distâncias entre os povos, resumidamente pela quebra das barreiras a livre circulação do capital, das mercadorias, das pessoas, da cultura, do conhecimento, da informação, etc.

Empresas Multinacionais e Transnacionais

Empresas multinacionais e transnacionais são termos que ficaram muito conhecidos durante a Guerra Fria e se tornaram ainda mais populares depois do fim do mundo bipolar. Alguns autores entendem que as expressões multinacional e transnacional são sinônimas, mas há aqueles também que as consideram diferentes e seguem a definição abaixo:

Multinacionais: são empresas que mantêm filiais em vários países do mundo, comandadas a partir de uma sede situada no país de origem.

Transnacionais: são empresas cujas filiais não seguem as diretrizes da matriz, pois possuem interesses próprios e às vezes conflitantes com os do país no qual se originaram. Ou, ainda, são aquelas empresas que procuram se adaptar às singularidades e à cultura do país em que se encontram instaladas.

Tecnologia

Revolução Tecnocientífica

A rápida evolução e a popularização das tecnologias da informação (computadores, telefones e televisão) têm sido fundamentais para agilizar o comércio e as transações financeiras entre os países. Em 1960, um cabo de telefone intercontinental conseguia transmitir 138 conversas ao mesmo tempo.

Atualmente, com a invenção dos cabos de fibra óptica, esse número sobe para l,5 milhão. Uma ligação telefônica internacional de 3 minutos, que custava cerca de 200 em 1930, hoje em dia é feita por US$ 2. O número de usuários da Internet, rede mundial de computadores, é de cerca de 50 milhões e tende a duplicar a cada ano, o que faz dela o meio de comunicação que mais cresce no mundo. O maior uso dos satélites de comunicação permite que alguns canais de televisão - como as redes de notícias CNN, BBC e MTV - sejam exibidos instantaneamente para diversos países.

Tudo isso permite uma integração mundial sem precedentes.

A Internet

Antes de 1994, a internet até existia, mas o acesso a ela era restrito a militares e pesquisadores. Para piorar, no início, a rede mundial de computadores servia basicamente para troca de emails, já que as páginas da web ainda não haviam sido inventadas.

Como significativa parte das tecnologias, o desenvolvimento da internet também começou para fins militares. Em plena Guerra Fria, os Estados Unidos buscavam uma forma descentralizada de comunicação e armazenamento de dados, que continuasse ativa mesmo que parte dela fosse bombardeada, por exemplo.

Tal rede foi desenvolvida em ambiente acadêmico, mas com o financiamento de um órgão militar especialmente construído para esse fim, em 1958, a *Advanced Research Projects Agency* (ARPA), que estava diretamente vinculada ao Departamento de Defesa dos EUA.

A internet começou a ficar ainda mais interessante com o surgimento da *World Wide Web* (WWW), em 1990. Ela se tornou o símbolo maior da chamada Revolução das Comunicações.

Gerações X, Y e Z

Definir gerações tecnológicas parece estar na moda. É assim: conforme o ano de nascimento, o indivíduo pode fazer parte da geração X, Y ou Z.

→ X: nascidos até 1980
→ Y: nascidos entre 1980 e 1991
→ Z: nascidos após 1991

De acordo com esse conceito muito usado em estudos sobre tecnologia, quanto mais ao final do alfabeto um indivíduo se encontrar, mais "conectado" será. Mas, como toda ideia que rotula e separa as pessoas em grupos, essa também traz alguns problemas.

O primeiro deles é que uma pessoa da geração X, por exemplo, pode acabar acreditando, de uma maneira equivocada, que nunca poderá acompanhar as mudanças tecnológicas e dominar as novas ferramentas de trabalho como as gerações posteriores, que caminham livremente e de maneira muito segura por essas áreas.

Os representantes das gerações Y e Z sentem-se especiais por saberem transitar pelas diferentes tecnologias com total domínio e segurança e acreditam que, por isso, seu sucesso profissional está assegurado. Mas o que eles ainda não sabem é que só isso não basta. Uma das coisas que a geração X pode ensinar é a experiência acerca das "ciladas" do mercado financeiro, e isso se aplica também ao Vale do Silício.

Redes Sociais

As Redes Sociais mais conhecidas e difundidas são aquelas relacionadas ao mundo virtual. Assim sendo, podemos entendê-las como relações entre os indivíduos na comunicação por computador - o que também pode ser chamado de interação social, cujo objetivo é conectar pessoas, proporcionar a comunicação e, portanto, utilizar laços sociais dentro de um processo associativo.

Quais são as redes sociais na Internet? Resposta simples: redes sociais na Internet são as páginas da web que facilitam a interação entre os membros em diversos locais. Elas existem para proporcionar meios diferentes e interessantes de interação.

Atualmente, existem vários sites da rede social que operam mundialmente.

O site Compete divulgou a lista das redes sociais mais acessadas do mundo.

→ *Facebook* - 1.191.373.339 de *views* por mês
→ *MySpace* - 810.153.536
→ *Twitter* - 54.218.731
→ *Flixster* - 53.389.974
→ *Linkedin* - 42.744.438
→ *Tagged* - 39.630.927
→ *Classmates* - 35.219.210

- MyYear Book - 33.121.821
- Live Journal - 25.221.354
- Imeem - 22.993.608
> Valores aproximados

Redes sociais influenciam metade dos paulistanos a comprar pela web

Pesquisa da Fecomercio SP com mil internautas foi feita em maio de 2012. Na capital, 87,94% dos internautas fazem parte de alguma rede social.

Pesquisa com cerca de mil internautas de São Paulo revelou que informações veiculadas nas chamadas redes sociais, como *Orkut, Facebook* e *Twitter,* influenciam as decisões de compra, pela internet ou não, de 48,64% dos consultados. O estudo foi feito pela Federação do Comércio de Bens, Serviços e Turismo do Estado de São Paulo (Fecomercio SP), em maio.

A grande maioria dos internautas paulistanos participa de redes sociais. Na capital, 87,94% dos internautas fazem parte de alguma dessas redes, índice que aumenta para 92,08% na faixa entre 18 e 35 anos.

Deste total de internautas, cerca de um quarto (25,17%) fazem compras por meio das redes sociais. Dos que ainda não o fizeram, 18,79% se mostraram propensos a aderir a este tipo de compra, segundo a pesquisa.

A pesquisa sobre o comportamento dos usuários da internet tem por objetivo identificar hábitos de consumo na rede mundial de computadores, uso de redes sociais e questões relacionadas aos crimes eletrônicos e será divulgada pela Fecomercio SP no 4º Congresso de Crimes Eletrônicos e Formas de Proteção, que acontece nesta quinta (23) e sexta-feiras (24).

O *Facebook* é a rede social mais popular entre os internautas, com a preferência de 90,02% dos paulistanos em 2012, aumento de 35,98% em relação ao ano passado. O *Twitter* também teve um aumento expressivo, de 11,89 pontos percentuais, e agora é utilizado por 30,95% dos internautas, conforme apontou o estudo.

Além disso, os pesquisadores constataram que mais da metade dos paulistanos utilizam a internet para fazer compras, o chamado *e-commerce*: 62,71% do total de internautas consultados, o que representa um crescimento de 11,21% em relação a 2011. A praticidade no momento de efetuar a compra é o principal motivo apontado, seguido por preço e confiança na empresa. Além disso, citaram variedade de produtos e o marketing como vantagens em relação à compra presencial.

Em contrapartida, o medo de fraudes é o que mais afasta o internauta das compras *onlines*, índice que subiu de 52,69% em 2011 para 61,04% neste ano. O custo final da compra, com o valor do frete embutido, por outro lado, deixou de ser um empecilho para a maior parte dos usuários. Hoje, a questão é apontada somente por 2,16% dos internautas, uma taxa 15,5 pontos percentuais abaixo da registrada em 2011. Porém, também aumentou receio de não receber um produto, situação que agora aflige 10,39% dos paulistanos.

Em relação ao quesito segurança, cresceu o número de internautas que já foi vítima de algum crime eletrônico. Segundo a pesquisa, atualmente este total é de 12,76% contra 8,48% registrados no ano anterior. A não entrega do produto comprado é o crime mais comum, atingindo 28,13% dos internautas que afirmaram já terem sido vítimas de algum crime eletrônico.

Em seguida, afetando 21,09% deste público, está a clonagem de cartão.

Em terceiro lugar, empatados com 10,16%, estão o uso de dados pessoais, compras indevidas realizadas por meio do cartão de crédito e o desvio de dinheiro da conta bancária, que até 2011 era o crime mais comumente praticado por meio eletrônico. Segundo a pesquisa, ao menos 27,34% dos internautas que foram vítimas de um crime eletrônico não voltam a realizar compras pela internet.

Blocos Econômicos ou Supranacionais

São blocos que, por meio de tratados diplomáticos ou pela própria dinâmica dos fluxos econômicos, facilitam a circulação de mercadorias e capitais e configuram mercados interiores. Essa tendência, de regionalização, manifesta-se com toda sua profundidade na União Europeia, mas aprece, sob formas diferentes, na América e na macrorregião da Ásia-Pacífico.

União Europeia

A UE (União Europeia) é um bloco econômico, político e social de 27 países europeus que participam de um projeto de integração política e econômica. Os países integrantes são: Alemanha, Bélgica, França, Holanda, Itália e Luxemburgo (em 1957 criaram a Comunidade Econômica Europeia para promover a livre circulação de pessoas, mercadorias e serviços entre os países), Dinamarca, Irlanda e Reino Unido (que entraram no grupo em 1973), Grécia (desde 1981), Espanha e Portugal (desde 1986), Áustria, Finlândia e Suécia (desde 1995), Chipre, República Tcheca, Estônia, Hungria, Letônia, Lituânia, Malta, Polônia, Eslováquia e Eslovênia (desde 2004), Bulgária e Romênia (desde 2007). Esses países são politicamente democráticos, com um Estado de direito em vigor.

- **Os tratados que definem a União Europeia são:**
  > Tratado da Comunidade Europeia do Carvão e do Aço (CECA);
  > Tratado da Comunidade Econômica Europeia (CEE);
  > Tratado da Comunidade Europeia da Energia Atômica (EURATOM);
  > Tratado da União Europeia (UE); e
  > Tratado de Maastricht, que estabelece fundamentos da futura integração política.

Neste último tratado, se destacam acordos de segurança e política exterior, assim como a confirmação de uma Constituição Política para a União Europeia e a integração monetária, por meio do Euro.

Para o funcionamento de suas funções, a União Europeia conta com instituições básicas como o Parlamento, a Comissão, o Conselho e o Tribunal de Justiça. Esses órgãos possuem representantes de todos os países membros.

Zona do Euro: com o propósito de unificação monetária e facilitação do comércio entre os países membros, a União Europeia adotou uma única moeda. A partir de janeiro de 2002, os países membros (principal exceção é o Reino Unido) adotaram o euro para livre circulação na chamada Zona do Euro, que envolve 17 países.

Em referendo, Croácia aprova entrada na União Europeia

ZAGREB - A Croácia votou neste domingo a favor da entrada na União Europeia em 2013, descartando preocupações sobre os problemas econômicos no bloco, de acordo com resultados oficiais preliminares de um referendo. Com 38% dos votos apurados, 67% disse 'Sim' para se tornar o 28º membro do bloco, informou a comissão eleitoral estatal, mais de duas décadas depois de o país deixar o regime socialista da Iugoslávia.

Este é um grande dia para a Croácia e 2013 será um ponto de virada em nossa história. Estou ansioso para ver toda a Europa se tornar minha casa - disse o presidente Ivo Josipovic depois de votar.

A União Europeia aceitou a Croácia como integrante a partir do dia 1º de julho de 2013, depois de completar sete anos de duras negociações em junho do ano passado.

O país será o segundo membro da república iugoslava a ingressar no bloco, seguindo os passos da Eslovênia em 2004. Opositores disseram que este é o momento errado porque a União Europeia não é mais o que foi um dia, dada a crise da dívida que ameaça a moeda única. Houve ainda quem reclamasse de não saber o que se tornar um membro da UE significará para o país de 4,3 milhões de habitantes.

ALCA e NAFTA, a Estratégia Norte-Americana

Durante seu governo, no início da década de 90, o Presidente George Bush passou a defender "a iniciativa para as Américas". Essa iniciativa consistia numa proposta para criação de uma área de livre comércio para todos os países da América, à exceção de Cuba (que, como já dissemos, sofre um embargo econômico norte-americano). Nascia, então, a proposta de criação da ALCA - Acordo de Livre Comércio para as Américas.

Este acordo foi definido na Cúpula das Américas realizada em Miami, em 1994. Inicialmente, a proposta tinha como objetivo criar uma zona de livre comércio na América. Mas tal proposta não incluía, por exemplo, o livre trânsito de pessoas, capital, tecnologias e mercadorias, tampouco propunha a unificação de tarifas e impostos entre os países membros. Da forma como estava delineada, a ALCA favoreceria, sobretudo, os Estados Unidos. Como era impossível uma rápida implantação da ALCA, os países da América Latina, principalmente o Brasil, contestaram a proposta, justamente por ela não incluir questões sociais, ficando restrita ao âmbito econômico. Diante disso, os EUA elaboram um projeto alternativo, criando o NAFTA - Mercado Livre da América do Norte.

NAFTA

O Tratado Norte-Americano de Livre Comércio (*North American Free Trade Agreement*), ou NAFTA, é um tratado que envolve Canadá, México e Estados Unidos da América numa ideia de livre comércio, com custo reduzido para troca de mercadorias entre os três países. Em 1º de janeiro de 1994, efetivamente o NAFTA entrou em vigor com um prazo de 15 anos para a total eliminação das barreiras alfandegárias entre os três países. O prazo expirou e as barreiras ainda continuam. Juntos, os países que compõem o NAFTA somam uma população de 417,6 milhões de habitantes, produzindo um PIB de US$ 11.405,2 trilhões. Diferentemente da União Europeia, o NAFTA não cria um conjunto de corpos governamentais supranacionais, nem cria um corpo de leis que seja superior à lei nacional.

APEC

A APEC (Cooperação Econômica da Ásia e do Pacífico) abrange economias asiáticas, americanas e da Oceania. Sua criação está relacionada à crescente interdependência das economias da região da Ásia-Pacífico. A APEC foi criada, em 1989, inicialmente apenas como um fórum de discussão entre países da ASEAN (*Association of the South East Asian Nations*) e alguns parceiros econômicos da região do Pacífico. Em 1993, ela se tornou oficialmente um bloco econômico na Conferência de Seattle, quando os países se comprometeram a transformar o Pacífico numa área de livre comércio.

A APEC tem vários membros, tais como: Austrália; Canadá; Chile; China; Hong Kong; Indonésia; Japão; Coréia do Sul; México; Nova Zelândia; Papua *New Guinea*; Peru; Filipinas; Rússia; Cingapura; Taipei; Tailândia; Estados Unidos e Vietnam.

ASEAN

A Associação das Nações do Sudeste Asiático foi criada em 1967, na Tailândia, e tem como objetivo principal garantir a estabilidade política, como uma forma de acelerar o progresso desenvolvimentista no sudeste asiático. A ASEAN apresenta programas de cooperação em áreas como transportes, educação e energia. No ano de 1992, os membros (Filipinas, Brunei, Camboja, Laos, Malásia, Mianmar Cingapura Indonésia, Tailândia, Vietnã) assinaram um acordo com o objetivo de eliminar as barreiras econômicas e alfandegárias.

MERCOSUL

A criação do MERCOSUL se deu exatamente no contexto de fim da Guerra Fria e adoção da política Neoliberal. Os países da América do Sul estavam há anos sufocados por regimes ditatoriais que, sem dúvida nenhuma, haviam criado um processo inflacionário quase incontrolável. Isso era nítido no Brasil durante o governo de José Sarney, que deu início às articulações para a criação do bloco, o qual foi consolidado durante a administração de Fernando Collor de Melo.

O MERCOSUL foi oficialmente criado em março de 1991, pelo Tratado de Assunção entre Brasil, Argentina, Paraguai e Uruguai. Tratava-se de uma continuidade e expansão do que já havia sido acordado pelos Presidentes José Sarney (Brasil) e Raul Alfonsin (Argentina).

Um dos objetivos do MERCOSUL foi justamente reforçar as economias regionais e tornar o Cone Sul uma região reconhecida internacionalmente no aspecto econômico e competitivo.

Na década de 1990, o MERCOSUL entrou em negociações com a União Europeia, o que resultou na assinatura do primeiro acordo interblocos econômicos, o Acordo Marco Inter-regional de Cooperação União Europeia - MERCOSUL, assinado em Madrid em dezembro de 1995.

→ **Sai Paraguai, entra Venezuela**
A saída do Paraguai do Mercosul e seu isolamento

Por Maíra Vasconcelos, de Montevidéu, especial para o Blog

O atual governo paraguaio passará por um isolamento político, após ser suspenso das reuniões do Mercado Comum do Sul (Mercosul), ao menos até as próximas eleições presidenciais, em abril de 2013. O mandato de nove meses, a ser cumprido por Federico Franco, e o processo que conduzirá o país às próximas eleições, será monitorado pelo Mercosul, que de acordo com o cenário político internacional, poderá prolongar o prazo de suspensão. Com o Paraguai temporariamente carta fora do jogo, a crise interna do país foi a oportunidade vista pelo Mercosul para crescer com a inclusão da Venezuela.

A União Europeia e o MERCOSUL
UE interrompe negociações com Paraguai e Mercosul devido à saída de Lugo

Agência Brasil (Correio Braziliense)

A destituição do então presidente do Paraguai, Fernando Lugo, em junho, levou a União Europeia a interromper as negociações em curso não só com os paraguaios, como também com os demais países do Mercosul. A decisão foi anunciada ontem (18) pela missão de deputados do Parlamento Europeu, que visitou nos últimos dias Assunção, a capital paraguaia. Porém, serão mantidos os programas de apoio e cooperação já existentes com o país.

[...]

Lugo foi destituído do poder após a conclusão de um processo de *impeachment*, que levou menos de 24 horas, aprovado pela Câmara e pelo Senado. Ele foi substituído pelo vice-presidente da República, Federico Franco, no entanto, diz que foi vítima de um golpe de Estado. Lugo anunciou que será candidato ao Senado - que dispõe de 45 vagas.

A destituição de Lugo levou o Mercosul e a União de Nações Sul-Americanas (Unasul) a suspender o Paraguai de reuniões e debates até as eleições de 2013. Para os líderes internacionais, houve uma ruptura democrática no país.

Em entrevistas coletivas concedidas durante a visita a Assunção, os parlamentares europeus se disseram preocupados com os danos à imagem internacional do Paraguai pela suspeita de ruptura da ordem institucional e social.

UNASUL

A União de Nações Sul-Americanas (UNASUL) é formada pelos doze países da América do Sul. O tratado constitutivo da organização foi aprovado durante Reunião Extraordinária de Chefes de Estado e de Governo, realizada em Brasília, em 23 de maio de 2008. Nove países já depositaram seus instrumentos de ratificação, entre eles o Uruguai, que, sendo o último, em dezembro de 2010, completou o número mínimo de ratificações necessárias para a entrada em vigor do Tratado, no dia 11 de março de 2011.

A UNASUL tem como objetivo construir, de maneira participativa e consensual, um espaço de articulação no âmbito cultural, social, econômico e político entre seus povos. Prioriza o diálogo político, as políticas sociais, a educação, a energia, a infraestrutura, o financiamento e o meio ambiente, entre outros, com vistas a criar a paz e a segurança, eliminar a desigualdade socioeconômica, alcançar a inclusão social e a participação cidadã, fortalecer a democracia e reduzir as assimetrias no marco do fortalecimento da soberania e independência dos Estados.

→ **Segundo dispõe o texto do Tratado, os seguintes órgãos compõem a estrutura institucional da UNASUL:**
> Conselho de Chefes de Estado e de Governo;
> Conselho de Ministros das Relações Exteriores;
> Conselho de Delegados; e
> Secretaria Geral.

Está prevista ainda a constituição de Conselhos de nível Ministerial e Grupos de Trabalho. Com exceção da Secretaria Geral, essas instâncias já se encontram em plena atividade.

→ **A UNASUL conta hoje com oito conselhos ministeriais:**
> Energia;
> Saúde;
> Defesa;
> Infraestrutura e Planejamento;
> Desenvolvimento Social;
> Problema Mundial das Drogas;
> Educação, Cultura, Ciência, Tecnologia e Inovação;
> Economia e Finanças.

→ **A UNASUL conta ainda com dois Grupos de Trabalho:**
> Integração Financeira (agora subordinado ao Conselho de Economia e Finanças); e
> Solução de Controvérsias em Matéria de Investimentos (em cujo âmbito estuda-se a possibilidade de criar mecanismo de arbitragem, Centro de Assessoria Legal e código de conduta para membros de tribunais arbitrais).

OMC

Anteriormente chamada GATT - General *AgreementonTariffsand Trade*, a Organização Mundial do Comércio (OMC) é a organização multilateral que fixa normas estabelecidas para reger o comércio internacional. Sua missão é criar regras para o comércio entre seus aderentes, seguindo o princípio do Neoliberalismo, segundo o qual não devem existir barreiras (como impostos de importação) para a compra e a venda de produtos.

Podemos entender que a OMC busca reduzir os obstáculos para as relações de integração comercial e também procura elaborar um novo código de normas comerciais, atuando como instrumento de ação internacional no desenvolvimento do comércio.

Regras - apesar do caos que a economia possa parecer, os organismos econômicos tentam (às vezes de maneira inútil) estabelecer regras para o funcionamento das suas estruturas. As leis da OMC são negociadas entre seus membros. Todos têm poder de voto igual. Os acordos são feitos nas chamadas rodadas de negociação (as famosas Rodadas de Doha).

Membros da OMC admitem fracasso parcial da Rodada Doha

"A conferência ministerial da OMC (Organização Mundial do Comércio), que terminou neste sábado em Genebra, fracassou em eliminar as diferenças de posições para concluir as negociações da Rodada de Doha.

Os 159 países que integram a OMC reconhecem que, apesar do compromisso total e dos esforços intensificados para concluir a agenda da Rodada de Doha, 'as negociações estão em um beco sem saída', segundo a declaração final.

'Nesse contexto, é pouco provável que todos os elementos da Rodada de Doha terminem simultaneamente no futuro próximo', reconheceu o documento.

'O contexto político e econômico de hoje é muito diferente do que havia há dez anos', quando foram iniciadas as negociações desta rodada, em Doha, capital do Qatar, reconheceu o presidente da conferência, o ministro do Comércio da Nigéria, Olusegun Aganga.

A ascensão dos países emergentes, como Brasil, China e Índia no novo panorama do comércio mundial e a crise da dívida na Europa, que ameaça a economia mundial com a recessão, estão fazendo com que o ambiente seja pouco propício para a abertura dos mercados".

O Atual Cenário Econômico Global
BRICS

Em 2001, o economista britânico Jim O´Neill se referiu aos quatro mais importantes países emergentes: Brasil, Rússia, Índia e China. Tal estudo cunhou a expressão BRIC e especulou que, em 2050, o grupo poderá constituir a maior força econômica mundial, superando a União Europeia.

Tal afirmativa ganhou força e notoriedade com a crise econômica enfrentada pela Europa, que tem refletido diretamente sobre os trabalhos da União Europeia. Durante o ano de 2009, Brasil, Rússia, Índia e China formalizaram um grupo diplomático para discussão de iniciativas econômicas e também ações e/ou posições políticas conjuntas que realiza todo ano reuniões com seus chefes de Estado. A África do Sul (maior economia do continente africano) foi convidada a participar do grupo em 2011, acrescentando o S à sigla. O BRICS não é um bloco econômico como o MERCOSUL, nem político como a União Europeia ou militar como a OTAN. Trata-se de um conceito que está ligado aos grandes mercados emergentes, mas que nada diz sobre o modelo econômico ou a situação política e social de cada uma de suas quatro nações. "Nessa questão ainda há muito a percorrer, principalmente para a China e a Índia, que possuem milhões de pessoas em condições muito precárias de vida", afirma André Martin, professor de Geografia Política da Faculdade de Filosofia, Letras e Ciências Humanas da Universidade de São Paulo (USP).

G - 20

Sigla para o Grupo dos 20. Ele reúne 20 países desenvolvidos e emergentes, que, juntos, representam 85% do PIB do planeta, 80% do comércio global e dois terços da população mundial. O G-20 foi criado durante a reunião de cúpula do G7 (atual G8), em junho de 1999. Em 26 de setembro do mesmo ano, foi estabelecido formalmente, na reunião de ministros de finanças. A reunião inaugural aconteceu em 15 e 16 de dezembro em Berlim. O Grupo dos 20 foi proposto como uma nova alternativa para cooperação e consulta nas matérias que dizem respeito ao sistema financeiro internacional. Estuda, revisa e promove a discussão entre os principais países desenvolvidos e os chamados emergentes, que passaram a ter uma voz importante no cenário econômico global. É integrado pelos ministros de finanças e presidentes dos bancos centrais do G7 e por outros 12 países chaves, além do Banco Central Europeu.

"G20 termina devolvendo crise do euro para Europa
Pablo Uchoa
Enviado especial da BBC Brasil a San José del Cabo, México
Atualizado em 19 de junho, 2012 - 22:58 (Brasília) 01:58 GMT

O encontro do G20, o grupo das principais economias avançadas e emergentes do planeta, terminou nesta terça-feira em Los Cabos, no México, devolvendo para a Europa o problema da crise na zona do euro.

O documento final do G20 exorta seus membros que também estão na zona do euro a tomar 'todas as medidas necessárias para salvaguardar a integridade e a estabilidade da área', e recomenda que as nações que adotam a moeda comum 'trabalhem em parceria com o próximo governo grego para garantir que (a Grécia) permaneça no caminho da reforma e sustentabilidade dentro da zona'.

Que a Europa será o principal responsável por tirar os seus países da crise, não é novidade. E que a instabilidade na zona do euro tem tido efeitos na economia dos outros países - por exemplo, causando desaceleração".

G-8

O Grupo dos Sete e a Rússia, mais conhecido como G8, é um grupo internacional que reúne os sete países mais industrializados e desenvolvidos economicamente do mundo, mais a Rússia. Todos os países se dizem nações democráticas: Estados Unidos, Japão, Alemanha, Reino Unido, França, Itália e Canadá (antigo G7), mais a Rússia - esta última não participa de todas as reuniões do grupo. Durante as reuniões, os dirigentes máximos de cada Estado membro discutem questões de alcance internacional. O G-8 tem sua relevância reduzida desde a eclosão da crise econômica internacional, a partir de 2008, que atingiu seus integrantes com força.

Obama abre reunião do G8 defendendo políticas de crescimento

"Crise da dívida europeia será tema central das reunião do grupo de países.

Escolha deverá ser feita entre políticas de austeridade ou de crescimento.

O presidente dos Estados Unidos, Barack Obama, abriu a reunião dos líderes do G8 em Camp David, para a cúpula consagrada à crise da dívida na zona do euro, tema que dominará o encontro que termina neste sábado (19). O encontro reúne os líderes de União Europeia, Grã-Bretanha, Canadá, França, Alemanha, Itália, Japão e Rússia.

Neste sábado, os dirigentes do G8 se reunirão em cinco sessões de trabalho para debater questões de segurança alimentar, mas, sobretudo, a crise da dívida na Europa e escolha que deve ser feita entre políticas de austeridade ou de crescimento. Depois de ser recebido pela primeira vez na Casa Branca desde que assumiu o mandato na terça-feira, o presidente francês François Hollande afirmou que o colega americano tem uma 'convergência' de pontos de vista com a França, a favor do crescimento.

Depois da reunião bilateral, Obama anunciou que durante a cúpula pedirá um 'enfoque responsável da austeridade orçamentária, conjugado com medidas enérgicas para o crescimento'".

A Crise de 2008

A crise global experimentada hoje tem sua origem no colapso do mercado imobiliário dos Estados Unidos, fato ocorrido em 2008. Por ser uma grande economia e ter relações espalhadas por todo o mundo, a crise no mercado norte-americano rapidamente se fez sentir em todo o globo. São as consequências da Globalização.

Com a Globalização, os grandes investidores internacionais podem, por meio de um simples acesso ao computador, retirar milhões de dólares de nações nas quais percebem algum problema econômico. É a época do chamado capital especulativo ou capital flutuante. Isso se torna mais viável ainda com essa onda tecnológica, que possibilita uma aceleração nas transações econômicas globais.

Isso se deve à ânsia do mercado financeiro por potencializar os lucros e aos altos investimentos no mercado imobiliário norte-americano. Havia um dinheiro fácil para financiamento, que trouxe como consequência um forte implemento na demanda por imóveis. Obviamente, no início isso aqueceu o mercado. Quanto mais imóveis se quer, maior é a busca por financiamentos.

→ **Passo a passo - os caminhos da crise**

2001 - Estados Unidos adotaram a política de juros baixos. Os juros foram reduzidos para 1,75% ao ano, com o objetivo de impulsionar a economia. Os empréstimos ofertados pelos bancos ficaram mais baratos, o que estimulou o consumo e a produção.

OS SUBPRIMES: os financiamentos de imóveis nos Estados Unidos estavam, a princípio, destinados aos clientes chamados de PRIMES, ou seja, pessoas que apresentavam uma alta renda, um histórico pagador e, portanto, adquiriam boas linhas de crédito. Com o corte nos juros, pessoas com menor poder aquisitivo também obtiveram empréstimos, caracterizando-se como SUBPRIMES.

2002/2003: os empréstimos se multiplicaram e, com as prestações sendo pagas, tais operações apresentavam uma significativa margem de lucro para os bancos. Então, eles começaram a criar fundos e negociar os títulos no mercado financeiro, oferecendo como garantia as dívidas a serem pagas pelos subprimes.

A Bolha Especulativa: com base nesses títulos, as instituições financeiras passaram a emitir novos papéis, que foram reunidos em carteiras. Isso gerou como consequência novos títulos. O valor total dos negócios se multiplicou várias vezes. Estava criada a Bolha.

2004: o mercado seguiu sua lógica e a economia norte-americana passou a dar sinais de inflação. Isso se acentuou com o corte nos impostos dos ricos devido à alta nos gastos militares após o 11 de setembro, sob o governo do então Presidente George W. Bush.

A crise foi tomando forma: para conter o processo inflacionário, o Banco Central elevou a taxa básica de juros a partir do mês de outubro de 2004. Qual o resultado disso? O valor das prestações dos empréstimos imobiliários passou a subir gradativamente para o cidadão comum.

2006/2007: a inadimplência aumentou, como já era de se esperar. A taxa de juros chegou a ficar cinco vezes maior do que era antes. As prestações se tornaram mais caras e uma parcela significativa dos compradores não conseguiu mais pagar. Mas os próprios imóveis eram as garantias; os bancos, então, passaram a tomá-los de volta.

Adeus ao valor de imóveis e títulos: imóveis foram devolvidos e postos à venda, e os empréstimos ficaram mais caros. Como consequência lógica, os imóveis ficaram mais baratos. Os títulos, antes especulados no mercado, perderam seu valor. Isso causou grandes prejuízos a bancos, empresas e imobiliárias.

O efeito dominó: milhões de pessoas acabaram perdendo sua moradia. Os bancos, para tentar manter seu equilíbrio, pararam de conceder empréstimos e a construção civil paralisou. A desvalorização dos papéis imobiliários impactou diretamente sobre as bolsas de valores, que despencaram em todo o mundo. Para evitar uma quebra das bolsas, os bancos centrais de vários países desenvolvidos injetaram, em agosto de 2007, 400 bilhões de dólares de dinheiro público nos mercados monetários.

Setembro de 2008: estava aberta a temporada de Crise. A quebra do Lehman Brothers, o quarto maior banco de investimentos norte-americanos, instituição tradicional, fundada em 1850, afetou diretamente os outros bancos, fundos de pensão e empresas nos Estados Unidos e no exterior.

A Europa se envolveu na questão: com a crise, os governos europeus decidiram injetar bilhões de euros de recursos públicos para segurar os bancos, o que projetou os déficits públicos. Os juros aumentaram significativamente na zona do euro.

Maio de 2010: em grave crise, a Grécia recebeu um empréstimo de 110 bilhões de euros como parte das medidas preventivas em relação à crise. Tais medidas consistiam em: emprestar dinheiro às instituições em dificuldades, estatizar empresas em risco de falência e garantir os depósitos feitos pelos clientes nos bancos. Todas essas medidas, porém, provocaram aumento dos déficits nos orçamentos.

Entenda a crise da Grécia e suas possíveis consequências

País tem pesadas dívidas e vem recebendo ajuda externa. Papandreou chegou a pedir referendo sobre ajuda financeira, mas recuou.

A Grécia tem enfrentado dificuldades para refinanciar suas dívidas e despertado preocupação entre investidores de todo o mundo sobre sua situação econômica. Mesmo com seguidos pacotes de ajuste e ajuda financeira externa, o futuro da Grécia ainda é incerto.

O país tem hoje uma dívida equivalente a cerca de 142% do Produto Interno Bruto (PIB) do país, a maior relação entre os países da zona do euro. O volume de dívida supera, em muito, o limite de 60% do PIB estabelecido pelo pacto de estabilidade assinado pelo país para fazer parte do euro.

A Grécia gastou bem mais do que podia na última década, pedindo empréstimos pesados e deixando sua economia refém da crescente dívida. Nesse período, os gastos públicos foram às alturas, e os salários do funcionalismo praticamente dobraram.

Enquanto os cofres públicos eram esvaziados pelos gastos, a receita era afetada pela evasão de impostos - deixando o país totalmente vulnerável quando o mundo foi afetado pela crise de crédito de 2008.

O montante da dívida deixou investidores relutantes em emprestar mais dinheiro ao país. Hoje, eles exigem juros bem mais altos para novos empréstimos que refinanciem sua dívida.

Ajuda e Protestos

Em abril de 2010, após intensa pressão externa, o governo grego aceitou um primeiro pacote de ajuda dos países europeus e do Fundo Monetário Internacional (FMI), de 110 bilhões de euros ao longo de três anos.

Em contrapartida, o governo grego aprova um plano de austeridade fiscal que inclui alta no imposto de valor agregado (IVA), um aumento de 10% nos impostos de combustíveis, álcool e tabaco, além de uma redução de salários no setor público, o que sofre forte rejeição da população.

Apesar da ajuda, a Grécia segue com problemas. Em meados de 2011, foi aprovado um segundo pacote de ajuda, em recursos da União Europeia, do Fundo Monetário Internacional (FMI) e do setor privado. A contribuição do setor privado foi estimada em 37 bilhões de euros. Um programa de recompra de dívidas deve somar outros 12,6 bilhões de euros vindos do setor privado, chegando a cerca de 50 bilhões de euros.

Em outubro, ainda com o país à beira do colapso financeiro, os líderes da zona do euro alcançaram um acordo com os bancos credores, que reduz em 50% a dívida da Grécia, eliminando o último obstáculo para um ambicioso plano de resposta à crise. Com o plano, a dívida grega terá um alívio de 100 bilhões de euros após a aceitação, pela maior parte dos bancos, de uma redução superior a 50% do valor dos títulos da dívida.

No mesmo mês, o país enfrentou violentos protestos nas ruas. A população se revoltou contra um novo plano de cortes, previdência e mais impostos, demissões de funcionários públicos e redução de salários no setor privado, pré-requisito estabelecido pela União Europeia e pelo FMI para liberar uma nova parcela do plano de resgate, de 8 bilhões de euros".

O Círculo Vicioso

Falta de crédito: com o cenário econômico ruim, os bancos deixaram de emprestar. Isso engessou a economia, pois as empresas e os consumidores precisavam de crédito para comprar e vender. Assim, os países foram empurrados para a recessão.

Recessão: com a recessão, a atividade econômica perdeu intensidade e acabou diminuindo no contexto geral. Os investimentos caíram gradativamente e nas empresas se observou uma redução de vagas, o desemprego aumentava.

Desemprego: com mais pessoas sem trabalho, a renda da população diminuía e, como consequência, o consumo também caiu. Os riscos de não pagamento dos empréstimos cresceram e, para não perder mais, os bancos reduziram o crédito.

Zona do Euro

A Europa, sempre lembrada como uma região de altíssimo desenvolvimento econômico e bem-estar social, agora tem sua imagem associada a turbulências de mercado. Entenda como o descontrole das contas públicas e as particularidades políticas do continente conduziram a Zona do Euro a uma crise financeira que levará anos para ser totalmente superada.

A formação de uma crise financeira na Zona do Euro deu-se, fundamentalmente, devido a problemas fiscais. Alguns países, como a Grécia, gastaram mais dinheiro do que conseguiram arrecadar por meio de impostos nos últimos anos. Para se financiar, passaram a acumular dívidas. Assim, a relação do endividamento sobre PIB de muitas nações do continente ultrapassou significativamente o limite de 60%, estabelecido no Tratado de Maastricht, de 1992, que criou a Zona do Euro. No caso da economia grega, exemplo mais grave de descontrole das contas públicas, a razão dívida/PIB é mais que o dobro desse limite. A desconfiança de que os governos da região teriam dificuldade para honrar suas dívidas fez com que os investidores passassem a temer possuir ações, bem como títulos públicos e privados europeus.

Os primeiros temores remontam 2007, quando existiam suspeitas de que o mercado imobiliário dos Estados Unidos vivia uma bolha. Temia-se que bancos americanos e também europeus possuíam ativos altamente arriscados, lastreados em hipotecas de baixa qualidade. A crise de 2008 confirmou as suspeitas e levou os governos a injetarem trilhões de dólares nas economias dos países mais afetados. No caso da Europa, a iniciativa agravou os déficits nacionais, já muito elevados. Em fevereiro de 2010, uma reportagem do *The New York Times* revelou que a Grécia teria fechado acordos com o banco *Goldman Sachs* a fim de esconder parte de sua dívida pública. A notícia levou a Comissão Europeia a investigar o assunto e desencadeou uma onda de desconfiança nos mercados. O clima de pessimismo foi agravado em abril, devido ao rebaixamento, por parte das agências de classificação de risco, das notas dos títulos soberanos de Grécia, Espanha e Portugal.

PIIGS

Conhecido inicialmente na imprensa do Reino Unido, em meados de 2008, o termo PIGS (porcos) foi usado para fazer referência aos principais países da União Europeia com déficits públicos preocupantes (Portugal, Itália, Grécia e Espanha - *Spain* em inglês). No final do mesmo ano, mais um país foi acrescido ao grupo. Afinal, a Irlanda também passou a apresentar problemas financeiros. Desde então, passamos a nos referir ao grupo como PIIGS.

Tais países enfrentam uma situação econômica delicada, considerada por muitos como a maior crise da Zona do Euro (países da União Europeia que utilizam o euro como moeda oficial), visto que todos os anos seus déficits públicos ficam acima dos 3% máximos limitados pela União Europeia. Isso resulta no crescimento gradativo da dívida dos Estados em relação ao PIB (a União Europeia não permite dívidas públicas acima de 30% do PIB), o que faz com que o temor de moratória ou calote na dívida se torne intenso entre os chamados credores, ou seja, bancos e investidores, sobretudo alemães.

Por fazerem parte da Zona do Euro, muitas estratégias usadas em outros países, como a desvalorização da moeda local, são proibidas pelas regras do bloco econômico. Como se já não fosse suficiente a situação crítica estabelecida, tais medidas aumentam a tensão entre as economias. O maior problema é que todos esses problemas trazem repercussão social e causam desemprego e aumento de impostos e preços (inflação), além de perda de investimentos e competitividade no mercado internacional. A solução proposta para a saída da crise nesses países mais parece um problema do que uma solução. A cura apontada é verdadeiramente "austera": redução nos salários, reforma na previdência social, aumento de impostos, cortes de investimentos em áreas sociais e mais demissões. Apesar de ter um órgão responsável pela política monetária - o Banco Central Europeu (BCE), que estabelece metas de inflação e controla a emissão de euros -, a União Europeia não dispõe de uma instituição única que monitora e regula os gastos públicos dos 16 países-membro. Dessa maneira, demora a descobrir os desleixos governamentais e, quando isso acontece, inexistem mecanismos austeros de punição. Em 1999, os países da região encerraram um ciclo de discussões chamado Pacto de Estabilidade e Crescimento. Em resumo, as nações comprometeram-se com a questão do equilíbrio fiscal. Àquelas altamente endividadas, ficou a imposição de apresentar 'planos de convergência' para patamares de dívida mais aceitáveis. As sanções seriam recolhimentos compulsórios e multas.

Contudo, sua aplicação não seria automática, ficando na dependência de uma avaliação pelo Conselho Europeu. A política mostrou-se insuficiente para controlar os gastos públicos dos PIIGS.

A desconfiança em relação à Europa pode disseminar pânico no mercado e fazer com que bancos fiquem excessivamente cautelosos ou até parem de liberar crédito para empresas e clientes. Os investidores, ao venderem ações e títulos europeus, provocam fuga de capitais da região. Sem poder provocar uma maxidesvalorização do euro, haja vista que isso prejudicaria aqueles países que têm as contas controladas, a opção é impor sacrifícios à população, como corte de salários e congelamento de benefícios sociais. Tudo isso implica menos dinheiro para fazer a economia girar - justo num momento em que a Zona do Euro precisa crescer e aumentar sua arrecadação para diminuir o endividamento. O risco é a criação de um círculo vicioso, em que uma estagnação ou, até mesmo, uma recessão prejudique os esforços de ajuste fiscal - o que levaria a medidas de austeridade ainda mais severas, mais recessão, e assim por diante. Num segundo momento, a Europa, como um dos maiores mercados consumidores do mundo, diminuiria o ritmo de importação de bens e serviços e prejudicaria a dinâmica econômica global.

A possibilidade de que governos e empresas da região tornem-se insolventes faz com que muitos investidores simplesmente não queiram ficar expostos ao risco de ações e títulos europeus. Na primeira metade do ano, o que se viu foi um movimento de venda desses papéis e fuga para ativos considerados seguros, como os títulos do Tesouro norte-americano. Tal movimento, de procura por dólares e abandono do euro, fez com que a cotação da moeda europeia atingisse valores historicamente baixos. As moedas também refletem o vigor das economias. Assim, argumentam os analistas, a tendência de longo prazo é de fortalecimento do dólar e das moedas dos países emergentes (real inclusive), enquanto a Europa não conseguir resolver seus problemas fiscais e criar condições para um crescimento econômico mais acentuado.

Dois pacotes de socorro foram aprovados com o intuito de ganhar tempo para a tarefa de reorganizar as contas dos países mais endividados e restabelecer a confiança dos investidores na região. O primeiro voltava-se exclusivamente à Grécia e somou cerca de 110 bilhões de euros. O montante, levantado pelo Fundo Monetário Internacional (€ 30 bilhões) e pelos governos dos países da Zona do Euro (€ 80 bilhões), deve ser liberado de forma progressiva num prazo de três anos. O segundo foi a constituição de um fundo emergencial de 750 bilhões de euros para situações de crise na União Europeia. Qualquer país da região estaria apto a recorrer a ele. A maior parte (€ 500 bilhões) virá de países europeus e o restante (€ 250 bilhões) do FMI.

Economia Brasileira

Para abordarmos com propriedade as temáticas da economia brasileira, usaremos como base as notícias referentes às projeções e constatações econômicas do Brasil.

→ **De acordo com o site www.g1.globo.com**
> A economia brasileira cresceu 0,9% em 2012;
> O resultado foi o pior desde 2009, quando o PIB registrou recuo de 0,3%;
> Setor de serviços foi o único que apresentou alta sobre 2011.

"A economia brasileira fechou 2012 com um crescimento de 0,9%, conforme divulgou o Instituto Brasileiro de Geografia e Estatística (IBGE) nesta sexta-feira (1º). O resultado - que ficou muito longe dos 4% esperados pelo ministro da Fazenda, Guido Mantega, no final de 2011, apesar das várias medidas de estímulo anunciadas ao longo do ano - foi o pior desde 2009, quando o Produto Interno Bruto (PIB) havia registrado recuo de 0,3%.

Em 2011, o avanço do Produto Interno Bruto (PIB) fora de 2,7%. No quarto trimestre de 2012, o PIB variou 0,6%, segundo a pesquisa. Em valores correntes, a soma das riquezas produzidas no ano passado chegou a R$ 4,403 trilhões e o PIB per capita (por pessoa) somou R$ 22.402.

Na análise por setores, o de serviços foi o único a apresentar alta, de 1,7%, enquanto a indústria caiu 0,8% e a agropecuária, 2,3%. Em serviços, as maiores variações partiram dos segmentos de serviços de informação, que cresceu 2,9%, administração, saúde e educação pública, que avançou 2,8% e outros serviços, cuja alta foi de 1,8%. Na sequência, estão serviços imobiliários e aluguel (1,3%) e comércio (1,0%).

Variação anual do PIB brasileiro (em %)

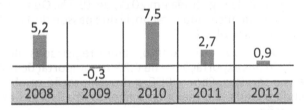

'O grupo de serviços cresceu de importância fortemente e tem que ser olhado com atenção. O grupo não é muito homogêneo, inclui serviços a famílias e empresas, intermediação financeira. Se esse crescimento é bom ou ruim é controverso. A indústria continua sendo o núcleo indutor da economia, sem ela, os serviços não sobrevivem. Quando se investe é em produção, os serviços são consequência', afirmou Roberto Luís Olinto Ramos, coordenador da Coordenação de Contas Nacionais do IBGE.

Quanto à agropecuária, que registrou forte queda sobre 2011, acima do que o mercado vinha prevendo, o IBGE informou que os números refletem o fraco desempenho da pecuária e a perda da produtividade de importante culturas da lavoura brasileira.

'A queda de produção na agropecuária, de 2,3%, foi influenciada principalmente pelos problemas de clima e pela queda no preço das *commodities*. O indicador contrasta com a safra recorde divulgada pelo IBGE para 2012. Isso porque a previsão de safra do instituto não analisa itens como cana-de-açúcar e laranja, que pesam muito na formação do PIB', apontou o coordenador do IBGE.

Na indústria, que caiu perto de 1% em 2012, os aumentos partiram das atividades de eletricidade e gás, água, esgoto e limpeza urbana (3,6%) e na construção civil (1,4%).

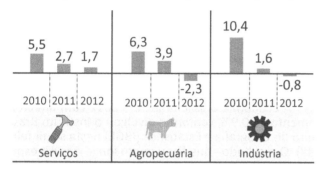

Variação do PIB brasileiro por setores (em%)

No mesmo período, na análise pela demanda, o consumo das famílias aumentou 3,1%, o nono ano seguido de taxas positivas. Para o IBGE, o resultado foi influenciado pelo crescimento da massa salarial dos trabalhadores (6,7%) e do saldo de operações de crédito do sistema financeiro com recursos livres para as pessoas físicas (14%). Os gastos do governo, que também entram no cálculo, aumentaram 3,2%.

'O consumo das famílias vem segurando a economia, com o 37º trimestre de taxas positivas de crescimento, fechando 2012 com 3,1% de variação', apontou Ramos. '[Essa] condição influencia os serviços, segmento que puxou a economia pela ótica da demanda (1,7% de variação). O destaque na categoria fica com os serviços prestados às famílias e às empresas como advogado, cabeleireiro, segurança, empregada doméstica. A renda real continua crescendo fazendo crescer também o consumo das famílias'.

Em 2012, a taxa de investimento foi de 18,1% do PIB, abaixo da registrada em 2011, de 19,3%. Quanto à taxa de poupança, houve recuo, já que passou de 17,2% em 2011 para 14,8%.

Quanto ao setor externo, foram registradas altas de 0,5% nas exportações e de 0,2% nas importações de bens e serviços. Para o IBGE, a desvalorização cambial 'ajuda a explicar o maior crescimento relativo das exportações'.

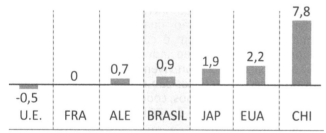

Variação do PIB dos países em 2012 (em %)

→ Países

No quarto trimestre de 2012, comparando com o mesmo período do ano anterior, o Brasil ficou com o pior desempenho entre os Brics, 1,4%, contra 7,9% da China, 4,5% da Índia, 2,5% da Rússia, e 2,2% da África do Sul, segundo o IBGE.

No ano, o PIB de 0,9% do país ficou abaixo da África do Sul (2,5%) e do México (3,9%).

→ Comparações trimestrais

Na comparação com o 3º trimestre de 2012, o PIB do 4º trimestre, que teve leve crescimento de 0,6%, o setor de serviços também mostrou a maior alta entre os três pesquisados, com avanço de 1,1%. Na sequência, aparece a indústria, que cresceu menos, 0,4%. Já na outra ponta está a agropecuária que, assim como nos números fechados de 2012, registrou forte queda, de 5,2%.

O consumo das famílias, nessa base de comparação, avançou 1,2%, e a do governo, um pouco menos, 0,8%. A formação bruta de capital fixo apresentou crescimento de 0,5%, após ter registrado quatro trimestres seguidos de queda. As exportações aumentaram 4,5% e as importações, 8,1%.

Frente ao mesmo período de 2011, a economia cresceu 1,4%. O setor de serviços teve alta de 2,2% e a indústria ficou estável, com pequena variação de 0,1%. Na outra ponta, a agropecuária sofreu forte recuo de 7,5%.

Nesse tipo de comparação, a despesa de consumo das famílias cresceu 3,9%, a 37ª alta seguida, e a do governo, 3,1%. A formação bruta de capital fixo caiu 4,5%. As exportações subiram 2,1% e importações de bens e serviços, 0,4%.

→ Previsões

A previsão do mercado financeiro, apresentada no início da semana, por meio do boletim Focus, do Banco Central, era de que o PIB teria uma expansão de 0,98%. A expectativa do Banco Central, que divulga a 'prévia do PIB', indicava para uma expansão de 1,64%. No entanto, a estimativa oficial da instituição para o crescimento da economia do ano passado ficou em 1%"

Fonte: http://g1.globo.com/economia/noticia/2013/03/economia-brasileira-cresce-09-em-2012-diz-ibge.html.

Mercado Financeiro

Agora que já entendemos pontos fundamentais para a contextualização da temática, vamos explorar outros pontos e começaremos a entender o conceito de Mercado Financeiro, afinal, é no mercado onde todas as relações acontecem.

O mercado financeiro é mais bem definido pelas instituições que o compõem, uma vez que suas relações acontecem muitas vezes de forma invisível.

Sendo assim, procuremos apoio na legislação, que nos servirá de base para nos apontar o que devemos estudar.

A LEI Nº 4.595, DE 31 DE DEZEMBRO DE 1964, que dispõe sobre a Política e as Instituições Monetárias, Bancárias e Creditícias, será o nosso farol. Nessa norma, encontraremos as seguintes definições:

> **Art. 17.** *Consideram-se instituições financeiras, para os efeitos da legislação em vigor, as pessoas jurídicas públicas ou privadas, que tenham como atividade principal ou acessória a coleta, intermediação ou aplicação de recursos financeiros próprios ou de terceiros, em moeda nacional ou estrangeira, e a custódia de valor de propriedade de terceiros.*
>
> **Parágrafo único.** *Para os efeitos desta lei e da legislação em vigor, equiparam-se às instituições financeiras as pessoas físicas que exerçam qualquer das atividades referidas neste artigo, de forma permanente ou eventual.*
>
> **Art. 18.** *As instituições financeiras somente poderão funcionar no País mediante prévia autorização do Banco Central da República do Brasil ou decreto do Poder Executivo, quando forem estrangeiras.*

§ 1º Além dos estabelecimentos bancários oficiais ou privados, das sociedades de crédito, financiamento e investimentos, das caixas econômicas e das cooperativas de crédito ou a seção de crédito das cooperativas que a tenham, também se subordinam às disposições e disciplina desta lei no que for aplicável, as bolsas de valores, companhias de seguros e de capitalização, as sociedades que efetuam distribuição de prêmios em imóveis, mercadorias ou dinheiro, mediante sorteio de títulos de sua emissão ou por qualquer forma, e as pessoas físicas ou jurídicas que exerçam, por conta própria ou de terceiros, atividade relacionada com a compra e venda de ações e outros quaisquer títulos, realizando nos mercados financeiros e de capitais operações ou serviços de natureza dos executados pelas instituições financeiras.

→ **Sintetizando, temos que**
> Instituições Financeiras são pessoas jurídicas públicas ou privadas;
> As Instituições Financeiras se caracterizam pelas atividades que desenvolvem. São elas: **intermediação** de recursos financeiros, **aplicação** de recursos financeiros próprios ou de terceiros, **coleta** de recursos financeiros e **custódia** (guarda em segurança) de valor de propriedade de terceiro.

As instituições financeiras - e mesmo as não financeiras - só podem funcionar no país mediante prévia autorização do Banco Central ou, quando forem estrangeiras, por decreto do Poder Executivo.

Em um primeiro momento, estudaremos os tipos de IF: **bancos comerciais; caixas econômicas; cooperativas de crédito; bancos comerciais cooperativos; bancos de investimento; bancos de desenvolvimento; sociedades de crédito, financiamento e investimento; sociedades de crédito imobiliário; associações de poupança e empréstimo.**

Por fim, é importante diferenciarmos as Instituições Financeiras monetárias das não-monetárias. As monetárias são aquelas aptas a captar **depósitos à vista**, ou seja, que **criam dinheiro**. Dentre estas, temos: **Bancos Comerciais; Cooperativas de Crédito; Caixas Econômicas**. As não-monetárias são aquelas que não podem receber depósitos à vista: **bancos de investimento; bancos de desenvolvimento; sociedades de crédito, financiamento e investimento; sociedades de crédito imobiliário; associações de poupança e empréstimo.**

Sistema Financeiro Nacional
Introdução

É importante familiarizar-se com a terminologia utilizada no Sistema Financeiro Nacional, para não errarmos questões fáceis. Às vezes, o candidato sabe o conceito, mas lhe falta vocabulário e, assim, acaba errando questões óbvias.

O Sistema Financeiro Brasileiro pode ser entendido como o conjunto de instrumentos, mecanismos e instituições que asseguram a canalização da poupança para o investimento, ou seja, dos agentes econômicos que possuem recursos financeiros superavitários para os que procuram recursos (deficitários). O Sistema Financeiro Brasileiro é segmentado em quatro grandes "mercados", que são:

> **Mercado monetário**: é o mercado no qual se concentram as operações para controle da oferta de moeda e das taxas de juros de curto prazo com vistas a garantir a liquidez da economia. O Banco Central do Brasil atua neste mercado praticando a chamada Política Monetária;

> **Mercado de crédito**: atuam neste mercado diversas instituições financeiras e não financeiras prestando serviços de intermediação de recursos de curto e médio prazo para agentes deficitários que necessitam de recursos para consumo ou capital de giro. O Banco Central do Brasil é o principal órgão responsável pelo controle, normatização e fiscalização deste mercado;

> **Mercado de câmbio**: mercado no qual são negociadas as trocas de moedas estrangeiras por reais. O Banco Central do Brasil é o responsável por administração, fiscalização e controle das operações de câmbio e da taxa de câmbio, atuando por meio de sua Política Cambial;

> **Mercado de capitais**: tem como objetivo canalizar recursos de médio e longo prazo para agentes deficitários, por meio das operações de compra e de venda de títulos e valores mobiliários, efetuadas entre empresas, investidores e intermediários. A Comissão de Valores Mobiliários é o principal órgão responsável pelo controle, normatização e fiscalização deste mercado.

Fique Ligado

De acordo com essa distribuição, podemos afirmar que o BACEN atua mais diretamente nos Mercados de crédito, monetário e de câmbio, restando a CVM a supervisão do mercado de Capitais.

Passaremos à análise estrutural desse sistema para termos uma visão de conjunto sobre este.

Composição do Sistema Financeiro Nacional

Neste tópico, analisaremos a composição e evolução do Mercado Financeiro, com foco nas Instituições Financeiras.

Vamos entender a estrutura do SFN:
→ **Autoridades Monetárias**
> Ministro da Fazenda (Presidente);
> Ministro de Planejamento, Orçamento e Gestão;
> Presidente do Banco Central (Tem status de Ministro).

Órgãos Normativos	Entidades Supervisoras	Operadores
Conselho Monetário Nacional CMN	Banco Central do Brasil BACEN	- Instituições financeiras captadoras de depósitos à vista e demais instituições financeiras. - Bancos de câmbio Outros intermediários financeiros e administradores de recursos de terceiros.
	Comissão de Valores Mobiliários CVM	- Bolsas de mercadorias e futuros - Bolsas de valores - Outros intermediários financeiros e administradores de recursos de terceiros
Conselho Nacional de Seguros Privados CNPS	Superintendência de Seguros Privados SUSEP	- Resseguradores - Sociedades Seguradoras - Sociedades de Capitalização - Entidades Abertas de Previdência Complementar
Conselho Nacional de Previdência Complementar CNPC	Superintendência Nacional de Previdência Complementar PREVIC	- Entidades Fechadas de Previdência Complementar (fundos de pensão)

Como pode ser observado no quadro acima, o SFN é composto por Órgãos Normativos, Entidades Supervisoras e pelos Operadores. No entanto, focalizaremos apenas na análise das Instituições Financeiras (IF) e suas respectivas Entidades Supervisoras, visto que esse é o foco mais interessante para a prova.

Entidades Supervisoras

Para um melhor entendimento do funcionamento do sistema financeiro, é necessário conhecer as principais atribuições de duas entidades, a fim de não confundi-las:

> O Banco Central - BACEN;

> A Comissão de Valores Mobiliários - CVM

Banco Central do Brasil - BACEN

O Banco Central do Brasil foi criado pela Lei 4.595, de 31 de dezembro de 1964. É o principal executor das orientações do Conselho Monetário Nacional e responsável por garantir o poder de compra da moeda nacional, tendo por objetivos:

> Zelar pela adequada liquidez da economia;

> Manter as reservas internacionais em nível adequado;

> Estimular a formação de poupança;

> Zelar pela estabilidade e promover o permanente aperfeiçoamento do sistema financeiro.

Dentre suas atribuições estão:

> Emitir papel-moeda e moeda metálica;

> Executar os serviços do meio circulante;

> Receber recolhimentos compulsórios e voluntários das instituições financeiras e bancárias;

> Realizar operações de redesconto e empréstimo às instituições financeiras;

> Regular a execução dos serviços de compensação de cheques e outros papéis;

> Efetuar operações de compra e venda de títulos públicos federais;

> Exercer o controle de crédito;

> Exercer a fiscalização das instituições financeiras;

> Autorizar o funcionamento das instituições financeiras;

> Estabelecer as condições para o exercício de quaisquer cargos de direção nas instituições financeiras;

> Vigiar a interferência de outras empresas nos mercados financeiros e de capitais e

> Controlar o fluxo de capitais estrangeiros no país.

Sua sede fica em Brasília, capital do país, e tem representações nas capitais dos estados do Rio Grande do Sul, Paraná, São Paulo, Rio de Janeiro, Minas Gerais, Bahia, Pernambuco, Ceará e Pará.

Comissão de Valores Mobiliários - CVM

A Comissão de Valores Mobiliários (CVM) também é uma autarquia vinculada ao Ministério da Fazenda, instituída pela Lei 6.385, de 7 de dezembro de 1976. É responsável por regulamentar, desenvolver, controlar e fiscalizar o mercado de valores mobiliários do país. Para este fim, exerce as funções de: assegurar o funcionamento eficiente e regular dos mercados de bolsa e de balcão; proteger os titulares de valores mobiliários; evitar ou coibir modalidades de fraude ou manipulação no mercado; assegurar o acesso do público a informações sobre valores mobiliários negociados e sobre as companhias que os tenham emitido; assegurar a observância de práticas comerciais equitativas no mercado de valores mobiliários; estimular a formação de poupança e sua aplicação em valores mobiliários; promover a expansão e o funcionamento eficiente e regular do mercado de ações e estimular as aplicações permanentes em ações do capital social das companhias abertas.

Operadores

São os agentes econômicos INTERMEDIADORES do Mercado Financeiro. Servem de elo entre quem "investe" e aqueles que necessitam de empréstimos, sejam pessoas físicas ou jurídicas.

Instituições Monetárias

Como já visto anteriormente, são aquelas captadoras de depósitos à vista que **criam dinheiro**. Dentre elas, temos:

Bancos Múltiplos

Os bancos múltiplos são instituições financeiras privadas ou públicas que realizam as operações ativas, passivas e acessórias das diversas instituições financeiras, por intermédio das seguintes carteiras: comercial, de investimento e/ou de desenvolvimento, de crédito imobiliário, de arrendamento mercantil e de crédito, financiamento e investimento. Essas operações estão sujeitas às mesmas normas legais e regulamentares aplicáveis às instituições singulares correspondentes às suas carteiras. A carteira de desenvolvimento somente poderá ser operada por banco público. O banco múltiplo deve ser constituído com, no mínimo, duas carteiras, sendo uma delas, obrigatoriamente, comercial ou de investimento. Além disso, deve ser organizado sob a forma de sociedade anônima. As instituições com carteira comercial podem captar depósitos à vista. Na sua denominação social, deve constar a expressão "Banco" (Resolução CMN 2.099, de 1994).

Bancos Comerciais

Os bancos comerciais são instituições financeiras privadas ou públicas que têm como objetivo principal proporcionar suprimento de recursos necessários para financiar, a curto e a médio prazos, o comércio, a indústria, as empresas prestadoras de serviços, as pessoas físicas e terceiros em geral. A captação de depósitos à vista, livremente movimentáveis, é atividade típica do banco comercial, o qual pode também captar depósitos a prazo. Deve ser constituído sob a forma de sociedade anônima e na sua denominação social deve constar a expressão "Banco" (Resolução CMN 2.099, de 1994).

Caixa Econômica Federal

A Caixa Econômica Federal, criada em 1.861, está regulada pelo Decreto-Lei 759, de 12 de agosto de 1969, como empresa pública vinculada ao Ministério da Fazenda. Trata-se de instituição assemelhada aos bancos comerciais, podendo captar depósitos à vista, realizar operações ativas e efetuar prestação de serviços. Uma característica distintiva da Caixa é que ela prioriza a concessão de empréstimos e financiamentos a programas e projetos nas áreas de assistência social, saúde, educação, trabalho, transportes urbanos e esporte. Pode operar com crédito direto ao consumidor, financiando bens de consumo duráveis, emprestar sob garantia de penhor industrial e caução de títulos, bem como tem o monopólio do empréstimo sob penhor de bens pessoais e sob consignação e tem o monopólio da venda de bilhetes de loteria federal.

Além de centralizar o recolhimento e a posterior aplicação de todos os recursos oriundos do Fundo de Garantia do Tempo de Serviço (FGTS), a Caixa integra o Sistema Brasileiro de Poupança e Empréstimo (SBPE) e o Sistema Financeiro da Habitação (SFH).

Cooperativas de Crédito

As cooperativas de crédito se dividem em: **singulares**, que prestam serviços financeiros de captação e de crédito apenas aos respectivos associados, podendo receber repasses de outras instituições financeiras e realizar aplicações no mercado financeiro; **centrais**, que prestam serviços às singulares filiadas e são também responsáveis auxiliares por sua supervisão; e **confederações de cooperativas centrais**, que prestam serviços a centrais e suas filiadas. Tais cooperativas observam, além da legislação e normas gerais aplicáveis ao sistema financeiro, a Lei Complementar 130, de 17 de abril de 2009, que institui o Sistema Nacional de Crédito Cooperativo; a Lei 5.764, de 16 de dezembro de 1971, que institui o regime jurídico das sociedades cooperativas; e a Resolução 3.859, de 27 de maio de 2010, que disciplina sua constituição e funcionamento. As regras prudenciais são mais estritas para as cooperativas cujo quadro social é mais heterogêneo, como as cooperativas de livre admissão.

Instituições não Monetárias

Não podem receber depósitos à vista. Portanto, não criam moeda.

Bancos de Câmbio

Os bancos de câmbio são instituições financeiras autorizadas a realizar, sem restrições, operações de câmbio e operações de crédito vinculadas às de câmbio, como financiamentos a exportação e importação e adiantamentos sobre contratos de câmbio, e ainda a receber depósitos em contas sem remuneração, não movimentáveis por cheque ou por meio eletrônico pelo titular, cujos recursos sejam destinados à realização das operações acima citadas. Na denominação dessas instituições, deve constar a expressão "Banco de Câmbio" (Res. CMN 3.426, de 2006).

Bolsa de Mercadorias e Futuros

As bolsas de mercadorias e futuros são associações privadas civis, com objetivo de efetuar o registro, a compensação e a liquidação, física e financeira, das operações realizadas em pregão ou em sistema eletrônico. Para tanto, devem desenvolver, organizar e operacionalizar um mercado de derivativos livre e transparente, que proporcione aos agentes econômicos a oportunidade de efetuarem operações de *hedging* (proteção) ante as flutuações de preço de *commodities* agropecuárias, índices, taxas de juro, moedas e metais, bem como de todo e qualquer instrumento ou variável macroeconômica cuja incerteza de preço no futuro possa influenciar negativamente suas atividades. Possuem autonomia financeira, patrimonial e administrativa e são fiscalizadas pela **Comissão de Valores Mobiliários.**

Bolsa de Valores

As bolsas de valores são sociedades anônimas ou associações civis, com o objetivo de manter local ou sistema adequado ao encontro de seus membros e à realização entre eles de transações de compra e venda de títulos e valores mobiliários, em mercado livre e aberto, especialmente organizado e fiscalizado por seus membros e pela Comissão de Valores Mobiliários. Possuem autonomia financeira, patrimonial e administrativa (Resolução CMN 2.690, de 2000).

Demais Instituições Financeiras

> Agências de Fomento - *Factroring*;
> Associações de Poupança e Empréstimo;
> Bancos de Desenvolvimento;
> Bancos de Investimento;
> Banco Nacional de Desenvolvimento Econômico e Social (BNDES);
> Companhias Hipotecárias;
> Cooperativas Centrais de Crédito;
> Sociedades de Crédito, Financiamento e Investimento;
> Sociedades de Crédito Imobiliário;
> Sociedades de Crédito ao Microempreendedor.

Outros Intermediários Financeiros e administradores de Recursos

> Administradoras de Consórcio;
> Sociedades de arrendamento mercantil;
> Sociedades corretoras de câmbio;
> Sociedades corretoras de títulos e valores mobiliários;
> Sociedades distribuidoras de títulos e valores mobiliários.

Evolução do Sistema Financeiro Nacional - SFN

O panorama atual do Sistema Financeiro Nacional está pautado em duas vertentes: uma externa, como não poderia deixar de ser, decorrente do cenário da "crise" que assola a economia mundial, e outra interna, em virtude da necessidade de encontrar soluções "caseiras" para continuar crescendo de forma "sustentável". Basicamente, devemos entender o momento atual pela ótica da reordenação no ambiente de estabilização monetária. Relacionando esse contexto de crise com as medidas adotadas no mercado interno, observa-se a tentativa por parte do Governo de manter aquecido o setor produtivo, reduzindo os juros, incentivando o consumo, sem perder de vista o "monstro inflacionário".

O Sistema Financeiro Nacional (SFN) tem suas características marcadas por duas ordens de fatores localizadas nos planos externo e interno. No plano externo, o SFN sofre o impacto dos efeitos transformadores do processo de globalização das relações em nível de produção no plano internacional -devido ao alto grau de interdependências entre os países, uma crise como a atual gera efeitos negativos em todas as economias. Sobretudo no setor financeiro, a velocidade da integração mundial é extrema, visto que se dispõe das redes de comunicação de dados entre os centros financeiros mundiais.

A tendência é de liberação dos fluxos internacionais de capitais e de ampliação das regras de conversibilidade entre as moedas.

No plano interno, a estrutura e as funções do SFN vêm sendo atingidas pelas medidas de estabilização e reestruturação da economia brasileira dos últimos seis anos. Entre tais medidas, incluem-se: a abertura da economia ao comércio exterior e as mudanças de política industrial visando à inserção mais competitiva dos produtos brasileiros nos mercados emergentes; o direcionamento de subsídios a setores produtivos específicos, como o automobilístico, com repercussões sobre a distribuição do crédito bancário e sua velocidade de retorno; a redistribuição de gastos do setor público, em especial com a adoção da política de estabilização fiscal (primeiro com a instituição do Fundo Social de Emergência e, agora, com o Fundo de Estabilização Fiscal); a iniciativa de reformas no ordenamento constitucional do país, notadamente na ordem econômica, na estrutura e funções do setor público, na organização administrativa do Estado e nos sistemas previdenciários; e, por fim, o processo de estabilização monetária, denominado Plano Real, com suas profundas e revolucionárias consequências para a dinâmica do sistema econômico e, como se pretende ilustrar, para o SFN.

O Brasil tem o maior e mais complexo sistema financeiro na América Latina, cujo desenvolvimento nos últimos trinta anos foi profundamente marcado pelo crônico processo inflacionário que predominou, nesse período, na economia brasileira. A longa convivência com a inflação possibilitou às instituições financeiras ganhos proporcionados pelos passivos não remunerados, como os depósitos à vista e os recursos em trânsito, compensando ineficiências administrativas e perdas decorrentes de concessões de créditos que se revelaram, ao longo do tempo, de difícil liquidação. As instituições financeiras brasileiras, como regra geral, perderam a capacidade de avaliar corretamente riscos e analisar a rentabilidade de investimentos, bastando, para auferir grandes lucros, especializar-se na captação de recursos de terceiros e apropriar-se do denominado "imposto inflacionário".

O processo de reestruturação da economia brasileira alterou radicalmente o cenário em que atuavam as instituições financeiras. A abertura da economia, com o incremento das importações e exportações, além de exigir o desenvolvimento de produtos e serviços ágeis no mercado de câmbio, revelou o grau de ineficiência de alguns setores industriais e comerciais domésticos, com baixa lucratividade e deseconomias, e passou a refletir-se na incapacidade de recuperação de empréstimos concedidos pelos bancos. No mesmo sentido atuou o corte de subsídios a alguns setores econômicos, aumentando o grau de inadimplência para com o sistema bancário. Além disso, as políticas monetária e fiscal restritivas, seguidas, a partir da implementação do Plano Real, contribuíam adicionalmente para as dificuldades creditícias enfrentadas por alguns setores da economia, ainda que de forma passageira. Todos esses fatos, conjugados com o desaparecimento do "imposto inflacionário", após a estabilização da economia, evidenciaram uma relativa incapacidade de algumas instituições financeiras em promoverem espontânea e tempestivamente os ajustes necessários para sua sobrevivência no novo ambiente econômico.

Números do SFN

Passaremos agora à análise de alguns números que podem nos orientar no entendimento das mudanças ocorridas em nosso SFN, acrescidos de comentários de como utilizar esses números na sua prova.

→ **Quantidade de IF por seguimento e maiores bancos**

> Banco Central do Brasil - Bacen;
> Diretoria de Organização do Sistema Financeiro e Controle de Operações do Crédito Rural - DIORF;
> Departamento de Organização do Sistema Financeiro - DEORF.

Segmento	Sigla	2009 Dez	2010 Dez	2011 Dez	2012 Dez
Banco Múltiplo	BM	139	137	139	136
Banco Comercial	BC	18	19	20	22
Banco do Desenvolvimento	BD	4	4	4	4
Caixa Econômica Federal	CE	1	1	1	1
Banco de Investimento	BI	16	15	14	15
Banco de Câmbio	B Camb		2	2	2
Sociedade de Crédito, Financiamento e Investimento	CFI	59	61	59	58
Sociedade Corretora de Títulos e Valores Mobiliários	CTVM	105	103	99	94
Sociedade Corretora de Câmbio	CC	45	44	47	55
Sociedade Distribuidora de Títulos e Valores Mobiliários	DTVM	125	125	126	120
Sociedade de Arrendamento Mercantil	SAM	33	32	31	31
Sociedade de Crédito Imobiliário e Associação de Poupança e Empréstimo	SCI e APE	16	14	14	12
Sociedade de Crédito ao Microempreendedor e à Empresa de Pequeno Porte	SCM	45	45	42	40
Agência de Fomento	AF FOM	14	15	16	16
Subtotal		626	624	622	613
Cooperativa de Crédito	COOP	1405	1370	1312	1269
Subtotal		2031	1994	1934	1882
Sociedade Administradora de Consórcio	CONS	308	300	284	243
TOTAL		2339	2294	2218	2125

Fonte: Unicad

Bancos com maiores redes de agências

#	CNPJ	Instituições	Tipo	2009 Dez	2010 Dez	2011 Dez	2012 Dez
1	00.000.000	Banco do Brasil	BM	4.951	5.087	5.183	5.339
2	60.746.948	Bradesco	BM	3.430	3.605	4.611	4.642
3	60.701.190	Itaú	BM	3.562	3.739	3.825	3.849
4	00.360.305	Caixa Econômica Federal	CE	2.084	2.208	2.309	2.569
5	90.400.888	Santander	BM	2.292	2.392	2.510	2.548
6	1.701.201	HSBC	BM	893	865	867	868
7	92.702.067	Banrisul	BM	432	435	439	461
8	7.237.373	BNB	BM	183	185	187	187
9	17.184.037	Mercantil do Brasil	BM	148	153	165	171
10	28.127.603	Banestes	BM	129	133	133	134
11	33.479.023	Citibank	BM	125	126	126	126
12	4.902.979	Basa	BC	104	109	118	123
13	58.160.789	Safra	BM	98	99	101	105
14	00.000.208	BRB	BM	59	62	62	64
15	13.009.717	Banese	BM	61	61	61	61
16	17.351.180	Triângulo	BM	47	47	47	47
17	4.913.711	Banpará	BM	42	42	42	43
18	7.450.604	BIC	BM	31	33	34	35
19	59.588.111	Votorantim	BM	20	27	35	35
20	62.232.889	Daycoval	BM	27	30	31	34
		Subtotal		18.718	19.438	20.886	21.441
		demais instituições bancárias		1.328	375	392	375
		Total geral		20.046	19.813	21.278	21.816

Podemos observar, a partir da análise dos gráficos acima, um fenômeno decorrente das mudanças estruturais ocorridas na economia brasileira nas últimas duas décadas: a concentração bancária.

Após a implantação do Plano Real, em 1994, a economia nacional iniciou um processo de estabilização e diminuição da inflação, o que ocasionou a quebra de muitos bancos, sobretudo aqueles que tinham como fonte principal de lucro os ganhos proporcionados pelos passivos não remunerados, como os depósitos à vista e os recursos em trânsito. Isso também compensou ineficiências administrativas e perdas decorrentes de concessões de créditos que se revelaram, ao longo do tempo, de difícil liquidação (os bancos utilizavam dinheiro dos clientes para investir em operações de curtíssimo prazo, que rendiam muito, porque a inflação era alta).

Esse processo de quebras possibilitou um maior crescimento das instituições bancárias mais bem administradas, ou seja, mais eficientes. Em menos de duas décadas, em que ocorreram diversas aquisições e fusões, o país passou a contar com um grupo reduzido de bancos de relevância nacional, a dominar o mercado, sobretudo no varejo. Estamos falando dos bancos comerciais, voltados para os correntistas. Além de crescerem como bancos comerciais, essas instituições passaram a exercer outras atividades, tais como a de bancos de investimento e de arrendamento mercantil, constituindo-se nos chamados bancos múltiplos.

Em contrapartida, o BACEN instituiu o Guia para Análise de Atos de Concentração (Guia) envolvendo instituições financeiras e demais instituições autorizadas a funcionar pelo Banco Central do Brasil, com a finalidade de orientar quanto à metodologia e às etapas a serem observadas no exame concorrencial à luz da eficiência e do desenvolvimento tecnológico ou econômico.

Este documento contém a descrição dos conceitos e dos principais procedimentos que o Banco Central do Brasil adota na análise desses atos.

Fique Ligado

A concentração nem sempre é maléfica para o mercado, principalmente quando os custos de investimento para a entrada de uma nova Instituição no mercado são muito altos, o que tenderia a elevar os custos finais dos serviços e produtos cobrados. É o princípio da eficiência econômica.

Cooperativas de crédito por ramo de atividade

Banco Central do Brasil - Bacen

Diretoria de Organização do Sistema Financeiro e Controle de Operações do Crédito Rural

Departamento de Organização do Sistema Financeiro - Deorf

Quantitativo de Cooperativas de crédito por tipo e ramo de atividade

Tipo das cooperativas / Ramo de atividade	
Confederação	1
Cooperativas Centrais	38
Segmentação por tipo e ramo da atividade	
Crédito Rural	267
Crédito Mútuo / Atividade Profissional	152
Crédito Mútuo / Empregados	447
Crédito Mútuo / Vínculo Patronal	37
Crédito Mútuo / Empreendedores - Micro e Pequenos	17
Crédito Mútuo / Livre Admissão até 300 mil Habitantes	177
Crédito Mútuo / Livre Admissão de 300 a 750 mil Habitantes	58
Crédito Mútuo / Livre Admissão de 750 a 2 milhões de habitantes	32
Crédito Mútuo / Livre Admissão acima de 2 milhões de habitantes	2
Crédito Mútuo / Origens Diversas	33
Luzzatti	8
Total	**1.269**

É importante não esquecer que as cooperativas de crédito prestam serviços financeiros de captação e de crédito apenas aos seus respectivos associados. Estas podem ainda constituir Bancos Comerciais. Para tanto, as centrais cooperativas devem controlar pelo menos 51% das ações com direito a voto do Banco Comercial. Além disso, em seu nome deve aparecer a expressão "Banco Cooperativo". De resto, o Banco Comercial controlado pelas cooperativas centrais funciona da mesma forma que qualquer outro Banco Comercial.

Atendimento Bancário no País

> Banco Central do Brasil - BACEN
> Diretoria de Organização do Sistema Financeiro e Controle de Operações do Crédito Rural - DIORF.
> Departamento de Organização do Sistema Financeiro - DEORF.

Atendimento Bancário no País - Municípios por Região e UF

UF	Quantidade de Municípios	Municípios sem Agência	Municípios sem agência com PA	Municípios sem agência e sem PA	Municípios com agência	Município sem dependência bancária
Alagoas	102	45	43	2	57	2
Bahia	417	127	127		290	
Ceará	184	66	66		118	
Maranhão	217	96	90	6	121	6
Paraíba	223	148	121	27	75	27
Pernambuco	185	53	53		132	
Piauí	224	174	123	51	50	49
Rio Grande do Norte	167	114	96	18	53	17
Sergipe	75	25	22	3	50	2
Nordeste		848	741	107	946	103
Acre	22	7	5	2	15	2
Amapá	16	7	7		9	
Amazonas	62	20	20		42	
Pará	143	51	51		92	
Rondônia	52	13	13		39	
Roraima	15	7	7		8	
Tocantins	139	102	74	28	37	25
Norte		207	177	30	242	27
Distrito Federal	23	2		2	19	1
Goiás	246	99	94	5	147	5
Mato Grosso	141	48	44	4	93	4
Mato Grosso do Sul	78	13	13		65	
Centro-Oeste		162	151	11	324	10
Espírito Santo	78				78	
Minas Gerais	853	321	317	4	532	4
Rio de Janeiro	92				92	
São Paulo	645	59	56	3	586	3
Sudoeste		380	373	7	1288	7
Paraná	399	112	112		287	
Rio Grande do Sul	496	156	156		340	
Santa Caratina	293	61	59	2	234	2
Sul		329	327	2	861	2
Total	5587	1926	1769	157	3661	149

Fonte: Cadmu e Unicad

Fique Ligado

O quantitativo de agência e postos foi coletado no 1º dia útil do mês seguinte e as listas completas estão disponíveis no sitio do Banco Central na internet. Elas podem ser acessadas seguindo-se o caminho Sistema Financeiro Nacional » informações cadastrais e contábeis » Informações cadastrais.

Fique Ligado

A partir de junho/2012, foi adotada a nova classificação de postos, atendendo aos dispositivos da Resolução 4.072, de 26 de abril de 2012. Desde então, uma nova série histórica de dados vem sendo composta. Para dados de postos anteriores a junho/2012, deve-se consultar o relatório do mês de maio/2012, cuja elaboração ainda considerava a antiga classificação.

Podemos concluir, com base na observação da tabela acima, que significativa parte dos municípios brasileiros permanece sem agências bancárias, sobretudo no Nordeste. Essa carência, em parte, é amenizada pela presença de Postos de Atendimentos.

Participação Estrangeira nas IF do SFN

> Banco Central do Brasil - BACEN;
> Diretoria de Organização do Sistema Financeiro e Controle de Operações do Crédito Rural - DIORF;
> Departamento de Organização do Sistema Financeiro - DEORF.

Em um cenário de globalização, que para nosso entendimento significa a abertura dos mercados e a consequente ampliação da circulação dos fluxos financeiros e de capitais em escala mundial, é cada vez maior a participação de bancos estrangeiros em nosso SFN. Merece destaque para a prova a chegada dos bancos chineses, que, na atualidade, são os maiores do mundo. Eles atuam, principalmente, como bancos de investimentos, em virtude da excelente perspectiva que o nosso país, como membro dos BRICS, projeta para os próximos 30 anos.

Bancos por Origem de Capital

Quantidade de bancos por origem de capital

Bancos	2008 Dez	2009 Dez	2010 Dez	2011 Dez
Públicos	112	10	9	9
Privados	147	148	148	151
Nacionais	83	82	77	73
Nacionais com Participação Estrangeira	2	6	11	16
Controle Estrangeiro	56	54	54	56
Estrangeiros	6	6	6	6
Total	159	158	157	160

Nota-se, no gráfico, um processo de diminuição da participação do setor público no mercado bancário que acompanha o processo de desestatização da economia brasileira, com as chamadas privatizações. Mais uma vez chamamos a atenção para a crescente participação estrangeira no mercado bancário nacional.

Dinâmica do Mercado Financeiro

Introdução

Este é o momento de entendermos alguns termos que ouvimos no dia a dia, entre os quais se destacam: agentes econômicos, investimentos, curto e longo prazo, a taxa SELIC, *Spread* e IPCA. Neste tópico, veremos como funciona a Dinâmica do Mercado Financeiro e os principais assuntos correlacionados a esse tema no cenário atual. Utilizaremos uma linguagem simples, buscando traçar analogias com exemplos do cotidiano, para que haja uma familiarização com os conceitos apresentados. Com algumas dicas e bastante atenção, é possível acertar todas as questões referentes a esse assunto com relativa facilidade.

Mercado Financeiro

O Mercado Financeiro é composto pelos Bancos de uma forma geral, além das Caixas Econômicas, Cooperativas de Crédito, dentre outras IF. O grande xerife e **regulador** deste mercado é o BACEN. Ele funciona como **supervisor** do mercado financeiro e a sua principal missão é executar as determinações do Conselho Monetário Nacional, órgão normativo.

A expectativa e o grande objetivo de todos os participantes desse mercado, tanto os **superavitários** quanto os **deficitários**, é que ele tenha a maior **liquidez** possível.

Agentes superavitários, poupadores ou doadores são pessoas físicas ou jurídicas que possuem disponibilidade de recursos financeiros. Essas pessoas possuem recursos "sobrando" e desejam aplicá-los para obterem alguma rentabilidade, aumentando o seu patrimônio.

Agentes deficitários ou tomadores são pessoas físicas ou jurídicas que possuem necessidade de recursos financeiros, ou seja, existe uma carência de recursos para realizar o financiamento de suas atividades ou projetos.

Liquidez refere-se à velocidade e facilidade com a qual um ativo (bem com valor econômico) pode ser convertido em moeda.

→ **Imaginemos as seguintes situações hipotéticas:**

Após economizar parte de seus rendimentos durante 6 meses, João resolve investir, depositando as suas economias em uma conta poupança, que vai lhe render 0.3% a.m. e cerca de 3,5% a.a.

Já Pedro, desejoso de adquirir uma moto 150 cc para passear com sua namorada Ana, dirige-se até o mesmo banco em que João havia aberto sua Conta Poupança, a fim de obter junto àquela **instituição financeira monetária** um empréstimo.

Por sua vez, o **banco comercial** que havia recebido o dinheiro investido por João irá emprestá-lo a Pedro, no **curto prazo**, financiando a aquisição de sua moto.

A Empresa X, do ramo da construção civil, pretende construir um Shopping Center na cidade Y, empreendimento que trará desenvolvimento, com geração de emprego e renda para a população local e para a administração municipal, por meio dos tributos.

Contudo, a Empresa X não dispõe de todo o capital necessário para o empreendimento. Após deliberações, o seu diretor executivo dirige-se a uma agência de um **Banco de Investimentos** para viabilizar o projeto.

Bancos de Investimento são focados nas empresas, ou seja, na atividade produtiva. As empresas têm dois tipos principais de investimento: elas investem em capital fixo (o shopping, por exemplo) e em capital de giro (insumos, trabalhadores etc.). Os bancos de investimento auxiliam as empresas a financiar os seus projetos no **longo prazo**.

Os exemplos acima dão uma ideia simplificada do funcionamento do mercado financeiro.

A demanda e a oferta de recursos financeiros estão na base da dinâmica desse mercado, em que intermediadores financeiros (Instituições Financeiras) têm como principal função propiciar a transferência de recursos entre os agentes superavitários e os agentes deficitários por meio da chamada intermediação financeira.

Agentes Superavitários → Intermediádores Financêiros → Agentes Deficitários

Analisando esse processo pelo ponto de vista das Instituições Financeiras, verificamos a existência de duas fases:

> **Captação**: coleta de recursos financeiros dos agentes superavitários; e
> **Operação de crédito**: empréstimos ou financiamentos.

Dando sequência à situação hipotética de João, imaginemos que, passados seis meses, surgiu uma excelente oportunidade de negócio e ele necessita resgatar o dinheiro que havia depositado em sua Conta Poupança. Ou seja, deve-se ressaltar que o fluxo apresentado não tem apenas um sentido, já que os agentes superavitários terão em algum momento a necessidade de utilizar os recursos depositados, total ou parcialmente.

Já no caso dos agentes deficitários, ao contratar uma operação de crédito, pagam às instituições financeiras os juros provenientes de seus financiamentos. A diferença é que, enquanto João receberá o juro pelo esforço depreendido ao poupar, Pedro pagará juro para obter agora o que poupando só conseguiria mais tarde.

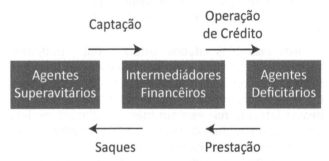

As instituições financeiras auferem a maior parte de suas receitas ao realizarem as intermediações financeiras entre agentes superavitários e agentes deficitários, uma vez que os juros cobrados dos agentes deficitários são sempre maiores do que os rendimentos pagos aos agentes superavitários. Dessa relação, podemos extrair dois importantes conceitos para o entendimento da dinâmica do mercado financeiro:

> Spread ou lucro dos bancos; e
> SELIC: é a taxa de juros definida na reunião do COPOM (Comitê de Politica Monetária), ou seja, taxa média dos financiamentos diários, com lastro em títulos federais, apurados pelo Sistema Especial de Liquidação e Custodia (SELIC), que passa a vigorar por todo o período entre as reuniões do Comitê. Por que ela é tão importante? Por ser a taxa **referencial** de todo o mercado financeiro.

Abaixo apresentamos dados referentes às últimas dez reuniões do COPOM e à variação da SELIC no período.

Histórico das taxas de juros fixadas pelo Copom e evolução da taxa Selic

Reunião Nº	Data	Período de vigência	Meta SELIC % a.a	Taxa SELIC %	Taxa SELIC % a.a.
179ª	27/11/2013	28/11/2013 -	10		
178ª	09/10/2013	10/10/2013 - 27/11/2013	9,5	1,22	9,4
177ª	28/08/2013	29/08/2013 - 09/10/2013	9	1,02	8,9
176ª	10/07/2013	11/07/2013 - 28/08/2013	8,5	1,13	8,4
175ª	29/05/2013	30/05/2013 - 10/07/2013	8	0,88	7,9
174ª	17/04/2013	18/04/2013 - 29/05/2013	7,5	0,82	7,4
173ª	06/03/2013	07/03/2013 - 17/04/2013	7,25	0,8	7,16
172ª	16/01/2013	17/01/2013 - 06/03/2013	7,25	0,9	7,12
171ª	28/11/2012	29/11/2012 - 16/01/2013	7,25	0,91	7,14
170ª	10/10/2012	11/10/2012 - 28/11/2012	7,25	0,88	7,14
169ª	29/08/2012	30/08/2012 - 10/10/2012	7,5	0,82	7,39

Fonte: http://www.bcb.gov.br/?COPOMJUROS

No gráfico acima, podemos analisar o comportamento da taxa SELIC ao longo de uma série de 10 reuniões do COPOM, organização que, vinculada ao BACEN, é responsável pela divulgação periódica da SELIC, bem como pela previsão para o período subsequente.

Nos exemplos citados anteriormente, podemos verificar que há uma série de fatores a influenciar a tomada de decisão por parte dos agentes econômicos ou "Players" do mercado financeiro. A taxa de juro é um desses fatores, mas existem mais. A inflação, medida pelo Índice Nacional de Preços ao Consumidor Amplo (IPCA) tem sempre grande impacto na dinâmica do mercado. Por causa disso, o CMN estabelece anualmente o plano de metas inflacionário, cuja política monetária fica sob os encargos do BACEN.

As projeções propiciam segurança aos investidores e credibilidade ao mercado, sobretudo quando se confirmam.

Banco Central diz que Mercado financeiro mantém previsão de inflação para 2013

Em maio de 2013, os economistas do mercado financeiro mantiveram a estimativa de inflação para o IPCA (Índice Nacional de Preços ao Consumidor Amplo) em 2013 em 5,71%, de acordo com o Banco Central, por meio do relatório de mercado. Esse relatório resulta da pesquisa com mais de 100 instituições financeiras. Para 2014, as perspectivas mudam um pouco de quadro e a estimativa mudou de 5,71% para 5,76%. De acordo com analistas mais entusiasmados, tal alteração não terá um peso significativo. Mas otimismo nem sempre acompanha a dança da economia.

A grande preocupação do governo durante o ano de 2013 tem sido o combate a inflação. Declarações feitas pela Presidenta Dilma Rousseff e pelo ministro Guido Mantega, reafirma a ideia de que o país não irá amenizar sua luta no combate ao processo inflacionário, que depois de anos volta a ameaçar a estabilidade econômica do país. Por enquanto, segundo economistas, não há motivo para desespero, mas devemos ficar atentos aos índices do mercado para acompanharmos de perto essa que já foi a grande vilã do nosso sistema econômico. Usando como base o sistema de metas que vigora no Brasil, o Banco Central tem de calibrar os juros para atingir as metas pré-estabelecidas, tendo por base o IPCA, que mede a inflação oficial do país. Numa previsão para os anos de 2013 e 2014, a meta central de inflação é de 4,5%, com um intervalo admitido de tolerância de dois pontos percentuais para cima ou para baixo. Desse modo, o IPCA pode ficar entre 2,5% e 6,5% sem que a meta seja formalmente descumprida.

Com relação à taxa de juros, os analistas também mantiveram suas projeções para a Selic (taxa básica de juros da economia) em 8,25% tanto em 2013 como para 2014.

No que diz respeito a estimativa para o crescimento, os economistas do mercado financeiro mantiveram sua expectativa de que ela deverá ser de 3%. Em 2014, os ventos melhoram, mas nem tanto, e a expectativa dos analistas do mercado financeiro para o crescimento econômico permaneceu estável em 3,50%.

Houve, contudo, redução com relação à previsão de crescimento da produção industrial do país, de 2,83% para 2,39% em 2013 e de 3,75% para 3,55% em 2014".

Regulação do Mercado

Muitas bancas relacionam o atual momento da economia mundial com o desempenho do nosso mercado financeiro. No que diz respeito à Regulação desse setor, no âmbito interno, destaca-se a atuação do BACEN, como órgão Supervisor, tendo o CMN como entidade máxima normativa. No cenário internacional, uma série de acordos entre as principais economias mundiais estabeleceu as bases para a regulação financeira. Atualmente, as regras de Basileia III são o parâmetro internacional a ser seguido pelas IF.

Vamos analisar a seguinte notícia veiculada no sítio do BACEN (com adaptações):

Regras de Basileia III

A fase de coleta de sugestões via audiência pública para a implementação de Basileia III no Brasil já foi concluída pelo BC e a autoridade monetária está agora finalizando minutas, que serão submetidas à diretoria colegiada do Banco Central, para depois serem enviadas ao Conselho Monetário Nacional. As novas regras aprimoram a estrutura e os requerimentos de capital aplicáveis às instituições financeiras, conforme compromissos assumidos no âmbito do G-20. As recomendações de Basileia III visam aperfeiçoar a capacidade das instituições financeiras de absorver perdas vindas de choques do próprio sistema financeiro ou dos demais setores da economia, auxiliando a manutenção da estabilidade financeira e a promoção do crescimento econômico sustentável. Espera-se que as novas exigências de capital regulamentar reduzam a probabilidade e a severidade de futuras crises bancárias e seus potenciais efeitos negativos sobre a economia real".

De acordo com as recomendações internacionais, e em linha com as práticas adotadas atualmente, o nível mínimo de capital será estabelecido como uma porcentagem dos ativos ponderados pelo risco. A minuta de norma propõe a exigência de três requerimentos independentes que devem ser observados continuamente pelas instituições financeiras. Os três requerimentos mínimos dizem respeito ao:

> Capital Principal, composto principalmente por ações, quotas e lucros retidos;
> Capital de Nível I, composto pelo capital principal e outros instrumentos capazes de absorver perdas com a instituição em funcionamento;
> Total do Patrimônio de Referência (PR), composto pelo Capital Nível I e por outros instrumentos capazes de absorver perdas em caso de instituição em liquidação.

A implementação de Basileia III no Brasil seguirá o cronograma internacional acordado, mediante a adoção das definições e dos requerimentos de capital de maneira gradual ao longo dos próximos anos, com início em 1º de janeiro de 2013 e conclusão em 1º de janeiro de 2019.

Buscando suavizar movimentos bruscos de expansão ou retração do crédito, as minutas de resolução também criam o Adicional de Capital Principal. Este Adicional de Capital Principal é um colchão amortecedor macroprudencial previsto em Basileia III. Ao final de um período de transição, o Adicional de Capital Principal deverá ser de, no mínimo, 2,5% e, no máximo, 5% dos ativos ponderados pelo risco. Seu valor será estabelecido pelo Banco Central do Brasil de acordo com as condições econômicas. Em condições normais de mercado, espera-se que as instituições financeiras mantenham um excedente de capital em relação aos requerimentos mínimos em valor superior ao Adicional de Capital Principal fixado.

A insuficiência no cumprimento do Adicional de Capital Principal implicará restrição à distribuição de bônus, participação nos lucros e incentivos remuneratórios associados ao desempenho dos gestores das instituições.

As recomendações de Basileia III aumentam significativamente o requerimento de capital das instituições financeiras. Entretanto, a regulamentação prudencial brasileira é mais conservadora do que o padrão internacional atual, o que coloca os bancos brasileiros em posição mais confortável do que a maioria dos seus pares internacionais.

As propostas normativas também conduzem à substancial melhora da qualidade do capital, restringindo o reconhecimento de ativos que podem ter o seu valor significativamente reduzido em condições de estresse. Esses ativos que comprometem a capacidade de absorção de perdas da instituição, por sua baixa liquidez, difícil mensuração ou dependência de lucro futuro para serem realizados, deverão ser deduzidos do Capital Principal.

O cronograma para introdução das medidas busca dar tempo suficiente para a adaptação das instituições integrantes do Sistema Financeiro Nacional, permitindo que cada uma, quando necessário e segundo sua estratégia, ajuste a base de capital. Estudos do Banco Central do Brasil mostram que, de forma geral, os bancos conseguirão se adaptar aos novos limites, mantendo o crescimento da carteira de crédito, mediante a retenção de parcela dos seus resultados.

→ Requerimentos para o Capital Regulamentar, comparativamente aos atualmente adotados no Brasil, considerando o Adicional de Capital Principal.

	Basileia II	Brasil Hoje	Basileia III (requerimento mínimo + adicional)
Capital Principal	2%	4,6%	7% - 9,5%
Nível I	4%	5,5%	8,5 - 11%
Patrimônio de Referência (PR)	8%	11%	10,5% - 13%

Mercado Bancário

Neste item, abordaremos as principais notícias relacionadas ao mercado desse segmento. Veremos os efeitos da crise que assola a economia mundial desde 2008 e suas principais consequências. Questões prováveis envolvendo esse conteúdo abordarão temas como concentração no mercado bancário, efeitos da histórica redução de juros no setor bancário, participação dos bancos públicos como incentivadores no processo de redução de juros, intervenção e solvência de instituições financeiras, como a liquidação do Cruzeiro do Sul e do PROSPER, ações do BACEN, como regulador de mercado, e todas as notícias correlatas a esses temas.

Concentração Bancária Versus Eficiência

As regras estabelecidas por Brasileia III, somados a fatores conjunturais internos, aumentam o receio da formação de conglomerados bancários - composto de pelo menos uma instituição do tipo Banco Comercial ou Banco Múltiplo com Carteira Comercial -, o que diminuiria a concorrência e elevaria os preços de serviços e produtos bancários. Por outro lado, tal fenômeno ocorre de forma mais acentuada no setor de varejo, nos chamados bancos comerciais. Um contraponto a essa visão defende que o mercado perderia em eficiência caso o setor de bancos comerciais expandisse em virtude dos custos na implantação da estrutura necessária para colocar uma IF bancária em funcionamento.

Atualmente, o *Spread* bancário (lucro) tende a se diversificar, privilegiando a eficiência, em detrimento dos altos ganhos obtidos em tempos de inflação. Outro efeito provocado pelas mudanças conjunturais, internas e externas, é a crise que assola os bancos de médio porte. Em virtude do cenário de crise que se instalou na economia global, essas IF passaram a ter mais dificuldade para conseguir financiamentos junto aos investidores, que em momentos de incerteza do mercado tendem a emprestar dinheiro a instituições maiores, pois estas têm menos riscos de quebrar e honram seus compromissos.

Os **Bancos Estrangeiros** também merecem destaque. Eles vêm gradativamente aumentando a sua participação no mercado nacional. Os bancos chineses, maiores do mundo, também estão entrando nesse mercado, atraídos pelas oportunidades de negócios em um dos países componentes dos BRICS, com mercado em franca expansão e excelente perspectiva futura.

Robustez do SFN

Por Luciana Otoni

BRASÍLIA, 2 Out (Reuters) - O Sistema Financeiro Nacional (SFN) continua mostrando uma capacidade de solvência 'robusta' e o cenário externo conturbado não compromete a liquidez no mercado doméstico, informou nesta terça-feira o Banco Central ao divulgar seu Relatório de Estabilidade Financeira.

Isso vale também para os pequenos e médios bancos, mesmo após as recentes quebras de algumas instituições deste porte.

'Os bancos são saudáveis, robustos e temos uma regulação rigorosa. Isso dá solidez ao sistema', afirmou a jornalistas o diretor de Fiscalização do BC, Anthero Meirelles.

O documento, que traz dados até junho passado, mostrou ainda que o índice de Basileia do sistema cresceu um pouco, passando de 16,3 por cento em dezembro para 16,4 por cento agora, acima do mínimo exigido de 11 por cento.

'A resiliência do sistema é corroborada pelos resultados dos testes de estresse, os quais demonstram que, em todos os cenários analisados, inclusive naqueles que envolvem choques abruptos ou extrema deterioração da situação macroeconômica, o capital regulamentar do sistema bancário permaneceria acima do exigido pelo BC', traz o documento.

O diretor manteve a avaliação de que as instituições financeiras - particularmente as pequenas e médias - não necessitam de capital adicional para enquadramento ao índice de Basileia III.

Pequenos e Médios

"O relatório foi divulgado poucas semanas após a liquidação do banco Cruzeiro do Sul, causada por fraudes contábeis, e do Banco PROSPER. Em outubro do ano passado, o BC já havia decretado a liquidação do Banco Morada.

Meirelles disse que a liquidação dos dois bancos foi uma questão 'isolada de gestão' e que não há riscos similares entre pequenas e médias instituições financeiras. 'Esse é um segmento robusto, bem capitalizado, bem provisionado, que tem liquidez', comentou.

No mesmo dia em que o BC decretou a liquidação do Cruzeiro do Sul e do PROSPER, em 14 de setembro, a autoridade monetária anunciou a redução nos compulsórios à vista e a prazo com a finalidade de liberar 30 bilhões de reais para a economia e ampliar a oferta de crédito.

Na época, o BC informou que o movimento não tinha relação com as liquidações. Nesta terça-feira, Meirelles avaliou que a mudança nas regras do compulsório vai permitir melhor distribuição da liquidez.

Pelo documento divulgado nesta terça-feira, o cenário externo conturbado não comprometeu 'a liquidez disponível no mercado doméstico, o que permitiu tanto a expansão da carteira de crédito quanto o crescimento dos ativos líquidos no SFN'".

Como Entender o Mercado Bancário

Após analisarmos alguns dos principais fatores que influenciam no comportamento do mercado, nos concentraremos naquele que têm maior probabilidade de serem cobrados em concursos, pois basicamente vêm monopolizando os debates nas principais mídias: a redução do juro no Brasil.

Queda dos Juros - BC diz que queda dos juros traz desafio aos bancos

O Banco Central (BC) admitiu nesta segunda-feira que a trajetória de queda das taxas de juros no país, que teve início em agosto de 2011, representa um desafio para as instituições financeiras. A afirmação consta do novo Relatório de Estabilidade Financeira do BC referente ao primeiro semestre de 2012.

A autoridade monetária comemora o fato de que este quadro ajuda a população, pois o comprometimento da renda dos clientes bancários diminuiu à medida que a taxa básica de juros (SELIC) recua. Contudo, os bancos se veem obrigados a adotar estratégias de adequação a um cenário de menores '*spreads*' (diferença entre os juros básicos da economia e as taxas cobradas dos clientes finais) e 'busca de ativos com maior rentabilidade e, por conseguinte, maior risco', detalha o documento.

O BC destacou também o papel dos bancos públicos, que têm contribuído para acelerar este processo de diminuição dos *spreads* com o impulso que dão à competição no segmento. 'Merece destaque a atuação dos bancos públicos em favor da redução das taxas de juros no semestre, com reflexos no ritmo de concessões do segmento e nos ganhos de participação desses bancos em relação aos demais', destacou o Relatório de Estabilidade Financeira.

Cenário externo - Outro desafio que tem de ser acompanhado de perto pelos bancos, conforme recomendação do BC, diz respeito à deterioração das finanças internacionais. 'Faz-se oportuno ressaltar que o cenário externo continua sendo acompanhado, a fim de evitar que eventual deterioração da crise internacional afete negativamente a economia doméstica'.

O BC diz que tem procurado aperfeiçoar sua estrutura regulatória e de supervisão - quer seja por meio da melhoria dos instrumentos instituídos, tais como a ampliação da quantidade de clientes identificados no Sistema de Informações de Crédito do BCB (SCR), quer seja pelo aprimoramento dos Depósitos a Prazo com Garantia Especial (DPGE) - para monitorar e alertar para os riscos do sistema.

Apesar dos riscos, o órgão assegura que o sistema financeiro nacional permanece sólido. 'Manteve-se elevado o índice de liquidez do sistema, demonstrando capacidade para fazer frente a eventuais restrições de recursos, mesmo em situações de estresse', diz o BC no documento.

Inadimplência - Apesar da alta vista nos primeiros seis meses do ano, dados recentes já mostram queda da inadimplência no segundo semestre, segundo o diretor de Fiscalização do Banco Central, Anthero Meirelles. Ele salientou que as provisões dos bancos cobrem 'com folga' as operações vencidas, já que o índice estava em 1,6 em junho. Isso quer dizer que, para cada um real emprestado, o banco possui 1,6 real de provisão.

A alta do calote, salientou o diretor, contribuiu para que o lucro dos bancos fosse menor nos primeiros seis meses de 2012. 'Houve queda de rentabilidade, mas o setor continuou rentável em patamares adequados', avaliou. 'Houve maior despesa de provisão por causa de inadimplência, mas são números bastante robustos e adequados para o sistema', reforçou.

Anthero comentou que o BC continuou implementando uma série de mudanças, como a análise de dados sobre os devedores com dívidas acima de 1.000 reais - antes o patamar era de 5.000 reais. 'Isso trouxe um volume maior para análise de crédito pelo BC', considerou".

Fonte: http://veja.abril.com.br/noticia/economia/bc-diz-que--queda-dos-juros-traz-desafio-aos-bancos. Acesso em 29 de out de 2012.

Podemos analisar, com base no que foi exposto na matéria, que os bancos precisam se adaptar à nova dinâmica do mercado, buscando uma maior eficiência nas suas operações, seja com a redução de custos fixos, ou até mesmo com uma maior diversificação de produtos, para sobreviverem em um mercado mais competitivo, uma vez que os juros não serão mais a sua principal fonte de receita. Até agora, os bancos atuavam de forma cartelizada. Isto é, tinham pactos de manutenção de altos custos dos serviços e dos juros. Ninguém se preocupava em disputar a clientela em mercados já consolidados - como crédito pessoal ou cheque especial. Agora o cenário é diferente e exige muito mais habilidade por parte dos gestores dessas instituições em encontrar soluções "sustentáveis".

Complementado esse tema, observa-se uma intervenção estatal no setor, sob forma de ajuda concedida aos bancos públicos, na soma de R$ 61,8 bilhões só em 2012. No entanto, o procedimento tem aumentado o endividamento do governo federal, o que provoca questionamentos de especialistas.

Atuação do BACEN na sua função de zelar pela estabilidade do Sistema Financeiro Nacional

Apresentaremos, a seguir, na íntegra as informações contidas no sítio do BACEN. Para acessá-las, pode-se traçar o seguinte caminho: Início - Intervenções, liquidações e privatizações - Liquidação extrajudicial, Intervenção e RAET - Artigos.

→ Pressupostos conceituais da atuação do Banco Central

Uma crise bancária pode ser comparada a um vendaval. Suas consequências são imprevisíveis sobre a economia das famílias e das empresas.

Os agentes econômicos relacionam-se em suas operações de compra, venda e troca de mercadorias e serviços de modo que, a cada fato econômico, seja ele de simples circulação, de transformação ou de consumo, corresponde ao menos uma operação de natureza monetária realizada junto a um intermediário financeiro, em regra um banco comercial que recebe um depósito, paga um cheque, desconta um título ou antecipa a realização de um crédito futuro. A estabilidade do sistema que intermedeia as operações monetárias, portanto, é fundamental para a segurança e estabilidade das relações entre os agentes econômicos.

A iminência de uma crise bancária é capaz de afetar e contaminar todo o sistema econômico, fazendo com que os titulares de ativos financeiros fujam do sistema financeiro e se refugiem, para preservar o valor do seu patrimônio, em ativos móveis ou imóveis e, em casos extremos, em estoques crescentes de moeda estrangeira. Para evitar esse tipo de distorção, é fundamental a manutenção da credibilidade no sistema financeiro. Assim, a experiência brasileira com o Plano Real é singular dentre os países que adotaram políticas de estabilização monetária, uma vez que a reversão das taxas inflacionárias não foi seguida pela fuga de capitais líquidos do sistema financeiro para os ativos reais.

Nesse sentido, pode-se afirmar que a estabilidade do Sistema Financeiro Nacional é a garantia de sucesso do Plano Real. Não existe moeda forte sem um sistema bancário igualmente forte. Não é por outra razão que a Lei 4.595, que criou o Banco Central, atribuiu-lhe simultaneamente as funções de zelar pela estabilidade da moeda e da liquidez e solvência do sistema financeiro.

→ Modalidades da atuação saneadora do Banco Central - Tipos de regimes: especiais

Constatada a iminência ou a inevitabilidade de insolvência de alguma instituição financeira, a escolha do momento adequado para a decretação do regime de intervenção, de liquidação extrajudicial ou de administração especial temporária pelo Banco Central dependerá, sempre, de circunstâncias particulares a cada caso. O momento preciso para decretar o regime especial será, pois, sempre passível também de avaliação subjetiva. No Banco Central, tem-se o entendimento de que, guardadas as características de cada regime especial, deve-se procurar a condição mais propícia à eventual solução negociada, que a experiência revela ser menos onerosa à autoridade monetária e menos lesiva aos depositantes e investidores.

São três as modalidades de regimes especiais que podem ser impostos às instituições financeiras ou a instituições a elas equiparadas: intervenção, liquidação extrajudicial e administração especial temporária. Os dois primeiros são disciplinados pela Lei 6.024, de 13 de março de 1974, e o último pelo Decreto-Lei 2.321, de 25 de fevereiro de 1987.

Com a intervenção, o Banco Central nomeia o interventor, que assume a gestão direta da instituição, suspendendo as suas atividades normais e destituindo os respectivos dirigentes. A intervenção é uma medida administrativa de caráter cautelar que objetiva evitar o agravamento das irregularidades cometidas ou da situação de risco patrimonial capaz de prejudicar os seus credores. Ela tem duração limitada no tempo e poderá ser seguida da retomada das atividades normais da instituição, da decretação da sua liquidação extrajudicial ou da sua falência.

A administração especial temporária (RAET) é uma espécie de intervenção que não interrompe e nem suspende as atividades normais da empresa, sendo seu principal efeito a perda do mandato dos dirigentes da instituição e sua substituição por um conselho diretor nomeado pelo Banco Central, com amplos poderes de gestão. Também tem duração limitada no tempo e objetiva principalmente a adoção de medidas visando à retomada das atividades normais da instituição. Quando isso não é possível, pode vir a ser transformada em intervenção ou liquidação extrajudicial.

A liquidação extrajudicial é a medida mais grave e definitiva. Ela destina-se a promover a extinção da empresa quando ocorrerem indícios de insolvência irrecuperável ou quando cometidas infrações às normas que regulam a atividade da instituição. Objetiva promover a venda dos ativos existentes para pagamento dos credores, com devolução de eventual sobra aos controladores ou sua responsabilização pelo passivo a descoberto.

→ Estatística de regimes especiais - os dados do BACEN não estão atualizados. Sendo assim, eles se tornam irrelevantes para a prova.
→ Atuação punitiva do Banco Central - Processos administrativos e Comunicações ao Ministério Público.

Não considerada a hipótese de decretação das medidas legais de intervenção no sistema financeiro, o Banco Central dispõe do mecanismo de processo administrativo, que culmina com a aplicação das penalidades previstas no art. 44 da Lei 4.595/64. Entre tais penalidades, encontra-se a suspensão do mandato dos administradores e sua inabilitação temporária para o exercício de cargos de direção em instituição financeira.

Tomando-se a série histórica da aplicação de penalidades administrativas a pessoas responsáveis por irregularidades cometidas na gestão de instituições financeiras, até 1994, a média de punições aplicadas situa-se em torno de 400 a 450 penalidades. Em 1995, esse número foi elevado para 1.294, por efeito de reorganização administrativa e redefinição de métodos na apuração dos ilícitos administrativos que se refletiram em maior agilidade na finalização dos respectivos processos.

Além disso, o Banco Central efetuou, no período compreendido entre os anos 1991 e 1995, um total de 1.226 comunicações de indícios criminais ao Ministério Público Federal (505 no ano de 1995), envolvendo administradores de instituições financeiras e de consórcios, bem como participantes de operação de crédito rural, por exemplo. Segundo o ordenamento legal do país, cabe ao Ministério Público Federal, como titular da ação penal, e não ao Banco Central, prosseguir em juízo com os procedimentos legais necessários ao indiciamento e julgamento de tais pessoas pela prática de crimes contra o Sistema Financeiro Nacional.

Vamos ver um exemplo concreto da atuação do BACEN.

Banco Central decide fechar os bancos Cruzeiro do Sul e PROSPER

O Banco Central (BC) anunciou nesta sexta-feira (14) a liquidação dos bancos Cruzeiro do Sul (CZRS4) e PROSPER. A Bovespa informou que as negociações com as ações do banco Cruzeiro do Sul estão suspensas, depois de acumularem valorização 55,6% em três dias.

Segundo o BC, do total de depósitos à vista e a prazo do Banco Cruzeiro do Sul e do Banco PROSPER, cerca de 35% e de 60%, respectivamente, contam com garantia do Fundo Garantidor de Créditos (FGC). O FGC é administrado pelos próprios bancos e cobre aplicações de até R$ 70 mil, em caso de quebra da instituição financeira.

→ **Negociações com Santander falharam**

As negociações com o Santander (SANB11) para a compra do Cruzeiro do Sul se estenderam até a madrugada desta sexta-feira, mas não avançaram diante da cobrança pelo banco espanhol de garantias que impediram um acordo para a venda da instituição.

O Cruzeiro do Sul está sob intervenção do Banco Central desde o início de junho e, na quinta-feira, venceu o prazo para o Banco Cruzeiro do Sul conseguir aprovação de credores para renegociação de dívidas e obtenção de um comprador.

O plano de recuperação do banco Cruzeiro do Sul, que tinha patrimônio negativo em R$ 2,237 bilhões até a intervenção ocorrida em 4 de junho, previa, além da reestruturação da dívida, a venda da instituição.

→ **Banco PROSPER também foi liquidado**

A liquidação do Banco PROSPER, que teve proposta de mudança de controle para o Banco Cruzeiro do Sul não aprovada, 'deve-se a sucessivos prejuízos que vinham expondo seus credores a risco anormal, a deficiência patrimonial e a descumprimento de normas aplicáveis ao sistema financeiro', segundo o BC.

Em nota, o BC afirma que 'continuará tomando todas as medidas cabíveis para apurar as responsabilidades, nos termos de suas competências legais. O resultado das apurações poderá levar à aplicação de medidas punitivas de caráter administrativo e a comunicações às autoridades competentes, observadas as disposições legais aplicáveis. Nos termos da lei, permanecem indisponíveis os bens dos controladores e dos ex-administradores do Banco Cruzeiro do Sul e ficam indisponíveis, a partir de hoje, os bens dos controladores e dos ex-administradores do Banco PROSPER'".

Fonte: http://economia.uol.com.br/ultimas-noticias/redacao/2012/09/14/bc-fecha-bancos-cruzeiro-do-sul-e-prosper--fundo-garante-depositos-de-ate-r-70-mil.jhtm. Acesso em 29 de out de 2012

Novos Instrumentos de Atuação - FGC

O Fundo Garantidor de Crédito (FGC) é uma associação civil sem fins lucrativos, com prazo indeterminado de duração e constituído sob a forma de sociedade de direito privado. Ele tem por objetivo dar cobertura, de até R$70 mil por titular, a depósitos e aplicações nas hipóteses de decretação de intervenção, liquidação extrajudicial ou falência de instituição que participe do referido fundo, ou, ainda, de reconhecimento, pelo Banco Central, de estado de insolvência da instituição que, nos termos da legislação vigente, não esteja sujeita aos regimes acima mencionados.

São objeto da garantia proporcionada pelo FGC os seguintes créditos: depósitos à vista, depósitos de poupança, letras de câmbio, letras imobiliárias e letras hipotecárias, de emissão ou aceite de instituição financeira ou associação de poupança e empréstimo em funcionamento no país.

São participantes do FGC todas as instituições financeiras e as associações de poupança e empréstimo responsáveis pelos créditos garantidos, exceto as cooperativas de crédito e as seções de crédito das cooperativas. As instituições participantes contribuem com 0,025% do montante mensalmente escriturado relativo aos saldos das contas correspondentes às obrigações objeto de garantia.

O advento de Instrumentos como o FGC representa um avanço de solidez no SFN, permitindo que os processos de saneamento e reorganização de instituições financeiras atingidas por crises de liquidez e solvência sejam feitos com menor custo financeiro e administrativo para a autoridade monetária. Os recursos para tanto deverão, em maior parte, ser mobilizados pelo próprio mercado, por meio das contribuições dos bancos, sem prejuízo, portanto, da política de estabilização, mantendo-se os parâmetros gerais da política fiscal.

Exercício Comentado

01. *(CESPE) As pessoas jurídicas públicas ou privadas que tenham como atividade principal ou acessória a coleta, intermediação ou aplicação de recursos financeiros próprios ou de terceiros, em moeda nacional ou estrangeira, e a custódia de valor de propriedade de terceiros são consideradas:*
a) *Entidades abertas de previdência complementar.*
b) *Bolsas de mercadorias e futuros.*
c) *Sociedades de capitalização.*
d) *Instituições financeiras.*
e) *Bolsas de valores.*

RESPOSTA. "D". Temos nesta questão a definição exata de instituição financeira. Atenção aos substantivos Coleta, Intermediação, Aplicação e Custódia.

Notícias do Mercado Financeiro

Apesar de corte, ministro diz que crédito para agricultor está garantido

Orçamento do Desenvolvimento Agrário caiu de R$ 3,8 bi para R$ 2,9 bi.

Pepe Vargas disse que bloqueio não preocupa e que metas estão mantidas.

O ministro do Desenvolvimento Agrário, Pepe Vargas, disse nesta quarta-feira (22) que o contingenciamento de R$ 887,9 milhões que sua pasta sofrerá no orçamento deste ano não comprometerá a disponibilidade de crédito para agricultores. O corte representa 23% do montante total previsto neste ano para o ministério.

Nesta quarta-feira, os ministros Guido Mantega (Fazenda) e Miriam Belchior (Planejamento) anunciaram corte de R$ 28 bilhões em gastos no orçamento da União de 2013. Do total de R$ 3,8 bilhões previstos para a pasta do Desenvolvimento Agrário, restaram R$ 2,9 bilhões para serem gastos este ano, de acordo com tabela apresentada pelo Planejamento.

Pepe Vargas disse que o contingenciamento 'não preocupa' o ministério e garantiu que as metas da pasta serão mantidas. Ele falou com a imprensa no Palácio do Planalto após participar de reunião entre a Confederação dos Trabalhadores da Agricultura (*Contag*) e os ministros Gilberto Carvalho (Secretaria-Geral), Manoel Dias (Trabalho) e Marcelo Crivella (Pesca e Aquicultura).

'Vamos sentar e discutir isso. Não nos preocupa essa questão. Vocês sabem que todos os anos há um decreto de contingenciamento e isso nós vamos acertar com o Ministério do Planejamento, mas as metas que nós temos são perfeitamente possíveis de serem atendidas', afirmou Vargas.

O próximo Plano Safra da Agricultura Familiar e o Plano Agrícola e Pecuário - destinado à agricultura empresarial - serão lançados na primeira semana de junho. O montante de recursos disponibilizados pelo governo em forma de crédito aos agricultores será maior que o dos demais anos, de acordo com o ministro. O valor, contudo, ainda não foi divulgado oficialmente.

'A presidente Dilma tem uma posição no que tange a crédito para agricultura, seja para a familiar seja para a empresarial, não deve faltar recursos para crédito. Se for contratado, todo o volume de crédito, o governo libera mais. Então esse não é um assunto que nos assusta', respondeu Pepe Vargas ao ser indagado sobre o contingenciamento em sua pasta."

Fonte: http://g1.globo.com/economia/agronegocios/noticia/2013/05/apesar-de-corte-ministro-diz-que-credito-para--agricultor-esta-garantido.html.

Governo reduz contingenciamento para estimular economia

O governo decidiu contingenciar 28 bilhões de reais no Orçamento deste ano, montante bem inferior aos 55 bilhões de reais anunciados para o ano passado

'O contingenciamento varia conforme o Orçamento aprovado pelo Congresso e com a realidade... Já estamos com 4 meses de Orçamento executado, podemos ser mais realistas', afirmou Mantega

Brasília - O governo decidiu contingenciar 28 bilhões de reais no Orçamento deste ano, montante bem inferior aos 55 bilhões de reais anunciados para o ano passado, com objetivo de estimular o crescimento da economia.

Também para garantir a aceleração da atividade, o governo informou que prevê abater 45 bilhões de reais na meta de superávit primário neste ano, fixada em 155,9 bilhões de reais. Com isso, a economia para pagamento de juros deve ficar em 110,9 bilhões de reais, segundo o relatório bimestral de Avaliação de Receitas e Despesas divulgado nesta quarta-feira.

Os principais números do documento foram antecipados pela Reuters na noite de terça-feira, com base em uma versão preliminar do relatório fornecida por uma fonte.

'O contingenciamento varia conforme o Orçamento aprovado pelo Congresso e com a realidade... Já estamos com 4 meses de Orçamento executado, podemos ser mais realistas', afirmou o ministro da Fazenda, Guido Mantega, em entrevista coletiva nesta quarta-feira, acrescentando que o valor do abatimento no primário não é obrigatório.

Mantega negou, por outro lado, que a política fiscal expansionista do governo seja um dos fatores de pressão dos preços, conforme apontam vários analistas do mercado.

'Não há contribuição do governo para a inflação', disse ele, argumentando que a pressão nos preços ocorre pela inflação dos alimentos e no setor serviços.

No documento divulgado nesta quarta-feira, elaborado pelos ministérios da Fazenda e do Planejamento, o governo prevê expansão do Produto Interno Bruto (PIB) de 3,50 % neste ano e que a estimativa para a inflação medida pelo IPCA foi elevada a 5,20 % em 2013, de 4,90 % no Orçamento.

'O crescimento de 3,5 % (do Produto Interno Bruto) neste ano não deve ser visto como projeção, mas como parâmetro', afirmou Mantega, indicando que essa estimativa pode ser revista nos próximos dois meses.

No mercado, a avaliação é de que a economia brasileira terá expansão de menos de 3 % neste ano.

Segundo o ministro, o ajuste nas despesas foi orientado para a redução no custeio e preservação dos investimentos prioritários. Mantega disse que o governo projeta crescimento do investimento de 6 % em 2013 e de 7 % no ano que vem.

'Estamos ampliando investimentos com consolidação fiscal', disse ele.

O Programa de Aceleração do Crescimento (PAC), o Minha Casa Minha Vida e os projetos para a Copa do Mundo e para as Olimpíadas, entre outros, foram preservados dos cortes neste ano.

O governo previu ainda que as desonerações fiscais, também usadas para estimular a atividade, ficarão em 72,1 bilhões de reais neste ano e em 91,5 bilhões de reais em 2014.

Já a previsão de receita primária total em 2013 foi reduzida em 67,8 bilhões de reais, e as transferências a Estados e municípios diminuída em 20,3 bilhões de reais neste ano.

O governo também projeta que receberá menos dividendos das empresas estatais neste ano, que passam para 24 bilhões de reais, ante 34,6 bilhões de reais previstos na lei orçamentária. Segundo Mantega, esse corte busca maior capitalização das empresas.

'O cenário de lucros (para estatais) em 2013 é maior que em 2012... Temos flexibilidade para decidir pegar menos (dividendos) e deixar para capitalização maior (das estatais)', disse o ministro.

Liquidez

"Mantega também fez breve avaliação sobre a abundante liquidez internacional, ampliada após a decisão do governo japonês de injetar recursos para aquecer a economia.

Ele disse que essa abundância de recursos não ampliou o ingresso de capital especulativo no país e que a maior parte da entrada de moeda estrangeira tem sido direcionada a investimentos produtivos.

'Não está havendo exagero em relação ao Brasil. O que está entrando é Investimento Estrangeiro Direto (IED) e não fluxo financeiro especulativo. Isso não nos preocupa no momento'"

Fonte: http://exame.abril.com.br/economia/noticias/governo--reduz-contingenciamento-para-estimular-economia?page=2.

Copom prevê risco maior de aumento da inflação no país em 2014

Na semana passada, colegiado decidiu elevar Selic de 7,25% para 7,50%.

Ata da reunião do Copom foi divulgada nesta quinta-feira (25/04).

O Comitê de Política Monetária (Copom) do Banco Central informou em ata divulgada nesta quinta-feira (25) que a decisão da semana passada de elevar a taxa de juros, de 7,25% para 7,50% ao ano, se deve à necessidade de 'neutralizar risco' de disparada da inflação no país, principalmente em 2014.

'O julgamento de todos os membros do Copom é convergente no que se refere à necessidade de uma ação de política monetária destinada a neutralizar riscos que se apresentam no cenário prospectivo para a inflação, notadamente para o próximo ano', informa ata do Copom.

No documento, porém, há a ressalva de que parte dos membros do colegiado ponderou durante a reunião da semana passada que a elevação da Selic nesse momento não seria 'recomendável' já que mudanças previstas para o crescimento da economia internacional nos próximos anos tenderiam a impactar o aumento dos preços no mercado brasileiro e a frear a inflação.

'Parte do comitê, entretanto, pondera que está em curso uma reavaliação do crescimento global e que esse processo, a depender de sua intensidade e duração, poderá ter repercussões favoráveis sobre a dinâmica dos preços domésticos. Para esses membros do Comitê, não seria recomendável uma ação imediata da política monetária', diz a ata. De acordo com o texto, porém, 'essa visão não foi respaldada pela maioria do colegiado.'

Ainda na ata, o Copom informa que sua previsão para a inflação em 2013 se manteve estável em relação ao índice considerado na reunião anterior, de março - acima da meta central de 4,5%. O colegiado relata, porém, que sua previsão para a inflação de 2014 aumentou em relação ao mês passado.

'Para 2014, a projeção de inflação aumentou em relação ao valor considerado na reunião do Copom de março e se encontra acima do valor central da meta, no cenário de referência', diz o documento.

O Copom ainda manteve inalteradas as suas previsões para 2013 para reajuste da gasolina (5%), recuo no preço da conta de luz residencial (15%), preço do bujão de gás (estável) e redução na conta de telefone fixo (2%).

Juros mais altos

"Para tentar conter a inflação elevada, o Copom decidiu, em sua última reunião, no dia 17 de abril, elevar a taxa de juros de 7,25% para 7,5% ao ano - a primeira alta da Selic desde julho de 2011 - quando a taxa subiu de 12,25% para 12,5%. A taxa de 7,25% era o menor patamar histórico da Selic e vigorava desde outubro de 2012.

A alta dos juros não foi unânime entre os membros do colegiado: foram seis votos a favor e outros dois pela manutenção da taxa em 7,25%. Votaram pela elevação: Alexandre Tombini (presidente do BC), Altamir Lopes, Anthero de Moraes Meirelles, Carlos Hamilton Vasconcelos Araújo, Luiz Edson Feltrim e Sidnei Corrêa Marques. Já pela manutenção em 7,25%, votaram os membros Aldo Luiz Mendes e Luiz Awazu Pereira da Silva.

Já esperada por parte dos analistas de mercado, a decisão da semana passada interrompe o período de juros na mínima histórica, que nos últimos meses havia levado ao barateamento do crédito, com consequente aumento do consumo pelas famílias brasileiras. Com a subida dos juros, o BC pretende justamente desestimular o consumo interno e, com isso, interromper a alta dos preços".

Fonte: http://g1.globo.com/economia/noticia/2013/04/copom--preve-risco-maior-de-aumento-da-inflacao-no-pais-em-2014.html.

Mercado financeiro reduz perspectiva de inflação em 2013, diz BC

Estimativa de inflação para o IPCA em 2013 caiu de 5,70% para 5,68%.

Com relação à Selic, os analistas mantiveram suas projeções em 8,50%.

Os economistas do mercado financeiro reduziram, na semana passada, sua estimativa de inflação para o IPCA em 2013, de 5,70% para 5,68%, informou o Banco Central nesta segunda-feira (15), por meio do relatório de mercado, também conhecido como Focus. O documento é fruto de pesquisa com mais de 100 instituições financeiras. Para 2014, a estimativa foi mantida em 5,70%.

Para 2014, a estimativa de inflação pelo IPCA foi mantida em 5,70%

Pelo sistema de metas que vigora no Brasil, o BC tem de calibrar os juros para atingir as metas pré-estabelecidas, tendo por base o Índice Nacional de Preços ao Consumidor Amplo (IPCA), que mede a inflação oficial do país. Para 2013 e 2014, a meta central de inflação é de 4,5%, com um intervalo de tolerância de dois pontos percentuais para cima ou para baixo. Desse modo, o IPCA pode ficar entre 2,5% e 6,5% sem que a meta seja formalmente descumprida.

Na semana passada, o Instituto Brasileiro de Geografia e Estatística (IBGE) divulgou que o IPCA acumula alta de 6,59% em 12 meses e de 1,94% de janeiro a março. Dessa forma, o IPCA em 12 meses ficou acima do teto da meta de inflação estabelecida pelo Banco Central. A última vez em que o índice superou a meta foi em dezembro de 2011, quando atingiu 6,64%.

Com relação aos juros, os analistas mantiveram suas projeções em 8,50% para a taxa Selic para o fim de 2014 e também de 2014, as mesmas da semana anterior.

Atualmente, a taxa básica de juros está em 7,25% ao ano.

Nesta semana, reunião do Comitê de Política Monetária (**Copom**) vai decidir se muda ou não o atual patamar da Selic. Os juros estão em 7,25% ao ano há quase 5 meses, a menor taxa da história. O resultado sai na quarta-feira à noite.

Os economistas do mercado financeiro mantiveram, também, sua estimativa para o crescimento da economia brasileira neste ano em 3%.

Para 2014, a expectativa dos analistas do mercado financeiro para o crescimento econômico permaneceu estável em 3,50%".

Fonte: http://g1.globo.com/economia/mercados/noticia/2013/04/mercado-financeiro-reduz-perspectiva-de-inflacao-em-2013-diz-bc.html.

Economia brasileira recua 0,5% no terceiro trimestre de 2013, diz IBGE

Foi a primeira queda desde o 1º trimestre de 2009.

Agropecuária recuou 3,5%; já indústria e setor de serviços cresceram 0,1%.

A economia brasileira recuou 0,5% no terceiro trimestre de 2013 em relação ao anterior, segundo divulgou nesta terça-feira (3) o Instituto Brasileiro de Geografia e Estatística (IBGE). No trimestre anterior, o crescimento foi de 1,8%, de acordo com dados revisados.

A queda verificada de julho a setembro foi a primeira desde o primeiro trimestre de 2009, quando a baixa ficou em 1,6%.

Em valores correntes, o PIB atingiu R$ 1,2 trilhão no terceiro trimestre.

O destaque neste terceiro trimestre foi para a queda de 3,5% da agropecuária. Já a indústria e o setor de serviços mostraram a mesma variação – cresceram 0,1%. Os investimentos tiveram baixa de 2,2% e o consumo das famílias subiu 1%.

Comparação com 2012

Quando os números do terceiro trimestre são analisados com os do mesmo período de 2012, os resultados são um pouco diferentes. Nessa base de comparação, a agropecuária recuou 1%. O IBGE atribuiu o resultado negativo às quedas nas produções de laranja (-14,2%), mandioca (-11,3%) e café (-6,9%).

Já a indústria mostrou um crescimento ainda maior nesse tipo de comparação, com alta de 1,9%, puxada pela indústria de transformação, que avançou à mesma taxa, de 1,9%. Já a indústria extrativa também registrou aumento, mas um pouco menor, de 0,7%.

De acordo com o IBGE, o resultado foi influenciado pelo aumento da produção de máquinas e equipamentos, máquinas e aparelhos elétricos, material eletrônico, equipamentos médico-hospitalares e indústria automotiva.

O setor de construção civil seguiu o mesmo comportamento de alta e teve expansão de 2,4%, influenciado pelo crescimento do saldo de operações de crédito do sistema financeiro com recursos direcionados para financiamentos imobiliários.

Nessa base de comparação, os investimentos cresceram 7,3%, com destaque para a produção interna de bens de capital.

O consumo das famílias aumentou 2,3%, a 40ª variação positiva seguida nessa base de comparação, com influência positiva do aumento dos salários (2,1%) e do saldo de operações de crédito do sistema financeiro com recursos livres para as pessoas físicas (8,1%). O consumo da administração pública registrou a mesma taxa das despesas das famílias, de 2,3%.

No setor externo, as importações cresceram mais que as exportações: 13,7% contra 3,1%.

http://g1.globo.com/economia/noticia/2013/12/economia-brasileira-recua-05-no-terceiro-trimestre-de-2013-diz-ibge.html

Alguns pontos importantes numa retrospectiva do Mercado Financeiro:

> **2007** - Código de autorregulação bancária - febraban;
> **2008** - CEF - operações com câmbio - circular 3428/2008;
> **2009** - Decisão conjunta BACEN - CVM - SDTVM
> **2009** - Bancos de desenvolvimento - *lieasing finame* - CMN 3576;
> **2010** - Criação do cnpc para substituir o cgpc - decreto 7123
> **2010** - Substituição da SPC por SUSEP - decreto 7075;
> **2010** - Criação das letras financeiras - CMN 3836/3933;
> **2010** - TED - acima de 3.000,00;
> **2010** - Conta simplificada;
> **2010** - FGC - elevado para R$ 70.000,00 - CMN 3931;
> **2011** - Microfilmagem - altera o prazo de compensação dos cheques;
> **2011** - Estabelecimento de compulsório para câmbio vendido - circular 3520;
> **2011** - Fim do limite de emissão de debentures;
> **2012** - Autorização para que SCTVM e SDTVM operarem até U$ 100 mil;
> **2012** - COPOM - voto aberto - circular 3593;
> **2012** - Lavagem de dinheiro - mais eficiência pena - lei 12683;
> **2012** - Poupança - alteração da rentabilidade - lei 12.703.

Anotações

Referências Bibliográficas

g1.globo.com
exame.abril.com.br
www.bcb.gov.br
www.cartacapital.com.br
www.cmv.gov.br
www.revistaexame.com.br
www.veja.com.br
www.uol.com.br
LEI Nº 4.595, DE 31 DE DEZEMBRO DE 1964

ÍNDICE

CAPÍTULO 01 .... **45**
  Direitos do Consumidor 45
    Disposições Gerais 45
CAPÍTULO 02 .... **48**
  Direitos do Consumidor 48
    Política Nacional de Relações de Consumo 48
    Direitos Básicos do Consumidor 49
CAPÍTULO 03 .... **51**
  Direitos do Consumidor 51
    Qualidade de Produtos e Serviços, Prevenção e Reparação dos Danos 51
CAPÍTULO 04 .... **55**
  Direitos do Consumidor 55
    Qualidade de Produtos e Serviços, Prevenção e Reparação dos Danos 55
    Práticas Comerciais 56
CAPÍTULO 05 .... **59**
  Direitos do consumidor 59
    Proteção Contratual 59
    Sanções Administrativas 60
  Infrações Penais 60
CAPÍTULO 06 .... **62**
  Defesa do Consumidor em Juízo 62
    Introdução 62
    Ações Coletivas e Competência 62
    Ações de fazer e não fazer 62
    Coisa Julgada 62

CAPÍTULO 01
Direitos do Consumidor

Disposições Gerais

Para que surja uma relação de consumo e, consequentemente, sejam aplicadas as regras do Código de Defesa do Consumidor, deve-se verificar se os sujeitos encaixam-se no conceito de consumidor e fornecedor, bem como o objeto da relação: o produto ou o serviço. Vamos conhecer tais conceitos e como se formaliza tal relação.

Introdução

O Código de Defesa do Consumidor foi criado por intermédio da Lei 8.078, de 11 de setembro de 1990, visando regulamentar as relações de consumo, conceituando quem são os consumidores e fornecedores.

Foi uma lei inovadora, visando à proteção dos consumidores, que anteriormente estavam "desamparados".

Tendo em consideração a desvantagem que o consumidor sofre nas relações de consumo, foi prevista, em nossa Constituição, uma proteção especial aos consumidores (artigo 5º, XXXII, da Constituição Federal).

Portanto, o Código de Defesa do Consumidor trata das relações de consumo, tendo por princípio a proteção e defesa dos consumidores em diversas esferas, como:

> Civil, definindo a responsabilidade civil e os instrumentos a serem utilizados para a reparação de danos causados (material, moral, estético);
> Administrativa, definindo os mecanismos para que o poder público atue nas relações de consumo, inclusive prevendo sanções administrativas;
> Penal, estabelecendo quais são os crimes, infrações nas relações de consumo, bem como as punições para tais práticas.

→ **Dessa forma, estabelece o artigo 1º do Código:**

Art. 1º - O presente Código estabelece normas de proteção e defesa do consumidor, de ordem pública e interesse social, nos termos dos arts. 5º, inciso XXXII, 170º, inciso V, da Constituição Federal e 48º de suas Disposições Transitórias.

Assim, o CDC, além de afirmar-se no princípio do protecionismo, é considerado uma norma de ordem pública, isto é, indisponível.

Um exemplo dessa indisponibilidade existe quando o fornecedor e o consumidor celebram um contrato, pois o consumidor não pode, mesmo querendo, renunciar ao direito de reparação a eventuais danos a que venha sofrer nessa relação que está surgindo, muito menos limitá-los, visto ser proibido pelo CDC (artigo 51, I, do CDC).

Ainda, o CDC não é taxativo, isto é, não se limita apenas às regras ali contidas, podendo ser previstas outras por meio de tratados ou convenções internacionais, conforme previsto no artigo 7º.

Art. 7º - Os direitos previstos neste código não excluem outros decorrentes de tratados ou convenções internacionais de que o Brasil seja signatário, da legislação interna ordinária, de regulamentos expedidos pelas autoridades administrativas competentes, bem como dos que derivem dos princípios gerais do direito, analogia, costumes e equidade.

Assim, compreendendo o que é o Código de Defesa do Consumidor, vamos estudar toda a proteção que ele nos traz.

Conceito de Consumidor e Fornecedor

Consumidor

O conceito de fornecedor e consumidor é bem mais amplo do que muitas vezes imaginamos, vai além, por exemplo, daquele sujeito que vai até uma loja e compra um determinado produto.

→ **Primeiramente, vamos ver o conceito que a letra da lei nos traz:**

Art. 2º - Consumidor é toda pessoa física ou jurídica que adquire ou utiliza produto ou serviço como destinatário final.

Parágrafo único - Equipara-se à consumidor a coletividade de pessoas, ainda que indetermináveis, que haja intervindo nas relações de consumo.

→ **Assim, podemos considerar como consumidor, que é a parte "fraca da relação de consumo", os seguintes casos:**

> **Pessoa física**: pessoa que vai até uma loja ou adquire um pacote de serviços para o celular.
> **Pessoa jurídica**: são as empresas, os comerciantes, bem como o Poder Público.
> **Coletividade de pessoas**: é a coletividade de pessoas que podem vir a comprar um produto ou serviço ineficiente, bem como as que tenham comprado, mesmo que não se possa determinar quem são.
> **Vítimas do acidente de consumo**: aquele consumidor vítima de um evento que gera um dano (artigo 17 do CDC), mesmo que não tenha sido o consumidor direto, aquele que adquiriu o bem, isto é, poderá ser até o sujeito que ganhou um celular que explodiu no momento que o ligou, e não somente o sujeito que dirigir-se até a loja para comprar o celular.

Perceba que o final do artigo 2º cita a expressão: "destinatário final", o que pode gerar uma interpretação "problemática".

De modo "grosseiro", tal expressão nos levaria a entender que consumidor é somente aquele que adquire um bem para o seu uso pessoal. Mas não é bem assim que prevê o Código de Defesa do Consumidor, e muito menos o que é entendido pelas bancas examinadoras.

A maior "problemática" quanto ao destinatário final refere-se às pessoas jurídicas.

→ **Quando falamos em pessoa jurídica como consumidor, a interpretação é restritiva, levando-se em consideração duas teorias que a doutrina nos apresenta:**

> **Maximalista ou objetiva**: consumidor é quem compra um bem, mesmo que seja para revenda.
> **Finalista, subjetiva ou teleológica**: consumidor é aquele que compra um bem para sua utilização e de sua família.
> **Mista**: tem como preceito a fragilidade do consumidor, que deve ser verificada em cada caso concreto.

O Superior Tribunal de Justiça interpreta de acordo com a teoria finalista, porém, não de um modo radical, pois verifica cada caso. Assim, se a Pessoa Jurídica comprovar sua vulnerabilidade, poderá ser considerado consumidor.

Assim, pode ser considerado como consumidor "destinatário final" aquele que adquire e/ou compra efetivamente o produto/serviço sem um fim determinado de gerar outros produtos ou serviços. Porém, conforme explica o Doutor Rizzatto Nunes, o CDC também regulamenta que é considerado destinatário final aquele que "adquire produto ou serviço com finalidade de produção de outros produtos ou serviços, desde que o produto ou serviço, uma vez adquiridos, sejam oferecidos regularmente no mercado de consumo, independentemente de uso e destino que o adquirente vai dar-lhes".

Exercício Comentado

01. (CESPE) *No que concerne à relação jurídica de consumo, assinale a opção correta.*
a) *Há relação de consumo quando uma montadora de automóveis adquire peças para montar um veículo.*
b) *Para que seja equiparado a consumidor, um grupo de pessoas deve ser determinável.*
c) *As pessoas atingidas por um acidente aéreo, ainda que não sejam passageiros, são equiparadas aos consumidores.*
d) *Segundo o entendimento do STF, nas operações de natureza securitária, não se aplica o Código de Defesa do Consumidor.*
e) *Toda venda de produto implica a prestação de serviço, bem como toda prestação de serviço implica a venda de produto.*

RESPOSTA. *"C". A letra "A" cita que existe relação de consumo quando uma montadora de automóveis adquire peças para montar um veículo, enquadrando-a como consumidora, o que está incorreto pelo entendimento jurisprudencial citado. As peças adquiridas são a "matéria prima" para o veículo ser montado e vendido no mercado de consumo. Também há outro detalhe: uma montadora de veículos não é considerada uma pessoa jurídica vulnerável, portanto, tome cuidado: as questões de concursos geralmente colocarão pessoas jurídicas que não levem a pensar-se em vulnerabilidade. A letra B encontra-se incorreta, pois usa a expressão "determinável" quando deveria ser "indeterminável". E a letra "D" está incorreta por afirmar que às operações de natureza securitária não se aplica o CDC, quando é justamente o contrário. Finalmente a letra "E" encontra-se incorreta, pois a venda refere-se ao produto e não ao serviço.*

Fornecedor

Quando tratamos de fornecedor, temos a previsão do artigo 3º do CDC:

> Art. 3º - Fornecedor é toda pessoa física ou jurídica, pública ou privada, nacional ou estrangeira, bem como os entes despersonalizados que desenvolvem atividades de produção, montagem, criação, construção, transformação, importação, exportação, distribuição ou comercialização de produtos ou prestação de serviços.

Já foi questão de diversos concursos afirmar que tanto a pessoa física quanto a jurídica nacional ou estrangeira é um fornecedor.

Além disso, também há o interesse do legislador de abranger todas as pessoas jurídicas como fornecedoras.

Um requisito essencial para a caracterização do fornecedor é a habitualidade, isto é, o exercício contínuo de um determinado serviço ou fornecimento de produto no mercado de consumo.

Portanto, uma pessoa física que vende, por exemplo, um computador a outra para conseguir um dinheiro e poder comprar outro não será considerada fornecedora, pois não existe a habitualidade.

→ **Poderão figurar, também, como fornecedores:**
> As sociedades sem fins lucrativos: quando, por exemplo, prestarem serviços odontológicos, médicos etc., mediante remuneração;
> O Poder Público: quando se paga, diretamente, por meio de tarifa ou preço público (artigo 22 do CDC);
> Entes despersonalizados: são pessoas que não têm personalidade jurídica, como, por exemplo, as empresas "irregulares", como o sujeito que abre uma loja de calçados sem atentar-se às formalidades exigidas, como o registro, também chamadas de sociedades de fato.
> Pessoas físicas: são pessoas que realizam serviços ou vendem produtos, como os profissionais liberais (um dentista, um eletricista, por exemplo), lembrando sempre a habitualidade.
> Pessoas jurídicas: são as empresas em geral, no comércio e industria, que prestam serviços ou vendem seus produtos no mercado de consumo.

Para finalizar, é importante considerar que, no decorrer da leitura do Código, é citada a palavra fornecedor, quando se refere a todos os citados, de maneira abrangente, no artigo 3º do CDC, e individualizada, quando atinge somente alguns, por exemplo, cita o fabricante, o produtor etc.

Produto e Serviço

Assim dita o artigo 3º, parágrafo 1º e 2º:

> § 1º - Produto é qualquer bem, móvel ou imóvel, material ou imaterial.
>
> § 2º - Serviço é qualquer atividade fornecida no mercado de consumo mediante remuneração, inclusive as de natureza bancária, financeira, de crédito e securitária, salvo as decorrentes das relações de caráter trabalhista.

O produto/serviço é o elemento objetivo da relação de consumo, sendo as partes o elemento subjetivo.

Vale frisar, também, a Remuneração, que poderá ser direta ou indireta.

Na direta, o consumidor paga pelo produto e o leva; na indireta, não há pronto pagamento, o valor é embutido em outras mercadorias, por exemplo, os estacionamentos "gratuitos" em um supermercado.

Fique Ligado

→ *Não serão consideradas relações de consumo:*
> *Locatícias*
> *Condomínio e Condôminos*
> *Franqueado e Franqueador*
> *Relações de caráter trabalhista*

Tais relações têm uma legislação própria que as regulamenta, não sendo, assim, aplicadas as relações de consumo.

→ Vale também ressalvar algumas súmulas que frequentemente aparecem nas questões de concurso:

Súmula 297 do STJ: O Código de Defesa do Consumidor é aplicável às instituições financeiras.

Súmula 321 do STJ: O Código de Defesa do Consumidor é aplicável à relação jurídica entre a entidade de previdência privada e seus participantes.

Súmula 467 do STJ: Aplica-se o Código de Defesa do Consumidor aos contratos de plano de saúde.

→ Portanto, há a aplicação do CDC nas relações:
> Instituições financeiras
> Securitárias
> Previdência Privada
> Planos de Saúde

Quando há o consumidor, o fornecedor e o objeto que pode ser o produto ou serviço nasce a relação de consumo, na qual serão aplicadas as regras previstas no CDC.

Anotações

CAPÍTULO 02
Direitos do Consumidor
Política Nacional de Relações de Consumo

Além dos princípios basilares previstos no artigo 1 do CDC, existe previsão no artigo 4 e no artigo 6 do CDC de outros princípios e objetivos, nos quais o Código se fundamenta.

→ **Portanto, são objetivos da Política Nacional de Relação de Consumo:**
> Atendimento das necessidades dos consumidores;
> Respeito à dignidade, saúde e segurança dos consumidores;
> Proteção dos interesses econômicos dos consumidores;
> Melhoria da qualidade de vida dos consumidores;
> Transparência e harmonia das relações de consumo.

→ **Em relação aos princípios norteadores das Relações de Consumo, há:**

I. *reconhecimento da vulnerabilidade do consumidor no mercado de consumo;*

Tal princípio afirma que o consumidor é a parte fraca da relação jurídica, gozando dos direitos previstos no CDC.

Fique Ligado
Ser vulnerável é diferente de ser hipossuficiente!

A seguir, vê-se quando se pode considerar o consumidor hipossuficiente:

II. *ação governamental no sentido de proteger efetivamente o consumidor:*
a) *por iniciativa direta;*
b) *por incentivos à criação e desenvolvimento de associações representativas;*
c) *pela presença do Estado no mercado de consumo;*
d) *pela garantia dos produtos e serviços com padrões adequados de qualidade, segurança, durabilidade e desempenho.*

O Estado deve intervir nas relações de consumo visando à qualidade e o equilíbrio nas relações de consumo.

III. *harmonização dos interesses dos participantes das relações de consumo e compatibilização da proteção do consumidor com a necessidade de desenvolvimento econômico e tecnológico, de modo a viabilizar os princípios nos quais se funda a ordem econômica (art. 170, da Constituição Federal), sempre com base na boa-fé e equilíbrio nas relações entre consumidores e fornecedores;*

Aqui, há um princípio importantíssimo e muito cobrado em concursos: a Boa-fé.

O CDC contempla a Boa-fé objetiva, que nada mais é que "uma regra de conduta, isto é, o dever das partes de agir conforme certos parâmetros de honestidade e lealdade, a fim de se estabelecer o equilíbrio nas relações de consumo[1]".

[1] Comentários ao Código de Defesa do Consumidor, Rizzatto Nunes, 6º edição, editora Saraiva, 2011, página 196

Tal princípio faz-se fundamental para a harmonização dos interesses dos participantes da relação jurídica.

IV. *educação e informação de fornecedores e consumidores, quanto aos seus direitos e deveres, com vistas à melhoria do mercado de consumo;*

Os consumidores têm direito de conhecer os produtos e serviços expostos no mercado de consumo para que possam exercer livremente seu direito de escolha. Assim, tanto o Poder Público como os fornecedores devem educar e informar os consumidores para que ajam com consciência.

V. *incentivo à criação pelos fornecedores de meios eficientes de controle de qualidade e segurança de produtos e serviços, assim como de mecanismos alternativos de solução de conflitos de consumo;*

O fornecedor deve buscar meios eficientes para expor produtos/serviços de qualidade e com segurança no mercado de consumo.

VI. *coibição e repressão eficientes de todos os abusos praticados no mercado de consumo, inclusive a concorrência desleal e utilização indevida de inventos e criações industriais das marcas e nomes comerciais e signos distintivos que possam causar prejuízos aos consumidores;*

Os fornecedores não devem utilizar marcas idênticas ou parecidas com marcas "famosas" para buscar vantagem, ludibriando os consumidores.

Portanto, não se deve utilizar a mesma marca, cores idênticas, enfim, todo tipo de sinal que possa confundir o consumidor, levando-o a pensar que está adquirindo um produto/serviço da marca "famosa".

VII. *racionalização e melhoria dos serviços públicos;*

Todos devem usufruir dos serviços de água, luz, entre outros.

VIII. *estudo constante das modificações do mercado de consumo.*

Tal princípio abrange as modificações que vêm ocorrendo no mercado de consumo. O mundo vem evoluindo e, com isso, as relações de consumo modificam-se constantemente, novos produtos e serviços surgem no mercado de consumo, bem como novas formas de acesso a tais formas; uma prova disso é o crescimento das compras pela Internet.

Para que se efetivem os princípios previstos no Código de Defesa do Consumidor, prevê o artigo 5°:

Art. 5º *Para a execução da Política Nacional das Relações de Consumo, contará o poder público com os seguintes instrumentos, entre outros:*

I. *manutenção de assistência jurídica, integral e gratuita para o consumidor carente;*

II. *instituição de Promotorias de Justiça de Defesa do Consumidor, no âmbito do Ministério Público;*

III. *criação de delegacias de polícia especializadas no atendimento de consumidores vítimas de infrações penais de consumo;*

IV. *criação de Juizados Especiais de Pequenas Causas e Varas Especializadas para a solução de litígios de consumo;*

V. *concessão de estímulos à criação e desenvolvimento das Associações de Defesa do Consumidor.*

Portanto, são os mecanismos utilizados para que se cumpra a Política Nacional de Consumo:

→ **Assistência jurídica integral e gratuita:**

Lei 1.060/50 e artigo 5º, inciso LXXIV, da CF: todos devem ter acesso à justiça, tendo uma atenção especial aos necessitados.

→ **A lei 1.060, de 1950, prevê como necessitado o seguinte:**

Considera-se necessitado, para fins legais, todo aquele cuja situação econômica não lhe permita pagar as custas do processo e os honorários de advogado, sem prejuízo do sustento próprio ou da família.

Portanto, será isento de custas aquele que não puder pagar, e o Estado deverá assistir com advogado quem não possa pagar. Ninguém poderá ser excluído do acesso à justiça.

   a) *Promotorias de Justiça e Associações de Defesa do Consumidor: O Ministério Público tem um papel fundamental na aplicação das normas estabelecidas no CDC, por exemplo, tem a legitimidade de defesa dos direitos individuais homogêneos (Capítulo 06), bem como as associações de defesa do consumidor, como a PROTESTE - Associação Brasileira de Defesa do Consumidor, a ADCON, entre outras.*

   b) *Delegacias Especializadas: para se buscar a efetiva punição dos que cometem infrações previstas no CDC.*

   c) *Juizados Especiais e Varas Especializadas de Consumo: Visando a facilitação de defesa dos consumidores, o CDC prevê a criação de Juizados e Varas especializadas para julgamento somente de tais demandas (esses órgãos não existem em todas as comarcas de nosso país, sendo suprida essa falta pelas existentes).*

Direitos Básicos do Consumidor

Direitos básicos do consumidor são um assunto recorrente nos concursos públicos, e, muitas vezes, é apenas uma cópia das provas elaboradas pelas bancas examinadoras.

Tais direitos encontram-se no artigo 6º, sendo este um rol mínimo, portanto, não taxativo, podendo ser ampliado inclusive por acordos e tratados internacionais que o Brasil seja signatário, conforme citado no primeiro capítulo.

→ **Portanto, existem os seguintes direitos básicos:**

Art. 6º - São direitos básicos do consumidor:

   I. *a proteção da vida, saúde e segurança contra os riscos provocados por práticas no fornecimento de produtos e serviços considerados perigosos ou nocivos;*

Os consumidores não podem ser expostos a produtos/serviços que os exponham a riscos, salvo os que normalmente os expõem aos riscos.

   II. *a educação e a divulgação sobre o consumo adequado dos produtos e serviços, asseguradas a liberdade de escolha e a igualdade nas contratações;*

O consumidor não pode ser coagido a comprar um determinado produto, deve ser garantida a liberdade de escolha através de informações.

   III. *a informação adequada e clara sobre os diferentes produtos e serviços, com especificação correta de quantidade, características, composição, qualidade, tributos incidentes e preço, bem como sobre os riscos que apresentem;*

Conforme explica Roberta Densa: "Está intimamente ligado ao direito à educação, traduz o direito do consumidor a todas as informações relativas ao produto ou serviço, devendo o fornecedor especificar a qualidade, a quantidade, as características, a composição, os preços e os riscos que ele apresenta."

Esse princípio também é conhecido como princípio da transparência, em que o fornecedor deve sempre informar a "verdade" aos consumidores.

   IV. *a proteção contra a publicidade enganosa e abusiva, métodos comerciais coercitivos ou desleais, bem como contra práticas e cláusulas abusivas ou impostas no fornecimento de produtos e serviços;*

O consumidor deve ser protegido de tais práticas, por exemplo, de uma publicidade na televisão que desmoralize sua crença religiosa.

A publicidade enganosa e abusiva, os métodos comerciais coercitivos ou desleais, bem como as práticas e cláusulas abusivas ou impostas no fornecimento de produtos e serviços estão dispostas no decorrer do Código e serão estudadas nos capítulos seguintes.

   V. *a modificação das cláusulas contratuais que estabeleçam prestações desproporcionais ou sua revisão em razão de fatos supervenientes que as tornem excessivamente onerosas;*

O CDC prevê uma ampla proteção quando se fala de contratos de consumo, podendo o consumidor, inclusive, buscar o poder judiciário para modificar cláusulas contratuais que estabeleçam obrigações desproporcionais, como juros e multas claramente abusivas que coloquem o consumidor em extrema desvantagem em relação ao fornecedor.

   VI. *a efetiva prevenção e reparação de danos patrimoniais e morais, individuais, coletivos e difusos;*

Os fornecedores devem buscar todos os meios, respeitando as regras legais, para evitar que o consumidor tenha danos; caso este venha a sofrer qualquer dano, ele deve ser reparado, não importando se é dano individual, coletivo e difuso. Isso também será estudado nos próximos capítulos, mais precisamente na Defesa do Consumidor em Juízo.

   VII. *o acesso aos órgãos judiciários e administrativos com vistas à prevenção ou reparação de danos patrimoniais e morais, individuais, coletivos ou difusos, assegurada a proteção jurídica, administrativa e técnica aos necessitados;*

Os consumidores devem ter acesso facilitado à justiça e aos órgãos da administração pública, visando sua proteção ou reparação dos danos que eventualmente venham a sofrer.

   VIII. *a facilitação da defesa de seus direitos, inclusive com a inversão do ônus da prova, a seu favor, no processo civil, quando, a critério do juiz, for verossímil a alegação ou quando for ele hipossuficiente, segundo as regras ordinárias de experiências;*

Outro princípio muito cobrado em concursos públicos: A inversão do ônus da prova quando o consumidor for considerado hipossuficiente ou verossímeis suas alegações.

Atenção com o detalhe do "ou" no inciso acima, pois faz toda a diferença.

Existe um ditado popular que diz: quem alegue, que prove. Com a inversão do ônus da prova, o consumidor que alega pode se "livrar" do ônus de comprovar o seu direito, passando tal responsabilidade ao fornecedor, desde que o juiz verifique que o consumidor é hipossuficiente (o consumidor que possui dificuldades de provar seu direito por vulnerabilidade técnica, econômica ou judicial; por exemplo, o consumidor que não tem conhecimento nem acesso aos sistemas bancários) ou é verossímil sua alegação. Não são necessários os dois requisitos, apenas com base em um deles o juiz poderá conceder tal benefício. Muitas questões colocam o "e" ou invés do "ou" na questão, por isso, é importante dar atenção aos detalhes.

    X.   *a adequada e eficaz prestação dos serviços públicos em geral.*

Mais uma vez, o CDC vem com a exigência para o poder público: que sejam adequados e eficazes os serviços públicos por estes prestados.

Exercício Comentado

01. *(TJ-SC) Sobre os direitos básicos do consumidor, assinale a alternativa INCORRETA:*
  a) *Nas relações de consumo, é direito do consumidor a proteção da vida, saúde e segurança contra os riscos provocados por práticas no fornecimento de produtos e serviços considerados perigosos ou nocivos.*
  b) *É direito do consumidor a modificação das cláusulas contratuais que estabelecem prestações proporcionais ou sua revisão em razão de qualquer fato que as tornem onerosas.*
  c) *O consumidor tem direito à adequada e eficaz prestação dos serviços públicos em geral.*
  d) *O consumidor tem direito à efetiva prevenção e reparação de danos patrimoniais, individuais, coletivos e difusos.*
  e) *O juiz pode deferir, em benefício do consumidor, a inversão do ônus da prova no curso do processo civil versando sobre direito do consumidor.*

RESPOSTA. "B". A alternativa incorreta, de acordo com o artigo 6º do CDC, é o que encontra-se na "B", pois é direito do consumidor a modificação de cláusulas contratuais que estabeleçam prestações desproporcionais, e não proporcionais, conforme foi afirmado. Cuidado com essas questões! Uma palavra que modifica todo o contexto.

Anotações

CAPÍTULO 03
Direitos do Consumidor
Qualidade de Produtos e Serviços, Prevenção e Reparação dos Danos

Proteção à Saúde e Segurança

O consumidor é amplamente protegido pelo Código de Defesa do Consumidor, inclusive de riscos que os produtos e serviços podem causar a sua saúde, segurança e vida, e, caso venha a sofrer algum dano em razão desses ou se os mesmos não atenderem ao fim a que se destinam por "falhas", devem os fornecedores ser responsabilizados.

A seguir, será analisada qual a previsão legal da responsabilidade civil dos fornecedores.

O CDC prevê a proteção dos consumidores, e estes não podem ser expostos a produtos/serviços que tragam riscos à saúde, segurança e vida.

Porém, existem produtos que podem conter algum "risco" sem que seja vedada sua comercialização, como exemplo, os remédios, os produtos de risco considerado normal e previsível, em decorrência de sua natureza e fruição (artigo 8º CDC).

→ **Assim, a doutrina classifica a periculosidade dos produtos e serviços como:**
> **Nocividade/Periculosidade Latente ou Inerente**: é a previsível e deve ser amplamente informado ao consumidor, como remédios, agrotóxicos, etc..
> **Nocividade/Periculosidade Adquirida**: esta é imprevisível, isto é, um determinado produto que não apresentaria uma periculosidade normalmente, mas por "falha" coloca a segurança do consumidor em risco. O exemplo clássico é dos carros que apresentam uma falha no freio.
> **Nocividade/Periculosidade Exagerada**: este tipo de produto é vedado no mercado de consumo, pois expõe os consumidores a um risco extremo, como as drogas consideradas ilícitas.

Informação Obrigatória (Recall): quando algum produto colocado no mercado de consumo apresentar nocividade ou periculosidade, deve-se informar essa situação às autoridades competentes e ao consumidor, mediante anúncio publicitário em televisão, rádio, anúncios publicitários entre outros.

Por exemplo, o Recall, previsto no artigo 10º do CDC, ocorre quando, no intervalo de um programa de televisão, aparece uma montadora de veículos anunciando que o modelo X, ano X e série X apresentou um problema X que precisa ser solucionado/trocado.

Responsabilidade Civil

Conceitos Iniciais

Em síntese, a responsabilidade civil é a obrigação que incube alguém de reparar o dano causado a outro por fato próprio, por fato de outra pessoa ou coisas que dela dependam.

→ **A Responsabilidade Civil poderá ser Objetiva (em regra no CDC) ou Subjetiva:**
> **Subjetiva**: faz-se necessária a comprovação da culpa ou dolo (quando não há intenção ou existe a intenção de causar dano, respectivamente) do causador do dano, bem como o nexo de causalidade e dano sofrido.
> **Objetiva**: somente é necessário demonstrar o nexo de causalidade e dano (Regra no CDC).

Mas, o que é o nexo de causalidade?

O Nexo de Causalidade é uma ação (no caso do fornecedor) que venha a causar dano ao consumidor. Por exemplo, se ocorre uma queda de energia elétrica que danifica um eletrodoméstico de um consumidor, este não precisa provar que houve dolo ou culpa por parte da companhia elétrica (como um funcionário que cometeu uma falha), basta mostrar que a queda da energia danificou o eletrodoméstico.

Antes de adentrarmos na responsabilidade do CDC, prevista nos artigos 12º ao 25º do CDC, cabe diferenciar as palavras "defeito e vício".

No CDC, esses conceitos estão dispostos, muitas vezes, de modo confuso, pois não estão no sentido convencional a que se está acostumado.

→ **Vícios**: de acordo com Rizzatto Nunes: "são considerados vícios as características de qualidade ou quantidade que tornem os serviços (ou produtos) impróprios ou inadequados ao consumo a que se destinam e também que lhe diminuam o valor. Da mesma forma, são considerados vícios o que decorre da disparidade havida em relação às indicações constantes do recipiente, embalagem, oferta ou mensagem publicitária".

Portanto, o vício é o que chamamos normalmente de "defeito": é a televisão nova que não liga, a bateria do celular que dura apenas meia hora, uma mancha no carro novo que lhe diminui o valor de mercado, o perfume que informa na embalagem que o frasco vem com 100 ml e na verdade só tem 70 ml, o extravio da bagagem pela companhia área, uma casa mal pintada, entre outros eventos.

Tais vícios podem ser aparentes ou ocultos, e, em resumo, são:
> **Aparente**: é aquele facilmente identificado; exemplo: um fogão novo com a lateral amassada e cheia de riscos.
> **Oculto**: aquele identificado após algum tempo da aquisição e uso, visto ser difícil sua percepção; exemplo: uma falha mecânica no carro.

→ **Defeitos**: o defeito decorre de um vício, mas gera consequências bem mais graves do que o vício, como acidentes, podendo causar danos morais, materiais e estéticos.

Quando se trata de acidente de consumo, é defeito.

Portanto, o acidente de carro, em que o consumidor acaba internado em um hospital e passa por cirurgias, por falha de fabricação nos freios, é um defeito que decorre do vício dos freios que não estavam funcionando como deveriam, causando danos matérias e morais; ou uma reforma mal feita em uma apartamento que causa um rompimento num cano de água, infiltração e danos na pintura e no piso do apartamento, causando prejuízos de ordem material, visto que danificou parede e piso por causa de um serviço mal feito.

Após essa breve explicação sobre conceitos essenciais, compreender-se-á a responsabilidade prevista no Código de Defesa do Consumidor.

Responsabilidade pelo Fato do Produto e do Serviço

Aqui se trata de um produto defeituoso (inseguro) que causa um acidente de consumo.

→ **Os artigos do CDC que tratam dos defeitos dos produtos e serviços são:**

Art. 12. O fabricante, o produtor, o construtor, nacional ou estrangeiro, e o importador respondem, independentemente da existência de culpa, pela reparação dos danos causados aos consumidores por defeitos decorrentes de projeto, fabricação, construção, montagem, fórmulas, manipulação, apresentação ou acondicionamento de seus produtos, bem como por informações insuficientes ou inadequadas sobre sua utilização e riscos.

§ 1º O produto é defeituoso quando não oferece a segurança que dele legitimamente se espera, levando-se em consideração as circunstâncias relevantes, entre as quais:

I.   sua apresentação;

II.   o uso e os riscos que razoavelmente dele se esperam;

III.   a época em que foi colocado em circulação.

§ 2º - O produto não é considerado defeituoso pelo fato de outro de melhor qualidade ter sido colocado no mercado.

Percebe-se que, em um primeiro momento, o CDC chama a responsabilidade àquele que fabrica, constrói e não àquele que vende, que é o comerciante.

Portanto, quando se fala de um "acidente" (como um acidente de carro por falha do freio), é um fato do produto, devendo primeiramente ser chamada a responsabilidade àquele que o fabricou.

Ressaltando: é defeituoso o que apresenta risco à segurança do consumidor (parágrafo primeiro).

→ **Porém, o comerciante responderá, quando:**

Art. 13º - O comerciante é igualmente responsável, nos termos do artigo anterior, quando:

I.   o fabricante, o construtor, o produtor ou o importador não puderem ser identificados;

II.   o produto for fornecido sem identificação clara do seu fabricante, produtor, construtor ou importador;

III.   não conservar adequadamente os produtos perecíveis.

Parágrafo único. Aquele que efetivar o pagamento ao prejudicado poderá exercer o direito de regresso contra os demais responsáveis, segundo sua participação na causa do evento danoso.

Art. 14º - O fornecedor de serviços responde, independentemente da existência de culpa, pela reparação dos danos causados aos consumidores por defeitos relativos à prestação dos serviços, bem como por informações insuficientes ou inadequadas sobre sua fruição e riscos.

§ 1º - O serviço é defeituoso quando não fornece a segurança que o consumidor dele pode esperar, levando-se em consideração as circunstâncias relevantes, entre as quais:

I.   o modo de seu fornecimento;

II.   o resultado e os riscos que razoavelmente dele se esperam;

III.   a época em que foi fornecido.

§ 2º - O serviço não é considerado defeituoso pela adoção de novas técnicas.

Assim, no caso de não conseguir identificar quem fabricou o veículo com a falha do freio ou um produto perecível que causa problemas de saúde em um consumidor por má conservação, quem responde é o comerciante e não o fabricante ou produtor.

É importante considerar que, no caso de serviços, o CDC trata dos "fornecedores" de modo geral.

No parágrafo único, cita-se a ação de regresso nos casos de solidariedade, como no exemplo abaixo:

Fique Ligado

Um determinado ônibus da transportadora X está indo para a cidade de Curitiba com 20 passageiros. No meio do percurso, o freio falha, o que faz com que o motorista do ônibus perca o controle e bata em um posto de gasolina, matando diversas pessoas que ali se encontravam, bem como os passageiros do ônibus. Após a perícia para saber a real causa do acidente, verifica-se a falha dos freios por problemas na fabricação. Os familiares das vítimas poderão acionar, para que paguem os danos, tanto a transportadora X como a fabricante dos freios, ou apenas a transportadora. Se somente a transportadora for acionada, pagará os danos e poderá, posteriormente, em ação de regresso, cobrar "parte do prejuízo" do fabricante, que foi solidariamente responsável pelo acidente.

Aqui não cabe a chamada Denunciação da Lide (quando o réu - no exemplo acima, a transportadora X - chamaria ao processo um terceiro - a fabricante -, buscando assegurar seu direito) e chamamento ao processo para evitar demoras nas ações e, consequentemente, na reparação dos danos.

Considerando o que foi estudado, parece que o fornecedor sempre fica em desvantagem. Mas não é sempre assim.

O CDC também prevê situações em que o fornecedor não precisará indenizar, como nos artigos 12º e 14º, § 3º do CDC, respectivamente:

§ 3º- O fabricante, o construtor, o produtor ou importador só não será responsabilizado quando provar:

I.   que não colocou o produto no mercado;

II.   que, embora haja colocado o produto no mercado, o defeito inexiste;

III.   a culpa é exclusiva do consumidor ou de terceiro.

§ 3º O fornecedor de serviços só não será responsabilizado quando provar:

I.   que, tendo prestado o serviço, o defeito inexiste;

II.   a culpa é exclusiva do consumidor ou de terceiro.

Fique Ligado

Cabe ao fornecedor comprovar a inexistência de defeitos nos produtos/serviços que o consumidor alega existir.

Exercício Comentado

01. João adquire um carro zero quilômetro em certa concessionária de determinada montadora de veículos automotores. O veículo é um novo lançamento da montadora, que é muito conhecida pelos itens de conforto e segurança oferecidos em seus modelos. Ao deixar a concessionária, dirigindo o seu novo veículo, João percebe que o sistema de freios não está funcionando. Em seguida, tenta parar o carro em uma ladeira, mas os freios falham. O carro bate violentamente em um muro e João sofre sérios danos físicos, inclusive traumatismo craniano, ficando hospitalizado por vários dias. Nesse contexto, é correto afirmar:

a) A concessionária é obrigada a reparar os danos físicos experimentados pelo consumidor, pois responde solidariamente com o fabricante pelos vícios de qualidade que tornam o produto imprestável para o fim a que se destina.

b) A montadora pode se eximir da responsabilidade pela indenização devida ao consumidor, desde que demonstre que o sistema de freios que utiliza em seus veículos é produzido por terceiros.

c) Uma vez comprovado que o acidente decorre da falha do sistema de freios, a empresa que fornece esse equipamento para a montadora pode ser demandada pelo consumidor para reparação dos danos físicos sofridos.

d) A concessionária, a montadora e o terceiro fornecedor do sistema de freios são solidariamente responsáveis pela indenização devida ao consumidor.

e) A montadora poderá se eximir de responsabilidade se demonstrar que a falha no sistema de freios decorre de incompatibilidade desse produto com o projeto do carro.

RESPOSTA. "C". Primeiramente, verifica-se que é um defeito do produto, pois trata-se de um acidente de consumo, em que João, inclusive, fica hospitalizado. Em segundo lugar, refere-se à concessionária e à montadora, que são os fornecedores. Em seguida, está claro o vício: o sistema de freios não funciona. Assim, tal vício leva ao defeito, que é o acidente sofrido pelo João. Quanto às alternativas:

a) A concessionária é comerciante e, nesse caso, não se enquadra nas situações do artigo 13º do CDC.

b) Não poderá, ela responde também. É certo que, para "fabricar" um carro, faz-se necessária a matéria-prima e, muitas vezes, peças de diversos fornecedores, o que não exime a responsabilidade da montadora, que responde solidariamente. A montadora poderá, nesse caso, valer-se da Ação de Regresso.

c) Com certeza poderá. Caso o consumidor identifique a fabricante do sistema de freios, poderá demandar somente esta ou também a montadora, portanto, alternativa correta.

d) A concessionária, conforme explicado na afirmativa "A", não é solidária nesse caso.

e) Atenção: responsabilidade objetiva: só irá eximir-se da responsabilidade se, por exemplo, for demonstrado que o sistema de freios não possuía qualquer vício e, consequentemente, não foi a causa do acidente as falhas no veículo (artigo 12º, § 3º, do CDC).

Os Profissionais Liberais

Quanto aos profissionais liberais, a responsabilidade será diferente. Aqui é subjetiva, portanto, a exceção à regra do CDC, que é da responsabilidade objetiva.

Os profissionais liberais são, em geral, os advogados, dentistas, médicos, contadores, entre outros. Será apurada a culpa, conforme o que dita o artigo 14º, em seu § 4º do CDC:

> § 4º A responsabilidade pessoal dos profissionais liberais será apurada mediante a verificação de culpa.

Portanto, quando aparecer, nos concursos, o "profissional liberal", ele é uma exceção, e somente responderá após comprovada sua culpa, isto é, que causou dano por não executar ser serviço de modo correto.

Assim, resumindo:

Situação	Quem responde	Requisitos
Fato do Produto	Fabricante, Produtos, Construtor e Importador subsidiariamente o comerciante	Nexo de Causalidade e Dano
Fato do Serviço	Prestador do Serviço (fornecedor) e demais que sejam solidariamente responsáveis.	Nexo de Causalidade e Dano / No caso de Profissionais liberais deve ser apurada a culpa

Responsabilidade por Vício do Produto e do Serviço

O Produto/Serviço com vício é inadequado para os fins aos quais se destina, como visto anteriormente nos conceitos iniciais.

Os artigos dizem o seguinte:

Produto

> Art. 18º - Os fornecedores de produtos de consumo duráveis ou não duráveis respondem solidariamente pelos vícios de qualidade ou quantidade que os tornem impróprios ou inadequados ao consumo a que se destinam ou lhes diminuam o valor, assim como por aqueles decorrentes da disparidade, como as indicações constantes do recipiente, da embalagem, rotulagem ou mensagem publicitária, respeitadas as variações decorrentes de sua natureza, podendo o consumidor exigir a substituição das partes viciadas.
>
> § 1º Não sendo o vício sanado no prazo máximo de trinta dias, pode o consumidor exigir, alternativamente e à sua escolha:
>
> I. a substituição do produto por outro da mesma espécie, em perfeitas condições de uso;
>
> II. a restituição imediata da quantia paga, monetariamente atualizada, sem prejuízo de eventuais perdas e danos;
>
> III. o abatimento proporcional do preço.

Assim, quando o produto apresenta um vício, o fornecedor (nesta situação, não há distinção, e pode-se também acionar o comerciante) tem um prazo de 30 dias para solucionar o problema e, caso não solucione, o consumidor pode trocar por outro igual, pedir o valor pago ou o abatimento do preço, conforme previsto no artigo 18º.

O prazo de 30 dias poderá ser ampliado ou reduzido, se o fornecedor e o consumidor desejarem, não podendo ser inferior a sete dias nem superior a cento e oitenta dias. A lei ainda determina que, nos contratos de adesão, a cláusula de prazo deverá ser convencionada em separado, por meio de manifestação expressa do consumidor.

Nos casos de necessidade, poderá o consumidor exigir, de imediato, a troca do produto, por exemplo, uma cadeira de rodas para um deficiente físico (que é considerado um produto essencial) ou a devolução dos valores pagos, no caso de vício em um quadro raro que esteja riscado, fato que lhe diminui o valor e não há possibilidade de troca ou reparação do vício.

Nos casos de produtos in natura (aquele que não passa por um processo de industrialização, como as frutas e verduras), o fornecedor imediato será o responsável, podendo também ser acionado o produtor, quando for identificado. O § 6º, do artigo 18º, do CDC, trata dos produtos impróprios para o consumo:

§ 6º São impróprios ao uso e consumo:
I. os produtos cujos prazos de validade estejam vencidos;
II. os produtos deteriorados, alterados, adulterados, avariados, falsificados, corrompidos, fraudados, nocivos à vida ou à saúde, perigosos ou, ainda, aqueles em desacordo com as normas regulamentares de fabricação, distribuição ou apresentação;
III. os produtos que, por qualquer motivo, se revelem inadequados ao fim a que se destinam.

O artigo 18º trata dos produtos com vícios de qualidade, e o artigo 19º fala sobre os vícios de quantidade:

Art. 19º - Os fornecedores respondem solidariamente pelos vícios de quantidade do produto sempre que, respeitadas as variações decorrentes de sua natureza, seu conteúdo líquido for inferior às indicações constantes do recipiente, da embalagem, rotulagem ou de mensagem publicitária, podendo o consumidor exigir, alternativamente e à sua escolha:
I. o abatimento proporcional do preço;
II. complementação do peso ou medida;
III. a substituição do produto por outro da mesma espécie, marca ou modelo, sem os aludidos vícios;
IV. a restituição imediata da quantia paga, monetariamente atualizada, sem prejuízo de eventuais perdas e danos.

§ 2º - O fornecedor imediato será responsável quando fizer a pesagem ou a medição e o instrumento utilizado não estiver aferido segundo os padrões oficiais.

Tanto nos vícios de qualidade como nos vícios de quantidade, o consumidor que desejar a troca do produto por outro da mesma espécie, marca e modelo, porém não for possível, pode trocar por outro similar mediante complementação do preço, caso o valor seja superior ao originalmente pago ou a restituição seja de valor inferior.

Serviços

Dita o artigo 20º do CDC:

Art. 20º - O fornecedor de serviços responde pelos vícios de qualidade que os tornem impróprios ao consumo ou lhes diminuam o valor, assim como por aqueles decorrentes da disparidade com as indicações constantes da oferta ou mensagem publicitária, podendo o consumidor exigir, alternativamente e à sua escolha:
I. a reexecução dos serviços, sem custo adicional e quando cabível;
II. a restituição imediata da quantia paga, monetariamente atualizada, sem prejuízo de eventuais perdas e danos;III - o abatimento proporcional do preço.

§ 1º - A reexecução dos serviços poderá ser confiada a terceiros devidamente capacitados, por conta e risco do fornecedor.

§ 2º - São impróprios os serviços que se mostrem inadequados para os fins que razoavelmente deles se esperam, bem como aqueles que não atendam às normas regulamentares de prestabilidade.

Com relação aos vícios de serviços, segue-se a linha dos vícios de produto, não existindo, nessa situação, um prazo estabelecido para resolver os problemas.

Portanto, constatado o vício, o consumidor pode de imediato exigir a reexecução do serviço, restituição da quantia paga ou abatimento do preço.

Fique Ligado

Só existe a previsão do prazo de 30 dias para o fornecedor solucionar os vícios quando se referirem aos vícios de qualidade.

Quando o serviço for de reparação de produtos, o fornecedor deve utilizar componentes de reposição originais, salvo se o consumidor autorizar o contrário.

» **Ex.**: Maria leva seu carro na oficina para trocar a bateria. A oficina mecânica tem a obrigação de substituir por uma nova original ou manter as especificações técnicas do fabricante. Além disso, caso Maria queira trocar o volante e o som do seu carro, se ela autorizasse, as peças poderiam ser trocadas por usadas.

→ **Serviços Públicos**

O CDC prevê um artigo especial ao tratar dos órgãos públicos prestadores de serviços:

Art. 22º - Os órgãos públicos, por si ou suas empresas, concessionárias, permissionárias ou sob qualquer outra forma de empreendimento, são obrigados a fornecer serviços adequados, eficientes, seguros e, quanto aos essenciais, contínuos.

Parágrafo único. Nos casos de descumprimento, total ou parcial, das obrigações referidas neste artigo, serão as pessoas jurídicas compelidas a cumpri-las e a reparar os danos causados, na forma prevista neste código.

Contemplam-se, também, as concessionárias ou permissionárias, isto é, empresas privadas que contratam com o poder público e realizem ou forneçam um serviço público (água, luz, telefone, etc...).

Para o CDC, os prestadores de serviços públicos são como qualquer outro, e devem submeter-se a todas as demais regras previstas.

Considerações finais sobre a responsabilidade dos fornecedores

Em nenhum momento, o fornecedor poderá se eximir de sua responsabilidade alegando ignorância, só está "desobrigado" nas situações abordadas acima;

A garantia legal de adequação do produto ou serviço independe de termo expresso, vedada a exoneração contratual do fornecedor;

É vedada a estipulação contratual de cláusula que impossibilite, exonere ou atenue a obrigação de indenizar, prevista nesta e nas seções anteriores;

Sempre que a questão trouxer mais de um responsável pelo dano, todos responderão solidariamente (respondem juntos), exceto nos casos de responsabilidade fato do produto (defeitos em razão do vício do produto – artigo 12º CDC), em que o fabricante, construtor, produtor e importador são os que respondem, sendo o comerciante subsidiário.

Sendo o dano causado por componente ou peça incorporada ao produto ou serviço, são responsáveis solidários o fabricante, o construtor ou importador e o que realizou a incorporação (encaixa-se na situação as montadoras de veículos).

CAPÍTULO 04
Direitos do Consumidor
Qualidade de Produtos e Serviços, Prevenção e Reparação dos Danos

Decadência e Prescrição

Primeiramente, cabe diferenciar o que é decadência e o que é prescrição.

> **Decadência**: é a perda do direito em si, "é a extinção do direito pela inércia do titular, quando a eficácia desse direito estava originalmente subordinada ao exercício dentro de determinado prazo que se esgotou, sem o respectivo exercício." (Sílvio Salvo Venosa).

> **Prescrição**: em resumo, é a perda do direito de agir, por exemplo, de iniciar um processo na justiça. Não fere o direito em si, mas a pretensão à reparação.

Decadência

Os prazos de decadências estão previstos no artigo 26º do CDC e são os seguintes:

Vícios	Produtos/ Serviços Durável	Produto/ Serviço Não Durável	Início
Aparentes de fácil constatação	90 dias	30 dias	Da entrega do produtos ao término do serviço
Ocultos	90 dias	30 dias	Do momento em que for percebido

→ Esses prazos são os previstos para que o consumidor "reclame" do vício.

Exemplo

» José comprou um computador no dia 14 de fevereiro e, ao chegar, constatou que o aparelho não ligava. José tem o prazo de 90 dias para reclamar, contando o prazo a partir de 14 fevereiro, pois é um bem durável (ele perdura no tempo, não "estraga" rápido, facilmente).

» Joana comprou um sapato pela internet dia 10 de janeiro e o recebeu em sua casa no dia 20 de janeiro. Constatando que eram de tamanhos diferentes e a sola de um estava danificada, Joana tem o prazo de 90 dias para reclamar do vício, iniciando esse prazo a partir de 20 de janeiro.

» Márcia comprou um celular no dia 20 de janeiro. O aparelho apresentou problemas de fabricação em 20 de novembro. Márcia tem 90 dias para reclamar, iniciando o prazo a partir de 20 de novembro, por ser vício oculto.

» Carlos comprou um fardo de farinha em 10 de março e, quando o abriu, verificou que havia pacotes de farinha vencidos e violados. Assim, Carlos tem 30 dias para reclamar do vício, iniciando o prazo a partir de 10 de março.

> Existem situações em que esses prazos poderão ser obstaculizados.

No parágrafo segundo, do artigo 26º, estão previstas duas situações que obstam a decadência:

I.   A reclamação comprovadamente formulada pelo consumidor junto ao fornecedor, até a resposta negativa, transmitida de modo inequívoco.

» Ex.: Pedro comprou um celular em 15 de maio e o aparelho apresentou um vício de qualidade. No dia 20 de maio, enviou uma reclamação via carta ao comerciante, que somente no dia 15 de agosto enviou uma resposta, negando uma solução do vício apresentado no celular de Pedro. Pedro pode acionar o fabricante ou valer-se do previsto no artigo 18º, e ainda tem o prazo para isso, tendo ainda 85 dias (os cinco primeiros dias são descontados), pois, enquanto aguardava resposta, teve seu prazo suspenso.

III.   A instauração de inquérito civil até que este se encerre.

Isto é, caso o Ministério Público instaure um inquérito para verificar um vício em um produto adquirido pelo consumidor, este poderá aguardar o fim do inquérito para efetuar sua reclamação.

Tal possibilidade de inquérito, a título de curiosidade, encontra-se na Lei 7.347 – Lei da Ação Civil Pública.

Prescrição

Art. 27º - Prescreve em cinco anos a pretensão à reparação pelos danos causados por fato do produto ou do serviço, previsto na Seção II deste Capítulo, iniciando-se a contagem do prazo a partir do conhecimento do dano e de sua autoria.

Esse prazo é para que o consumidor busque uma indenização por defeitos.

Fique Ligado

Portanto, nos casos de vícios, o prazo que rege é o decadencial e, nos defeitos (do artigo 12º ao 14º do CDC), é o de prescrição.

Desconsideração da Personalidade Jurídica

A desconsideração, em síntese, ocorre quando os sócios respondem com seus bens particulares. Por exemplo, pagar uma indenização ao consumidor com seu patrimônio e não somente com o patrimônio da empresa, quando ocorrem fraudes, má administração, entre outras situações que venham a causar prejuízos aos consumidores.

Em regra, os sócios não respondem com seus bens particulares por danos decorrentes da atividade, e sim quem responde é a empresa e, portanto, com patrimônio da empresa.

Art. 28º - O juiz poderá desconsiderar a personalidade jurídica da sociedade quando, em detrimento do consumidor, houver abuso de direito, excesso de poder, infração da lei, fato ou ato ilícito ou violação dos estatutos ou contrato social. A desconsideração também será efetivada quando houver falência, estado de insolvência, encerramento ou inatividade da pessoa jurídica provocados por má administração.

Responsabilidade das Sociedades:

Tipos de Sociedade	Responsabilidade
Empresas Consorciadas	Solidárias
Empresas Coligadas	Só responderão por culpa
Sociedades integrantes de grupos societários e sociedades controladas	Subsidiária

> **Fique Ligado**
>
> As bancas examinadoras, ao cobrar a desconsideração, costumam ligar o tipo de sociedade com a responsabilidade, fazendo uma "troca", para confundir o candidato, por exemplo: a afirmativa traz que as empresas consorciadas respondem de modo subsidiário.

Práticas Comerciais

Nos dizeres de Roberta Densa:

"As práticas comerciais abrangem as técnicas e os métodos utilizados pelos fornecedores para fomentar a comercialização dos produtos e serviços destinados ao consumidor, bem como os mecanismos de cobrança e serviço de proteção de crédito."

Oferta

O CDC prevê que oferta é:

> *Art. 30º - Toda informação ou publicidade, suficientemente precisa, veiculada por qualquer forma ou meio de comunicação com relação a produtos e serviços oferecidos ou apresentados, obriga o fornecedor que a fizer veicular ou dela se utilizar e integra o contrato que vier a ser celebrado.*
>
> *Art. 31º - A oferta e apresentação de produtos ou serviços devem assegurar informações corretas, claras, precisas, ostensivas e em língua portuguesa sobre suas características, qualidades, quantidade, composição, preço, garantia, prazos de validade e origem, entre outros dados, bem como sobre os riscos que apresentam à saúde e segurança dos consumidores.*
>
> *Parágrafo único. As informações de que trata este artigo, nos produtos refrigerados oferecidos ao consumidor, serão gravadas de forma indelével.*
>
> *Art. 32º - Os fabricantes e importadores deverão assegurar a oferta de componentes e peças de reposição, enquanto não cessar a fabricação ou importação do produto.*
>
> *Parágrafo único. Cessadas a produção ou importação, a oferta deverá ser mantida por período razoável de tempo, na forma da lei.*

Qualquer folder, telemarketing, orçamento, entre outros, é considerado oferta.

O fornecedor deve cumprir o que foi ofertado. Exemplo: caso o fornecedor faça um orçamento para a reforma de uma casa e preveja que ficará pronto em 30 dias e a pintura será cor-de-rosa, isso deve ser cumprido. Caso o fornecedor recuse, poderá o consumidor, a sua livre escolha, exigir que:

> I. O cumprimento forçado da obrigação, nos termos da oferta, apresentação ou publicidade;
>
> II. Poderá aceitar outro produto ou prestação de serviço equivalente;
>
> III. Poderá rescindir o contrato, com direito à restituição de quantia eventualmente antecipada, monetariamente atualizada, e a perdas e danos (o que o consumidor perdeu e deixou de ganhar).

Publicidade

O CDC prevê que a publicidade deve ser veiculada de tal forma que o consumidor, fácil e imediatamente, identifique-a como tal, devendo fornecedor, na publicidade de seus produtos ou serviços, manter, em seu poder, para informação dos legítimos interessados, os dados fáticos, técnicos e científicos que dão sustentação à mensagem.

A publicidade é o que chamamos de propaganda (aqui a propaganda é toda mensagem ideológica, de cunho político, por exemplo).

Como princípio visto no artigo 6º, que o consumidor deve ser protegido de toda e qualquer publicidade enganosa e abusiva, são vedadas pelo CDC:

> Publicidade Enganosa, que se subdivide em por omissão e comissão (preço falso, deixar de apresentar informações importantes, etc.).
>
> Publicidade Abusiva (faz piadas sobre religião, etnias, induz a comportamento perigoso, etc.).
>
> Publicidade Clandestina (mensagens subliminares, previstas doutrinariamente).

O ônus da prova da veracidade e correção da informação ou comunicação publicitária cabe a quem as patrocina e não ao consumidor.

> **Fique Ligado**
>
> A publicidade por telefone é permitida, porém, não poderá ser onerosa para o consumidor!

Práticas Abusivas

O artigo 39º, do CDC, prevê um rol de práticas vedadas ao fornecedor:

> I. condicionar o fornecimento de produto ou de serviço ao fornecimento de outro produto ou serviço, bem como, sem justa causa, a limites quantitativos;

É a famosa "venda casada", isto é, só se pode comprar um produto se levar outro junto. Exemplo: o consumidor quer realizar um financiamento, porém, deve adquirir também um seguro.

Já a venda quantitativa (última parte do inciso) consiste em exigir que o consumidor, ao invés de um produto, leve dois.

> II. recusar atendimento às demandas dos consumidores, na exata medida de suas disponibilidades de estoque, e, ainda, de conformidade com os usos e costumes;

Ocorre quando o consumidor trata os consumidores de modo desigual, impedindo-o de ter acesso a produtos/serviços que oferece, exceto se, por exemplo, não tiver condições de atender por motivo excepcional.

> III. enviar ou entregar ao consumidor, sem solicitação prévia, qualquer produto, ou fornecer qualquer serviço;

O fornecedor não deve enviar produtos ou fornecer qualquer serviço sem que o consumidor solicite.

Caso o fornecedor envie, por exemplo, uma revista sem que o consumidor solicite, será amostra grátis e não poderá cobra-lá.

> IV. prevalecer-se da fraqueza ou ignorância do consumidor, tendo em vista sua idade, saúde, conhecimento ou condição social, para impingir-lhe seus produtos ou serviços;

Como já dito anteriormente, o consumidor é a parte "fraca" da relação, é vulnerável, e há uma prática abusiva quando, além dessa vulnerabilidade, o fornecedor se aproveitar da ignorância ou idade para impingir-lhe seus produtos ou serviços.

Exemplo dessa situação é quando um hospital exige um cheque caução para a internação até que o plano de saúde faça a liberação, visto que o consumidor encontra-se com sua saúde fragilizada. Ou então, ludibriar um idoso, cobrando valores altíssimos para a aquisição de um produto que tenha valor inferior no mercado de consumo.

V. *exigir do consumidor vantagem manifestamente excessiva;*

Aqui, basta exigir, nem precisa ser aceito.

» **Ex.**: O fornecedor obriga o consumidor a assinar um contrato, exonerando-o de indenizar qualquer dano que o consumidor venha a sofrer.

Esse inciso será bem trabalhado nas cláusulas abusivas nos contratos de consumo (artigo 51º do CDC).

VI. *executar serviços sem a prévia elaboração de orçamento e autorização expressa do consumidor, ressalvadas as decorrentes de práticas anteriores entre as partes;*

Antes de executar qualquer serviço, os fornecedores deverão informar qual o serviço, o que estará incluso e seu valor, que é o orçamento (artigo 40º CDC).

O orçamento terá um prazo de dez dias, salvo se for estipulado o contrário.

Uma vez que isso é aceito pelo consumidor, deverá ser cumprido por ambas as partes e, caso haja "acréscimos" no decorrer dos serviços, o consumidor não será onerado.

VII. *repassar informação depreciativa, referente a ato praticado pelo consumidor, no exercício de seus direitos;*

» **Ex.**: aquela situação em que um comerciante fala para outro que um consumidor adora reclamar da qualidade dos produtos ou que já o denunciou ao Procon. Tal prática, conhecida também como intercâmbio de dados e informações depreciativas pela doutrina, é considerada abusiva.

VIII. *colocar, no mercado de consumo, qualquer produto ou serviço em desacordo com as normas expedidas pelos órgãos oficiais competentes ou, se normas específicas não existirem, pela Associação Brasileira de Normas Técnicas ou outra entidade credenciada pelo Conselho Nacional de Metrologia, Normalização e Qualidade Industrial (Conmetro);*

» **Ex.**: o fornecedor coloca no mercado de consumo um liquidificador com decibéis superiores ao determinado pelas normas técnicas.

IX. *recusar a venda de bens ou a prestação de serviços, diretamente a quem se disponha a adquiri-los, mediante pronto pagamento, ressalvados os casos de intermediação regulados em leis especiais;*

» **Ex.**: o consumidor que quer comprar uma blusa à vista e o fornecedor recusa, deixando claro que a venda só pode ser feita parcelada.

X. *elevar sem justa causa o preço de produtos ou serviços.*

O fornecedor tem a liberdade de aumentar os preços de seus produtos e serviços, respeitando as disposições legais, mas é considerado abusivo e sem justa causa se o fornecedor vender-me o produto por um preço hoje e, amanhã, na hora do pagamento, informar-me que o valor aumentou.

XI. *deixar de estipular prazo para o cumprimento de sua obrigação ou deixar a fixação de seu termo inicial a seu exclusivo critério.*

É o clássico exemplo de um pintor que compromete-se a pintar uma casa, mas só quando terminar um outro serviço, sem estipular uma data ou prazo para tal.

XII. *aplicar fórmula ou índice de reajuste diverso do legal ou contratualmente estabelecido.*

Nada mais é que a modificação, no decorrer do contrato, do índice de reajuste previamente ajustado, considerada prática abusiva nas relações de consumo.

Cobranças de Dívidas

O fornecedor tem todo o direito de cobrar o consumidor inadimplente, desde que dentro dos limites legais.

→ **Dessa forma, determina o artigo 42º do CDC:**

Art. 42º - Na cobrança de débitos, o consumidor inadimplente não será exposto a ridículo, nem será submetido a qualquer tipo de constrangimento ou ameaça.

Parágrafo único. O consumidor cobrado em quantia indevida tem direito à repetição do indébito, por valor igual ao dobro do que pagou em excesso, acrescido de correção monetária e juros legais, salvo hipótese de engano justificável.

Isto é, não pode o fornecedor falar para os familiares e amigos do consumidor que este anda devendo, nem cobrá-lo em seu local de trabalho, etc.

E caso haja cobrança indevida, o inadimplente tem direito a quantia paga em dobro.

Um instrumento que o fornecedor pode valer-se, e é muito popular no Brasil, são os órgãos de proteção ao crédito (OPC), os conhecidos SCPC e SERASA, nos quais são inscritos os consumidores inadimplentes.

Hoje, temos também o cadastro positivo, em que os consumidores que cumprem com suas obrigações poderão ter seus dados registrados, previsto pela Lei 12.414, de 2011.

Bancos de Dados e Cadastros de Consumidores

O consumidor terá acesso às informações existentes em qualquer cadastro, ficha, registros e dados pessoais e de consumo arquivados sobre ele, bem como sobre as suas respectivas fontes, devendo ser objetivos, claros, verdadeiros e em linguagem de fácil compreensão, não podendo conter informações negativas referentes a um período superior a cinco anos e, após tal prazo, não será fornecida qualquer informação que possa impedir o consumidor de ter acesso ao crédito.

Fique Ligado

Cuidado com o prazo de cinco anos: com frequência, ele aparece nos concursos.

É importante, também, ressaltar que o consumidor deve ser informado pela entidade que mantém os bancos de dados e pelo fornecedor que seu nome será "negativado".

Toda a abertura de cadastro, ficha, registro e dados pessoais e de consumo deverá ser comunicada por escrito ao consumidor, quando não solicitada por ele, para que tenha o direito de corrigir qualquer dado incorreto que verifique, tendo a empresa o prazo de cinco dias úteis para corrigir os dados.

Fique Ligado

Os bancos de dados e cadastros relativos a consumidores, os serviços de proteção ao crédito e congêneres são considerados entidades de caráter público, mesmo mantido por empresa privada.

Ainda com relação aos OPC, um tema frequentemente abordado em concursos é a inscrição indevida do consumidor em órgãos de proteção ao crédito. Já está pacificado que é caso de dano moral presumido, isto é, teve anotação indevida, o consumidor poderá buscar reparação por danos morais, sem precisar provar o abalo que teve, só demonstrar que a inscrição foi imerecida.

Porém, atenção a súmula 385 do Superior Tribunal de Justiça:

"Da anotação irregular em cadastro de proteção ao crédito, não cabe indenização por dano moral, quando preexistente legítima inscrição, ressalvado o direito ao cancelamento."

Finalmente, assim como existem os cadastros de consumidores inadimplentes, existem cadastros dos fornecedores que tiveram reclamações, veja o que dispõe o artigo 44 do CDC:

> **Art. 44** - Os órgãos públicos de defesa do consumidor manterão cadastros atualizados de reclamações fundamentadas contra fornecedores de produtos e serviços, devendo divulgá-lo pública e anualmente. A divulgação indicará se a reclamação foi atendida ou não pelo fornecedor.
>
> **§ 1°** - É facultado o acesso às informações lá constantes para orientação e consulta por qualquer interessado.
>
> **§ 2°** - Aplicam-se a este artigo, no que couber, as mesmas regras enunciadas no artigo anterior e as do parágrafo único do art. 22º deste código.

Exercício Comentado

01. **(CESPE)** *Consoante entendimento pacificado e atual do STJ, caso o nome do consumidor seja indevidamente inserido nos órgãos/cadastros de proteção ao crédito, existindo outras restrições devidas, terá ele direito de pleitear indenização por danos morais, todavia, com valor reduzido.*

ERRADO. Pois a súmula 385 do STJ determina que, existindo uma inscrição devida, não caberá pleitear danos morais, somente o cancelamento da inscrição. Portanto, danos morais presumido somente quando o consumidor tinha seu nome "limpo".

Anotações

CAPÍTULO 05
Direitos do consumidor

Os contratos geram a obrigação de serem cumpridos pelas partes (princípio da *pacta sunt servanta*), pois, se ambas acordaram, manifestaram a vontade de celebrar um contrato. Desse modo, este é valido e deve ser cumprido, porém, existem situações em que ocorrem abusos, desequilibrando as relações, principalmente com relação aos consumidores, assim, alguns contratos podem, inclusive, ser revistos.

Ainda, o CDC prevê sanções que o poder público pode exercer, além de crimes, as chamadas infrações cometidas contra os consumidores.

Proteção Contratual

O CDC visa à proteção da parte mais fraca da relação jurídica como amplamente discutido, isto é, o consumidor, dando uma atenção especial no que versa sobre os contratos, tendo o consumidor o direito de ter conhecimento de todas as obrigações a ele impostas e todo o seu conteúdo.

Antes de adentrar no assunto, vale citar os princípios que regem os contratos de consumo:

> Transparência: o consumidor deve conhecer todo o contrato, o qual deve ser redigido de maneira clara, de fácil compreensão.
> Interpretação mais favorável: a interpretação das cláusulas contratuais é de maneira mais favorável ao consumidor.
> Vinculação da Oferta: toda oferta, orçamento, pré-contratos, entre outros, obriga o fornecedor a cumpri-la, ou seja, não pode eximir-se.
> Direito do Arrependimento: "O consumidor pode desistir do contrato, no prazo de 7 (sete) dias a contar de sua assinatura ou do ato de recebimento do produto ou serviço, **sempre que a contratação de fornecimento de produtos e serviços ocorrer fora do estabelecimento comercial**, especialmente por telefone ou a domicílio." Portanto, se alguém comprou um determinado produto pela internet e não era o que esperava quando chegou, tem o prazo de 7 dias para a devolução.

Cabe, também, ressaltar que o artigo 50º do CDC prevê que a garantia contratual é complementar à legal e será conferida mediante termo escrito.

Um exemplo bem prático que ocorre muito no dia a dia: uma pessoa compra um celular e ganha um ano de garantia. Após um ano da compra, o celular apresenta vícios de qualidade, ficando comprovado que é falha na fabricação. Por ter passado o ano de garantia dado pelo fornecedor, o consumidor fica no prejuízo, sem direito de reclamar? Não, tem o prazo de 90 dias (aquele prazo de decadência) para reclamar, a contar da data em que o celular apresentou o vício.

Cláusulas Abusivas

O artigo 51º prevê a nulidade de pleno direito das clausulas abusivas, isto é, não tem validade nenhuma no contrato, sendo as seguintes:

> Cláusula de não-indenizar: isto é, desobriga o fornecedor de reparar qualquer dano.
> Renúncia ou disposição de direitos pelo consumidor: como norma de ordem pública, os direitos previstos no CDC não podem ser renunciados.
> Limitação da indenização ao consumidor
> Subtraia o direito de Reembolso de quantia paga.
> Transferência de Responsabilidade a terceiros. Por exemplo: um consumidor contrata um pacote turístico com uma determinada agência, e está no contrato que qualquer dano sofrido deve ser cobrado do hotel.
> Desvantagem exagerada para o consumidor e cláusula incompatível com a boa-fé e equidade: é o caso do plano de saúde que limita o tempo de internação (Súmula 302 do STJ).
> Cláusulas que estabeleçam a inversão do ônus da prova em prejuízo do consumidor.
> Arbitragem compulsória: com a arbitragem, o consumidor fica impedido de buscar reparação de eventual danos na justiça, portanto, não pode ser obrigado a aceitá-la. Um exemplo que caracterizaria a arbitragem compulsória são os contratos de adesão, em que o consumidor não tem liberdade de discutir as cláusulas contratuais.
> Imposição de representante: Obriga o consumidor a aceitar que terceiro termine a negociação.
> Cláusulas criadoras de vantagens especiais para o fornecedor, como exemplo, rescindir o contrato unilateralmente, sem tal possibilidade ser dada ao consumidor.
> Cláusulas que possibilitam a violação de normas ambientais.

A nulidade de cláusula abusiva não invalida o contrato, apenas retira aquela cláusula.

Contratos de Financiamento

Quando se trata de financiamento, o CDC também prevê uma proteção especial, visto que há o costume de ludibriar o consumidor na hora do financiamento.

O artigo 52º prevê a obrigatoriedade de constar algumas informações em tais contratos:

> **Art. 52º** - *No fornecimento de produtos ou serviços que envolva outorga de crédito ou concessão de financiamento ao consumidor, o fornecedor deverá, entre outros requisitos, informá-lo prévia e adequadamente sobre:*
>
> *I. preço do produto ou serviço em moeda corrente nacional;*
>
> *II. montante dos juros de mora e da taxa efetiva anual de juros;*
>
> *III. acréscimos legalmente previstos;*
>
> *IV. número e periodicidade das prestações;*
>
> *V. soma total a pagar, com e sem financiamento.*

É previsto, também, que as multas de mora não podem ser superiores a dois por cento do valor da prestação, sendo também assegurada a liquidação antecipada do débito, total ou parcialmente, com a redução proporcional dos juros e demais acréscimos, não podendo a instituição financeira recusar a liquidação.

Outra previsão interessante está no artigo 53º, em que fica vedado ao fornecedor reter todo o valor paga em razão da inadimplência:

Art. 53º - *Nos contratos de compra e venda de móveis ou imóveis mediante pagamento em prestações, bem como nas alienações fiduciárias em garantia, consideram-se nulas de pleno direito as cláusulas que estabeleçam a perda total das prestações pagas em benefício do credor que, em razão do inadimplemento, pleitear a resolução do contrato e a retomada do produto alienado.*

Nos casos de contratos de consórcio, o artigo 53º, parágrafo segundo, prevê que da restituição das parcelas pagas poderá ser deduzida a vantagem econômica aferida e os prejuízos suportados pelo grupo.

Contratos de Adesão

O contrato de adesão é aquele no qual o consumidor não possui direito de discutir cláusulas contratuais, simplesmente assina um contrato previamente elaborado.

» **Ex.:** Contratos de seguro, telefonia, entre outros, pois são serviços oferecidos em "larga escala".

Assim, o CDC define o contrato de adesão:

Art. 54º - *Contrato de adesão é aquele cujas cláusulas tenham sido aprovadas pela autoridade competente ou estabelecidas unilateralmente pelo fornecedor de produtos ou serviços, sem que o consumidor possa discutir ou modificar substancialmente seu conteúdo.*

Os contratos de adesão devem ser escritos de maneira clara, de forma a facilitar o entendimento do consumidor de todas suas obrigações e direitos, bem como as do fornecedor.

O CDC também determina que as cláusulas que implicarem limitação de direito do consumidor deverão ser redigidas com destaque, permitindo sua imediata e fácil compreensão. Esse destaque deve estar em letras maiores, cores diferentes, enfim, de forma que chame a atenção do consumidor, para que não reste qualquer dúvida.

Sanções Administrativas

A União, os Estados e o Distrito Federal poderão editar normas que regulamentem a produção, a industrialização, o consumo de produtos e serviços e a distribuição pautados nos princípios e regras estabelecidas pelo Código de Defesa do Consumidor.

Além de tal poder, deve fiscalizar e controlar o mercado de consumo com a finalidade de proteção dos consumidores.

Assim, dita o artigo 56º do CDC:

Art. 56º - *As infrações das normas de defesa do consumidor ficam sujeitas, conforme o caso, às seguintes sanções administrativas, sem prejuízo das de natureza civil, penal e das definidas em normas específicas:*

I. *multa;*
II. *apreensão do produto;*
III. *inutilização do produto;*
IV. *cassação do registro do produto junto ao órgão competente;*
V. *proibição de fabricação do produto;*
VI. *suspensão de fornecimento de produtos ou serviço;*
VII. *suspensão temporária de atividade;*
VIII. *revogação de concessão ou permissão de uso;*
IX. *cassação de licença do estabelecimento ou de atividade;*
X. *interdição, total ou parcial, de estabelecimento, de obra ou de atividade;*
XI. *intervenção administrativa;*
XII. *imposição de contrapropaganda.*

Parágrafo único. *As sanções previstas neste artigo serão aplicadas pela autoridade administrativa, no âmbito de sua atribuição, podendo ser aplicadas cumulativamente, inclusive por medida cautelar, antecedente ou incidente de procedimento administrativo.*

As multas podem ser aumentadas de acordo com a gravidade da infração, a vantagem auferida e a condição econômica do fornecedor.

O índice para auferir o montante das multas é chamado de Ufir - Unidade Fiscal de Referência.

As penas de apreensão, de inutilização de produtos, de proibição de fabricação de produtos, de suspensão do fornecimento de produto ou serviço, de cassação do registro do produto e revogação da concessão ou permissão de uso serão aplicadas pela administração após procedimento administrativo, assegurada ampla defesa por parte do fornecedor, quando forem constatados vícios de quantidade ou de qualidade por inadequação ou insegurança do produto ou serviço.

Já as penas de cassação de alvará de licença, de interdição e de suspensão temporária da atividade, bem como as de intervenção administrativa, serão aplicadas através de um procedimento administrativo, assegurada ampla defesa quando o fornecedor reincidir na prática das infrações de maior gravidade, previstas neste código e na legislação de consumo.

Considera-se reincidência quando o fornecedor for condenado e, após essa condenação, cometer nova falha.

A pena de cassação da concessão será aplicada à concessionária de serviço público quando violar obrigação legal ou contratual; já a intervenção administrativa será aplicada sempre que as circunstâncias de fato desaconselharem a cassação de licença, a interdição ou suspensão da atividade.

Caso exista ação judicial discutindo a imposição de penalidade administrativa, não haverá reincidência até o trânsito em julgado da sentença, o que significa dizer que não há mais discussão sobre o assunto, não se poderá mais recorrer.

A Contrapropaganda

A contrapropaganda é muito temida pelos fornecedores, pela qual eles devem "desfazer" a publicidade enganosa ou abusiva em jornais, revistas, internet, entre outros meios, com previsão no artigo 60º do CDC.

Infrações Penais

As infrações são condutas cometidas pelos fornecedores e são tidas como crimes.

Caso apareça num concurso, as bancas geralmente "copiam" o texto de lei:

> **Omitir dizeres ou sinais ostensivos sobre a nocividade ou periculosidade de produtos:**

Art. 63º - *Omitir dizeres ou sinais ostensivos sobre a nocividade ou periculosidade de produtos nas embalagens, nos invólucros, recipientes ou publicidade:*

Pena - *Detenção de seis meses a dois anos e multa.*

§ 1º Incorrerá nas mesmas penas quem deixar de alertar, mediante recomendações escritas ostensivas, sobre a periculosidade do serviço a ser prestado.

§ 2º Se o crime é culposo:

Pena - Detenção de um a seis meses ou multa.

> **Omissão de comunicação sobre a nocividade e periculosidade dos produtos e serviços:**

Art. 64 - Deixar de comunicar à autoridade competente e aos consumidores a nocividade ou periculosidade de produtos cujo conhecimento seja posterior à sua colocação no mercado:

Pena - Detenção de seis meses a dois anos e multa.

Parágrafo único. Incorrerá nas mesmas penas quem deixar de retirar do mercado, imediatamente quando determinado pela autoridade competente, os produtos nocivos ou perigosos, na forma deste artigo.

> **Execução de Serviços Perigosos:**

Art. 65 - Executar serviço de alto grau de periculosidade, contrariando determinação de autoridade competente:

Pena - Detenção de seis meses a dois anos e multa.

Parágrafo único. As penas deste artigo são aplicáveis sem prejuízo das correspondentes à lesão corporal e à morte.

> **Fraude em oferta:**

Art. 66 - Fazer afirmação falsa ou enganosa, ou omitir informação relevante sobre a natureza, característica, qualidade, quantidade, segurança, desempenho, durabilidade, preço ou garantia de produtos ou serviços:

Pena - Detenção de três meses a um ano e multa.

§ 1º Incorrerá nas mesmas penas quem patrocinar a oferta.

§ 2º Se o crime é culposo;

Pena - Detenção de um a seis meses ou multa.

> **Publicidade abusiva ou enganosa:**

Art. 67 - Fazer ou promover publicidade que sabe ou deveria saber ser enganosa ou abusiva:

Pena - Detenção de três meses a um ano e multa.

> **Publicidade Prejudicial/Perigosa:**

Art. 68 - Fazer ou promover publicidade que sabe ou deveria saber ser capaz de induzir o consumidor a se comportar de forma prejudicial ou perigosa, a sua saúde ou segurança:

Pena - Detenção de seis meses a dois anos e multa:

» **Ex.:** Uma publicidade que incite um menor a dirigir bebendo e em alta velocidade.

> **Omissão de dados:**

Art. 69º - Deixar de organizar dados fáticos, técnicos e científicos que dão base à publicidade:

Pena - Detenção de um a seis meses ou multa.

> **Emprego não autorizado pelo consumidor de componentes usados:**

Art. 70º - Empregar, na reparação de produtos, peça ou componentes de reposição usados, sem autorização do consumidor:

Pena - Detenção de três meses a um ano e multa.

Está aqui, novamente previsto, agora como uma conduta infracionária, o fato de utilizar-se componentes novos, salvo se o consumidor autorizar o contrário.

> **Cobrança Vexatória:**

Art. 71º - Utilizar, na cobrança de dívidas, de ameaça, coação, constrangimento físico ou moral, afirmações falsas, incorretas, enganosas ou de qualquer outro procedimento, que exponham o consumidor, injustificadamente, ao ridículo ou interfiram com seu trabalho, descanso ou lazer:

Pena - Detenção de três meses a um ano e multa.

Além de gerar indenização, é considerada uma infração expor o consumidor ao ridículo nas cobranças.

> **Impedir acesso a informações e incorreções em bancos de dados:**

Temos duas condutas nesse sentido:

Art. 72º - Impedir ou dificultar o acesso do consumidor às informações que sobre ele constem em cadastros, banco de dados, fichas e registros:

Pena - Detenção de seis meses a um ano ou multa.

Art. 73º - Deixar de corrigir imediatamente informação sobre consumidor constante de cadastro, banco de dados, fichas ou registros que sabe ou deveria saber ser inexata:

Pena - Detenção de um a seis meses ou multa.

> **Omissão na entrega de termo de garantia contratual:**

Art. 74º - Deixar de entregar ao consumidor o termo de garantia adequadamente preenchido e com especificação clara de seu conteúdo;

Pena - Detenção de um a seis meses ou multa.

> **Concurso de Pessoas:**

Todos que "participarem" das infrações sofrerão as penas na medida de sua culpa:

Art. 75º - Quem, de qualquer forma, concorrer para os crimes referidos neste código, incide as penas a esses cominadas, na medida de sua culpabilidade, bem como o diretor, administrador ou gerente da pessoa jurídica que promover, permitir ou, por qualquer modo, aprovar o fornecimento, oferta, exposição à venda ou manutenção em depósito de produtos ou a oferta e prestação de serviços nas condições por ele proibidas.

No artigo 76º, existe a previsão de situações que agravam os crimes citados:

Art. 76º - São circunstâncias agravantes dos crimes tipificados neste código:

I. serem cometidos em época de grave crise econômica ou por ocasião de calamidade;

II. ocasionarem grave dano individual ou coletivo;

III. dissimular-se a natureza ilícita do procedimento;

IV. quando cometidos:

    a) por servidor público ou por pessoa cuja condição econômico-social seja manifestamente superior a da vítima;

    b) em detrimento de operário ou rurícola; de menor de dezoito ou maior de sessenta anos ou de pessoas portadoras de deficiência mental, interditadas ou não;

V. serem praticados em operações que envolvam alimentos, medicamentos ou quaisquer outros produtos ou serviços essenciais.

CAPÍTULO 06
Defesa do Consumidor em Juízo

Introdução

O consumidor que venha a sofrer danos tem o direito de ser reparado.

Para que isso se efetive, o CDC prevê mecanismos para buscar a reparação, bem como a defesa de interesses e direitos dos consumidores judicialmente.

Os meios de defesa dos interesses e defesa do consumidor perante a Justiça, estão previstos do artigo 81º ao 107º do Código do Consumidor.

São normas processuais (versam sobre como devem ocorrer os processos) contra as práticas abusivas por parte dos fornecedores.

Tem legitimidade concorrente para propor ações em defesa dos consumidores:

> Ministério Público;
> União, Estados, Municípios e DF;
> Administração pública, desde que especificamente destinados à defesa dos interesses e direitos previstos no Código do Consumidor;
> Associações constituídas há mais de um ano, que incluam, em fins institucionais, a defesa dos interesses e direitos previstos no Código do Consumidor.

Ainda, visando novamente à proteção dos consumidores, foram criados mecanismos na lei para a facilitação da defesa do consumidor em juízo, muitos já estudados nos capítulos anteriores.

São estes meios:

> Instrumentos previstos na política nacional de relações de consumo, na qual se encontra a previsão da assistência judiciária gratuita, promotorias, juizados especiais, etc.
> A Inversão do ônus da prova: caso o consumidor comprove sua hipossuficiência (técnica, jurídica ou econômica) ou a verossimilhança de suas alegações, o juiz pode inverter o ônus da prova, imputando ao fornecedor a obrigação de demonstrar que os fatos alegados pelo consumidor inexistem.
> Foro privilegiado: o domicílio do consumidor prevalece, isto é, o consumidor pode interpor ação judicial em seu domicílio, mesmo que um contrato celebrado com uma instituição financeira, em seu final, dite que o foro para dirimir qualquer divergência sobre o contrato é da Comarca da cidade tal, distante da do consumidor (artigo 112º do Código de Processo Civil).

Além de tais instrumentos, a grande inovação é a possibilidade de ação coletiva ou que verse sobre direitos difusos.

Assim, o consumidor pode ingressar em juízo de modo individual ou de modo coletivo.

Ações Coletivas e Competência

Poderão ocorrer ações coletivas quando versem sobre:

> **Direitos difusos:** são indivisíveis e os titulares são pessoas indeterminadas ligadas a um **fato**. São direitos difusos, por exemplo, o direito a um meio ambiente saudável.
> **Direitos coletivos:** são indivisíveis e os titulares se dividem em grupo, categoria ou classe de pessoas ligadas entre si um ou com a parte contrária por uma **relação jurídica** base. Por exemplo, as pessoas ligadas por um grupo de consórcio.
> **Direitos individuais homogêneos:** interesses ou direitos individuais homogêneos, assim entendidos como os decorrentes de **origem comum**.

Já no que se refere à competência, o artigo 109º da CF determina que quando a União, autarquias ou empresas públicas federais forem interessadas (autoras, rés, assistentes ou oponentes), quem julga é a Justiça Federal.

Nos demais casos, a justiça comum (estadual) será competente para julgar as ações coletivas.

Fique Ligado

Os Juizados Especiais Federais e Cíveis e Criminais não têm competência para julgar ações coletivas.

Ações de fazer e não fazer

As ações de fazer e não fazer são ações que visam a forçar o cumprimento de uma obrigação ou impedir ou cessar alguma ação respectivamente.

Dessa forma, determina o artigo 84º do CDC:

> *Art. 84º - Na ação que tenha por objeto o cumprimento da obrigação de fazer ou não fazer, o juiz concederá a tutela específica da obrigação ou determinará providências que assegurem o resultado prático equivalente ao do adimplemento.*
>
> *§ 1º A conversão da obrigação em perdas e danos somente será admissível se por elas optar o autor ou se impossível a tutela específica ou a obtenção do resultado prático correspondente.*
>
> *§ 3º Sendo relevante o fundamento da demanda e havendo justificado receio de ineficácia do provimento final, é lícito ao juiz conceder a tutela liminarmente ou após justificação prévia, citado o réu.*
>
> *§ 5º Para a tutela específica ou para a obtenção do resultado prático equivalente, poderá o juiz determinar as medidas necessárias, tais como busca e apreensão, remoção de coisas e pessoas, desfazimento de obra, impedimento de atividade nociva, além de requisição de força policial.*

Coisa Julgada

Coisa é a sentença que não cabe mais recurso, não tem mais discussão, sendo imutável, gerando efeitos.

Terá os seguintes efeitos:

→ **Versando sobre Direitos Difusos:**
> Procedente: *Erga Omnes*
> Improcedente:
  » Por falta de Provas: sem eficácia
  » Outros: *Erga Omnes*

→ **Direitos Coletivos:**
> Procedente: *Ultra Partes*
> Improcedente:
  » Por falta de Provas: sem eficácia
  » Outros: *Ultra Partes*

→ **Direitos Individuais Homogêneos:**
> Procedente: *Erga Omnes*
> Improcedente: Sem eficácia

Liquidação e Execução Individual e Coletiva da sentença

A liquidação e a execução podem ser individuais ou coletivas, e até mesmo pelos sucessores da vítima, bem como pelos legitimados citados acima.

A execução coletiva far-se-á com base em certidão das sentenças de liquidação, e o juízo competente para a execução será:

I. *da liquidação da sentença ou da ação condenatória, no caso de execução individual;*
II. *da ação condenatória, quando coletiva a execução.*

Anotações

Referências Bibliográficas

Rizzatto Nunes, Comentários ao Código de Defesa do Consumidor, 2011.

Roberta Densa, Direito do Consumidor, 2010, Editora Atlas

Silvio Salvo Venosa, Direito Civil – Parte Geral, Editora Altas

ÍNDICE

CAPÍTULO 01 66
   Sistema Financeiro Nacional - SFN... 66
      O que é o SFN? 66
      Histórico 66
      Função do SFN..68
      Divisão do SFN..69
      Estrutura do SFN 70
      Legislação Pertinente ao Capítulo 75

CAPÍTULO 02 76
   Produtos e Serviços Bancários 76
      Noções de Cartões de Crédito e Débito 76
      Crédito Direto ao Consumidor - CDC 76
      Crédito Rural 76
      Caderneta de Poupança 77
      Capitalização 77
      Previdência Complementar..78
      Investimentos 79
      Seguros 81
      Legislação Pertinente ao Capítulo 81

CAPÍTULO 03 82
   Mercado Financeiro... 82
      Mercado de Câmbio...82
      Mercado de Capitais...83

CAPÍTULO 04 87
   Garantias do Sistema Financeiro Nacional 87
      Aval..87
      Fiança 87
      Penhor Mercantil 87
      Alienação Fiduciária 87
      Hipoteca 88
      Fianças Bancárias 88
      Fundo Garantidor de Crédito (FGC) 89
      Legislação Pertinente ao Capítulo 89

CAPÍTULO 05 90
   Sistema de Pagamento Brasileiro - SPB 90
      Reestruturação do Sistema de Pagamentos Brasileiro 90
      Câmaras de Liquidação e Custódia 91

CAPÍTULO 06 94
   Abertura e Movimentação de Contas.. 94
      Conta Pessoa Física e Jurídica 94
      Tipos de Conta 95

CAPÍTULO 07 97
   Pessoa Física e Pessoa Jurídica 97
      Pessoas Físicas 97
      Das Pessoas Jurídicas 99

CAPÍTULO 08 102
   Produtos e Serviços Bancários 102
      Minha Casa, Minha Vida 102
      Como Participar 103
      FGTS 105

Legislação Aplicada ao Programa Minha Casa, Minha Vida 106
    Decreto nº 7.499, de 16 de Junho de 2011 106
CAPÍTULO 09 111
  Cheques 111
CAPÍTULO 10 113
  Produtos e Serviços Bancários 113
    FIES 113

CONHECIMENTOS BANCÁRIOS

CAPÍTULO 01
Sistema Financeiro Nacional - SFN

Nesse capítulo será abordado um tema de grande relevância para a prova. Tanto o Sistema Financeiro Nacional quanto a estrutura do mesmo são frequentemente cobrados em prova devido a grande quantidade de conceitos que, geralmente, são desconhecidos por quem até então nunca estudou nada relacionado ao conteúdo de Conhecimentos Bancários.

O que é o SFN?

O Sistema Financeiro Nacional pode ser definido como um conjunto de instituições financeiras e órgãos que regulam, executam e fiscalizam as operações relacionadas à circulação de crédito ou moeda, ou seja, é um sistema organizado que visa a manter a estabilidade econômica do país. Assim, estabelece regras e normas sobre a concessão de crédito para evitar um endividamento excessivo das empresas e da população.

Histórico

Quando fala-se em SFN é necessário conhecer o Acordo de Basileia que está diretamente relacionado a atual estrutura desse sistema e também influencia a legislação brasileira no tocante as instituições financeiras que operam no Brasil.

Para entendermos o porque da necessidade de tal acordo, devemos observar o cenário econômico mundial em 1973, em que havia um momento de intensa volatilidade já que o Sistema Monetário Internacional - o qual era baseada em taxas de câmbio fixas - tinha deixado de existir. Assim, os responsáveis pela supervisão bancária dos países pertencentes ao G-10 (comissão formada pelos 11 países mais desenvolvidos) resolveram criar um comitê para regular as práticas bancárias, o qual ficou sediado no Banco de Compensações Internacionais - BIS, na Suíça, mais precisamente na cidade de Basileia, por isso o nome de Comitê de Basileia.

Esse comitê tinha por função discutir questões relacionadas as práticas bancárias, sempre visando a aprimorar a qualidade da supervisão bancária e a segurança de todo o mercado financeiro internacional. Dessa forma, das discussões realizadas por esse comitê nasceu o Acordo de Basileia, o qual se divide em Acordo de Basileia I e II.

Acordo de Basileia I

Após diversas discussões no Comitê de Basileia, em julho de 1988, foi celebrado o Acordo de Basileia que passou a definir mecanismos para mensuração do risco de crédito e estabelecer a exigência de capital mínimo às instituições financeiras a fim de suportar os riscos.

→ **Como principais objetivos desse Acordo podemos destacar:**
> - O reforço a solidez e a estabilidade do sistema bancário internacional - já que a partir de tal acordo as instituições financeiras só poderiam operar se tivessem um capital mínimo para isso, o que diminui o risco de uma crise de crédito (quando as instituições acabam por emprestar mais dinheiro do que a sua real capacidade).
> - A minimização das desigualdades competitivas entre os bancos internacionalmente ativos. Desigualdades essas criadas pelas diferentes regras sobre o capital mínimo exigido pelos reguladores nacionais, ou seja, o capital mínimo variava conforme o país, o que beneficiava alguns bancos em detrimento de outros, gerando até então uma grande desigualdade.

Acordo de Basileia II

O Acordo de Basileia I apresentou grandes avanços, o que levou, em junho de 2004, o Comitê a divulgar um novo acordo, chamado então de Acordo de Basileia II. Esse, por sua vez, tinha como objetivos:
> - Promover a estabilidade financeira.
> - Fortalecer a estrutura de capital das instituições.
> - Favorecer a adoção das melhores práticas de gestão de riscos.
> - Estimular maior transparência e disciplina de mercado.

Assim, esse novo acordo trouxe um enfoque mais flexível para exigência de capital. Contudo, o enfoque passou a ser mais abrangente com relação ao fortalecimento da supervisão bancária e ao estímulo para maior transparência na divulgação das informações ao mercado, baseando-se em três grandes pilares:
> - **Pilar I** - fortalecimento da estrutura de capitais das instituições;
> - **Pilar II** - estímulo à adoção das melhores práticas de gestão de riscos;
> - **Pilar III** - redução da assimetria de informação e favorecimento da disciplina de mercado.

Para melhor entendimento sobre o que versa cada pilar, vamos estuda-los isoladamente.

Pilar I - Alocação de Capital

- **Risco de Crédito**

Versa sobre a determinação da exigência de capital necessária quando observados os riscos incorridos nas atividades desenvolvidas pelas instituições financeiras. Comparando-se o Acordo de Basileia I e II, observa-se que o segundo introduz a exigência de capital para risco operacional e aprimora a discussão acerca do risco de crédito.

Assim, o Acordo de Basileia II traz uma adoção de modelos próprios para mensuração dos riscos (tanto o de crédito, como o de mercado e o operacional), com graus diferentes de complexidade, sendo sujeitos à aprovação do regulador, e tendo a possibilidade de benefícios de redução de requerimento de capital por conta da adoção de abordagens internas.

Dessa forma, a mensuração do Risco de Crédito, segundo o Acordo de Basileia II, deve ser classificado em dois tipos:

→ **Padronizada** - baseada em uma revisão do método até então proposto pelo Acordo de Basileia I, o qual estabelecia fatores de ponderações de risco para os ativos chamados FPR. Os FPR são fundamentados nas classificações de riscos (ratings) gerados pelas análises feitas por instituições externas de avaliação de crédito (*External Credit Assessment Institution* - ECAI), com o intuito de melhorar a qualidade da percepção de risco e não introduzir demasiada complexidade ao método.

→ **Baseada em classificações internas** também chamada de IRB (sigla em inglês para Internal Ratings Based) - essa classificação é muito similar a padronizada, porém é mais sensível aos riscos, já que a apuração do capital leva em consideração os seguintes componentes de risco:

- > Frequência Esperada de Inadimplência (FEI) podendo ser também conhecida como PD (sigla em inglês para *Probability of Default*) - trata-se da possibilidade de um determinado cliente ficar inadimplente. Assim, considera-se as características do cliente e está associada ao risco do cliente (rating);
- > Perda Dada a Inadimplência (PDI) podendo ser também chamada de LGD (sigla em inglês para *Loss Given Default*), - trata-se de uma medida preditiva que informa o quanto efetivamente não é recuperado quando um cliente entra em inadimplência. Dessa forma, a apuração desta medida observa a estimativa de quanto se recupera de uma dívida em atraso diminuindo os custos no processo dessa recuperação;
- > Exposição no Momento da Inadimplência chamada de EAD (sigla em inglês para *Exposure at Default*) - esse componente do risco considera que um cliente tem como tendência aumentar o seu endividamento quando se aproxima de uma situação em que não terá condições de honrar seus compromissos, ou seja, evidencia o total do endividamento do cliente no momento da inadimplência;
- > Maturidade Efetiva ou EM (sigla em inglês para *Effective Maturity*) - trata-se do prazo até o vencimento da operação, o qual poderá ser reajustado devido ao fluxo de caixa ou critérios do regulador.

A IRB por sua vez é subdividida em IRB básica e IRB avançada, ou seja, na IRB básica as instituições financeiras estimam internamente apenas a probabilidade de inadimplência (PD), já os demais componentes de risco serão disponibilizados pela autoridade de supervisão. Porém, na IRB avançada as instituições financeiras devem fazer estimativas internas para todos os componentes de risco: PD, LGD, EAD e EM.

- • **Risco de Mercado**

O acordo de Basileia I, assinado em 1988, fora editado em 1996, pois passou a exigir a cobertura de capital também para o Risco de Mercado. Assim, o novo Acordo manteve essa metodologia, subdividindo o cálculo do Risco de Mercado em dois:

- > **Modelo Padronizado** - divide o risco em quatro categorias: Ações, Câmbio, *Commodities* e Taxas de Juros, e apresenta uma metodologia de cálculo simplificada específica para cada categoria.
- > **Modelo Avançado** - baseia a observação do risco de mercado em um modelo estatístico conhecido como VaR (*Value-at-Risk*), pelo qual as instituições financeiras passam a ter que atender uma série de requisitos tanto quantitativos como qualitativos, como: auditoria interna, VaR calculado diariamente, rigoroso controle de estresse, entre outros.

- • **Risco Operacional**

O Risco Operacional está diretamente relacionado a falhas humanas, ligadas então ao RH da organização, e como há um alto grau de complexidade em calcular esse risco em função das suas diversas causas, o Acordo de Basileia II propõe os seguintes pontos para sua mensuração: Indicador Básico (BIA); Padronizada (STA); Padronizada Alternativa (ASA); e Avançada (AMA).

- > **Indicador Básico (BIA)** - caracterizada por ser uma forma sintética, em que o percentual do risco operacional passa a ser fixo de 15% e é aplicado sobre a média dos Resultados Brutos dos últimos três anos.
- > **Padronizada (STA)** - trata-se de uma abordagem semelhante ao BIA porém, o percentual aplicado sobre os Resultados Brutos variam, conforme parâmetros beta, entre 12% e 18% conforme a divisão do capital em oito linhas de negocio.

Linha de Negócio	Componentes	Atividades	Fator
Finanças Corporativas	Aquisições, Fusões, Privatizações e Reestruturações	Aconselhamento e colocação de papéis	18%
Trading	Resultado de títulos e valores mobiliários. Commodities, ações e derivados	Corretagem de atacado e posicionamento no mercado	18%
Banco de Varejo	Varejo, private banking e cartões de crédito	Venda de produtos e serviços bancários diversos para pessoas físicas e pequenas e médias empresas	12%
Banco Comercial	Banco comercial	Project Finance e empréstimos para médias e pequenas empresas	15%
Sistemas de Pagamento	Pagamento e liquidação para terceiros	Processamento de documentos	18%
Custódia	Custódia, agentes de custódia e trusts	Custódia de papéis	15%
Administração de Recursos de Terceiros	Fundos discricionários e não discricionários	Administração de fundos de investimento	12%
Corretagem	Corretagem de varejo	Corretagem de valores para o varejo.	12%

- > **Padronizada Alternativa (ASA)** - é caracterizada por ser também uma forma sintética, sendo muito similar à Padronizada, exceto para as Linhas de Negócios "Banco Comercial" e "Banco de Varejo", em que a exigência de capital equivale à média dos últimos três anos do volume de empréstimos e adiantamentos multiplicada por um fator "m" igual 0,035 e pelo beta definido na abordagem padronizada
- > **Avançada (AMA)** - Nesse modelo a mensuração de risco é desenvolvida internamente. Contudo, para isso as instituições financeiras deverão atender a critérios de habilitação quantitativos e qualitativos que assegurem a integridade do modelo utilizado. A utilização desse modelo está sujeito à aprovação do supervisor. Essa autorização, segundo o Comunicado BACEN 16.137, deverá ser iniciado em 2011, para implementação em 2013.

Pilar II - Supervisor

Esse pilar estabelece os quatro princípios essenciais da supervisão, ou seja, tem por função evidenciar a necessidade que Instituições Financeiras possuem de avaliarem adequadamente o capital em relação aos riscos. Os quatro princípios são:

> **1º. Princípio:** versa sobre a necessidade das Instituições Financeiras deterem um processo para estimar uma adequação de capital em relação a seu perfil de risco e possuir um planejamento para manutenção de seus níveis adequados de capital.

> **2º. Princípio:** trata sobre a necessidade dos supervisores avaliarem as estratégias, as estimativas de adequação e a habilidade das Instituições Financeiras em monitorarem e garantirem sua conformidade com a exigência de capital mínimo.

> **3º. Princípio:** esse princípio institui que os supervisores podem exigir que os bancos operem acima das exigências de capital mínimo;

> **4º. Princípio:** institui que os supervisores podem interferir antecipadamente e exigir ações rápidas dos bancos, caso o nível de capital ficar abaixo do nível mínimo.

Pilar III - Transparência

Esse pilar está diretamente relacionado ao conjunto de exigências de divulgação de informações, publicidade, visando permitir que os participantes do mercado avaliem as informações essenciais. Assim, o Pillar II é baseado em quatro categorias:

> **Objetivo de aplicação** - representa a relação entre as recomendações e a estrutura do Banco;

> **Capital** - demonstra a capacidade que a Instituição Financeira possui de absorver eventuais perdas;

> **Exposição a risco** - evidencia os pontos observados pela instituição para a avaliação da intensidade dos riscos e as formas de avaliação destes.

> **Adequação de capital** - relacionado a avaliação da suficiência do capital frente aos riscos incorridos.

Fique Ligado

Para a perfeita compreensão desse conteúdo é necessário o entendimento de alguns conceitos, que serão abordados com maior profundidade em outro momento.

Risco de credito - risco que a instituição financeira corre de não receber o dinheiro que foi emprestado ao solicitante.

Risco de mercado - risco ligado ao investimento por parte da instituição em um certo segmento do mercado. Ligado principalmente a volatilidade, ou seja, a mudança rápida e constante que alguns segmentos econômicos sofrem - fatores externos a organização.

Risco operacional - falhas operacionais, ou seja, falhas causadas por erros humanos.

Função do SFN

Quando observamos a disponibilidade de recursos financeiros presente na sociedade, constatamos que há pessoas - tanto físicas quando jurídicas - que se encontram em duas situações diferenciadas:

> Aquelas que possuem disponibilidade de recursos financeiros, as quais podemos chamar de agentes superavitários, poupadores ou doadores. Essas pessoas, são aquelas que possuem recursos "sobrando" e desejam aplicar esses recursos para que haja rentabilidade e também segurança, ou seja, com o intuito de proteger mas também, aumentar o seu patrimônio.

> Porém, há aquelas pessoas que possuem necessidade de recursos financeiros, ou seja, existe uma carência de recursos e uma necessidade de conseguir esses recursos para realizar o financiamento de certas atividades ou projetos. Assim, podemos chamar essas pessoas "carentes" de recursos financeiros de agentes deficitários ou tomadores.

Dessa forma, o SFN, por meio dos intermediadores financeiros (Instituições Financeiras), tem como principal função propiciar a transferência de recursos entre os agentes superavitários e os agentes deficitários através da chamada intermediação financeira.

Agora, vamos analisar essa intermediação financeira observando o ponto de vista das Instituições Financeiras: estas realizam a coleta de recursos financeiros dos agentes superavitários o que recebe o nome de captação, recursos esses que posteriormente serão disponibilizados aos agentes deficitários. Falando em uma linguagem bancária, os recursos provenientes das captações realizadas pelas Instituições Financeiras fazem *funding* para as operações de crédito, ou seja, a disponibilização dos recursos captados para os tomadores é realizada por meio de operações de crédito, como: empréstimos ou financiamentos.

Porém, deve-se ressaltar que esse fluxo não tem apenas um sentido, já que os agentes superavitários terão em algum momento a necessidade de utilizar os recursos depositados até então, isso pode se dar total ou parcialmente. Da mesma maneira, que os agentes deficitários irão contratar uma operação de crédito e pagarão as instituições financeiras por meio de prestações.

Neste sentido, as instituições financeiras ao realizarem a intermediação financeira necessitam observar a remuneração paga aos agentes superavitários e cobrada dos agentes deficitários. Assim, nasce uma das principais fontes de rendimento das instituições financeiras, já que os juros cobrados dos agentes deficitários são maiores do que a remuneração (rendimento) paga aos agentes superavitários, ou seja, nessa diferença nasce o chamado *spread* - lucro dos bancos.

Divisão do SFN

O SFN, é um sistema complexo composto por vários membros, que são agrupados em dois grandes subsistemas:

> **Normativo (Supervisão)** - o qual é formado por instituições que além de estabelecerem as regras e diretrizes de funcionamento, também definem os parâmetros para a intermediação financeira e fiscalizam a atuação das instituições operativas. Tem em sua composição: o Conselho Monetário Nacional (CMN), o Banco Central do Brasil (BACEN), a Comissão de Valores Mobiliários (CVM) e as Instituições Especiais (Banco do Brasil, BNDES e Caixa Econômica Federal).

> **De Intermediação (operativo)** - é formado pelas instituições que atuam na intermediação financeira e tem como função operacionalizar a transferência de recursos entre os agentes superavitários e os agentes deficitários, a partir das regras, diretrizes e parâmetros definidos pelo subsistema normativo. Pertencem a esse subsistema as instituições financeiras bancárias e não bancárias, o Sistema Brasileiro de Poupança e Empréstimo (SBPE), além das instituições não financeiras e auxiliares.

Instituições Financeiras (IF)

Neste sentido, é muito importante conceituarmos o que pode ser entendido como Instituição Financeira, para isso devemos observar o disposto na Lei 4595/1964, pode-se definir Instituições Financeiras como:

> *Art. 17. Consideram-se instituições financeiras, para os efeitos da legislação em vigor, as pessoas jurídicas públicas ou privadas, que tenham como atividade principal ou acessória a coleta, intermediação ou aplicação de recursos financeiros próprios ou de terceiros, em moeda nacional ou estrangeira, e a custódia de valor de propriedade de terceiros.*
>
> *Parágrafo único. Para os efeitos desta lei e da legislação em vigor, equiparam-se às instituições financeiras as pessoas físicas que exerçam qualquer das atividades referidas neste artigo, de forma permanente ou eventual.*

E também o disposto na Lei 7492/1986:

> *Art. 1º Considera-se instituição financeira, para efeito desta lei, a pessoa jurídica de direito público ou privado, que tenha como atividade principal ou acessória, cumulativamente ou não, a captação, intermediação ou aplicação de recursos financeiros (Vetado) de terceiros, em moeda nacional ou estrangeira, ou a custódia, emissão, distribuição, negociação, intermediação ou administração de valores mobiliários.*
>
> *Parágrafo único. Equipara-se à instituição financeira:*
>
> *I. a pessoa jurídica que capte ou administre seguros, câmbio, consórcio, capitalização ou qualquer tipo de poupança, ou recursos de terceiros;*
>
> *II. a pessoa natural que exerça quaisquer das atividades referidas neste artigo, ainda que de forma eventual.*

Resumindo, Instituições Financeiras são as pessoas jurídicas (públicas ou privadas) que desempenham, como atividade principal ou acessória:

> Intermediação ou aplicação de recursos financeiros (próprio ou de terceiros, podendo ser em moeda nacional ou estrangeira);

> Custódia de valores de terceiros;

Ressalvando, que serão equiparadas as instituições financeiras as pessoas físicas que exerçam qualquer dessas atividades, mesmo em caráter eventual.

Fique Ligado

Para uma IF atuar no Brasil necessita-se de prévia autorização do Banco Central do Brasil. Porém, se for uma IF estrangeira necessitara de Decreto do Poder Executivo. Conforme disposto no Art. 18 da Lei 4595/1964:

> *Art. 18. As instituições financeiras somente poderão funcionar no País mediante prévia autorização do Banco Central da República do Brasil ou decreto do Poder Executivo, quando forem estrangeiras.*
>
> *§ 1º Além dos estabelecimentos bancários oficiais ou privados, das sociedades de crédito, financiamento e investimentos, das caixas econômicas e das cooperativas de crédito ou a seção de crédito das cooperativas que a tenham, também se subordinam às disposições e disciplina desta lei no que for aplicável, as bolsas de valores, companhias de seguros e de capitalização, as sociedades que efetuam distribuição de prêmios em imóveis, mercadorias ou dinheiro, mediante sorteio de títulos de sua emissão ou por qualquer forma, e as pessoas físicas ou jurídicas que exerçam, por conta própria ou de terceiros, atividade relacionada com a compra e venda de ações e outros quaisquer títulos, realizando nos mercados financeiros e de capitais operações ou serviços de natureza dos executados pelas instituições financeiras.*
>
> *§ 2º O Banco Central da Republica do Brasil, no exercício da fiscalização que lhe compete, regulará as condições de concorrência entre instituições financeiras, coibindo-lhes os abusos com a aplicação da pena (Vetado) nos termos desta lei.*
>
> *§ 3º Dependerão de prévia autorização do Banco Central da República do Brasil as campanhas destinadas à coleta de recursos do público, praticadas por pessoas físicas ou jurídicas abrangidas neste artigo, salvo para subscrição pública de ações, nos termos da lei das sociedades por ações.*

Neste sentido, as Instituições Financeiras podem ser subdivididas em monetárias e não monetárias:

> **Bancárias ou monetárias**: têm a faculdade de criar moedas ou meios de pagamento, os quais são formados pelo papel moeda e pelos depósitos à vista nos bancos, ou seja, são aquelas instituições que têm autorização para captar recursos sob a forma de depósitos à vista podem assim criar moeda. As principais formas de captação de depósitos à vista são: conta corrente e poupança.

> **Não Bancárias ou não monetárias**: são as instituições que não possuem a faculdade de criar moeda, pois não têm autorização para acolher depósitos à vista.

Estrutura do SFN

O Sistema Financeiro Nacional é composto por uma gama de órgão e Instituições Financeiras que são agrupadas em subsistemas, como já vimos. Porem, nesse tópico aprofundaremos sobre cada órgão e Instituição Financeira, já que esses conceitos são relevantes para a realização da prova e compreendimento do conteúdo de Conhecimentos Bancários.

Conselho Monetário Nacional - CMN

É o órgão normativo do Sistema Financeiro Nacional sendo responsável por determinar as diretrizes gerais de todo o sistema. Sua composição conforme disposto Lei 9069/1995, dá-se:

> **Art. 8º** O Conselho Monetário Nacional, criado pela Lei nº 4.595, de 31 de dezembro de 1964, passa a ser integrado pelos seguintes membros:
>
> I. ministro de Estado da Fazenda, na qualidade de Presidente;
>
> II. Ministro de Estado do Planejamento, Orçamento e Gestão; (Redação dada pela Medida Provisória nº 2216-37, de 2001)
>
> III. Presidente do Banco Central do Brasil.
>
> § 1º O Conselho deliberará mediante resoluções, por maioria de votos, cabendo ao Presidente a prerrogativa de deliberar, nos casos de urgência e relevante interesse, ad referendum dos demais membros.
>
> § 2º Quando deliberar ad referendum do Conselho, o Presidente submeterá a decisão ao colegiado na primeira reunião que se seguir àquela deliberação.
>
> § 3º O Presidente do Conselho poderá convidar Ministros de Estado, bem como representantes de entidades públicas ou privadas, para participar das reuniões, não lhes sendo permitido o direito de voto.
>
> § 4º O Conselho reunir-se-á, ordinariamente, uma vez por mês, e, extraordinariamente, sempre que for convocado por seu Presidente.
>
> § 5º O Banco Central do Brasil funcionará como secretaria-executiva do Conselho.
>
> § 6º O regimento interno do Conselho Monetário Nacional será aprovado por decreto do Presidente da República, no prazo máximo de trinta dias, contados da publicação desta Lei.
>
> § 7º A partir de 30 de junho de 1994, ficam extintos os mandatos de membros do Conselho Monetário Nacional nomeados até aquela data.
>
> **Art. 9º** É criada junto ao Conselho Monetário Nacional a Comissão Técnica da Moeda e do Crédito, composta dos seguintes membros:
>
> I. Presidente e quatro Diretores do Banco Central do Brasil;
>
> II. Presidente da Comissão de Valores Mobiliários;
>
> III. Secretário-Executivo do Ministério do Planejamento, Orçamento e Gestão; (Redação dada pela Medida Provisória nº 2216-37, de 2001)
>
> IV. Secretário-Executivo e Secretários do Tesouro Nacional e de Política Econômica do Ministério da Fazenda.
>
> § 1º A Comissão será coordenada pelo Presidente do Banco Central do Brasil.
>
> § 2º O regimento interno da Comissão Técnica da Moeda e do Crédito será aprovado por decreto do Presidente da República.
>
> **Art. 10.** Compete à Comissão Técnica da Moeda e do Crédito:
>
> I. propor a regulamentação das matérias tratadas na presente Lei, de competência do Conselho Monetário Nacional;
>
> II. manifestar-se, na forma prevista em seu regimento interno, previamente, sobre as matérias de competência do Conselho Monetário Nacional, especialmente aquelas constantes da Lei nº 4.595, de 31 de dezembro de 1964;
>
> III. outras atribuições que lhe forem cometidas pelo Conselho Monetário Nacional.
>
> **Art. 11.** Funcionarão, também, junto ao Conselho Monetário Nacional, as seguintes Comissões Consultivas:
>
> I. de Normas e Organização do Sistema Financeiro;
>
> II. de Mercado de Valores Mobiliários e de Futuros;
>
> III. de Crédito Rural;
>
> IV. de Crédito Industrial;
>
> V. de Crédito Habitacional, e para Saneamento e Infraestrutura Urbana;
>
> VI. de Endividamento Público;
>
> VII. de Política Monetária e Cambial.
>
> § 1º A organização, a composição e o funcionamento das Comissões Consultivas serão objeto de regimento interno, a ser aprovado por Decreto do Presidente da República.
>
> § 2º Ficam extintos, a partir de 30 de junho de 1994, os mandatos dos membros das Comissões Consultivas.

→ **Dessa forma, podemos destacar como atribuições do CMN:**

> Adaptar, as reais necessidades da economia, os meios de pagamento, ou seja, tem como uma de suas principais funções controlar a quantidade de moeda em circulação, já que quando há uma oferta excessiva de moeda a mesma acaba desvalorizada, ao mesmo tempo que quando falta dinheiro a moeda tende a se valorizar.

A desvalorização da moeda culmina em uma alta generalizada de preços na economia, ou seja, inflação. Mas, quando há uma valorização excessiva da moeda, temos como resultado uma baixa geral de preços, conhecida também como deflação. Dessa forma, ao controlar o volume de moeda no mercado o CMN estabelece as diretrizes da política monetária, as quais buscam combater a inflação, mas sem causar deflação, ou seja, trazer equilíbrio para o sistema financeiro como um todo.

> Regular os valores internos e externos da moeda. Ao tratar de regulação de valores internos da moeda, volta-se a ideia de evitar a ocorrência tanto de inflação como deflação. Porém, ao tratar de valores externos da moeda esta referindo-se as políticas cambiais, ou seja, políticas voltadas para manter o equilíbrio entre a moeda brasileira e as moedas estrangeiras.

> Estabelecer as diretrizes das políticas monetária, creditícia, cambial, orçamentária, fiscal e da dívida pública, ou seja, o CMN é o responsável pelas diretrizes da política econômica brasileira - tópico abordado futuramente.

> Regular a constituição, fiscalização e funcionamento de todas as instituições financeiras que operam no Brasil. Dessa forma, cabe ao CMN estabelecer todas as condições que devem ser

cumpridas pelas instituições financeiras que desejam operar em território nacional. Ressaltando que o CMN disciplina a fiscalização, mas a mesma é exercida pelo Banco Central do Brasil - BACEN.

> Zelar pela liquidez e solvência das instituições financeiras. Liquidez está relacionada, em sentido amplo, a velocidade que um determinado ativo é negociado e transformado em moeda, ou seja, dinheiro. Assim, zelar pela liquidez é estabelecer normas que garantam que as IF tenham disponibilidade de recursos financeiros suficientes para fazer honrar os seus compromissos de curto e médio prazos.

Neste sentido, solvência esta relacionada a situação econômica das IF, ou seja, se os ativos pertencentes as IFs são de qualidade, se seus créditos são concedidos de maneira criteriosa e se as garantias oferecidas realmente cobrem os riscos incorridos nas operações contratadas.

> Determinar as taxas de recolhimento compulsórios das IF, ou seja, é o CMN que determina qual a parcela dos depósitos dos recursos de terceiros que os bancos obrigatoriamente devem recolher ao Banco Central do Brasil. Esse tema será abordado com mais profundidade em momento oportuno.

Fique Ligado

> O Conselho Monetário é um órgão normativo e não executor.
> É o Conselho Monetário Nacional que define a meta de inflação anual.

Banco Central do Brasil - BACEN

Foi criado pela Lei 4.595, de 31 de dezembro de 1964. É uma autarquia vinculada ao Ministério da Fazenda, com sede em Brasília. O BACEN é um órgão executivo e tem com responsabilidade ser o principal executor das orientações do Conselho Monetário Nacional. Tem como competência privativa:

> Emitir papel moeda e moeda metálica. Cuidado com essa competência, já que quem autoriza a emissão de moeda é o CMN, o BACEN emite e quem realmente faz a impressão é a Casa da Moeda.
> Receber os recolhimentos compulsórios das instituições financeiras.
> Regulamentar a execução dos serviços relacionados a compensação de cheques e outros papéis.
> Emitir títulos de responsabilidade própria. Porém, por força da Lei Complementar 101/2000 - Lei de Responsabilidade Fiscal - a partir do mês de Maio de 2002 o BACEN ficou impedido de emitir títulos públicos.
> Ser o depositório das reservas oficiais de ouro, moeda estrangeira e de direitos especiais de saque.
> Realizar as operações de redesconto e empréstimo de assistência a liquidez para as Instituições Financeiras, por isso pode ser chamado de Banco dos Bancos.
> Garantir o poder de compra da moeda brasileira;

> Autorizar o funcionamento das instituições financeiras.
> Fiscalizar as instituições financeiras.
> Efetuar operações de compra e venda de títulos públicos federais; (com a compra e a venda de títulos aumenta-se ou diminui-se a liquidez).
> Realizar operações de redesconto e empréstimos a instituições financeiras bancárias.
> Agente financeiro do governo, já que é responsável por administrar a dívida pública e gerir as reservas internacionais do país. Reservas internacionais são os depósitos realizados em moeda estrangeira dos bancos centrais e autoridades monetárias.

→ **Recolhimento compulsório:**

Os bancos não precisam dispor de todo o dinheiro depositado neles. Uma parte desse dinheiro o banco tem de recolher (ou depositar) numa conta do banco central do Brasil, o que é chamado de recolhimento ou depósito compulsório.

Isso é uma política utilizada pelo governo visando combater a inflação.

Quando a inflação começa a subir o governo pode aumentar o percentual do recolhimento compulsório; assim, o banco central está tirando dinheiro de circulação, a população com uma menor quantidade de dinheiro vai comprar menos, logo o empresário vai pensar duas vezes antes de aumentar o preço dos seus produtos.

Composição:

Uma diretoria colegiada composta por ATÉ 9 MEMBROS nomeados pelo Presidente da Republica após aprovação do Senado Federal, dentre brasileiros de ilibada reputação e notória capacidade em assuntos econômico-financeiros, sendo cargo de livre nomeação e livre exoneração (ad nutum).

→ **Assim com disposto no Art. 5º do Regimento Interno do Banco Central:**

Art. 5º A Diretoria Colegiada é composta por até nove membros, um dos quais o Presidente, todos nomeados pelo Presidente da República, entre brasileiros de ilibada reputação e notória capacidade em assuntos econômicofinanceiros, após aprovação pelo Senado Federal, sendo demissíveis ad nutum.

Art. 7º A Diretoria Colegiada reunir-se-á, ordinariamente, uma vez por semana e, extraordinariamente, na forma prevista neste Regimento, presentes, no mínimo, o Presidente, ou seu substituto, e metade do número de Diretores.

Parágrafo único. As decisões da Diretoria Colegiada serão tomadas por maioria de votos, cabendo ao Presidente, ou a seu substituto, o voto de qualidade.

Fique Ligado

O Bacen pode ter ATÉ 9 membros, porém atualmente possui 1 presidente e 8 diretorias (mas apenas 7 diretores, já que Luiz Awazu Pereira da Silva é responsável pela Diretor de Assuntos Internacionais e de Gestão de Riscos Corporativos - Direx e também pela Diretor de Regulação do Sistema Financeiro - Dinor), ou seja, são 8 diretorias mas apenas 7 diretores.

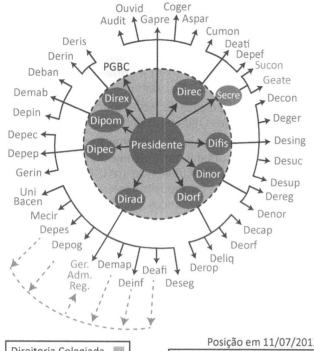

Posição em 11/07/2013

Direitoria Colegiada	
Secretaria-Executiva	
Procuradoria-Geral	
Unidade-Sede	
Ger.-Adm. Regionais	

Autoridade Técnica e Administrativa	→
Autoridade Técnica	--→
Autoridade Deliberativa	----

→ **Diretoria Colegiada**
> Presidente;
> Diretores.

→ **Presidente**
> **Aspar** - Assessoria Parlamentar;
> **Audit** - Auditoria Interna do Banco Central do Brasil;
> **Coger** - Corregedoria-geral do Banco Central do Brasil;
> **Gapre** - Gabinete do Presidente;
> **Ouvid** - Ouvidoria do Banco Central do Brasil.
  PGBC - Procuradoria-Geral do Banco do Brasil;
  Secre - Gerência-Executiva de Apoio Administrativo e Tecnológico.
> **Sucon** - Secretaria da Diretoria e do Conselho Monetário Nacional;
> **Geate** - Gerência-Executiva de Apoio Administrativo e Tecnológico.

→ **Dirad - Diretor de Administração**
> **Deafi** - Dpto. de Contabilidade e Execução Financeira;
> **Deinf** - Dpto. de Tecnologia da Informação;
> **Demap** - Dpto. de infraestrutura e Gestão Patrimonial;
> **Depes** - Dpto. de Gestão de Pessoas;
> **Depog** - Dpto. de Planejamento, Orçamento e Gestão;
> **Deseg** - Dpto. de Segurança;
> **Mecir** - Dpto. do Meio Circulante;
> **UniBacen** - Universidade Banco Central do Brasil;

> **Gerências-Administrativas Regionais;**
  » **ADBEL** - Gerência Adm. em Belém - PA;
  » **ADBHO** - Gerência Adm. em Belo Horizonte - MG;
  » **ADCUR** - Gerência Adm. em Curitiba - PR;
  » **ADFOR** - Gerência Adm. em Fortaleza - CE;
  » **ADPAL** - Gerência Adm. em Porto Alegre - RS;
  » **ADREC** - Gerência Adm. em Recife - PE;
  » **ADRJA** - Gerência Adm. no Rio de Janeiro - RJ;
  » **ADSAL** - Gerência Adm. em Salvador - BA;
  » **ADSPA** - Gerência Adm. em São Paulo - SP.

→ **Direc - Diretor de Relacionamento Institucional e Cidadania**
> **Comun** - Dpto. de Comunicação;
> **Deati** - Dpto. de Atendimento Institucional;
> **Depef** - Dpto. de Educação Financeira;

→ **Direx - Diretor de Assuntos Internacionais e de Gestão de Riscos Corporativos**
> **Derin** - Dpto. de Assuntos Internacionais;
> **Deris** - Dpto. de Riscos Corporativos e Referências Operacionais;

→ **Defis - Diretor de Fiscalização**
> **Decon** - Dpto. de Supervisão de Conduta;
> **Degef** - Dpto. de Gestão Estratégica, Integração e Suporte da Fiscalização;
> **Desig** - Dpto. de Monitoramento do Sistema Financeiro;
> **Desuc** - Dpto. de Supervisão de Cooperativas e de Instituições Não Bancárias;
> **Desup** - Dpto. de Supervisão Bancária.

→ **Diorf - Diretor de Organização do Sistema Financeiro e Controle de Operações do Crédito Rural**
> **Decap** - Dpto. de Controle e Análise de Processos Administrativos Punitivos;
> **Deliq** - Dpto. de Liquidações Extrajudiciais;
> **Deorf** - Dpto. de Organização do Sistema Financeiro;
> **Derop** - Dpto. de Regulação, Supervisão e Controle das Operações do Crédito Rural e do Proagro.

→ **Dipec - Diretor de Política Econômica**
> **Depec** - Dpto. Econômico;
> **Depep** - Dpto. de Estudos e Pesquisas;
> **Gerin** - Dpto. de Relacionamento com Investidores e Estudos Especiais;

→ **Dipom - Diretor de Política Monetária**
> **Deban** - Dpto. de Operações Bancárias e de Sistema de Pagamentos;
> **Demab** - Dpto. de Operações do Mercado Aberto;
> **Depin** - Dpto. de Reservas Internacionais.

→ **Dinor - Diretor de Regulamentação**
> **Denor** - Dpto. de Regulação do Sistema Financeiro;
> **Dereg** - Dpto. de Regulação Prudencial e Cambial.

Comitê de Política Monetária do Banco Central - COPOM

O COPOM foi instituído em 20 de junho de 1996 e tem como principal objetivo estabelecer as diretrizes da política monetária e definir as taxas de juros. Desde sua criação o regulamento do COPOM já sofreu diversas modificações, dentre as quais se pode destacar a adoção, pelo Decreto 3088 de 1999, da sistemática de "metas para a inflação", ou seja, a partir de então o Copom passou a ter como objetivo cumprir as metas para a inflação definidas pelo CMN. Dessa forma, caso essa meta não seja cumprida, cabe ao Diretor do Banco Central divulgar - em uma carta aberta ao Ministro da Fazenda - os motivos para tal descumprimento, bem como as providências cabíveis e prazos para que a taxa de inflação retorne aos limites estabelecidos.

A taxa de juros definida na reunião do COPOM é a taxa Selic, ou seja, taxa média dos financiamentos diários, com lastro em títulos federais, apurados pelo Sistema Especial de Liquidação e Custódia - SELIC, que passa a vigorar por todo o período entre as reuniões do Comitê.

→ **Conforme disposto na Circular 3593/2012, o Comitê de Política Monetária é composto por:**

Art. 2º São membros do Copom o Presidente e os Diretores do Banco Central do Brasil.

Art. 3º O Copom reúne-se ordinariamente oito vezes por ano e, extraordinariamente, por convocação de seu Presidente, presentes, no mínimo, o Presidente, ou seu substituto, e metade do número de Diretores.

§ 1º As reuniões ordinárias são realizadas em duas sessões, discriminadas a seguir:

I. *a primeira sessão ocorrerá às terças-feiras, sendo reservada às apresentações técnicas de conjuntura econômica;*

II. *a segunda sessão ocorrerá às quartas-feiras, destinando-se à decisão acerca das diretrizes de política monetária.*

§ 2º Além dos membros do Copom, participam da primeira sessão das reuniões ordinárias os Chefes das seguintes Unidades:

I. *Departamento de Operações Bancárias e de Sistema de Pagamentos (Deban);*

II. *Departamento de Operações do Mercado Aberto (Demab);*

III. *Departamento Econômico (Depec);*

IV. *Departamento de Estudos e Pesquisas (Depep);*

V. *Departamento das Reservas Internacionais (Depin);*

VI. *Departamento de Assuntos Internacionais (Derin);*

VII. *Departamento. de Relacionamento com Investidores e Estudos Especiais (Gerin).*

§ 3º Nas ausências dos Chefes das Unidades, os substitutos nas reuniões do Copom serão indicados pelos Diretores das respectivas áreas e terão as mesmas responsabilidades.

§ 4º A primeira sessão das reuniões ordinárias conta ainda com a presença do Chefe de Gabinete do Presidente, do Assessor de Imprensa e de outros servidores do Banco Central do Brasil, quando autorizados pelo Presidente.

§ 5º A participação nas reuniões extraordinárias é restrita aos membros do Copom, podendo delas participar outros servidores do Banco Central do Brasil, quando autorizados pelo Presidente.

§ 6º Na segunda sessão das reuniões ordinárias, além dos membros do Copom, participa, sem direito a voto, o Chefe do Depep. (grifo do autor).

Comissão de Valores Mobiliários - CVM

É uma autarquia em regime especial, vinculado ao Ministério da Fazenda, o qual é responsável especificadamente pela regulamentação, fiscalização e controle do mercado de títulos e valores mobiliários emitidos pelas Sociedades Anônimas de Capital Aberto - S/A.

As Sociedades Anônimas, também chamadas Companhias, são empresas cujo capital social é dividido em ações e a responsabilidade dos acionistas - sócios da empresa - é delimitada conforme o preço e quantidade de ações. Essas sociedades podem ser de capital aberto ou fechado, ou seja, serão abertas se os valores mobiliários de sua emissão for negociável nas bolsas ou no mercado de balcão, caso contrário, será considerada uma sociedade anônima de capital fechado.

Porém, vale ressaltar que só possui autorização para comercializar os seus valores mobiliários na bolsa e no mercado de balcão as companhias previamente registradas na CVM. Dessa forma, pode-se afirmar que as ações negociadas no mercado de capitais - bolsa e mercado de balcão - são necessariamente emitidas pelas Sociedades Anônimas de Capital aberto que possuem registro e fiscalização pela Comissão de Valores Mobiliários.

A CVM foi criada pela Lei 6385/1976 que também passou a disciplinar o funcionamento do mercado de valores mobiliários e a classificar as sociedades anônimas de capital aberto, os intermediários financeiros e os investidores.

→ **Compete à Comissão de Valores Mobiliários:**

> Estimular a formação de poupanças e sua aplicação em valores mobiliários. Esta é uma função tida como cultural da CVM, já que tem como objetivo atrair cada vez mais pessoas para investir em ações ou outros valores mobiliários, ou seja, alterar a cultura dos agentes supervitários existente no Brasil.

> Assegurar o perfeito funcionamento das bolsas de valores e instituições auxiliares que operem no mercado de capitais.

> Proteger os investidores contra a emissão e atos fraudulentos que tenham como objetivo manipular os preços de valores mobiliários nos mercados primários e secundários de ações - esses conceitos serão abordados com mais profundidade no capítulo referente ao Mercado de Capitais.

> Assegurar o acesso do público às informações pertinentes sobre os valores mobiliários negociados e as companhias que os tenham emitido;

> Assegurar as práticas comerciais equitativas no mercado de valores mobiliários.

> Fiscalizar a emissão, o registro, distribuição e negociação de títulos emitidos pelas companhias de capital aberto. Dessa forma, a CVM possui autoridade para normatizar todas as matérias

referentes ao mercado de valores mobiliários, como por exemplo as seguintes matérias: registro de companhias abertas; registro de distribuição de valores mobiliários; credenciamento de auditores independentes e administradores de carteiras de valores mobiliários; negociação e intermediação no mercado de capitais; suspensão ou cancelamento de registros, credenciamentos ou autorizações; suspensão da emissão, distribuição e negociação de determinados valores mobiliários ou ainda decretar recesso na bolsa de valores.

A legislação permite que a CVM apure, julgue e puna irregularidades, ou seja a CVM possui autoridade para interpor sanções para quem descumprir as regras legais, tendo como exemplo dessas sanções:
> Advertência;
> Multa;
> Suspensão ou inabilitação para o exercício do cargo, ou cassação da autorização ou do registro, bem como a proibição por prazo determinado para o exercício de atividades e operações do sistema de distribuição;
> O investidor pode ser proibido temporariamente de atuar, direta ou indiretamente, no mercado.

A Comissão de Valores Mobiliários possui sua sede na cidade do Rio de Janeiro e é composta por um Presidente e quatro Diretores, nomeados pelo Presidente da República, depois de aprovados pelo Senado Federal, pessoas essas escolhidas entre pessoas de ilibada reputação e reconhecida competência em matéria de mercado de capitais. Assim, o presidente e os diretores formam um Colegiado responsável por definir as políticas e estabelecer práticas que deverão ser implantadas e desenvolvidas pelo corpo de superintendentes, que formam a instância executiva da CVM.

Dessa forma, deve-se observar que o mandato dos dirigentes desse Colegiado é de cinco anos, vedada a recondução, devendo ser renovado a cada ano um quinto dos membros do Colegiado. Assim, a Lei 10303/2001 e posteriormente a Lei 10411/2002, alterou a Lei 6385/1976, estabelecendo mandato fixo e estabilidade para os dirigentes da CVM, que assim somente perderão o mandato em virtude de renúncia, de condenação transitada em julgado ou de processo administrativo disciplinar.

Fique Ligado

Quando há indícios de ilícito penal a CVM deve comunicar ao Ministério Público. Da mesma forma que, tratando-se de ilegalidade fiscal, deve encaminhar o processo à Secretaria da Receita Federal.

Resumo: a CVM cuida de tudo que está relacionado aos valores mobiliários.

Para finalizarmos a CVM, deve-se observar o que está disposto no site da CVM:

A Lei que criou a CVM (6385/76) e a Lei das Sociedades por Ações (6404/76) disciplinaram o funcionamento do mercado de valores mobiliários e a atuação de seus protagonistas, assim classificados, as companhias abertas, os intermediários financeiros e os investidores, além de outros cuja atividade gira em torno desse universo principal.

A CVM tem poderes para disciplinar, normatizar e fiscalizar a atuação dos diversos integrantes do mercado.

Seu poder normatizador abrange todas as matérias referentes ao mercado de valores mobiliários.

Cabe à CVM, entre outras, disciplinar as seguintes matérias:
> Registro de companhias abertas;
> Registro de distribuições de valores mobiliários;
> Credenciamento de auditores independentes e administradores de carteiras de valores mobiliários;
> Organização, funcionamento e operações das bolsas de valores;
> Negociação e intermediação no mercado de valores mobiliários;
> Administração de carteiras e a custódia de valores mobiliários;
> Suspensão ou cancelamento de registros, credenciamentos ou autorizações;
> Suspensão de emissão, distribuição ou negociação de determinado valor mobiliário ou decretar recesso de bolsa de valores;

O sistema de registro gera, na verdade, um fluxo permanente de informações ao investidor. Essas informações, fornecidas periodicamente por todas as companhias abertas, podem ser financeiras e, portanto, condicionadas a normas de natureza contábil, ou apenas referirem-se a fatos relevantes da vida das empresas. Entende-se como fato relevante, aquele evento que possa influir na decisão do investidor, quanto a negociar com valores emitidos pela companhia.

A CVM não exerce julgamento de valor em relação à qualquer informação divulgada pelas companhias. Zela, entretanto, pela sua regularidade e confiabilidade e, para tanto, normatiza e persegue a sua padronização.

A atividade de credenciamento da CVM é realizada com base em padrões pré-estabelecidos pela Autarquia que permitem avaliar a capacidade de projetos a serem implantados.

A Lei atribui à CVM competência para apurar, julgar e punir irregularidades eventualmente cometidas no mercado. Diante de qualquer suspeita a CVM pode iniciar um inquérito administrativo, através do qual, recolhe informações, toma depoimentos e reúne provas com vistas a identificar claramente o responsável por práticas ilegais, oferecendo-lhe, a partir da acusação, amplo direito de defesa.

O Colegiado tem poderes para julgar e punir o faltoso. As penalidades que a CVM pode atribuir vão desde a simples advertência até a inabilitação para o exercício de atividades no mercado, passando pelas multas pecuniárias.

A CVM mantém, ainda, uma estrutura especificamente destinada a prestar orientação aos investidores ou acolher denúncias e sugestões por eles formuladas.

Quando solicitada, a CVM pode atuar em qualquer processo judicial que envolva o mercado de valores mobiliários, oferecendo provas ou juntando pareceres. Nesses casos, a CVM atua como *"amicus curiae"* assessorando a decisão da Justiça.

Em termos de política de atuação, a Comissão persegue seus objetivos através da indução de comportamento, da auto-regulação e da auto-disciplina, intervindo efetivamente, nas atividades de mercado, quando este tipo de procedimento não se mostrar eficaz.

No que diz respeito à definição de políticas ou normas voltadas para o desenvolvimento dos negócios com valores mobiliários, a CVM procura junto a instituições de mercado, do governo ou entidades de classe, suscitar a discussão de problemas, promover o estudo de alternativas e adotar iniciativas, de forma que qualquer alteração das práticas vigentes seja feita com suficiente embasamento técnico e, institucionalmente, possa ser assimilada com facilidade, como expressão de um desejo comum.

A atividade de fiscalização da CVM realiza-se pelo acompanhamento da veiculação de informações relativas ao mercado, às pessoas que dele participam e aos valores mobiliários negociados. Dessa forma, podem ser efetuadas inspeções destinadas à apuração de fatos específicos sobre o desempenho das empresas e dos negócios com valores mobiliários.

Legislação Pertinente ao Capítulo

Para completar o estudo sobre os temas desse capitulo, é imprescindível a leitura da Legislação que regula tais assuntos. Assim, a seguir consta uma lista com a legislação pertinente a esse capítulo:

> **Lei 4595/1964** - responsável pela regulamentação do SFN.
> **Lei 7492/1986** - Define os crimes contra o sistema financeiro nacional.
> **Lei 6385/1976** - responsável por instituir o CVM.
> **Lei 10411/2002** - Altera e acresce dispositivos à Lei no 6.385, de 7 de dezembro de 1976, que dispõe sobre o mercado de valores mobiliários e cria a Comissão de Valores Mobiliários.
> **Circular 3593/2021** - que traz alterações sobre COPOM.

Exercício Comentado

01. *O Sistema Financeiro Nacional é integrado por:*
a) *Ministérios da Fazenda e do Planejamento, Orçamento e Gestão.*
b) *Secretaria do Tesouro Nacional e Conselho Monetário Nacional.*
c) *Órgãos normativos, entidades supervisoras e operadores.*
d) *Receita Federal do Brasil e Comissão de Valores Mobiliários.*
e) *Secretarias estaduais da Fazenda e Ministério da Fazenda.*

RESPOSTA. "C". O Sistema Financeiro Nacional é composto por órgãos normativos (os quais estabelecem as diretrizes e regras para que o SFN possa funcionar de maneira adequada), entidades supervisoras (que têm por função garantir que as regras pré-estabelecidas pelos órgãos normativos sejam cumpridas) e os operadores (basicamente as instituições financeiras que realmente operam no SFN, sendo assim fiscalizadas pelos órgãos supervisores e normatizadas pelos órgãos normativos).

Pode-se observar essa disposição em comento com maior clareza no organograma abaixo:

Sistema Financeiro Nacional

Órgãos Normativos
→ Conselho Monetário Nacional;
→ Conselho Nacional de Previdência Complementar - CNPC;
→ Conselho Nacional de Seguros Privados - CNSP.

Entidades Supervisoras
→ Banco Central do Brasil - BACEN;
→ Superintendência de Seguros Privados - SUSEP;
→ Superintendência Nacional de Seguro Complementar - PREVIC;
→ Comissão de Valores Mobiliários - CVM.

Operadores
→ Instituições Financeiras Captadoras de Depósitos à vista;
→ Resseguradores;
→ Bancos de Câmbio;
→ Sociedades de Capitalização;
→ Intermediários e Administradores de Recursos de Terceiros;
→ Bolsa de Mercadorias de Futuros;
→ Demais Instituições Financeiras;
→ Bolsa de Valores;
→ Sociedades Seguradoras;
→ Entidades Abertas de Previdência Complementar;
→ Fundos de Pensão.

Anotações

CAPÍTULO 02
Produtos e Serviços Bancários

Nesse capítulo, serão abordados conceitos ligados diretamente ao dia-a-dia de um funcionário de uma instituição financeira. Por isso, esse tema passou a ser recorrente em prova, já que cobra do candidato habilidades que serão utilizadas no desenvolvimento de suas funções após a aprovação no concurso.

Noções de Cartões de Crédito e Débito

Cartão de Débito - Cartão Magnético

Os cartões magnéticos são utilizados para saques, depósitos e pagamento de contas nos caixas eletrônicos de atendimento 24 horas, podendo também serem chamados de cartão de débito. Dessa forma, são uma forma de pagamento eletrônico que permite a dedução do valor de uma compra diretamente na conta corrente ou poupança do possuidor do cartão.

Fisicamente, o cartão de débito possui as mesmas dimensões de um cartão de crédito, mas quanto ao uso assemelha-se ao cheque, por representar uma ordem de pagamento à vista expedida sobre fundos da conta do cliente.

O cartão de débito é uma alternativa mais segura e cômoda do que o cheque. Para a efetivação de uma transação o cliente deve utilizar uma senha para autorizar o acesso aos seus fundos bancários. A transação é feita por um terminal eletrônico chamado de POS (*Point of Sale*) instalado no estabelecimento comercial e este está conectado diretamente em rede bancária. Um comprovante é emitido ao final da transação, e todas as transações são listadas no extrato mensal da conta do cliente.

Dentre as vantagens do cartão de débito em relação ao cartão de crédito, destacam-se:

> Um maior controle dos gastos: as compras por cartão de débito são limitadas aos fundos existentes na conta do cliente no ato da compra, enquanto com o cartão de crédito o cliente pode realizar uma compra cujo valor ele não dispõe para pagamento imediato, mas compromete-se a pagar essa compra futuramente.

> Para adquirir um cartão de crédito o cliente deve submeter-se a uma análise de crédito, e certos tipos de cartões somente são fornecidos para quem possuir determinada renda mensal; já um cartão de débito não apresenta essas restrições, sendo uma alternativa para os que querem um cartão para pagamentos eletrônicos mas não conseguem um cartão de crédito.

> Nas compras com cartão de débito não incorrem encargos, enquanto no cartão de crédito pode haver cobrança de juros caso a dívida não seja paga integralmente na fatura seguinte.

Cartão de crédito

Criado para estimular a aquisição de bens e serviços é amplamente utilizado por estabelecimentos comerciais que devem ser filiados a bandeira do cartão. Para o comerciante o cartão de crédito garante o recebimento da venda efetuada. Há cartões para pessoa física e para pessoa jurídica.

Alguns tipos de cartão de crédito:

Cartão de afinidade: é um cartão de crédito em que grupos, associações ou empresas exibem a sua marca ou logotipo. Possuem as mesmas funções dos outros cartões, mas as associações vinculadas recebem um percentual da anuidade ou do faturamento das utilizações efetuadas pelos associados.

Cartão *Co-branded* - são cartões ligados a empresas de renome na rede varejista, companhias áreas, entre outros, oferecem bônus, descontos ou milhas na utilização desses cartões. Como exemplo: Fiat, GM e Varig.

Cartões *Pivate Label* - cartões de loja - só são aceitos nos estabelecimentos da rede varejista comissória do cartão.

Smart Cards (cartões inteligentes) - são dotados de chip, são praticamente isentos de falsificação e possuem uma ampla armazenagem de informações. Possuem agenda eletrônica, ficha médica, carteira de documentos entre outros dados.

Fique Ligado

Ter chip não significa ser um cartão smart card.

Crédito Direto ao Consumidor - CDC

É enquadrado como um tipo de financiamento direcionado a aquisição de bens de consumo duráveis que possam ser alienados fiduciariamente - modalidade em que o bem financiado fica alienado em favor da instituição financeira credora - como por exemplo: veículos, máquinas e equipamentos.

→ **Tendo como principais características:**

> Ter prazo livre, mas o prazo praticado no mercado é de até 72 meses;

> Taxa pode ser pré ou pós-fixada;

> O pagamento se dá em parcelas periódicas, normalmente mensais;

> Exige-se, obrigatoriamente, o seguro do bem alienado enquanto durar o prazo da operação.

CDC com Interveniência - CDCI

É uma modalidade de financiamento que surgiu com as grandes empresas especializadas em mercado varejista e que possuíam tradição em vendas financiadas, já que nessa modalidade os bancos financiam as empresas, que por sua vez financiam o cliente, proporcionando assim prazos maiores aos clientes.

Assim, para o cliente, parece que o financiamento está sendo concedido apenas pelo lojista, porém a instituição financeira esta por trás do lojista dando ao mesmo suporte financeiro. Em síntese, o lojista financia o cliente e o banco financia o lojista.

Crédito Rural

O crédito rural está relacionado ao suprimento de recursos financeiros destinados exclusivamente ao incremento das atividades agrícolas. Os bancos comerciais e múltiplos com carteira comercial são obrigados a operar nesse segmento, já que essas instituições são obrigadas a manter em aplicações 25 % do saldo médio diário dos recursos à vista sujeitos ao recolhimento compulsório.

Da mesma forma, as instituições que captam recursos por meio da poupança rural (como o Banco do Brasil, BNB e os bancos cooperativos) são obrigadas a cumprir a exigibilidade de aplicar no mínimo 65% dos recursos desta captação no crédito rural.

Podem ser beneficiários do crédito rural, além dos produtores rurais e suas cooperativas, as pessoas jurídicas ou físicas que, mesmo não se enquadrando como produtor rural, dediquem-se às seguintes atividades vinculadas ao setor:

> Pesquisa ou produção de mudas ou sementes fiscalizadas ou certificadas.
> Pesquisa ou produção de sêmen para inseminação artificial e embriões.
> Prestação de serviços mecanizados em imóveis rurais, de natureza agropecuária, incluindo a proteção do solo.
> Medição de lavoura.
> Atividades florestais.

Contudo, vale ressaltar que o crédito rural não contempla os estrangeiros residentes no exterior e os sindicatos rurais. Assim, o crédito rural pode ser usado para o financiamento de:

> Custeio agrícola, pecuário, beneficiamento ou industrialização, ou seja, disponibiliza recursos para o ciclo operacional - plantio, produção, estocagem e beneficiamento - tendo como prazo máximo nessa modalidade de um ano para o custeio pecuário, dois anos para o agrícola e também dois anos para o beneficiamento ou industrialização.
> Investimento agrícola ou pecuário - trata-se de recursos para o investimento em tratores e colheitadeiras, ou ainda aquisição de animais para criação, recriação, engorda ou serviço, investimentos esses chamados de semifixos. Nessa modalidade, o prazo máximo de financiamento passa a ser de 6 anos, já para os investimentos fixos, como armazéns ou açudes, o prazo máximo passa a ser de 12 anos.
> Comercialização agrícola e pecuária - utilizado na modalidade de pré-comercialização (recursos destinados aos produtores ou cooperativas para a tender as despesas inerentes a fase imediata à colheita da própria produção), empréstimo às cooperativas para os adiantamentos aos cooperados devido ao preço de produtos entregues para a venda, financiamento de proteção de preços e produtos de risco de equalização de preços. Assim, o prazo varia conforme a modalidade.

→ Existem diversos tipos de títulos de crédito rural, entre eles podemos destacar:
> Cédula Rural Pignoratícia - CRP - trata-se de um título lastreado em garantia real, representada assim por um penhor rural ou mercantil;
> Cédula Rural Hipotecária - CRH - trata-se de um título lastreado em garantia real de hipoteca de imóvel;
> Cédula Rural Pignoratícia e Hipotecária - CRPH - trata-se da junção das garantias da CRP e da CRH em um único título;
> Nota de Crédito Rural - esta não possui uma garantia real (isso não significa que não possua garantia, apenas não é uma garantia real, mas pode ser uma aval ou uma fiança)
> Nota Promissória Rural - trata-se de um título utilizado nas vendas a prazo de bens de natureza agrícola, extrativa ou pastoril. Este título é emitido pelo devedor que geralmente é pessoa física.
> Duplicata Rural - é emitida pelo vendedor (credor) que ficará então obrigado a entregá-la ou remetê-la ao comprador, que devolverá depois de assiná-la. O devedor é normalmente pessoa jurídica.
> Cédula de Crédito Bancário - emitida como representação de pagamento em dinheiro, por pessoa jurídica ou física em favor de instituição financeira ou a entidade a esta equiparada, ou seja, representa o compromisso direto entre o produtor e a instituição financeira que concede o crédito.

Caderneta de Poupança

A caderneta de poupança é o tipo de investimento de mais baixo risco (é aplicação mais conservadora do mercado).

Os valores são remunerados - em regra - com base na Taxa Referencial do dia do depósito (TR), acrescida de juros de 0,5% ao mês que serão creditados no dia do "aniversário" do depósito.

Houve alteração na forma de remuneração da poupança. As poupanças abertas após maio de 2012 têm rentabilidade da seguinte maneira:

> 0,5% ao mês, enquanto a meta da taxa Selic ao ano for superior a 8,5%; ou
> 70% da meta da taxa Selic ao ano, mensalizada, vigente na data de início do período de rendimento, enquanto a meta da taxa Selic ao ano for igual ou inferior a 8,5%.

Os depósitos efetuados no dia 29, 30 ou 31 serão remunerados como se tivessem sido efetuados no 1° dia do mês subsequente

As cadernetas de poupança de pessoa física têm rentabilidade mensal e são isentas do Imposto de Renda, contudo as cadernetas de poupança de pessoa jurídica com fins lucrativos tem rentabilidade trimestral, com incidência de Imposto de Renda sobre os rendimentos.

A caderneta de poupança é garantida pelo governo (por meio do Fundo Garantidor de Crédito) e é regulada pelo Banco Central.

Capitalização

Título de capitalização é a junção de uma economia programada com sorteios. São planos aprovados pelo Governo Federal que garantem a constituição de um capital mínimo através do pagamento de parcelas programadas.

O título de capitalização possui condições gerais, ou seja, deveres e direitos estabelecidos em contrato. Essas normas devem ser previamente aprovadas pela SUSEP e devem estar de acordo com a Nota técnica do produto adquirido.

Pode ser entendido como nota técnica a descrição do plano por meio de bases técnicas, hipóteses e formulações atuariais submetidos a SUSEP para a aprovação.

→ As principais características desse produto são:
> Prêmio - refere-se ao valor que o investidor paga pelo título;
> Cota de sorteio - refere-se a parte da mensalidade que será destinada ao custeio dos sorteios;
> Cota de carregamento - refere-se ao valor que é deduzido das parcelas mensais ou da cota única para o custeio das despesas das empresas de capitalização;

> Cota de capitalização - refere-se à parcela da prestação que realmente irá compor a poupança do investidor;

> Capital nominal - refere-se ao valor que o investidor irá resgatar no final do período;

> Prazo de pagamento - refere-se ao período em que as parcelas devem ser pagas, podendo ser diferente do prazo de vigência ou de capitalização;

> Prazo de vigência - refere-se ao prazo em que o título de capitalização está em vigor, ou seja, capitalizando as mensalidades pagas e dando ao seu detentor direito aos sorteios. O prazo mínimo é de 12 meses.

> Carência para resgate - refere-se a um prazo de carência para a efetivação do pagamento e esse prazo é facultativo, contudo não pode ser superior a 24 meses, contados da data de subscrição do título de capitalização. Se o período de vigência for inferior a 48 meses, o período de carência não pode ser superior a 12 meses.

→ A contratação de um título de capitalização envolve dois participantes:

> O proponente ou também chamado de subscritor, que é a pessoa que assume o compromisso de efetuar o pagamento na forma estabelecida nas condições gerais;

> Titular, que é a pessoa proprietária do título, ou seja, a quem deve ser pago os benefícios do plano, como resgate e o sorteio. Dessa forma, o titular pode ser o próprio proponente ou outra pessoa, expressamente indicada na proposta.

Fique Ligado

O título de capitalização só pode ser comercializado pelas Sociedades de Capitalização devidamente autorizadas a funcionar. Essa autorização é concedida pela SUSEP - Superintendência de Seguros Privados, órgão que normatiza e fiscaliza o setor.

Previdência Complementar

A previdência complementar é um benefício opcional, que proporciona ao trabalhador um seguro previdenciário adicional, conforme sua necessidade e vontade. É uma aposentadoria contratada para garantir uma renda extra ao trabalhador ou ao seu beneficiário. Os valores dos benefícios são aplicados pela entidade gestora, com base em cálculos atuariais.

Além da aposentadoria, o participante normalmente tem à sua disposição proteção contra riscos de morte, acidentes, doenças, invalidez etc. No Brasil existem dois tipos de previdência complementar: a previdência aberta e a previdência fechada.

Ambas funcionam de maneira simples: durante o período em que o cidadão estiver trabalhando, paga todo mês uma quantia de acordo com a sua disponibilidade. O saldo acumulado poderá ser resgatado integralmente ou recebido mensalmente, como uma pensão ou aposentadoria tradicional.

As instituições que trabalham com planos de previdência aberta são fiscalizadas pela Susep (Superintendência de Seguros Privados), do Ministério da Fazenda.

As Diferenças Entre Previdência Aberta e Previdência Fechada

Há dois tipos de previdência complementar: a aberta (na qual qualquer pessoa pode aderir) e a previdência complementar fechada (que possui como característica marcante ser restrita a participantes de um grupo vinculado a um fundo de pensão).

Ao realizar a contratação de um plano de previdência complementar, a pessoa contribuirá durante um período determinado – o qual deverá ser definido pela mesma no momento da contratação –, acumulando recursos que serão resgatados mais tarde. Consoante, o regulamento do plano contratado, o saldo acumulado poderá ser revertido em renda mensal vitalícia ou temporária, ou, ainda, em um único pagamento.

Fique Ligado

As Entidades Fechadas, são necessariamente sem fins lucrativos, funcionam sob a tutela da PREVIC – Superintendência Nacional de Previdência Complementar (do Ministério da Previdência e Assistência Social).

Já as Entidades Abertas (EAPP's – Entidades Abertas de Previdência Privada) são regulamentadas pela SUSEP - Superintendência de Seguros Privados e são acessíveis tanto a pessoas físicas quanto jurídicas.

Previdência no Brasil:
→ Regime Geral (INSS)
→ Previdência Complementar
  > **EAPC**: Sociedade seguradora autorizada a instituir planos de previdência complementar **abertos** ou Entidades **abertas** de Previdência Complementar:
    » Sociedade anônima;
    » Natureza contratual;
    » Fins lucrativos;
    » Acessíveis a qualquer pessoa física;
    » Planos individuais ou coletivos.
  > **EFPC**: Entidades fechadas e Previdência Complementar:
    » Fundação ou sociedade civil;
    » Fins não lucrativos;
    » Acessível a grupos específicos, com base no vínculo empregatício ou associativo;
    » Planos coletivos.
→ Regimes Próprios (servidores públicos)

Fique Ligado

Entenda as diferenças entre as modalidades PGBL e VGBL.

Conforme disposto pela Caixa Econômica Federal, mais precisamente pela Caixa Previdência: "PGBL (Plano Gerador de Benefício Livre) e VGBL (Vida Gerador de Benefício Livre) são modalidades de planos de previdência que têm o objetivo de proporcionar ao cliente o investimento mais adequado de acordo com o seu perfil fiscal."

Contudo, um dado relevante para a sua prova é que: tanto o PGBL quanto o VGBL são plano de previdência complementar aberta.

→ Para que essa observação possa ser mais clara, observe o quadro a seguir:

	Modalidade PGBL (Plano Gerador de Benefício Livre)	Modalidade VGBL (Vida Gerador de Benefício Livre)
A quem se destina	Indicado para clientes que: 1) Utilizam a Declaração completa de IR; 2) Realizam contribuições para a Previdência Social (ou Regime Próprio) ou aposentados; 3) Desejam contribuir com até 12% da sua renda bruta anual em previdência complementar.	Indicado para clientes que: 1) Utilizam a Declaração simplificada de IR ou são isentos de IR 2) Contribuem ou não para a Previdência Social (INSS) ou Regime Próprio; 3) Ou pretendem contribuir com mais de 12% da sua renda bruta anual em previdência complementar.
Benefício Fiscal durante o período de acumulação	Os valores depositados podem ser deduzidos da base de cálculo do IR, em até 12% da renda bruta anual.	Os valores depositados não podem ser deduzidos da base de cálculo do IR.
Tributação durante período de acumulação	Rentabilidade: Diferente de outros investimentos, na previdência o dinheiro das contribuições não sofre incidência de IR enquanto o dinheiro estiver investido. Desta forma, a reserva rende ainda mais ao longo do tempo.	
	Resgate: No momento do resgate todo o valor está sujeito à incidência de IR. Apenas valores referentes ao rendimento (ganho de capital) alcançado no plano estão sujeitos à tributação de IR no momento do resgate.	
Tributação no momento da aposentadoria	No momento do resgate todo o valor está sujeito à incidência de IR.	Apenas valores referentes ao rendimento (ganho de capital) alcançado no plano estão sujeitos à tributação de IR no momento do recebimento da renda.
Importante:	Para os clientes que pretendem contribuir com mais de 12% da sua renda bruta anual em previdência, é recomendado contratar um plano na modalidade PGBL para acolher o valor referente aos 12% da sua renda e um VGBL para acolher o restante dos recursos.	

Investimentos

Fundo de investimento

O fundo de investimento pode ser entendido como uma comunhão de recursos, constituído em forma de condomínio, destinado a aplicação em ativos e valores mobiliários ou em qualquer outro ativo disponível no mercado financeiro e de capitais.

Como existem vários fundos de investimentos, o investidor necessita escolher algum para investir. Assim, há alguns fatores relevantes que os investidores consideram para poder escolher entre os variados fundos:

> **Transparência** - trata-se de como o gestor do fundo informa aos seus investidores sobre os riscos incorridos em aplicar em determinado fundo, já que o patrimônio das instituições gestoras dos fundos não cobre o patrimônio do fundo em caso de perda e as aplicações em fundos de investimento não são asseguradas pelo Fundo Garantidor de Crédito.

> **Regulamento** - explica exatamente qual o posicionamento que o gestor toma em relação aos ativos de risco, qual a taxa cobrada pelos serviços, quando o investidor pode resgatar o dinheiro, ou seja, é o instrumento que dita todas as normas dos fundos;

> **Política de investimento** - é através da mesma que se identifica o que o administrador pretende fazer do fundo e qual o grau de risco que o mesmo assume na compra de seus ativos;

> **Benchmark** - é o indicador utilizado para medir a performance do fundo de investimento. Dessa forma, para os fundos de renda fixa é usado o CDI - Certificado de depósito Interbancário, já para os fundos de renda variável, o mais usado é o índice Bovespa - Ibovespa e o índice Brasil - IBX.

> **Risco** - já que toda aplicação incorre em riscos é dever do gestor informar ao cotista quais os riscos de mercado que este corre.

> **Taxa de administração** - é a taxa cobrada pela empresa administradora do fundo. É um percentual fixo que é calculado sobre o patrimônio líquido do fundo, ou seja, é a fonte de receita dos administradores de fundos de investimento, já que esse recurso é utilizado para o pagamento do administrador pela prestação de seus serviços.

> **Taxa de performance** - é uma taxa extra cobrada por alguns fundos que varia de acordo com o desempenho do mesmo, ou seja, é uma maneira de remunerar o administrador pelo seu bom desempenho.

As carteiras dos fundos de investimento são compostas por ativos financeiros, que podem ser de renda fixa ou de renda variável.

Os ativos de renda fixa são aqueles cujo rendimento é pactuado na emissão do título, o que possibilita ao investidor saber antecipadamente o que vai definir o rendimento de sua aplicação. Esses ativos podem ser públicos ou privados, com taxa pré - remuneração fixa determinada no momento da contratação - ou pós - a remuneração é determinada no momento do resgate, em função de um indexador previamente estabelecido - fixada. Como exemplo temos: CDB, RDB e CDI.

Já os ativos de renda variável são aqueles cuja taxa de rentabilidade não pode ser avaliada no momento da contratação, o que pode gerar ao fim do período ganho ou perda. Como exemplo podemos citar as ações.

Fique Ligado

Leitura obrigatória instrução CVM nº 409, de 18 de agosto de 2004.

CDB - Certificado de Depósito Bancário

Estes certificados de depósitos bancários são títulos nominativos emitidos pelos bancos e vendidos ao público como forma de captação de recursos.

Os CDBs são negociados a partir de uma taxa bruta de juros anual, e não levam em consideração a tributação ou a inflação. Além disso, podem ser negociados a qualquer momento dentro do prazo contratado mas, quando negociadas a um prazo menor do que aquele mínimo previsto (30, 60 ou 90 dias para os títulos pré-fixados), estas aplicações sofrem incidência de Imposto sobre Operações Financeiras (IOF) além do Imposto de Renda na fonte.

→ **As principais modalidades de Certificado de Depósito Bancário são:**

CDB - Prefixado - Os CDBs prefixados são títulos que não têm prazo mínimo, não podendo ter o seu vencimento em sábados, domingos, ou feriados. A rentabilidade destes títulos é determinada na hora da aplicação, e portanto, você saberá previamente o quanto irá receber no vencimento. Nos momentos de crise, com tendência à queda das taxas de juros, os bancos darão preferência à captação de recursos em CDB pré-fixado de prazo longo.

CDB - Pós-fixado - Os CDBs pós-fixados podem ser oferecidos pelos bancos com ou sem liquidez diária, rendem de acordo com o desempenho de indicadores como os Certificados de Depósito Interbancário (CDI) ou a Taxa de Referência (TR). Estes títulos são populares em momentos onde existe perspectiva de aumento dos juros.

CDB - com Swap - Os CDBs com *swap* são títulos que podem ser negociados com remuneração pré-fixada ou pós-fixada de acordo com o desempenho de indicadores como Taxa SELIC, taxa cambial ou CDI. Os montantes mínimos de investimento são superiores às modalidades anteriores, geralmente acima de R$ 100 mil.

RDB - Recibo de Depósito Bancário

Títulos de renda fixa, nominativos e intransferíveis;

→ **Sem emissão de certificado:**
> Rentabilidade pré ou pós fixada.
> Incide imposto de renda retido na fonte.
> Não permite retiradas antecipadas, nem negociação em mercado secundário.

LH - Letra de Câmbio

São instrumentos de captação de recursos emitidos por Instituições Financeiras autorizadas a conceder créditos hipotecários, como: Caixa Econômica Federal, Sociedade de crédito imobiliário, Bancos múltiplos com carteira de crédito imobiliário.

→ **Títulos de renda fixa:**
> São destinados a Pessoas Físicas ou Jurídicas.
> São nominativos e transferíveis.
> Podem ser emitidos sobre a forma escritural.
> Prazo mínimo de emissão é de 180 dias e o prazo Máximo não poderá ser superior ao prazo dos créditos hipotecários que sirvam de lastro.
> Indexado principalmente pela TR.
> Rendimento (para PF) é isento de Imposto de Renda.

LCI - Letras de Crédito Imobiliário

→ **Títulos de RENDA FIXA;**

Emissão exclusiva de instituições financeiras autorizadas pelo Banco Central, com carteira de crédito imobiliário;
> Emitida sob forma de certificado ou escritural, obrigatoriamente registrada na CETIP;
> Lastro de créditos imobiliários (recebível/imóvel), garantidos por primeira hipoteca ou alienação fiduciária;
> A LCI poderá contar com garantia pessoal, tais como aval e fiança, adicional de Instituição Financeira;
> A LCI não poderá ter prazo de vencimento superior ao prazo de quaisquer dos créditos imobiliários que lhe servem de lastro;
> Prazo mínimo de 60 dias.

Letra de Câmbio Financeiras - LC

É título de crédito pelo qual o sacador (emitente) dá ao sacado (aceitante) ordem de pagar ao tomador (beneficiário investidor) determinada quantia, no tempo e no lugar fixados na cambial.

Na letra de câmbio o emitente é o devedor, a instituição financeira é a aceitante e o beneficiário é a pessoa física ou jurídica investidora, adquirente da Letra de Câmbio.

Em linguagem atual, a sociedade de crédito, financiamento e investimentos (financeira), ao aceitar a letra de câmbio, age como seguradora de créditos, com a diferença que não emite cédula de crédito lastreada pela letra de câmbio, e sim, ao firmar o aceite da letra de câmbio, se responsabiliza pelo resgate ao investidor, adquirente do título.

O fato gerador de uma Letra de Câmbio com aceite de instituição financeira é a formalização de contrato de financiamento, onde o sacador é o seu emitente e devedor.

A Letra de Câmbio será utilizada pela instituição financeira aceitante como forma de captação de recursos financeiros para emprestar a pessoa física ou jurídica que firmou o contrato de financiamento.

A negociação de Letras de Câmbio com aceite de instituições financeiras deve ser intermediada por instituições financeiras e demais sociedades do sistema distribuidor de títulos e valores mobiliários autorizadas a funcionar pelo Banco Central.

A Letra de Câmbio deve ser nominativa, por ordem e conta do sacador. Isto significa que a Letra de Câmbio também pode ser emitida por entidade ligada à instituição financeira que se apresentará como procuradora do devedor na operação de financiamento. A legislação brasileira obriga que todos os títulos, valores mobiliários e cambiais sejam emitidos sob a forma nominativa, sendo transmissíveis somente por endosso em preto, isto é, com a especificação do nome (pessoa física) ou denominação social (pessoa jurídica) do seu adquirente (beneficiário, investidor).

As Letras de Câmbio devem estar registradas no sistema CETIP - Câmara de Custódia e Liquidação sempre que o título apresentar apenas o valor de resgate, isto é, o valor a ser pago no seu vencimento (data de resgate). O valor de colocação no mercado de capitais será fixado por deságio.

Fique Ligado
> *A taxa pode ser pré (com deságio) ou pós fixada;*
> *As Letras de Câmbio devem estar registradas no sistema CETIP - Câmara de Custódia e Liquidação;*
> *Emitidos sob a forma nominativa, sendo transmissíveis somente por endosso em preto;*
> *Prazo determinado de vencimento.*

Seguros

O mercado de seguros nasceu da necessidade que as empresas e pessoas sentiram em se resguardarem financeiramente de possíveis danos ou perdas de um determinado bem. Assim, a forma encontrada para isso foi a associação coletiva de pessoas que interessadas nessa proteção contratam uma empresa que aceita assumir o risco desse eventual prejuízo. Essa empresa é chamada de seguradora, já as pessoas que buscam pelos seus serviços são os segurados.

→ **Dessa forma, nascem os elementos essenciais para que se caracterize um seguro, são eles:**

> **Risco** - trata-se de um evento incerto, cuja ocorrência provoque prejuízos de ordem financeira, o que dará, então, direito à indenização descrita na apólice.

> **Prêmio** - refere-se ao valor que o segurado irá desembolsar para adquirir o direto a cobertura do risco.

> **Segurado** - trata-se da pessoa física ou jurídica que contratou o seguro em eu benefício ou de terceiro.

> **Segurador** - refere-se a quem se compromete a indenizar o segurado na ocorrência do sinistro (no mercado de seguros, sinistro representa a ocorrência do risco coberto, durante o período de vigência do plano de seguro).

> **Indenização** - refere-se ao valor que será pago ao segurado em cada de sinistro coberto.

A formalização do seguro dá-se por meio de um instrumento contratual chamado de proposta, que é transformado em apólice após a aceitação da proposta pela seguradora. Como existe no mercado uma grande variedade de seguros, costuma-se dividir o mercado de seguros em dois grandes grupos: pessoas e não pessoas.

Pessoas - são os seguros cuja cobertura inclui: morte, acidentes pessoais, invalidez permanente, perda de renda, podendo ter contratação individual ou coletiva;

Não-pessoas - são os seguros cujo intuito é segurar um patrimônio. Nesse segmento, há uma enorme série de produtos, dos quais pode-se destacar:

> Seguro de automóvel;
> Seguro residencial;
> Seguro de danos à propriedade (como incêndios);
> Seguro de valores (dinheiro ou cheque) ou roubo (de bens patrimoniais).

Legislação Pertinente ao Capítulo

> Lei Complementar 109/2001 - Previdência Complementar;
> INSTRUÇÃO CVM Nº 409, DE 18 DE AGOSTO DE 2004 - Fundos de Investimento
> Decreto-lei nº 261, de 28 de fevereiro de 1967 - Títulos de Capitalização;
> Lei 4829/1965 - Credito Rural.

Exercício Comentado

01. (FCC) Produto que, após um período de acumulação de recursos, proporciona aos investidores uma renda mensal - que poderá ser vitalícia ou por período determinado - ou um pagamento único, é o:

a) CDB - Certificado de Depósito Bancário.
b) FIDC - Fundo de Investimento em Direitos Creditórios.
c) Ourocap - Banco do Brasil.
d) BB Consórcio de Serviços.
e) PGBL - Plano Gerador de Benefício Livre.

RESPOSTA. "E". A previdência complementar aberta possui como modalidades o PGBL e o VGBL. Ambos possuem como característica a escolha pela melhor forma (para cada usuário) do resto do valor pago. Isso pode ocorrer de forma vitalícia (conforme ocorre com os benefícios pagos pelo INSS), por um período preestabelecido (no momento da contratação o proponente informa por quanto tempo deseja receber o valor, como por exemplo 10 anos) ou poderá receber também em um único pagamento. Lembrando sempre que a escolha entre uma ou outra modalidade de resgate é um direito do proponente.

Anotações

CAPÍTULO 03
Mercado Financeiro

O setor financeiro da economia é composto por quatro segmentos diferentes, que são definidos pelo tipo de operações que realizam.

O termo mercado é utilizado para designar esses segmentos. Dessa forma, os quatro segmentos do setor financeiro correspondem a quatro mercados:

> Mercado monetário.
> Mercado de crédito.
> Mercado de capitais.
> Mercado de câmbio.

Mercado de Câmbio

Câmbio pode ser definido como uma operação de troca de moeda de um país pela moeda de outro país. Dessa forma, mercado de câmbio pode ser entendido como um ambiente em que se realizam as operações de câmbio entre os AGENTES autorizados pelo Banco Central e entre estes e seus clientes, diretamente ou por meio de seus correspondentes.

Fique Ligado

É regulamentado e fiscalizado pelo Banco Central do Brasil (BACEN).
É à vista ou de curto prazo;

> **Compra** - recebimento de moeda estrangeira e entrega de moeda nacional;
> **Venda** - recebimento de moeda nacional e entrega de moeda estrangeira
> **Arbitragem** - entrega de moeda estrangeira e compra de outra moeda estrangeira.

Arbitragem de Câmbio

É a operação que consiste em remeter moedas de uma praça para outra, no sentido de se obter vantagens de temporárias diferenças de preços. Aproveitando-se das diferenças de cotações de uma moeda em diferentes mercados, procura-se a obtenção de lucro, comprando-a onde estiver com menor cotação para vendê-la onde o preço estiver mais elevado.

As Instituições Financeiras que podem ser autorizadas pelo BACEN para operar no mercado de câmbio são:

> Bancos múltiplos;
> Bancos comerciais;
> Caixas econômicas;
> Bancos de investimento;
> Bancos de desenvolvimento;
> Bancos de câmbio;
> Agências de fomento;
> Sociedades de crédito, financiamento e investimento;
> Sociedades corretoras de títulos e valores mobiliários;
> Sociedades distribuidoras de títulos e valores mobiliários;
> Sociedades corretoras de câmbio.

→ Esses agentes podem realizar as seguintes operações:
> **Bancos, exceto de desenvolvimento, e a Caixa Econômica Federal**: todas as operações previstas para o mercado de câmbio;
> **Bancos de desenvolvimento**: sociedades de crédito, financiamento e investimento e agências de fomento somente podem realizar operações específicas autorizadas pelo Banco Central;
> **As sociedades corretoras de títulos e valores mobiliários**: sociedades distribuidoras de títulos e valores mobiliários e sociedades corretoras de câmbio: podem realizar operações de câmbio com clientes para liquidação pronta de até US$100 mil (ou valor correspondente) e operações no mercado interbancário, arbitragens no País e, por meio de banco autorizado a operar no mercado de câmbio, arbitragem com o exterior. (conforme dados do Banco Central do Brasil).

Fique Ligado

As agências de turismo e meios de hospedagem de turismo eram autorizadas pelo BACEN para operarem no mercado de câmbio, porém essa autorização não é mais concedida.

> **Câmbio Manual**: refere-se a compra e a venda de moeda estrangeira em espécie. (turista que vai para viajar).
> **Câmbio Escritural ou Sacado**: refere-se a documentos ou títulos representativos de moeda. (cheque, letras de câmbio, cartas de crédito).

Contrato de Câmbio

É o documento que formaliza a operação de compra ou de venda de moeda estrangeira. É um instrumento particular, bilateral, ou seja, possui duas partes, um vendedor e um comprador. Consta nesse contrato:

> As condições sob as quais se realiza a operação de câmbio. Qual moeda estrangeira que um cliente está comprando ou vendendo.
> A taxa contratada.
> O valor correspondente em moeda nacional.
> Os nomes do comprador e do vendedor.

Devem ser registrados no Sistema Integrado de Registro de Operações de Câmbio (Sistema Câmbio) pelo agente autorizado a operar no mercado de câmbio.

Fique Ligado

Operações de até US$ 3 mil, não possuem a obrigatoriedade de formalização do contrato de câmbio. Contudo a Instituição Financeira devera identificar seu cliente e registrar a operação no Sistema Câmbio.

Taxas de Câmbio

É o preço de uma moeda estrangeira medido em unidades ou frações (centavos) da moeda nacional. Dessa forma, a taxa de câmbio reflete o custo de uma moeda em relação à outra.

As cotações apresentam taxas para a compra e para a venda da moeda, as quais são referenciadas do ponto de vista do agente autorizado a operar no mercado de câmbio pelo Banco Central.

> **Taxa de compra**: é o valor que o agente autorizado se propõe a comprar a moeda estrangeira.
> **Taxa de venda**: é o valor que o agente autorizado esta disposto a vender a moeda estrangeira para o cliente.

SISCOMEX - O Sistema Integrado de Comércio Exterior

É um sistema informatizado responsável por integrar as atividades de registro, acompanhamento e controle das operações de comércio exterior, através de um fluxo único e automatizado de informações. O SISCOMEX permite acompanhar tempestivamente a saída e o ingresso de mercadorias no país, uma vez que os órgãos de governo intervenientes no comércio exterior podem, em diversos níveis de acesso, controlar e interferir no processamento de operações para uma melhor gestão de processos. Por intermédio do próprio Sistema, o exportador (ou o importador) trocam informações com os órgãos responsáveis pela autorização e fiscalização.

Mercado de Capitais

É um sistema de distribuição de Valores Mobiliários, que visa a proporcionar uma liquidez dos títulos de emissão das empresas, ou seja, privados. É formado pela Bolsa de Valores, sociedades corretas e as instituições financeiras autorizadas.

Fique Ligado

Valores Mobiliários - são os títulos emitidos pelas S/A (sociedades anônimas).

No mercado de capitais não são comercializados direitos e obrigações financeiras, ou seja, nesse mercado não se empresta dinheiro, pois no mercado de capitais as empresas comercializam seus "pedaços", representados por quotas de participação no capital da empresa.

É realizado nesse mercado operações de prazos: curto, médio, longo e indefinido.

Principais Valores Mobiliários

Ações

São um instrumento de renda variável. São emitidas por sociedades anônimas ou companhias e representam a menor parcela do capital da empresa que as emite. Assim, o capital das companhias ou sociedades anônimas é composto por ações e a responsabilidade dos sócios (acionistas) é limitada a quantidade de ações adquiridas.

Fique Ligado

É facultado as empresas a criação de ações escriturais, sem emissão de certificados.

O valor nominal de uma ação corresponde ao valor estabelecido no estatuto social da empresa e determina quanto uma ação representara no capital da organização. (CUIDADO esse valor tem caráter contábil, não esta relacionado ao valor de uma ação no mercado).

Valor Patrimonial da Ação - é o resultado da divisão do PL (patrimônio líquido) da empresa pelo número de ações da organização.

Valor Unitário da Ação - é o resultado da divisão do valor do capital social de uma empresa pelo número de ações emitidas.

Mercado primário - é onde ocorre a colocação de ações provenientes de novas emissões. As organizações recorrem a esse mercado para completar os recursos que necessitam, visando financiar seus projetos.

Mercado secundário - é onde ocorre a negociação dos títulos adquiridos no mercado primário. É necessário, para operar nesse mercado, que o investidor se dirija a uma sociedade corretora ou a uma distribuidora de títulos e valores mobiliários.

Operações a vista - é a compra ou a venda de uma determinada quantidade de ações, baseadas em um preço estabelecido em pregão ou no mercado de balcão.

→ **As ações podem ser divididas em três tipos:**
> **Ordinárias** - que garantem o poder de voto nas assembleias ordinárias e extraordinárias.
> **Preferenciais** - não dão direito ao voto, mas dão prioridade no recebimento de dividendos ou de reembolsa do capital no caso de liquidação da empresa. (devem proporcionar direito aos dividendos no mínimo 10% superiores ao das ações ordinárias).
> **De fruição** - emitidas em substituição às ações recompradas no mercado pela organização emissora, isso ocorre através de amortização de capital.

Fique Ligado

Amortização de capital

Refere-se à distribuição aos acionistas sem reduzir o capital social, de quantias que podem ser trocadas em caso de liquidação da empresa.

A empresa pode recomprar, sem prévia autorização da CVM, até 10% das ações por série.

Prazo para efetivação da compra é 365 dias.

O prazo limite para manter as ações em tesouraria (onde não conferem direito algum, nem a pagamento nem a voto) é de 90 dias, no final desse prazo elas devem ser vendidas ou canceladas.

Como no processo de amortização de capital não há redução do capital social, as ações recompradas ou canceladas são substituídas por ações de fruição, que deverão ser distribuídas aos acionistas na proporção da participação de cada um no capital.

A lei das S.A's permite que as organizações emitam até 50% do seu capital social em ações preferências.

As ações preferências e ordinárias são nominativas, por isso as siglas: PN e ON.

- **Subscrição de ações**

Ocorre quando a empresa necessita de recursos para financiar os seus investimentos e então decide lançar no mercado novas ações.

O acionista tem direito de comprar (subscrever) ações em quantidade proporcional à quantidade que já possui, para que possa manter a sua participação relativa no capital social.

Esse direito de subscrição (prioridade de compra) pode ser negociado em bolsa no período que antecede o término de um aumento de capital.

→ **Pode ser pública ou privada:**
> **Pública:** oferecida tanto para os acionistas da companhia emissora das ações, quanto para o público em geral. Neste caso, o antigo acionista poderá ter o direito de preferência, ou seja, o direito de subscrever, antes dos novos acionistas, uma quantidade de ações proporcional à sua participação acionária na companhia.
> **Privada:** oferecida somente aos acionistas da companhia emissora das ações.

- *Underwriting*

É uma operação explicitamente autorizada aos bancos de investimento, que consiste em intermediar a colocação ou distribuição no mercado de capitais de ações, debêntures ou outros títulos, tanto no mercado primário quanto no mercado secundário.

Num *underwriting* no mercado primário, a empresa emite ações ou debêntures que são oferecidas ao público através de uma instituição financeira, denominada *underwriter*. Já no mercado secundário ocorre o *underwriting* quando a instituição financeira é contratada para colocar ações ou debêntures já emitidas e pertencentes a uma determinada pessoa física ou jurídica.

→ **Existem três tipos básicos de *underwriting*:**
> **Garantia firme** - no que as instituições financeiras subscrevem integralmente a emissão de ações para tentar revendê-las posteriormente ao público. Dessa forma, a empresa emissora das ações não possui risco algum, já que intermediário subscreve para si toda a emissão.
> **Melhores Esforços** - nesse modelo o intermediário assume o compromisso de realizar o seu melhor esforço, porém não assume qualquer obrigação de comprar, ele mesmo, os títulos que não forem vendidos.
> **Stand-by** - nesse caso o intermediário se compromete a colocar as sobras de ações para o público em determinado espaço de tempo, no final desse prazo ele próprio subscreve as ações não colocadas.

Fique Ligado

Em algumas questões as bancas podem colocar underwriting como sinônimo de subscrição.

- **Ganho de capital**

Refere-se à diferença positiva entre o preço de venda e o preço de compra de uma ação.

- ***Split* - desdobramento**

É quando a organização aumenta a quantidade de ações em circulação, porém sem alterar o capital social da empresa, apenas reduzindo o valor unitário de cada ação para aumentar a sua liquidez.

- ***Inplit* - grupamento**

É quando a organização reduz a quantidade de ações em circulação, mas não altera o capital social da empresa, elevando assim o valor unitário de cada ação.

- **Benefícios aos Acionistas**

As organizações proporcionam benefícios a seus acionistas, que podem ser: proventos (dividendos, juros sobre o capital próprio, bonificações) ou direito de preferência (subscrição).

> **Dividendos** - referem-se a um valor representativo de parte dos lucros da empresa, distribuído em dinheiro. A lei estabelece que no mínimo 25% do Lucro Líquido do exercício deve ser distribuído entre os acionistas.
> **Juro sobre o capital próprio** - a organização pode optar por essa forma de divisão dos lucros em detrimento dos dividendos. Contudo, sobre os juros sobre o capital próprio incide Imposto de Renda sobre o capital recebido, o que não ocorre com os dividendos que não são tributados. (A decisão sobre a forma de pagamento é da assembleia geral, ou do conselho de administração ou da diretoria).
> **Bonificação** - ação distribuída gratuitamente aos acionistas, em razão de aumento proveniente de capital por incorporação de reservas.

Reservas - é uma parcela do Patrimônio Líquido que fica separada em razão de vários fatores. Quando o volume ultrapassar o necessário, essas reservas são incorporadas ao capital, o que gera um aumento do mesmo.

- **Risco inerente às ações**

Risco é definido como o risco de oscilação de preços. A oscilação de preço das ações ocorre em função de dois riscos: o da empresa e o de mercado.

> **Risco da empresa** - refere-se a uma empresa em particular ou ao setor da economia em que ela esta inserida. Para que esse risco possa ser reduzido as organizações devem diversificar seus investimentos, ou seja, quando há perda em uma ação, há ganho em outra.
> **Risco do mercado** - refere-se a riscos externos a empresa, está relacionado com as mudanças de ordem político-econômicas nacionais ou internacionais. Nesse caso a diversificação não poderá diminuir o risco, já que o mesmo atinge o mercado como um todo e não um segmento em especial.
> **Risco de liquidez** - relacionado com a possibilidade de o investidor não conseguir vender suas ações no mercado.

- **Perfil do Investidor**

Para definir o perfil de investidor o mais importante é considerar sua tolerância ao risco. Existem pessoas que estão dispostas a tomar maiores riscos do que outras, portanto, tendem a aguentar melhor as flutuações do mercado.

Existem três perfis básicos de investidores: conservadores, moderados e dinâmicos (ou agressivo).

→ **Perfil conservador:**
> Não suporta volatilidade dos mercados de renda variável
> Vai precisar utilizar os recursos no curto prazo (até dois anos)
> Não pode perder nenhum tostão investido
> Aplica 100% do dinheiro em renda fixa (fundos, CDB, poupança, títulos públicos).

→ **Perfil moderado:**
> Tem mais estômago para correr riscos, mas não muito;
> Precisará dos recursos no médio prazo (dois a cinco anos);
> Quer ganhar um pouco mais que a renda fixa tradicional;
> Aplica até 20% em renda variável (ou fundos multimercado com esse perfil).

→ **Perfil agressivo:**
> Não se desespera quando a bolsa despenca e suas ações derretem;
> Pode perder parte ou totalidade dos recursos investidos;
> Não precisará dos recursos antes de dez anos;
> Aplicam pelo menos 40% em renda variável, como ações, fundos de ações, multimercados e derivativos.

Fique Ligado

→ **Ação**
Título negociável, que representa a menor parcela em que se divide o capital de uma sociedade anônima.

→ **Ação cheia (com)**
Ação cujos direitos (dividendos, bonificação e subscrição) ainda não foram exercidos.

→ **Ação com valor nominal**
Ação que tem um valor impresso, estabelecido pelo estatuto da companhia que a emitiu.

→ **Ação escritural**
Ação nominativa sem a emissão de certificados, mantida em conta de depósito de seu titular, na instituição depositária que for designada.

→ **Ação listada em bolsa**
Ação negociada no pregão de uma bolsa de valores.

→ **Ação nominativa**
Ação que identifica o nome de seu proprietário, que é registrado no Livro de Registro de Ações Nominativas da empresa.

→ **Ação-objeto**
Valor mobiliário a que se refere uma opção.

→ **Ação ordinária**
Ação que proporciona participação nos resultados econômicos de uma empresa; confere a seu titular o direito de voto em assembleia.

→ **Ação preferencial**
Ação que oferece a seu detentor prioridade no recebimento de dividendos e/ou, no caso de dissolução da empresa, no reembolso de capital. Em geral não concede direito a voto em assembleia.

→ **Ação sem valor nominal**
Ação para a qual não se convenciona valor de emissão, prevalecendo o preço de mercado por ocasião do lançamento.

→ **Ação vazia (ex)**
Ação cujos direitos (dividendo, bonificação e subscrição) já foram exercidos.

→ **Acionista**
Aquele que possui ações de uma sociedade anônima.

→ **Acionista majoritário**
Aquele que detém uma quantidade tal de ações com direito a voto que lhe permite manter o controle acionário de uma empresa.

→ **Acionista minoritário**
Aquele que é detentor de uma quantidade não expressiva (em termos de controle acionário) de ações com direito a voto.

Debêntures

São títulos emitidos por sociedades por ações que garantem ao seu titular um direito de crédito contra a companhia, nas condições acordadas na escritura de emissão ou no certificado.

Basicamente, é um título de crédito emitido em séries uniformes pelas sociedades por ações.

São geralmente de longo prazo.

Garantem ao comprador uma remuneração certa em um prazo certo, mas não dão direito de participação na gestão dos bens ou da empresa.

A emissão depende de deliberação da assembleia geral.

Se forem emitido debêntures para subscrição pública deverá ter prévia autorização da CVM.

→ **Elementos indispensáveis**
> Denominação, sede, prazo de duração e objeto da companhia;
> Data da publicação da ata da assembleia geral que autorizou a emissão;
> Denominação debênture e a indicação da espécie (definida pelo tipo de garantia que o emissor oferece ao credor).
> Designação da emissão e da série;
> Valor nominal e cláusula de correção monetária se houver;
> Condições de conversibilidade em ações, se for o caso;
> Nome do debenturista;
> Autenticação do agente fiduciário (um terceiro que garante que as cláusulas serão cumpridas), se for o caso.

→ **Forma**
> As debêntures podem ser nominativas ou escriturais.
  » **Nominativas** - são debêntures não escriturais, cujo registro e o controle é feito pela própria companhia (ou uma Instituição contratada para isso) em Livros de Registro de Debêntures Nominativas. A transferência deve ser feita pela alteração no livro, e não apenas pela entrega do certificado.
  » **Escriturais** - são aquelas que a custódia e escrituração são feitas por instituições financeiras autorizadas pela CVM. A transferência ocorre com o lançamento da IF.

Ambas podem ser comercializadas na CETIP.

→ **Garantias**
> As debêntures podem ter:
» **Garantias reais** - correspondem aos bens do ativo permanente da sociedade emitente, por meio de penhor ou hipoteca.
» **Garantia flutuante** - correspondente aos bens do ativo circulante da sociedade emitente, geralmente são perecíveis, por isso há rotatividade, como por exemplo: mercadorias do estoque.
» **Sem preferência** - também chamadas de quirografárias, ou seja, que não possuem garantias reais nem privilégios especiais.
» **Subordinadas** - não possuem garantias reais e no caso de a liquidação estar no "fim da fila dos credores".

Fique Ligado

A lei das S/A´s limita o valor total das debêntures:
> *Em regra não podem ser superiores ao capital social da companhia;*
> *Se for garantia real o valor pode ser superior ao capital social em até 80% do valor dos bens*
> *Se for garantia flutuante o limite é de até 70% do valor contábil do ativo da companhia.*

→ **Resgate**
> O resgate das debêntures pode ser:
» **Simples**: resgatáveis exclusivamente em dinheiro;
» **Conversíveis em ações**: resgatáveis em dinheiro, ou pode ser conversíveis em ações da sociedade emitente;
» **Permutáveis**: resgatáveis em dinheiro ou traçadas por ações de outras empresas a qual a sociedade emitente possua em sua tesouraria.

Notas Promissórias Comerciais - Commercial Papers

É um título de curto prazo, emitido por instituições não financeiras, sem garantias reais. Tem como garantia uma fiança bancária, pode ser negociado em mercado secundário e tem data de vencimento certa.

A prática do mercado é serem vendidas com deságio, ficando assim implícita uma taxa de juros pré-fixada. Mas, podem ter taxas pré, pós, ou flutuantes. (pós só para as S/A de capital aberto)

Prazo mínimo de 30 dias e máximo de 180 dias, para S/A de capital fechado e 360 dias para as S/A de capital aberto.

Exercício Comentado

01. A oferta pública de ações representa uma das formas mais vantajosas que as Sociedades Anônimas ou Companhias de Capital Aberto possuem para levantar recursos. Para a realização dessa oferta de ações, tais empresas precisam procurar uma instituição financeira do mercado de capitais. Como é denominada a operação de venda dos lotes de ações, realizada por essas instituições financeiras no mercado de capitais?

a) Emissão de Debêntures
b) Securitização
c) Warrants
d) Vendor Finance
e) Underwriting (Subscrição)

RESPOSTA. "E". *Underwriting consiste em intermediar a colocação ou distribuição no mercado de capitais de ações, debêntures ou outros títulos, tanto no mercado primário quanto no mercado secundário. Lembrando que a banca pode considerar (como na questão acima) underwriting como sinônimo de subscrição.*

Anotações

CAPÍTULO 04
Garantias do Sistema Financeiro Nacional

Nesse capítulo iremos tratar de garantias bancárias, ou seja, quando as instituições financeiras realizam uma operação de crédito - tanto empréstimo como financiamento - elas passam a necessitar de um resguardo quanto ao risco possível de inadimplência futura. Assim, as instituições passam a exigir dos tomadores dos créditos um instrumento de garantia adequado conforme a linha de crédito ao qual pretende contratar.

Dessa forma, podemos dividir os instrumentos de garantia bancária em dois grupos: as garantias pessoas - prestadas por uma terceira pessoa - e as garantias reais - garantias estas expressas em bens ou títulos. Os exemplos de garantias pessoais são o aval e a fiança, já como exemplo das garantias reais temos a hipoteca, o penhor e a alienação fiduciária. Então, vamos analisar cada uma dessas garantias de forma mais específica e detalhada no decorrer do capítulo.

Aval

O aval é a garantia pessoal prestada mediante assinatura num título de crédito, ou seja, o avalista assina uma nota promissória, uma letra de câmbio ou qualquer outro título de crédito e passa a ser obrigado a pagar o débito que não for liquidado pelo devedor. Dessa forma, o aval é considerado uma garantia autônoma e independente, sendo uma obrigação solidária, ou seja, o avalista responde pela dívida integral e independentemente do devedor principal.

→ **Assim, existem dois tipos distintos de aval:**
> Aval em preto ou pleno - quando há a indicação do avalizado.
> Aval em branco - quando há apenas uma assinatura do avalista no anverso do título, ou seja, não indica o avalizado.

Fique Ligado

Em regra o Aval é total, porém ele pode ser parcial para: Nota Promissória, Cheque e Letra da Câmbio. Observa: o Decreto-lei 57.663/56 prevê a possibilidade do aval parcial para a letra de câmbio e a nota promissória. Já a possibilidade do aval parcial do cheque é previsto na própria lei do cheque, Lei 7.357/85 no artigo 29.

Resumo: o Aval é uma garantia pessoal mediante assinatura num título de crédito, tendo obrigação solidária.

Fiança

A fiança também é considerada uma garantia pessoal, prestada apenas em contrato ou mediante as chamadas cartas de fiança, sendo assim subsidiária, ou seja, a pessoa se obriga a satisfazer a obrigação apenas caso o devedor não o cumpra. Porém vale ressaltar que o fiador pode optar por uma obrigação solidária, mas nessa opção, caso ocorra a cobrança judicial da dívida, o fiador poderá exigir que seja cobrado primeiramente do devedor, executando os bens deste.

Assim, a fiança passa a ser uma obrigação acessória de uma obrigação principal, existindo assim em função da mesma.

Comparação		
	Aval	Fiança
Mediante	Assinatura de um título de crédito;	Contrato Específico;
Regra	Ser total;	Pode ser total ou parcial a depender do que dispuser o contrato de fiança
Obrigação	Ser Solidário	Pode ser ou não solidário.

Penhor Mercantil

O penhor se caracteriza pela entrega ao credor de um bem imóvel como garantia de sua dívida. Contudo, no penhor mercantil o bem continua fisicamente em posse do devedor, mas o domínio do bem passa ao credor, que passa a se tornar um possuidor indireto, enquanto o devedor torna-se o possuidor direto e fiel depositário da coisa empenhada, ou seja, é responsável pela guarda e preservação do bem.

Isso ocorre tanto no penhor mercantil (de mercadorias) como no penhor rural (agrícola ou pecuário) e no penhor industrial (de máquinas e equipamentos industriais). Diferentemente do que ocorre no penhor civil, já que nesse caso o bem passa efetivamente a posse do credor, essa modalidade de penhor é exercida em monopólio pela Caixa Econômica Federal.

→ **As principais características do penhor são:**
> Pode ser dado em penhor coisa móvel, fungível - que podem ser substituído por outros de mesma espécie - ou infungível - que possuem natureza insubstituível.
> Dar-se por meio de um contrato acessório que para ter valor deve ser registrado.
> Pode ser formalizado por escritura pública ou por documento particular.
> É uno e indivisível, já que não se libera em parte por ter a dívida sido paga parcialmente.

→ **A extinção do penhor dar-se como disposto no Art. 1436 do novo Código civil quando:**
> Extinguir-se a obrigação principal, ou seja, quando a dívida for quitada.
> Perecendo a coisa dada em garantia.
> Renunciando o credor.
> Quando ocorrer, com autorização do devedor e do credor adjudicação judicial, resgate ou venda amigável do bem empenhado.

Alienação Fiduciária

Alienação fiduciária consiste na transferência de um bem ao credor, que se torna proprietário e possuidor indireto, já que fidúcia deriva do latim e significa confiança. Antes da criação do Sistema de Financiamento Imobiliário - SFI, só poderia ocorrer alienação fiduciária de bens móveis, porém após o SFI passou a existir também de bens imóveis.

O devedor fica com a posse direta da coisa, na forma de usuário e depositário, já que a transferência de propriedade é dada apenas como garantia e deixa de vincular na ocasião do pagamento da última prestação.

→ **As principais características da alienação fiduciária são:**
> Somente pode ser provada por escrito;
> O instrumento pode ser público ou privado;
> Será obrigatoriamente - independentemente do valor - arquivado no Registro de Títulos e Documentos do domicílio do devedor.

Hipoteca

A hipoteca é considerada uma garantia real e, sendo assim, o devedor oferece ao credor um bem como garantia de sua dívida. Dessa forma, o credor passa a ter preferência em relação aos demais compradores quando houver a venda do bem, cujo montante servirá para quitar a dívida. Mesmo com essa preferência por parte do credor o bem continua em propriedade, posse e uso do devedor.

→ **Segundo o Código Civil podem ser hipotecados os seguintes bens:**
> Os imóveis.
> Os acessórios dos imóveis conjuntamente com os mesmos.
> O domínio direto, também chamado de nua-propriedade - chamada assim a propriedade na qual o dono cedeu o usufruto a outrem.
> O domínio útil, chamado também de usufruto - direito real de usufruir, o que só se constitui em bens imóveis pelo registro imobiliário.
> As estradas de ferro.
> As minas e pedreiras, independentemente do solo onde se encontram.
> Os navios e as aeronaves.
> O direito de uso especial para fins de moradia, o direito real de uso e a propriedade de superficiárias - alteração feita pela Medida Provisória 335/2206, que posteriormente foi convertida na Lei 11481/2007.

A hipoteca é considerada um contrato acessório, o qual deve constar o prazo de vencimento para o mesmo - não podendo ser superior a 30 anos, como previsto no Código Civil. Até completar o prazo máximo, a hipoteca poderá ser prorrogada mediante simples averbação requerida por ambas as partes.

→ **A extinção da hipoteca ocorre quando:**
> Há a extinção da obrigação principal, ou seja, a dívida é quitada.
> Há a destruição da coisa.
> Há a renúncia por parte do credor, ou seja, o credor considera a dívida como encerrada.
> Há a remissão, ou seja, quitação ou resgate.
> Há sentença transitada em julgado que declara rescindida ou nula a hipoteca.
> Pela prescrição do ônus da hipoteca, ou seja, quando o prazo ultrapassar os 30 anos.
> Pela arrematação - ocorre quando o imóvel é vendido em leilão ou praça política para quem ofertar o maior preço - ou adjudicação - ocorre quando, mediante um ato judicial, se estabelece e se declara que a propriedade do bem será transferida do devedor, dono primitivo, para o credor, adquirente - do imóvel.

Espécie de direito	Tipo do bem	Propriedade	Posse direta
Hipoteca	Imóvel, navio ou aeronave	Devedor	Devedor
Penhor mercantil	Mercadorias	Credor	Devedor
Alienação fiduciária	Móvel ou imóvel	Credor	Devedor

Fianças Bancárias

A fiança bancária é uma operação em que a instituição financeira garante, através de um instrumento contratual, o cumprimento da obrigação de seu cliente junto a um terceiro. Esse instrumento é comum no segmento de grandes empresas, principalmente as empresas industriais que habilitem as linhas de crédito de financiamento para exportação junto ao Banco do Brasil - BB e ao Banco Nacional de Desenvolvimento Econômico - BNDES.

Essa operação exige aprovação pela área de crédito dos bancos cujo custo é negociado junto ao cliente conforme cada caso, sendo cobrado, normalmente, custos adicionais do registro dos contratos de fiança.

→ **As principais características das fianças bancárias são:**
> A totalidade das cartas em vigor em uma instituição financeira não podem exceder cinco vezes o Patrimônio de Referência do banco.
> Devem possuir sempre prazo determinado, prazo esse que não pode exceder 12 meses, prazo esse que é de seis meses no caso de concorrências públicas.

→ **O Banco Central do Brasil veda a utilização de Cartas de Fiança, nos seguintes casos:**
> Que ensejam aos favorecidos a obtenção de empréstimos em geral ou, ainda, assegurem o pagamento de obrigações decorrentes da aquisição de bens ou serviços;
> Que não possua vencimento definido ou que não tenha perfeita caracterização do valor em moeda nacional;
> Que envolva risco de câmbio ou sejam em moeda estrangeira, exceto quando se tratar de operações relacionadas ao comércio exterior;
> As pessoas físicas que possuam mais de 10% do capital do banco;
> As pessoas jurídicas que tenham como participantes de seu capital, com mais de 10%, quaisquer dos diretores ou administradores da instituição financeira em questão, bem como os respectivos cônjuges e parentes até o segundo grau.

→ **Existem ainda dois tipos de Fianças Bancárias:**

Bid Bond - em que a garantia é emitida pelo banco para que o seu cliente possa participar de uma concorrência pública no exterior para o fornecimento de bens ou serviços. Esse tipo de fiança visa a garantir perante o contratante as condições de venda do produto, o cumprimento dos preços, prazos e demais características do contrato.

Performance Bond - essa modalidade de fiança é apresentada quando o cliente de uma instituição financeira assume um contrato de longa execução e visa a garantir ao contratante a proteção contra eventuais perdas resultantes da não-conclusão do contrato da forma como foi acordado.

Fundo Garantidor de Crédito (FGC)

O Fundo Garantidor de Crédito - FGC é uma associação civil sem fins lucrativos - com personalidade jurídica de direito privado - constituído com prazo de duração indeterminado, com sede e foro na cidade de São Paulo - SP, sendo regulamentado pelas Resoluções 3251/2004 e 3400/2006 ambas do CMN.

O FGC tem como função garantir os créditos contra as instituições participantes, caso ocorra alguma das hipóteses a seguir, como disposto no Regulamento 3251/2004:

> *Art. 2.º* - *O FGC tem por objeto prestar garantia de créditos contra as instituições associadas, referidas no art. 6.º, nas hipóteses de:*
>
> I. *decretação da intervenção, liquidação extrajudicial ou falência de instituição associada;*
>
> II. *reconhecimento, pelo Banco Central do Brasil, do estado de insolvência de instituição associada que, nos termos da legislação em vigor, não estiver sujeita aos regimes referidos no inciso I;*
>
> III. *ocorrência de situações especiais, não enquadráveis nos incisos I e II, mediante prévio entendimento entre o Banco Central do Brasil e o FGC.*
>
> *Parágrafo único* - *O FGC, por efetuar o pagamento de dívidas de instituições associadas, tem o direito de reembolsar-se do que pagou nos termos do art. 346, inciso III, do Código Civil."*

Os participantes do FGC são as Instituições Financeiras e as associações de poupança e empréstimo em funcionamento no país, como disposto na Resolução 3251/2004:

> *Art. 6.º* - *São instituições associadas ao FGC os bancos múltiplos, os bancos comerciais, os bancos de investimento, os bancos de desenvolvimento, a Caixa Econômica Federal, as sociedades de crédito, financiamento e investimento, as sociedades de crédito imobiliário, as companhias hipotecárias e as associações de poupança e empréstimo, em funcionamento no País, que:*
>
> I. *recebem depósitos à vista, em contas correntes de depósito para investimento, em contas de poupança ou a prazo;*
>
> II. *efetuam aceite em letras de câmbio;*
>
> III. *captam recursos mediante a emissão e a colocação de letras imobiliárias, de letras hipotecárias e de letras de crédito imobiliário.*
>
> *Parágrafo único* - *Têm direito à garantia de crédito prestada pelo FGC, observado o disposto no art. 2.º, os depositantes e investidores nas instituições associadas.*

→ **Dessa forma, o FGC tem como intuito garantir:**
> Depósitos à vista;
> Contas-salários;
> Depósitos de poupança;
> Depósitos a prazo;
> Letras de câmbio;
> Letras hipotecárias;
> Letras imobiliárias.

Porém, vale ressaltar que as cooperativas de crédito não são participantes do FGV, assim como o mesmo não garante aplicações financeiras em fundos de investimento e em rendas variáveis.

Assim, o valor total dos créditos garantidos a cada pessoa contra uma mesma instituição financeira é de até o valor Máximo de R$ 250.000,00 por pessoa identificada por CPF ou CNPJ, sendo que os cônjuges são considerados pessoas distintas, independentemente do regime de bens do casamento, mesmo a conta sendo conjunta.

O custeio da garantia a ser prestada pelo FGC é feito com recursos provenientes das contribuições ordinárias das instituições participantes, devidas mensalmente, possuindo alíquota máxima de 0,0125% sobre o montante dos saldos das contas objeto de garantias. Porém, essa alíquota poderá ser reduzida por uma Resolução do Conselho Monetário Nacional.

A Resolução 3692/2009 do Conselho Monetário Nacional trouxe uma importante alteração para o FGC, já que passou a permitir que o mesmo ofereça garantia complementar a depósitos a prazo emitidos por bancos: comerciais, múltiplo, de desenvolvimento, de investimento, sociedades de crédito e caixas econômicas.

Assim, o total dos depósitos de cada correntista contra a mesma instituição poderá ser garantido até o valor de no máximo R$ 20 milhões, porém o prazo deve ser de no mínimo seis e no máximo sessenta meses. A contribuição para tal garantia é de 0,0833% ao mês sobre o saldo dos depósitos captados, equivalendo a 1% ao ano.

Legislação Pertinente ao Capítulo

> Resolução 3251/2004 CMN.
> Resolução 3400/2006 CMN.
> Resolução 3692/2009 – CMN.
> Lei 11481/2007.

Exercício Comentado

01. Sobre o FGC - Fundo Garantidor de Crédito é correto afirmar que:

a) *O Fundo Garantidor de Créditos (FGC) é uma entidade privada, com fins lucrativos, destinados à garantia de seus clientes.*

b) *As instituições associadas contribuem mensalmente para a manutenção do FGC, com uma porcentagem fixa independente dos saldos das contas correspondentes.*

c) *O FGC administra mecanismos de proteção aos fundos de investimentos financeiros utilizados pelos correntistas, poupadores e investidores, que permitam a recuperação dos depósitos ou créditos, em caso de intervenção, de liquidação ou de falência.*

d) *O FGC administra um mecanismo de proteção aos correntistas, poupadores e investidores, que permite recuperar os depósitos ou créditos mantidos em instituição financeira, em caso de intervenção, de liquidação ou de falência.*

e) *O FGC não permite a recuperação dos depósitos ou créditos mantidos em instituição financeira mesmo em caso de intervenção, liquidação ou falência.*

RESPOSTA. "D". *O FGC é uma entidade sem fins lucrativos que visa a garantir a estabilidade do sistema financeiro nacional. O custeio da garantia a ser prestada pelo FGC é feito com recursos provenientes das contribuições ordinárias das instituições participantes, ou seja, o FGC funciona como um fundo mutuo de assistência entre as instituições financeiras participantes.*

CAPÍTULO 05
Sistema de Pagamento Brasileiro - SPB

Tem por função básica transferir recursos, bem como processar e liquidar pagamentos para pessoas, empresas, Banco Central e instituições financeiras.

Reestruturação do Sistema de Pagamentos Brasileiro

Os Problemas Atuais

Os bancos têm no Banco Central (BC) uma conta denominada Reservas Bancárias, que é similar a uma conta-corrente, pois nela é processada toda a movimentação financeira diária dos bancos, decorrente de operações próprias ou de seus clientes.

Às 22 horas (antes era às 19 horas) de cada dia, são lançados naquela conta os resultados financeiros apurados em diferentes câmaras de compensação, relativos a transações realizadas em dias anteriores nos diversos mercados, bem como o resultado da compensação, entre os bancos, dos valores pagos pelas pessoas físicas e jurídicas por intermédio dos instrumentos de pagamento usuais no Brasil, que são os cheques e os denominados DOC. Às 23h, é lançado o resultado financeiro das negociações de títulos públicos federais realizadas entre os bancos ao longo do próprio dia.

Antes da reforma, ainda que o banco não dispusesse de saldo suficiente em sua conta para satisfazer os pagamentos previstos para as 19h, o BC daria curso à liquidação de tais obrigações e o banco passaria a apresentar saldo negativo na conta Reservas Bancárias. Esse saldo negativo seria, normalmente, regularizado às 23h, pois os bancos mantêm títulos públicos federais em volume suficiente para o adequado gerenciamento de seu caixa.

Em média, a soma dos saldos negativos nas contas Reservas Bancárias, entre as 7h e as 23h de cada dia, atingia os R$ 6 bilhões. Essa é a dimensão do risco privado assumido diariamente pela sociedade brasileira por intermédio do BC, devido à sistemática operacional do sistema de pagamentos brasileiro.

Anteriormente, as importantes câmaras de compensação, onde são apurados os resultados financeiros de inúmeras transações realizadas no País, eram meras processadoras e o risco inerente aos bancos que liquidam tais operações era suportado diariamente pelo BC.

A câmara de compensação de cheques, operada pelo Banco do Brasil, era um exemplo típico.

As Soluções

A reestruturação do sistema de pagamentos compreende um conjunto de medidas para solucionar os graves problemas. Segue-se um resumo de cada uma das medidas:

> Monitoramento, em tempo real, do saldo de cada conta Reservas Bancárias, não sendo admitido, a partir do dia 24 de junho de 2002, saldo devedor em qualquer momento;

> Oferta de empréstimo ponte diário (redesconto dentro do próprio dia), mediante operações de compra, pelo BC, de títulos públicos federais dos bancos, que deverão recomprar os títulos do BC no próprio dia, registrando-se, em tempo real, o resultado financeiro na conta Reservas Bancárias. Isso garante, sem risco para o BC, a oferta da liquidez necessária (de R$ 6 bilhões, em média, como antes mencionado) para o normal fluxo dos pagamentos ao longo do dia;

> Implantação de sistema que processará ordens de transferência eletrônica de fundos entre bancos, inclusive as por conta de clientes, denominadas TED (transferência Eletrônica Disponível). Assim, passará a existir alternativa segura aos cheques e DOC para a realização de pagamentos de grande valor;

> Criação, pelo setor privado, de rede de telecomunicações dedicada exclusivamente ao sistema financeiro e operada sob rígidos padrões de segurança e confiabilidade, definidos pelo BC, permitindo a liquidação financeira em tempo real de transações;

> Assunção do risco privado pelo setor privado, com a definição de regras mais rígidas para as câmaras de compensação privadas, que deverão adotar adequados mecanismos de gerenciamento de riscos, como o estabelecimento de limites para os bancos com base no recebimento prévio de garantias. Se o BC rejeitar lançamento na conta Reservas Bancárias de um banco que não disponha de liquidez suficiente, a câmara executará as garantias que lhe tenham sido entregues pelo banco inadimplente e honrará os pagamentos correspondentes, com fundamento na Lei 10214/2001;

> Adoção de mecanismo indutor à oferta, pelos bancos, de novos produtos à clientela, que permitam a migração dos pagamentos de valor maior do que R$ 5 mil, hoje realizados por cheques e DOC, para instrumentos de pagamento eletrônicos adequadamente estruturados, os TEDs.

Alterações Importantes Promovidas

Princípios fundamentais que norteiam o SPB que foram promovidos pela reestruturação:

> O reconhecimento da compensação multilateral no âmbito dos sistemas de compensação e liquidação;

> Os dispositivos que garantem a exigibilidade dos ativos oferecidos em garantia, no caso de quebra de participantes de um sistema de compensação e custódia;

> Obrigatoriedade dos sistemas de liquidação considerados importantes pelo Banco Central, assegura a liquidação de todas as operações cursadas, devendo para isso contar com mecanismos de proteção (contraparte - assumir o risco).

Composição

Instituições que compõem o SPB - Sistema de Pagamentos Brasileiro:

Sistema de Transferência de Reservas – O STR é um sistema de transferência de fundos com liquidação bruta em tempo real (LBTR), operado pelo Banco Central do Brasil, que funciona com base em ordens de crédito, isto é, somente o titular da conta a ser debitada pode emitir a ordem de transferência de fundos.

CIP – Câmara Interbancária de Pagamentos - A CIP opera o Sistema de Transferências de Fundos - Sitraf, que utiliza compensação contínua de obrigações.

Centralizadora de Compensação de Cheques e outros Papéis - Compe - A Compe liquida as obrigações interbancárias relacionadas, principalmente, com cheques, documentos de crédito e boletos de cobrança.

Câmara TecBan - São processadas transferências de fundos interbancários relacionados principalmente com pagamentos realizados com cartões de débito e saques em rede de atendimento automático de uso compartilhado, denominada Banco 24Horas, com a liquidação final dos resultados apurados sendo feita, por intermédio do Sistema de Transferência de Reservas - STR, em contas mantidas pelos participantes no Banco Central do Brasil.

Sistema Especial de Liquidação e de Custódia – Selic - O Selic é o depositário central dos títulos emitidos pelo Tesouro Nacional e pelo Banco Central do Brasil e nessa condição processa, relativamente a esses títulos, a emissão, o resgate, o pagamento dos juros e a custódia.

Central de Custódia e Liquidação Financeira de Títulos – Cetip - A Cetip é depositária principalmente de títulos de renda fixa privados, títulos públicos estaduais e municipais e títulos representativos de dívidas de responsabilidade do Tesouro Nacional. Na qualidade de depositária, a entidade processa a emissão, o resgate e a custódia dos títulos, bem como, quando é o caso, o pagamento dos juros e demais eventos a eles relacionados.

BM&F – Câmara de Câmbio - A Bolsa de Mercadorias e Futuros - BM&F opera sistema de liquidação de operações de câmbio contratadas no mercado interbancário. As obrigações correspondentes são compensadas multilateralmente e a BM&F atua como contraparte central.

Companhia Brasileira de Liquidação e Custódia - CBLC - A CBLC liquida operações realizadas no âmbito da Bolsa de Valores de São Paulo - Bovespa, da Bolsa de Valores do Rio de Janeiro - BVRJ e da Sociedade Operadora do Mercado de Ativos - Soma.

BM&F – Derivativos - É um sistema com compensação multilateral de obrigações, onde são negociados contratos à vista, a termo, de futuros, de opções e de *swaps*, cuja liquidação das posições líquidas diariamente apuradas é feita em D+1, por intermédio do Sistema de Transferência de Reservas - STR, em contas mantidas no Banco Central do Brasil. A BM&F atua como contraparte central e garante a liquidação das posições líquidas dos membros de compensação.

Câmaras de Liquidação e Custódia
(SELIC E CETIP)

As Câmaras de liquidação e custódia, também conhecidas como *Clearing Houses*, são responsáveis pela custódia dos ativos financeiros e pela sua liquidação. O principal objetivo dessas câmaras é reduzir os riscos envolvidos em tais transações, trazendo assim uma maior segurança a todo o Sistema de Financeiro.

Sistema Especial de Liquidação e de Custódia - Selic

Conforme disposto no site do Banco Central do Brasil, podemos definir o Selic como sendo: "o depositário central dos títulos emitidos pelo Tesouro Nacional e nessa condição processa, relativamente a esses títulos, a emissão, o resgate, o pagamento dos juros e a custódia"

A SELIC processa a liquidação das operações definitivas e compromissadas registradas em seu ambiente, em modo LBTR - Liquidação Bruta em Tempo Real, ou seja, as operações que ocorrem nessa Câmara devem ser efetivadas (vendidas e pagas pelos compradores) em tempo real e isso ocorre de forma online (também chamado D+0, onde D é dia útil). Dessa forma, todos os títulos são escriturais, isto é, emitidos exclusivamente na forma eletrônica. A liquidação da ponta financeira de cada operação é realizada por intermédio do STR, ao qual o Selic é interligado.

O sistema, que é gerido pelo **Banco Central do Brasil** e é por ele operado em parceria com a **Anbima**, tem seus centros operacionais (centro principal e centro de contingência) localizados na cidade do Rio de Janeiro. O horário normal de funcionamento segue o do STR (Sistema de transferência de Reserva), das 6h30 às 18h30, em todos os dias considerados úteis para o sistema financeiro.

Fique Ligado

Se, por acaso, o vendedor não apresentar um saldo suficiente de títulos, a negociação do mesmo pode ser mantida pelo prazo de 60 minutos ou até as 18:30, o que ocorrer primeiro.

São considerados participantes da SELIC: bancos comerciais, bancos múltiplos, bancos de investimento, caixas econômicas, distribuidoras e corretoras de títulos e valores mobiliários, entidades operadoras de serviços de compensação e de liquidação, fundos de investimento e diversas instituições integrantes do Sistema Financeiro Nacional.

Fique Ligado

Na Selic são negociados com exclusividade os títulos públicos FEDERAIS, ou seja, emitidos pelo Tesouro Nacional.

Taxa SELIC

É definida pelo Banco Central do Brasil como "taxa apurada no Selic, obtida mediante o cálculo da taxa média ponderada e ajustada das operações de financiamento por um dia, lastreadas em títulos públicos federais e cursadas no referido sistema ou em câmaras de compensação e liquidação de ativos, na forma de operações compromissadas".

A taxa SELIC é um índice pelo qual as taxas de juros cobradas pelo mercado se balizam no Brasil. É a taxa básica utilizada como referência pela política monetária. A meta para a taxa SELIC é estabelecida pelo Comitê de Política Monetária (Copom).

Selic META: divulgada pelo COPOM, é expressa na forma anual para 252 dias úteis e considera o nível de taxa de juros que o governo acha adequada para atingir a meta de inflação estabelecida pela CMN.

Selic Over: divulgada diariamente pela SELIC, representa a média das operações de financiamento por um dia, lastreadas em títulos públicos.

Títulos Públicos

Já que a SELIC faz a custódia e a liquidação de títulos públicos, para uma compreensão mais simples e facilitada do assunto, vale ressaltar o que são títulos públicos.

Como o próprio Tesouro Nacional define "são instrumentos financeiros de renda fixa emitidos pelo Governo Federal para obtenção de recursos junto à sociedade, com o objetivo primordial de financiar suas despesas."

→ **Os títulos são emitidos com duas finalidades básicas:**
> Financiar o déficit orçamentário, nele incluído o refinanciamento da dívida pública.
> Realizar operações para fins específicos, definidos em lei.

→ **Assim, o Tesouro Nacional emite os títulos públicos de três formas:**
> Leilões - que são ofertas públicas competitivas onde podem participar diretamente as instituições financeiras.
> Emissões diretas para finalidades específicas, que são definidas em leis (emissões não competitivas).
> Vendas diretas a pessoas físicas, por meio do Programa Tesouro Direto.

A seguir vamos observar as características dos principais títulos públicos.

Características dos Títulos Públicos Federais

→ **Letra do Tesouro Nacional (LTN)**
> **Emissor:** STN
> **Objetivo:** Cobertura de déficit orçamentário
> **Remuneração:** Prefixida
> **Registro/Custódia:** Selic

→ **Letra Financeira do Tesouro (LFT)**
> **Emissor:** STN
> **Objetivo:** Cobertura de déficit orçamentário
> **Remuneração:** Pós-fixada (taxa Selic)
> **Registro/Custódia:** Selic

→ **Nota do Tesouro nacional (NTN)**
> **Emissor:** STN
> **Objetivo:** Cobertura de déficit orçamentário
> **Remuneração:** Pós-fixada (exceto NTN-f), com diversas séries com índice próprio (IPCA, IGP-M, Dólar, TR, etc)
> **Registro/Custódia:** Selic

→ **Certificado Financeiro do Tesouro (CFT)**
> **Emissor:** STN
> **Objetivo:** Realização de Operações financeiras definidas em lei
> **Remuneração:** Pós-fixada (exceto CFT-F), com diversas séries com índice próprio (IPCA, IGP-M, Dólar, TR, etc)
> **Registro/Custódia:** Cetip

→ **Certificado do Tesouro Nacional (CTN)**
> **Emissor:** STN
> **Objetivo:** Garantia do principal na inovação de dívidas de mutuários de crédito agrícola junto as instituições financeiras
> **Remuneração:** Pós-fixada(IGP-M)
> **Registro/Custódia:** Cetip

→ **Certificado da Dívida Pública (CDP)**
> **Emissor:** STN
> **Objetivo:** Quitação de dívidas junto ao instituto Nacional de Seguro Social - INSS
> **Remuneração:** Pós-fixada(TR)
> **Registro/Custódia:** Cetip

→ **Título da Dívida Agrária(TDA)Dívida Securitizada**
> **Emissor:** STN
> **Objetivo:** Promoção da Reforma Agrária
> **Remuneração:** Pós-fixada(TR)
> **Registro/Custódia:** Cetip

→ **Dívida Securitizada**
> **Emissor:** STN
> **Objetivo:** Assunção e renegociação da dívida da união ou por ela assumidas por força da lei
> **Remuneração:** Pós-fixada, com diversas séries com índice próprio(IGP-DI, Dólar e TR)
> **Registro/Custódia:** Cetip

CETIP - Câmara de Custódia e Liquidação

A CETIP atua como Entidade de Balcão Organizado e como câmara de custódia e liquidação de títulos e valores mobiliários, por autorização da CVM - Comissão de Valores Mobiliários e do Banco Central. Dessa forma, a CETIP faz a custódia, principalmente de, títulos privados, porém pode realizar a custódia de alguns títulos públicos: os estaduais e os municipais.

Fique Ligado

Em regra a CETIP faz a custódia de títulos privados, ela pode fazer de títulos públicos, mas se forem estaduais ou municipais, ou seja, a custódia e liquidação dos títulos públicos federais não podem ser feitos pela CETIP, pois os mesmos são de exclusividade da SELIC.

Assim, faz a guarda eletrônica (custódia) de títulos emitidos por instituições financeiras e por empresas de diversos setores da economia, no caso dos valores mobiliários. Também efetua a liquidação financeira das operações, transferindo a titularidade dos títulos negociados do vendedor para o comprador, creditando e debitando o valor correspondente em suas respectivas contas. As liquidações nessa câmara ocorrem em D+1, ou seja, em até um dia útil para serem efetivadas.

Nesse ambiente, são negociados todos os valores mobiliários de renda fixa do país, como debêntures, cotas de fundos de investimento em direitos creditórios (FIDC), certificados de recebíveis imobiliários (CRI), notas comerciais, títulos do agronegócio e derivativos de balcão.

A CETIP foi criada como associação civil, sem fins lucrativos, pertencente às instituições financeiras, que eram suas associadas. Em maio de 2008, a CETIP passou por seu processo de desmutualização e foi transformada em uma sociedade anônima, passando a operar sob a denominação de CETIP S.A. - Balcão Organizado de Ativos e Derivativos.

A definição que consta no site da organização é: "A Cetip é a integradora do mercado financeiro. É uma companhia de capital aberto que oferece serviços de registro, central depositária, negociação e liquidação de ativos e títulos. Por meio de soluções de tecnologia e infraestrutura, proporciona liquidez, segurança e transparência para as operações financeiras, contribuindo para o desenvolvimento sustentável do mercado e da sociedade brasileira. A empresa é, também, a maior depositária de títulos privados de renda fixa da América Latina e a maior câmara de ativos privados do país.

Mais de 15 mil instituições participantes utilizam os serviços da Cetip. Entre eles, fundos de investimento; bancos comerciais, múltiplos e de investimento; corretoras e distribuidoras; financeiras, consórcios, empresas de leasing e crédito imobiliário; cooperativas de crédito e investidores estrangeiros; e empresas não financeiras, como fundações, concessionárias de veículos e seguradoras. Milhões de pessoas físicas são beneficiadas todos os dias por produtos e serviços prestados pela companhia, como processamento de TEDs e liquidação de DOCs, bem como registros de Gravame, CDBs e títulos de renda fixa."

http://www.cetip.com.br/

Taxa DI ou CDI

É a taxa média das operações realizadas no mercado interfinanceiro pelo prazo de 1 dia, com lastro em CDI (Certificado de Depósito Interfinanceiro). É uma taxa expressa ao ano, mas pode ser transformada em taxa diária ou de períodos definitivos.

Exercício Comentado

01. **Qual é a Companhia de Capital Aberto, instituída pelo Conselho Monetário Nacional, que atua como integradora do mercado financeiro, oferecendo serviços de registro, de central depositária, de negociação e liquidação de ativos e títulos?**
   a) *BNDES*
   b) *Banco Central do Brasil*
   c) *Selic*
   d) *Cetip*
   e) *Caixa Econômica Federal*

RESPOSTA. "D". Para a realização da prova é essencial a diferenciação entre CETIP e SELIC. A CETIP é a responsável pela custódia e liquidação dos títulos privados, em regra, lembrando que alguns títulos podem ser públicos desde que sejam estaduais ou municipais. Já a SELIC é o depositário central dos títulos de emissão do Tesouro Nacional, ou seja, os títulos da dívida pública nacional.

Anotações

CAPÍTULO 06
Abertura e Movimentação de Contas

Nesse capítulo, serão abordados conceitos ligados diretamente ao cotidiano de um funcionário de uma instituição financeira, cobrando do candidato habilidades que serão utilizadas no desempenho de suas funções, após aprovação no concursos público.

Conta Pessoa Física e Jurídica

Nesse tópicos veremos os tipos de contas que uma **Pessoa Física ou um Pessoa Jurídica** pode abrir, quais são os documentos necessários para a abertura dessa conta e qual a diferença entre elas, mas antes vamos a uma breve explicação do que uma Pessoa Física e do que é uma Pessoa Jurídica.

→ **Pessoa Física**: basicamente é o ser humano desde seu nascimento até sua morte, ou seja, você é uma Pessoa Física que é identificado em todo território nacional pelo número do seu CPF (Cadastro de Pessoa Física).

→ **Pessoa Jurídica**: basicamente é uma pessoa nascida da vontade de outras pessoas por meio de um contrato social, Pessoa Jurídica é uma empresa ou entidade que é identificada por seu CNPJ (Cadastro Nacional da Pessoa Jurídica).

Tipos de Conta

Os principais tipos de conta são a **conta de depósito à vista, conta de depósito a prazo** a **conta de depósito de poupança** e a **"conta-salário"**.

A **conta de depósito à vista** é o tipo mais usual de conta bancária. Nela, o dinheiro do depositante fica à sua disposição para ser sacado a qualquer momento.

A **conta de depósito a prazo** é o tipo de conta em que o seu dinheiro só pode ser sacado depois de um prazo fixado por ocasião do depósito

A **poupança** foi criada para estimular a economia popular e permite a aplicação de pequenos valores que passam a gerar rendimentos mensalmente.

A **"conta-salário"** é um tipo especial de conta de registro e controle de fluxo de recursos, destinada a receber salários, proventos, soldos, vencimentos, aposentadorias, pensões e similares. A "conta-salário" não admite outro tipo de depósito além dos créditos da entidade pagadora e não é movimentável por cheques.

Fique Ligado

A conta-salário tem regulamentos próprios não se utilizando os regulamentos aplicáveis ás demais conta de depósito.

Documento Necessários para Abertura de uma Conta Depósito

Abertura e a manutenção de conta de depósito pressupõem contrato firmado entre as partes - instituição financeira e cliente. O banco não é obrigado a abrir ou manter conta de depósito para o cidadão. Este, por sua vez, pode escolher a instituição que lhe apresente as condições mais adequadas para firmar tal contrato.

Para abertura de conta de depósitos é obrigatória a completa identificação do depositante, mediante preenchimento de ficha-proposta de abertura de conta, que é o contrato firmado entre banco e cliente contendo, no mínimo, as seguintes informações, que deverão ser mantidas atualizadas pela instituição financeira:

Qualificação do Depositante

→ No caso da Pessoa Física serão necessários os seguintes dados:
> Nome completo;
> Filiação;
> Nacionalidade;
> Data e local do nascimento;
> Sexo;
> Estado civil;
> Nome do cônjuge, se casado;
> Profissão;
> Documento de identificação (tipo, número, data de emissão e órgão expedidor);
> Número de inscrição no Cadastro de Pessoas Físicas - CPF.

→ E apresentar os originais dos seguintes documentos:
> Documento de identificação (carteira de identidade ou equivalente, como, por exemplo, a carteira nacional de habilitação nos moldes previstos na Lei 9.503, de 1997);
> Inscrição no Cadastro de Pessoa Física (CPF);
> Comprovante de residência.

Fique Ligado

Os documentos devem ser atuais, com no máximo 60 dias (exceto documentos anuais, como a Declaração de Imposto de Renda, o IPTU ou o IPVA).

→ No caso da Pessoa Jurídica, serão necessários os seguintes dados:
> Razão social;
> Atividade principal;
> Forma e data de constituição;
> Documentos, contendo as informações referidas na alínea anterior, que qualifiquem e autorizem os representantes, mandatários ou prepostos a movimentar a conta;
> Número de inscrição no Cadastro Nacional de Pessoa Jurídica - CNPJ;
> Atos constitutivos, devidamente registrados, na forma da lei, na autoridade competente.

→ E apresentar os originais dos seguintes documentos:
> Documento de constituição da empresa (contrato social e registro na junta comercial);
> Documentos que qualifiquem e autorizem os representantes, mandatários ou prepostos a movimentar a conta;
> Inscrição no Cadastro Nacional de Pessoa Jurídica (CNPJ).

Demais Informações

→ Tanto para pessoa física quanto para pessoa jurídica serão exigidas a apresentação das seguintes informações:

> Endereços residencial e comercial completos (Para a comprovação de residência é necessário a apresentação de um documento emitido por um órgão governamental, em nome do titular, caso o documento esteja em nome de um terceiro, é necessário uma procuração de que o titular reside junto ao terceiro, autenticada em cartório);
> Número do telefone e código DDD;
> Fontes de referência consultadas;
> Data da abertura da conta e respectivo número;
> Assinatura do depositante.

Fique Ligado

O jovem menor de 16 anos que queira ser titular de conta bancária, precisa ser representado pelo pai, pela mãe ou pelo responsável legal, já o maior de 16 e menor de 18 anos não emancipado deve ser assistido pelo pai, pela mãe ou pelo responsável legal

Se a conta de depósitos for titulada por menor ou por pessoa incapaz, além de sua qualificação, também deverá ser identificado o responsável que o assistir ou o representar.

Abertura de Conta em Moeda Estrangeira no Exterior

A regulamentação brasileira não alcança o exterior, não sendo possível, por consequência, a existência de norma editada no País regulando a matéria. Assim, a abertura e a manutenção de conta no exterior dependem da regulamentação do país específico. As remessas para constituição de disponibilidade no exterior podem ser realizadas diretamente na rede bancária autorizada a operar em câmbio, observados os princípios de legalidade e de fundamentação econômica das transferências. É permitido às pessoas físicas e jurídicas residentes, domiciliadas ou com sede no País pagar suas obrigações com o exterior com utilização dessas disponibilidades.

Fique Ligado

Os residentes no exterior podem abrir conta em reais no Brasil, há previsão legal e regulamentar para que pessoas físicas ou jurídicas residentes, domiciliadas ou com sede no exterior sejam titulares de conta em reais em banco autorizado a operar no mercado de câmbio, sendo necessário que também haja interesse do banco em abrir e manter a referida conta.

As movimentações ocorridas em tais contas caracterizam ingressos ou saídas de recursos no Brasil e, quando em valor igual ou superior a R$10 mil, estão sujeitas a comprovação documental, registro no sistema informatizado do Banco Central e identificação da proveniência e destinação dos recursos, da natureza dos pagamentos e da identidade dos depositantes e dos beneficiários das transferências efetuadas.

Ainda pode-se abrir uma conta no Brasil com moeda estrangeira, As contas em moeda estrangeira no País podem ser abertas por estrangeiros transitoriamente no Brasil e por brasileiros residentes ou domiciliados no exterior. Além dessas situações, existem outras especificamente tratadas na regulamentação.

Tipos de Conta

→ Agora veremos os tipos de conta, mas antes precisaremos entender qual é a diferença de uma conta individual e conta conjunta:
> **Conta individual**: é a conta que tem um único titular.
> **Conta Conjunta**: é a conta que tem mais de um titular.

Há duas opções de conta conjunta: a **SOLIDÁRIA** e a **NÃO-SOLIDÁRIA**. A conta conjunta **SOLIDÁRIA** pode ser movimentada em conjunto ou isoladamente pelos titulares, já a **NÃO-SOLIDÁRIA** ou **SIMPLES** exige que as transações sejam aprovadas por todos os titulares para serem efetivadas.

Fique Ligado

A diferença entre a conta conjunta SOLIDÁRIA e a NÃO-SOLIDÁRIA está na necessidade ou não da aprovação de todos os titulares para uma transação, veja o esquema a baixo:

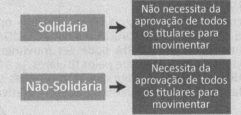

Conta-salário

A "conta-salário" é um tipo especial de conta de registro e controle de fluxo de recursos, destinada a receber salários, proventos, soldos, vencimentos, aposentadorias, pensões e similares. A "conta-salário" não admite outro tipo de depósito além dos créditos da entidade pagadora e não é movimentável por cheques. A "conta-salário" pode ser movimentada por meio de cartão, DOC e TED (Transferência única).

Vantagens da Conta-salário

Um benefício trazido pela "conta-salário" é a possibilidade de o empregado transferir o seu salário para outra conta diferente daquela aberta pelo empregador, sem precisar pagar tarifa por isso.

A indicação da conta a ser creditada deve ser comunicada pelo beneficiário à instituição financeira por escrito ou por meio eletrônico legalmente aceito como instrumento de relacionamento formal, em caráter de instrução permanente. A instituição é obrigada a aceitar a ordem no prazo máximo de cinco dias úteis contados da data do recebimento da comunicação.

Caso o empregado formalize o pedido no banco contratado pela empresa pagadora, os recursos devem ser transferidos para o banco escolhido pelo empregado, no mesmo dia do crédito, até às 12 horas.

O empregado também pode optar pelo saque dos recursos da própria "conta-salário" ou pela sua transferência para conta de depósitos aberta no mesmo banco.

Outro benefício é a isenção de algumas tarifas sobre essas contas.

Abertura

Para abertura da "conta-salário", é necessário que seja firmado um contrato ou convênio entre a instituição financeira e o empregador. A "conta-salário" não é aberta por iniciativa do empregado. A "conta-salário" é aberta por iniciativa do empregador, que é responsável pela identificação dos beneficiários.

Fique Ligado

Os bancos não são obrigados a abrir Conta-salário, as instituições financeiras somente estão obrigadas a abrir "conta-salário" se prestarem serviços de execução de folha de pagamento de uma empresa. Para isso, é necessário que seja firmado um contrato ou convênio entre a instituição financeira e o empregador.

Conta Corrente Pessoa Física

A Conta Corrente Pessoa Física proporciona a livre movimentação dos recursos disponíveis, utilizando a agilidade e a flexibilidade da internet, do Talão de Cheques ou do Cartão Magnético.

Por meio do acesso do Internet Banking, o correntista pode efetuar todo tipo de pagamento e cadastrar suas contas para débito automático, o correntista faz transferências, DOC, TED e ainda pode recarregar os créditos do seu celular.

Na conta Corrente Pessoa Física, há duas opções de conta conjunta: a **SOLIDÁRIA** e a **NÃO-SOLIDÁRIA**. A conta conjunta **SOLIDÁRIA** pode ser movimentada em conjunto ou isoladamente pelos titulares, já a **NÃO-SOLIDÁRIA** ou **SIMPLES** exige que as transações sejam aprovadas por todos os titulares para serem efetivadas.

Fique Ligado

As contas conjuntas SIMPLES ou NÃO-SOLIDARIAS são conhecidas também como contas tipo "E", nesse tipo de conta, é proibido o uso de cartão magnético.

Conta Simplificada ou Especial

O grande diferencial das Conta Simplificada está em seu processo de abertura facilitada, é pratico e não há muita burocracia.

Ao abrir uma Contas Simplificada, o correntista recebe uma cartão magnético para fazer saques, depósitos, pagamentos e transferências via DOC ou TED.

Limitações

→ As duas maiores limitações da Conta Simplificada estão em:
> Os créditos e o saldo da Conta Simplificada são limitados ao somatório de créditos ou saldo de R$ 1.000,00/mês.
> A tarifação após o 4 extrato, o 4 deposito e 4 extrato do mês.

Conta Corrente Pessoa Jurídica

A Conta Corrente Pessoa Jurídica proporciona a livre movimentação dos recursos disponíveis para a empresa, utilizando do Talão de Cheques, do Cartão Magnético, DOC e TED.

Fique Ligado

Se dois ou mais diretores assinam conjuntamente, essa pessoa jurídica NÃO pode ter CARTÃO MAGNÉTICO.

Conta eletrônica

A conta eletrônica é destinada a brasileiro que residem fora do Brasil, a conta pode ser movimentada por meio de cartão magnético, transferência com DOC e TED. Tendo uma limite mensal de R$ 3.000,00 se aberta fisicamente no exterior.

Exercício Comentado

01. Para a abertura de uma conta corrente pessoa física, é necessário a completa identificação da pessoa por meio de fixa-proposta onde deve ser apresentada as seguintes informações: RG ou documento equivalente, CPF e um comprovante de residência.

ERRADO. *A questão pede as informações, mas traz os documentos que a pessoa deve apresentar na hora da abertura da conta (devem ser os originais), as informações necessárias par o preenchimento da fixa-proposta são:*
> *Nome completo;*
> *Filiação;*
> *Nacionalidade;*
> *Data e local do nascimento;*
> *Sexo;*
> *Estado civil;*
> *Nome do cônjuge, se casado;*
> *Profissão;*
> *Documento de identificação (tipo, número, data de emissão e órgão expedidor);*
> *Número de inscrição no Cadastro de Pessoas Físicas – CPF.*

Anotações

CAPÍTULO 07
Pessoa Física e Pessoa Jurídica

Quando se usa o termo "pessoas", abrangem-se tanto pessoas física como pessoas jurídicas. Esse é um tema constantemente cobrado em concursos públicos.

Pessoas Físicas

Personalidade e Capacidade

As pessoas físicas são seres humanos, também sujeitos das relações jurídicas com aptidão para adquirir direitos e contrair obrigações.

→ **As pessoas naturais são dotadas de:**

Personalidade: é a aptidão para adquirir direitos e contrair obrigações ou deveres. Conforme previsto no artigo 2º do Código Civil, a pessoa natural adquire personalidade com o nascimento com vida, porém, existe proteção legal desde a concepção (nascituro). Agora você pode estar se perguntando: e se a criança nascer morta? Neste caso teremos a figura do **natimorto**. Este tem proteção no que tange os direitos de personalidade, como um nome, proteção a sua imagem e também a sepultura.

→ **Sobre a questão da personalidade, surgem duas teorias:**

> **Natalista**: personalidade se inicia com o nascimento com a vida;
> **Concepcionalista**: corrente minoritária, defende que a personalidade se inicia com a concepção.

→ Capacidade: é a medida da personalidade. Divide-se em:

> De direito ou de gozo: consiste na capacidade para a aquisição de direito, que ocorre com o início da personalidade;
> De fato ou de exercício: consiste na aptidão para o exercício de seus direitos por si mesmo (início, com a maioridade, aos 18 anos completos, ou emancipação). Também se adquire em casos em que cessem as causas da incapacidade.

Incapacidade

Algumas pessoas não possuem sua capacidade plena. Todas as pessoas são capazes de direitos, porém, nem todas são consideradas capazes de fato. Essa restrição imposta por lei é a chamada "incapacidade", que pode ser total (art. 3º do CC) ou parcial (art. 4º CC):

Absoluta - prevista no artigo 3º do Código Civil - menores de 16 anos, deficientes mentais ou doentes que não têm necessário discernimento para a prática dos atos da vida civil e/ou que por causa transitória não podem exprimir sua vontade.

Efeitos: exige a representação.

Fique Ligado

Quando os incapazes são representados ou assistidos falamos que há o suprimento da incapacidade!

Relativa - prevista no artigo 4º do Código Civil - maiores de 16 anos e menores de 18 anos, ébrios habituais, viciados em tóxicos, deficientes mentais com discernimento reduzido, excepcionais sem desenvolvimento mental completo e pródigos.

Efeitos: o incapaz pratica os atos assistido. A capacidade do índio (silvícola) é regulada por lei própria: Lei 6.001/73. Em regra, os índios isolados são absolutamente incapazes.

Vale ressaltar o artigo 7º, parágrafo 8º:

§ 8º São nulos os atos praticados entre índios não integrados e qualquer pessoa estranha à comunidade indígena quando não tenha havido assistência do órgão tutelar competente.

Parágrafo único. Não se aplica a regra deste artigo no caso em que o índio revele consciência e conhecimento do ato praticado, desde que não lhe seja prejudicial, e da extensão dos seus efetivos

O artigo 9º da lei supracitada estabelece regras para que o silvícola possa solicitar ao judiciário a sua capacidade plena, sendo a FUNAI a responsável pela representação dos índios.

→ **Cessação da Incapacidade:**

A incapacidade cessa quando cessarem as causas que lhe deram origem ou com a emancipação, que pode ocorrer das seguintes maneiras:

> **Voluntária**: concedida pelos pais (idade mínima de 16 anos) por meio de escritura pública;
> **Judicial**: deferida pelo juiz ao menor com idade mínima de 16 anos, após ouvido o Ministério Público e o Tutor, por meio de sentença;
> **Legal**: de maneira automática nos casos previstos no artigo 5º, do inciso II ao V do CC:

   II. *pelo casamento;*
   III. *pelo exercício de emprego público efetivo;*
   IV. *pela colação de grau em curso de ensino superior;*
   V. *pelo estabelecimento civil ou comercial, ou pela existência de relação de emprego, desde que, em função deles, o menor com dezesseis anos completos tenha economia própria.*

A regra é que a emancipação é irrevogável, porém poderá ser inválida se o ato que a concedeu for nulo ou anulável.

Pense na seguinte situação como exemplo: uma jovem de 16 anos casa-se com um rapaz de 19 anos. Um ano após a celebração do casamento ocorre o divórcio do casal. A jovem encontra-se com 17 anos de idade (idade em que seria considerada relativamente incapaz), porém, como o casamento foi válido e a jovem emancipada por tal ato, continua sendo capaz, mesmo com o divórcio. Agora, no mesmo caso, se o casamento fosse considerado nulo, poderia esta emancipação ser considerada invalidada.

→ Também é importante ressaltar o Enunciado 397 da V Jornada de Direito Civil:

Art. 5º. A Emancipação por concessão dos pais ou por sentença do juiz está sujeita a desconstituição por vício de vontade.

Individualização da Pessoa Física

Cada pessoa é única e se identifica pelo nome, estado e domicílio.

Nome: composto por prenome (que pode ser simples ou composto) e sobrenome ou patronímico ou apelido de família (também pode ser simples ou composto).

Também existe o agnome (sinal distintivo de pessoas da mesma estirpe) e o que conhecemos por "apelido", que aqui será chamado de alcunha. A regra é: o nome é imutável, porém, há casos em que a lei permite alteração, são eles:

- > Expõe ao ridículo;
- > Erro gráfico evidente;
- > Proteção à testemunha;
- > Uso prolongado e constante de nome diverso do registro civil;
- > No primeiro ano após a maioridade (não podendo prejudicar o sobrenome);
- > Inclusão de alcunha;
- > Para evitar a homonímia;
- > Adoção;
- > Tradução;
- > Mudança do estado familiar (exemplo: casamento).

Estado:
- > **Individual**: relaciona-se à idade (maior ou menor), ao sexo e a saúde mental e física.
- > **Familiar**: situação na família. O "estado civil" ou o vínculo de parentesco (consanguíneo, por afinidade ou civil).
- > **Político**: relação com o Estado, se brasileiro nato ou naturalizado e estrangeiro.

Domicílio:
- > **Voluntário**: escolhido livremente pela pessoa para sua residência (geral), trabalho, existe o ânimo de constituir ali seu domicílio.

Fique Ligado
Domicílio é diferente de residência!

- > **Contratual**: os contratantes especificam para que cumpram os direitos e obrigações firmados em contrato (eleição);
    - » A simples mudança de residência não configura mudança de domicílio, deve-se ter a intenção de mudança do domicílio.
- > **Legal ou necessário**: determinado em lei:

    Art. 76. Têm domicílio necessário o incapaz, o servidor público, o militar, o marítimo e o preso.

    Parágrafo único. O domicílio do incapaz é o do seu representante ou assistente; o do servidor público, o lugar em que exercer permanentemente suas funções; o do militar, onde servir, e, sendo da Marinha ou da Aeronáutica, a sede do comando a que se encontrar imediatamente subordinado; o do marítimo, onde o navio estiver matriculado; e o do preso, o lugar em que cumprir a sentença.

- > **Plural**: quando a pessoa natural tiver mais de uma residência, onde alternadamente viva, sendo considerada seu domicílio qualquer uma e quando for incerto, onde for encontrado.

Direitos da Personalidade

São direitos subjetivos que possuem como objeto os valores fundamentais da pessoa. Não existe um rol taxativo (podendo surgir mais, não há uma limitação), com previsão nos artigos 11 a 21 do Código Civil. Vale ressaltar inicialmente o artigo 11 do Código Civil, que vem sendo abordado em diversas provas, vejamos:

Art. 11. Com exceção dos casos previstos em lei, os direitos da personalidade são intransmissíveis e irrenunciáveis, não podendo o seu exercício sofrer limitação voluntária.

Como se percebe na leitura do artigo, os direitos de personalidade não podem sofrer limitação voluntária, porém, o Enunciado 4 da I Jornada de Direito, dita que "o exercício dos direitos da personalidade pode sofrer limitação voluntária, desde que não seja permanente nem geral", como é o caso do direito de imagem. Portanto, é uma regra que admite exceções.

Porém, cuidado com o comando da questão: se solicitar de acordo com o texto legal, assinale de acordo com o texto da lei.

→ Visam essencialmente a proteção da vida, honra, imagem, integridade física, liberdade, entre outros, sendo:

- > **Intransmissíveis**: não existe à possibilidade de passar para terceiros;
- > **Irrenunciáveis**: não há como renunciar o seu uso, visto que todo indivíduo nasce e morre com ele;
- > **Imprescritíveis**: não recaem regras de prescrição;
- > **Impenhoráveis**: sobre estes não recairá penhora;
- > **Ilimitados**: não existe um rol taxativo, muitos outros poderão existir;
- > **Absolutos**: é oponível erga omnes, isto é, todos têm o dever de abstenção, de respeito a estes direitos;
- > **Inexpropriáveis**: ninguém terá sua propriedade. No artigo 13 e nos seguintes, estão previstas diversas disposições sobre a personalidade, lembrando que não são taxativos:
    - » É proibida a disposição do próprio corpo quando importar diminuição permanente da integridade física, ou contrariar os bons costumes, salvo por exigência médica e para transplante conforme previsto em lei;
    - » É permitida, com cunho científico, ou altruístico, a disposição gratuita do próprio corpo, no todo ou em parte, para depois da morte, podendo este ato ser revogado a qualquer tempo;
    - » Ninguém pode ser constrangido a submeter-se, quando expõe sua vida em risco, a tratamento médico ou a intervenção cirúrgica;
    - » Toda pessoa tem direito ao nome, compreendendo o prenome e o sobrenome e este não pode ser empregado por outrem em publicações ou representações que a exponham ao desprezo público, ainda quando não haja intenção difamatória;
    - » Sem que haja autorização, não se pode usar o nome alheio em propaganda comercial;
    - » O pseudônimo adotado para atividades lícitas goza da proteção que se dá ao nome das pessoas;
    - » Salvo se autorizadas, ou se necessárias à administração da justiça ou à manutenção da ordem pública, a divulgação de escritos, a transmissão da palavra, ou a publicação, a exposição ou a utilização da imagem de uma pessoa poderão ser proibidas, por meio de seu requerimento e sem prejuízo da indenização que couber, caso lhe atingirem a honra, a boa fama ou a respeitabilidade, ou se destinem a fins comerciais e caso a pessoa seja falecida ou ausente. São partes legítimas para requerer essa proteção o cônjuge, os ascendentes ou os descendentes;
    - » A vida privada da pessoa natural é inviolável, e o juiz, a requerimento do interessado, adotará as providências necessárias para impedir ou fazer cessar ato contrário a essa disposição.

Fim da Personalidade da Pessoa Natural

→ **A morte é o fim da pessoa natural, extinguindo sua personalidade. Podendo ocorrer das seguintes maneiras:**

> **Morte Real**: quando o corpo da pessoa natural cessa suas atividades vitais (se atesta a morte com prova direta, isto é, um médico poderá atestar que aquele corpo não tem mais vida);

> **Morte Presumida**: ocorre nos casos de ausência ou desaparecimento da pessoa natural, sendo declarada da seguinte maneira (em Ação de Morte Presumida):

» Sem decretação de ausência: se for extremamente provável a morte daquele que estava em perigo, desaparecido em campanha, feito prisioneiro de guerra ou, após o término da guerra, esteja desaparecido há mais de dois anos (artigo 7º do CC);

» Com decretação de ausência: quando a pessoa desaparece sem deixar vestígios (artigo 6º CC) como costumamos falar: pessoa em LINS (lugar incerto e não sabido). Nesses casos de ausência, decorrido um ano da arrecadação dos bens (estabelecido um curador, de preferência as pessoas citadas no artigo 25 do CC), ou decorridos três anos se este deixou um representante, os interessados (previstos no artigo 27 do CC) poderão requerer a abertura da sucessão provisória. Após o período de dez anos da sentença que concedeu a abertura da sucessão provisória, poderá ser requerida a sucessão definitiva, com o levantamento das cauções prestadas na sucessão provisória, diminuindo o prazo para cinco anos se o ausente contar com mais de 80 anos de idade.

» Assim, conclui-se que existem três fases da Ausência:
» Curadoria dos bens;
» Sucessão Provisória (atente-se que a sentença só produzirá efeitos 180 dias após publicada na impressa);
» Sucessão Definitiva.

> **Morte simultânea**: a chamada comoriência, quando duas pessoas morrem em uma mesma ocasião, sem que possa ser determinado qual faleceu primeiro. Tais situações são importantes quando tratamos de direitos sucessórios, falecendo ao mesmo tempo pessoas da mesma família e com direitos sucessórios entre si, exemplo um pai e um filho. A comoriência é uma presunção relativa (*iuris tantum*) podendo ser afastada por laudo médico.

Das Pessoas Jurídicas

As pessoas jurídicas são conjuntos de bens ou pessoas que acabam por adquirir personalidade jurídica por força da lei, ganhando uma "vida própria". Portanto, a pessoa jurídica não pode ser confundida com as pessoas naturais (como por exemplo os sócios de uma empresa) que são membros daquela.

Com esta breve conceituação, vamos estudar os principais tópicos relacionado as pessoas jurídicas.

Classificação

Direito Público Interno: União, Estados, Distrito Federal e os Territórios, Municípios, Autarquias (inclusive associações públicas) e demais entidades de caráter público criadas por lei;

Direito Público Externo: Estados estrangeiros e todas as pessoas que forem regidas pelo direito internacional público;

Direito Privado: Associações, Sociedades, Fundações, organizações religiosas e os partidos políticos.

Assim, as pessoas jurídicas são uma união de diversas pessoas naturais, com um objetivo comum.

A pessoa jurídica tem uma "vida própria", sendo autorizada por lei, tendo capacidade para adquirir direitos e contrair obrigações.

→ **Assim, podemos resumir que as pessoas jurídicas são caracterizadas:**
> Organização de pessoas ou de bens;
> Licitude de seus propósitos ou fins;
> Capacidade jurídica reconhecida por norma jurídica.

Início da Personalidade Jurídica

Da pessoa jurídica de direito público: "inicia-se em razão de fatos históricos, de criação constitucional, de lei especial e de tratados internacionais, se se tratar de pessoa jurídica de direito público externo" (Maria Helena Diniz).

Da pessoa jurídica de direito privado: com a inscrição do ato constitutivo no respectivo registro (juntas comerciais, cartórios de registros de pessoas jurídicas, etc.). Atenção ao artigo 45:

> **Art. 45.** *Começa a existência legal das pessoas jurídicas de direito privado com a inscrição do ato constitutivo no respectivo registro, precedida, quando necessário, de autorização ou aprovação do Poder Executivo, averbando-se no registro todas as alterações por que passar o ato constitutivo.*
>
> **Parágrafo único.** *Decai em três anos o direito de anular a constituição das pessoas jurídicas de direito privado, por defeito do ato respectivo, contado o prazo da publicação de sua inscrição no registro.*

As pessoas jurídicas têm os mesmos direitos de personalidade da pessoa natural, no que couber, inclusive o dano moral, conforme a Súmula 227 do STJ determina:

Pessoa Jurídica - Dano Moral

A pessoa jurídica pode sofrer dano moral.

Das Pessoas Jurídicas de Direito Privado

→ **As pessoas jurídicas de direito privado, previstas no artigo 44 do CC, são:**

> **Associações**: pessoas naturais que se organizam para fins não econômicos;

Fique Ligado

Podem realizar atividades que tenham finalidade lucrativa, devendo o lucro ser revertido em favor da associação.

Não há, entre os associados, direitos e obrigações recíprocos e os associados devem ter iguais direitos, porém, o estatuto poderá instituir categorias de associados com vantagens especiais, conforme previsto no artigo 55 do Código Civil.

→ **Ainda, cabe ressaltar que a associação é organizada da seguinte maneira:**
> Presidência;
> Conselho deliberativo;
> Conselho fiscal;
> Assembleia Geral.

Caberá à assembleia geral destituir os administradores e alterar o estatuto.

Seu ato constitutivo é o Estatuto sendo o registro realizado no Cartório de Registro de Pessoa Jurídica.

> **Fundações**: constituídas por ato de seu instituidor, escritura pública ou testamento, por meio de dotação de bens, especificando sua finalidade e declarando, se quiser, como devem ser administradas. Também não possuem fins econômicos e podem ter a finalidade religiosa, moral, cultural ou de assistência. Têm uma finalidade restrita; O Ministério Público fiscalizará em cada Estado;

> **Sociedades**: são pessoas naturais que se organizam com fins econômicos;

Temos uma divisão em sociedades simples (aquelas formadas para prestação de serviços, como por exemplo, sociedades de advogados, de médicos etc.) e sociedades empresariais (atividade voltada a produção e comercialização de produtos e serviços).

Cabe ressaltar o Enunciado 69 da I Jornada de Direito Civil que trata das sociedades cooperativas, vejamos: "As sociedades cooperativas são sociedades simples sujeitas a inscrição nas juntas comerciais".

Fique Ligado

As empresas públicas e sociedades de economia mista tem personalidade jurídica de direito privado, mesmo contando com capital público.

As sociedades são estudadas de modo aprofundado no Direito Empresarial.

> **Organizações religiosas**: organizações com fins religiosos (igrejas, templos), sem fins lucrativos. O Estado não poderá negar sua existência;

> **Partidos políticos**: pessoas organizadas de modo formal e legal, têm por base a mesma ideologia política, visando à disputa do poder político do país.

As empresas individuais de responsabilidade limitada: São empresas constituídas por uma única pessoa que é a titular da totalidade do capital social.

Foi inserida no Código Civil por meio da Lei 12.441 de 2011. Por fim, atentem também para a determinação do artigo 46 do Código Civil, que dita dados que devem estar presentes no registro:

Art. 46. O registro declarará:

I.   a denominação, os fins, a sede, o tempo de duração e o fundo social, quando houver;

II.   o nome e a individualização dos fundadores ou instituidores, e dos diretores;

III. o modo por que se administra e representa, ativa e passivamente, judicial e extrajudicialmente;

IV. se o ato constitutivo é reformável no tocante à administração, e de que modo;

V.   se os membros respondem, ou não, subsidiariamente, pelas obrigações sociais;

VI. as condições de extinção da pessoa jurídica e o destino do seu patrimônio, nesse caso.

Ainda, existem os chamados **Entes Despersonalizados** isto é, desprovidos de personalidade jurídica.

São exemplos de entes despersonalizados: a massa falida e o condomínio.

Domicílio das Pessoas Jurídicas

Assim como pessoas naturais, as pessoas jurídicas também possuem um domicílio, onde responderão pelos direitos e deveres assumidos.

→ O domicílio das pessoas jurídicas de direito público (artigo 75 CC), são:

> **União** = Distrito Federal;
> **Estados** = Respectivas Capitais;
> **Municípios** = local de sua administração do município.

Quanto às pessoas jurídicas de direito privado, segue a regra do artigo 75, IV:

IV.   Das demais pessoas jurídicas, o lugar onde funcionarem as respectivas diretorias e administrações, ou onde elegerem domicílio especial no seu estatuto ou atos constitutivos.

§ 1º Tendo a pessoa jurídica diversos estabelecimentos em lugares diferentes, cada um deles será considerado domicílio para os atos nele praticados.

§ 2º Se a administração, ou diretoria, tiver a sede no estrangeiro, haver-se-á por domicílio da pessoa jurídica, no tocante às obrigações contraídas por cada uma das suas agências, o lugar do estabelecimento, sito no Brasil, a que ela corresponder.

Desconsideração da Personalidade Jurídica

→ Determina o artigo 50 do Código Civil:

Art. 50 - Em caso de abuso da personalidade jurídica, caracterizado pelo desvio de finalidade, ou pela confusão patrimonial, pode o juiz decidir, a requerimento da parte, ou do Ministério Público quando lhe couber intervir no processo, que os efeitos de certas e determinadas relações de obrigações sejam estendidos aos bens particulares dos administradores ou sócios da pessoa jurídica." A desconsideração é a responsabilização da pessoa física pela má administração, sendo as obrigações estendidas ao seu patrimônio particular. São legitimados para propor:

> Os interessados;
> O Ministério Público, no que couber.

Extinção da Pessoa Jurídica

> **Convencional**: os sócios acordam na dissolução;
> **Administrativa**: quando, por exemplo, a autorização concedida para funcionamento por órgão público é cancelada;
> **Judicial**: ocorre com a determinação judicial;
> **Fato Natural**: ocorrendo a morte dos membros da sociedade, e caso seu ato constitutivo não preveja o prosseguimento das atividades pelos herdeiros, a pessoa jurídica estará extinta.

A extinção da pessoa jurídica possui algumas regras, não ocorrendo de modo automático, atente assim, as regras do artigo 51 do Código Civil:

Art. 51. Nos casos de dissolução da pessoa jurídica ou cassada a autorização para seu funcionamento, ela subsistirá para os fins de liquidação, até que está se conclua.

§ 1º Far-se-á, no registro onde a pessoa jurídica estiver inscrita, a averbação de sua dissolução.

§ 2º As disposições para a liquidação das sociedades aplicam-se, no que couber, às demais pessoas jurídicas de direito privado.

§ 3º Encerrada a liquidação, promover-se-á o cancelamento da inscrição da pessoa jurídica.

Art. 52. Aplica-se às pessoas jurídicas, no que couber, a proteção dos direitos da personalidade.

Exercício Comentado

01. Considere a seguinte situação hipotética: Carla está no sétimo mês de gestação e, tendo conhecimento de que o bebê será do sexo feminino, escolheu o nome de Isadora para a criança. Nessa situação, Isadora é dotada de personalidade, podendo receber em doação um imóvel.

ERRADO. A personalidade civil se inicia com o nascimento com vida (artigo 2º do Código Civil), sempre resguardada a proteção do nascituro (que é a situação da Isadora).

Anotações

CAPÍTULO 08
Produtos e Serviços Bancários

Preste muita atenção neste capítulo serão abordados conceitos ligados diretamente a desempenho da sua função dentro da instituição financeira, após é claro sua aprovação no concurso.

Minha Casa, Minha Vida

O Programa Minha Casa, Minha Vida - PMCMV é um programa do Governo Federal, lançado em abril de 2009, que tem transformado o sonho da casa própria em realidade para muitas famílias brasileiras. Em geral, o Programa acontece em parceria com estados, municípios, empresas e entidades sem fins lucrativos incentivando a produção e aquisição de novas unidades habitacionais ou requalificação de **imóveis urbanos** e produção ou reforma de **habitações rurais**.

→ O programa Minha Casa, Minha Vida compreende os seguintes subprogramas:
> O Programa Nacional de Habitação Urbana - PNHU;
> O Programa Nacional de Habitação Rural - PNHR.

Para pessoas que têm renda bruta de até R$ 5.000,00 (cinco mil reais), o Programa oferece algumas facilidades, como, por exemplo, descontos, subsídios e redução do valor de seguros habitacionais.

"Mais renda para os trabalhadores e desenvolvimento para o Brasil."

Quem Pode Participar

→ Para participar do Minha Casa, Minha Vida, as famílias deverão estar enquadradas nas faixas de renda previstas a baixo:
> Faixa 1 - Famílias com renda mensal bruta de até R$ 1.600,00.
> Faixa 2 - Famílias com renda mensal bruta de até R$ 3.275,00.
> Faixa 3 - Famílias com renda mensal bruta acima de R$ 3.275,00 até R$ 5 mil.

A seleção dos beneficiários é de responsabilidade das prefeituras. Portanto, os interessados devem se cadastrar na sede administrativa do município.

Fique Ligado

A lei 11.977/09 traz alguns conceitos muito importantes para o nosso entendimento, são eles:

Grupo familiar: unidade nuclear composta por um ou mais indivíduos que contribuem para o seu rendimento ou têm suas despesas por ela atendidas e abrange todas as espécies reconhecidas pelo ordenamento jurídico brasileiro, incluindo-se nestas a família unipessoal.

Imóvel novo: unidade habitacional com até 180 (cento e oitenta) dias de "habite-se", ou documento equivalente, expedido pelo órgão público municipal competente ou, nos casos de prazo superior, que não tenha sido habitada ou alienada.

Oferta pública de recursos: procedimento realizado pelo Poder Executivo federal destinado a prover recursos às instituições e agentes financeiros do Sistema Financeiro da Habitação - SFH para viabilizar as operações previstas no inciso III do art. 2º.

Requalificação de imóveis urbanos: aquisição de imóveis conjugada com a execução de obras e serviços voltados à recuperação e ocupação para fins habitacionais, admitida ainda a execução de obras e serviços necessários à modificação de uso.

Agricultor familiar: considera-se agricultor familiar e empreendedor familiar rural aquele que pratica atividades no meio rural (Seguindo todos requisitos trazidos no art. 3° da lei 11.326/06).

Trabalhador rural: pessoa física que, em propriedade rural, presta serviços de natureza não eventual a empregador rural, sob a dependência deste e mediante salário.

Toda família com renda bruta mensal de até R$ 5 mil pode participar do programa, desde que não possua casa própria ou financiamento em qualquer unidade da federação, ou tenha recebido anteriormente benefícios de natureza habitacional do Governo Federal.

Recursos

Os recursos do MCMV são do orçamento do Ministério das Cidades repassados para a Caixa Econômica Federal, que é o agente operacional do programa. Para atender à Faixa 1, nas modalidade Empresas e Entidades, a Caixa e o Banco do Brasil analisam e aprovam a contratação dos projetos apresentados pelas construtoras, conforme as diretrizes definidas pelo Ministério das Cidades. A liberação dos recursos ocorre a cada medição de obra.

Nas outras faixas de renda e modalidades, os recursos são repassados pelo ministério à Caixa para subsidiar os contratos de financiamento dos interessados na aquisição do imóvel tanto na área urbana como na rural. A contrapartida dos municípios é para a construção da infraestrutura externa, assim como alguns equipamentos públicos como escolas, postos de saúde e creches.

Modalidades

→ O MCMV possui cinco modalidades para a Faixa 1:
> **Empresas** - atende famílias com renda mensal de até R$ 1.600, por meio da transferência de recursos ao Fundo de Arrendamento Residencial (FAR). Nessa modalidade, a maior parte do subsídio é da União. A parcela paga pelo beneficiário é de 5% da renda mensal, com prestação mínima de R$ 25.
> **Entidades** - para as famílias com renda mensal de até R$ 1.600,00 organizadas em cooperativas habitacionais ou mistas, associações e demais entidades privadas sem fins lucrativos. O trabalho é feito por meio da produção, aquisição ou requalificação de imóveis já existentes. A União concede subsídio para a construção da unidade por meio de financiamentos a beneficiários organizados de forma associativa por uma entidade. A parcela paga pelo beneficiário é de 5% da renda mensal, com prestação mínima de R$ 25.
> **Municípios com até 50 mil habitantes** - atende às famílias com renda mensal de até R$ 1.600,00 em municípios com população de até 50 mil habitantes, não integrantes de regiões metropolitanas das capitais estaduais. O subsídio é da União, sendo que o valor de contrapartida pode ou não ser cobrado do beneficiário.

> **FGTS** - para atender às famílias com renda mensal até R$ 5 mil por meio do financiamento com recursos do Fundo de Garantia do Tempo de Serviço.

> **Rural** - modalidade destinada aos agricultores familiares e trabalhadores rurais com renda anual bruta de até R$ 15 mil, para o Grupo 1, de R$ 15 mil a R$ 30 mil para o Grupo 2 e de R$ 30 mil a R$ 60 mil para o grupo 3.

Impacto Econômico

No ano de 2012, o programa MCMV seguiu influenciando fortemente o crescimento, com um impacto estimado em 0,8 % no Produto Interno Bruto do país. Foi gerado aproximadamente 1,4 milhão de postos de trabalho formais, viabilizados pela superação da marca de dois milhões de unidades contratadas.

O programa alcançou a contratação de 2.863.384 unidades habitacionais no país, distribuídas por faixa de renda.

Como Participar

Habitação Urbana

Para famílias com renda até R$ 1.600,00

Para famílias que ganham até R$ 1.600,00 por mês, existem duas maneiras de participar do programa Minha Casa, Minha Vida:

Indicação pelo Município ou Governo do Estado/Distrito Federal

Para famílias que não têm renda ou possui renda familiar bruta mensal até R$ 1.600,00, reside em capital, região metropolitana ou município com população igual ou superior a 50 mil habitantes e não têm imóvel, podem procurar a Prefeitura de suas cidade. As famílias a serem beneficiadas são indicadas e selecionadas pelo município ou Governo do Estado/Distrito Federal

A pessoa deve estar cadastrado no CADÚNICO. A Prefeitura inclui, mantém e atualiza esse cadastro.

A execução das obras do empreendimento é realizada por Construtora contratada pela Caixa ou pelo Banco do Brasil, que se responsabilizam pela entrega dos imóveis concluídos e legalizados. As casas são financiada em até 120 prestações. E o valor das prestações é calculado de acordo com a renda familiar, sendo 5% da renda, mas nunca menor que R$ 25,00.

- **Inscrição e seleção**

O processo de seleção e indicação das famílias ao Programa é feito pela Prefeitura onde está sendo construído o imóvel, mediante <u>inscrições gratuitas dos interessados.</u>

As famílias selecionadas serão comunicadas sobre a data de sorteio das unidades e da assinatura do contrato de compra e venda.

O Programa prevê cotas para idosos, pessoas com deficiência ou pessoas com mobilidade reduzida

Fique Ligado

Não existe pagamento de taxa de inscrição no Programa Minha Casa Minha Vida.

- **Indicação pelas Entidades Organizadoras**

Se a pessoa possui renda familiar mensal bruta até R$ 1.600,00, pode ser beneficiada do Programa por meio da indicação de uma Entidade Organizadora habilitada pelo Ministério das Cidades, à qual a pessoa seja associada.

Além disso, a pessoa deve estar cadastrado no CADÚNICO. A Prefeitura inclui, mantém e atualiza esse cadastro.

A casa é financiada em até 120 prestações. E o valor das prestações é calculado de acordo com a renda familiar, sendo 5% da renda, mas nunca menor que R$ 25,00.

- **Entidades**

As entidades podem ser as cooperativas, associações ou entidades da sociedade civil sem fins lucrativos, com atribuições de organizar e apoiar as famílias no desenvolvimento de cada uma das etapas dos projetos voltados para a solução dos problemas habitacionais.

As Entidades são responsáveis perante a CAIXA pela execução do empreendimento, juntamente com os beneficiários, com a Comissão de Acompanhamento de Obras - CAO e com a Comissão de Representantes - CRE.

Fique Ligado

<u>Movimentos sociais:</u> além de reduzir os problemas habitacionais, o Programa Minha Casa, Minha Vida estimula o trabalho coletivo.

Quem possui renda familiar bruta até R$ 1.600,00, pode se inscrever no programa por meio de cooperativas, associações ou outras entidades privadas sem fins lucrativos.

"<u>Com a união de todos, os benefícios só aumentam.</u>"

Para Famílias Com Renda até R$ 5.000,00

Pessoas que possuem renda familiar mensal bruta até R$ 5.000,00, devem procurar um correspondente imobiliário CAIXA ou do Banco do Brasil.

- **Como Funciona**

A pessoa faz a simulação para saber quanto vai precisar para comprar seu imóvel.

Depois, confere a documentação que deverá levar a Caixa ou ao Banco do Brasil para pedir o financiamento.

O correspondente imobiliário recebe e analisa a documentação, e, após a aprovação do cadastro, mostra para a pessoa as condições permitidas para a compra do seu imóvel, como, por exemplo, possibilidade de usar o FGTS, o valor de financiamento, a prestação e o prazo para pagar.

Depois da aprovação do cadastro, o correspondente imobiliário faz a avaliação do imóvel, e a pessoa assina o contrato.

A pessoa terá cobertura pelo Fundo Garantidor de Habitação Popular (FGHAB) em caso de morte ou invalidez permanente (MIP), danos físicos no imóvel (DFI), perda temporária de renda.

- **O Que é Necessário para a Compra do Imóvel**

> Ter mais de 18 anos ou ser emancipado com 16 anos completos;

> Ser brasileiro ou possuir visto permanente no país;

> Possuir capacidade civil e de pagamento;

> Não ter nome em cadastros de devedores, como SERASA e CSPC;

- > O imóvel deve ser novo;
- > Não ter recebido desconto em financiamento habitacional anterior;
- > Não ser proprietário, cessionário ou não ter compromisso de compra de outro imóvel residencial urbano, concluído ou em construção, independente do percentual de propriedade, em um dos locais abaixo:
  - » No município de domicílio, incluindo os limítrofes e integrantes da mesma região metropolitana;
  - » No município de exercício de ocupação principal, incluindo os limítrofes e integrantes da mesma região metropolitana;
  - » No município onde pretende fixar residência.
- > Não possuir financiamento habitacional ativo, nas condições estabelecidas para o Sistema Financeiro de Habitação (SFH), em qualquer parte do País;
- > Não ser titular de direito de aquisição de imóvel residencial urbano, concluído ou em construção, onde mora nem onde pretenda morar, inclusive arrendamento;
- > A prestação não pode ser maior que 30% da sua renda familiar mensal bruta;
- > Sua renda familiar bruta deve ser até R$ 5.000,00 por mês;
- > O imóvel deve ser utilizado para sua moradia;
- > Não ter sido beneficiado no PMCMV;
- > A garantia do seu financiamento é a **alienação fiduciária do imóvel**.

Fique Ligado

Imóvel novo: é aquele construído ou em fase de construção a partir de 26 MAR 2009 e que tenha: até 180 dias da expedição do "habite-se" ou documento equivalente, expedido por órgão municipal competente emitido a partir de 26.03.2009 ou que tenha ultrapassado 180 dias, mas não foi habitado ou alienado ou doado.

A alienação fiduciária funciona assim: o bem é dado como garantia de pagamento ao financiamento feito com a CAIXA, mas você usa o bem até o fim do pagamento do financiamento.

- **Vantagens de Financiamento**
- > Financiamento no Sistema Financeiro de Habitação (SFH);
- > Até 30 anos para pagar;
- > Utilização do seu FGTS como parte do pagamento do imóvel;
- > Taxa de juros a partir de 5%;
- > Redução na taxa de juros de 0,5% para quem possui conta ativa ou inativa com saldo do FGTS e que tenha 36 contribuições sob o regime do FGTS;
- > Desconto para famílias com renda bruta até R$ 3.275,00;
- > O Fundo Garantidor de Habitação Popular (FGHAB):
  - » Reduz o custo final do financiamento habitacional;
  - » Garante o pagamento da prestação mensal em caso de desemprego e redução temporária da capacidade de pagamento;
  - » Assume o saldo devedor do financiamento imobiliário, em caso de morte e invalidez permanente;
  - » Assume as despesas de recuperação relativas a danos físicos ao imóvel conforme condições estabelecidas no FGHAB.

- **O que é pago?**

Até a contratação
- > Taxa de avaliação da proposta de 1,5% sobre o valor do financiamento, no ato da assinatura do contrato;
- > Primeiras contribuições ao FGHAB;
- > Durante o financiamento;
- > Parcela de amortização e juros;
- > Contribuições ao FGHAB;
- > Taxa de administração, de R$ 25,00 se renda bruta familiar mensal superior a R$ 3.275,00;
- > Atualização monetária anual calculada, a cada aniversário do contrato, sobre o saldo devedor.

Limites de Renda Familiar Bruta Mensal
- > **De R$ 465,00 a R$ 5.000,00:** para imóveis nos municípios das regiões metropolitanas ou equivalentes, municípios-sede de capitais estaduais ou municípios com população igual ou superior a 250 mil.
- > **De R$ 465,00 a R$ 4.300,00:** nos demais municípios.

Limites de Financiamento

O valor do imóvel corresponde ao maior valor entre a venda e a compra e depende da avaliação e do que você pode pagar por mês:

- > **Imóvel até R$ 190 mil:** no Distrito Federal ou em municípios das regiões metropolitanas ou equivalentes dos estados do RJ e SP;
- > **Imóvel até R$ 170 mil:** em municípios com população igual ou superior a um milhão ou em municípios-sede de capitais estaduais;
- > **Imóvel até R$ 145 mil:** em municípios com população igual ou superior a 250 mil ou integrantes de regiões metropolitanas ou equivalentes, inclusive, da Região Integrada do Distrito Federal e Entorno - RIDE;
- > **Imóvel até R$ 115 mil:** em municípios com população igual ou superior a 50 mil;
- > **Imóvel até R$ 90 mil:** para demais regiões.

Taxas de Juros

Renda familiar bruta mensal (R$) MCMV	Taxa de juros Nominal (%a.a)	Taxa de juros Efetiva (%a.a)	Taxa de juros para quem tem conta no FGTS Nominal (%a.a)	Taxa de juros para quem tem conta no FGTS Efetiva (%a.a)
De 465 até 2.455,00	5,00	5,1162	4,5	4,5940
De 2.455,01 até 3.275,00	6,00	6,1678	5,50	5,6408
De 3.275,01 a 5.000,00	7,16	7,3999	6,66	6,8999

Fique Ligado

Cônjuges ou companheiros (as), independentemente do regime de casamento:

Pode ser utilizado o FGTS, desde que o cônjuge ou companheiro(a) que não é o adquirente principal compareça no contrato como coadquirente.

Habitação Rural

Famílias com Renda Bruta até R$ 15.000,00 por Ano

É um Programa criado pelo Governo Federal no âmbito do Programa Minha Casa, Minha Vida, para possibilitar ao agricultor familiar ou ao trabalhador rural o acesso à moradia digna. O programa atende a todos os municípios do país e permite a compra de material para viabilizar a construção de uma casa nova ou a conclusão/reforma e/ou ampliação da moradia já existente.

Os recursos são do Orçamento Geral da União - OGU e concedidos ao agricultor familiar ou trabalhador rural para aquisição do material de construção e pagamento de mão de obra, para construir a sua casa. O Valor é de até R$25.000,00 para construção da casa e de até R$ 15.000,00 para conclusão/reforma e/ou ampliação da casa existente.

O Programa Nacional de Habitação Rural viabiliza a participação das famílias beneficiadas na construção das suas casas, na gestão dos recursos financeiros e na manutenção dos bens e/ou serviços gerados proporcionando o desenvolvimento comunitário.

O acesso ao programa se dá por meio de grupos de no mínimo 4 e no máximo 50 famílias organizadas por uma entidade sem fins lucrativos ou pelo Poder Público que apresenta a proposta à CAIXA ou ao Banco do Brasil para análise. A Entidade organizadora é responsável por organizar os grupos e acompanhar a construção de casas, dentre outras atribuições.

Fique Ligado

São Entidades Organizadoras todas as pessoas jurídicas de natureza pública ou privada, sem fins lucrativos. Nessas condições enquadram-se as cooperativas, prefeituras, associações, sindicatos e demais entidades privadas que representem um grupo de beneficiários.

Famílias com Renda Bruta de R$ 15.000,00 até R$ 60.000,00 por Ano

É um Programa criado pelo Governo Federal no âmbito do Programa Minha Casa, Minha Vida que atende famílias de agricultores familiares ou trabalhadores rurais com renda familiar bruta anual de R$ 15.000,01 até R$ 60.000,00. O agricultor familiar que comprovar o seu enquadramento no PRONAF - Programa Nacional da Agricultura Familiar, mediante apresentação da DAP - Declaração de Aptidão ao PRONAF, em um dos Grupos B, C, D ou V. O trabalhador rural deve comprovar a renda de acordo com a sua atividade.

Todas as propostas recebidas serão submetidas às análises cadastral e de risco de crédito.

A operação é contratada em grupos de famílias, de no mínimo 04 e no máximo 50 famílias, organizadas por uma Entidade Organizadora. A Entidade organizadora é responsável por organizar os grupos de famílias e também pelo acompanhamento da construção das casas, dentre outras atribuições.

FGTS

→ Como utilizar o FGTS para moradia?

Para utilizar os recursos da conta vinculada do FGTS na aquisição de moradia própria o proponente deve atender aos seguintes pré-requisitos:

> Contar com o mínimo de três anos, considerando todos os períodos de trabalho, sob o regime do FGTS;
> Não ser titular de financiamento imobiliário ativo, concedido no âmbito do SFH, em qualquer parte do Território Nacional;
> Não ser proprietário, promitente comprador, cessionário ou usufrutuário de imóvel residencial concluído ou em construção localizado:
> No município onde exerce sua ocupação principal;
> Na região metropolitana na qual se situe o município onde exerce sua ocupação principal;
> Nos municípios limítrofes daquele onde exerce sua ocupação principal;
> No atual município de residência;
> No município onde pretende adquirir com o uso do FGTS.

Valor do Imóvel

O valor do imóvel não pode ultrapassar o valor limite de avaliação estabelecido para o âmbito do SFH.

Valor do FGTS

Saldo disponível nas contas vinculadas do trabalhador, desde que o valor do FGTS, acrescido da parcela financiada, quando houver, não exceda ao menor dos seguintes valores:

a) Limite máximo do valor de avaliação do imóvel estabelecido para as operações no SFH; ou
b) Da avaliação feita pelo agente financeiro; ou
c) De compra e venda.

Interstício Mínimo entre Utilizações

Para utilização do FGTS na modalidade de aquisição, o imóvel transacionado não pode ter sido objeto de utilização do FGTS há menos de 03 anos.

Proprietário de Fração de Imóvel Residencial Quitado ou Financiado, Concluído ou em Construção

Pode utilizar o FGTS para adquirir outro imóvel no caso da propriedade da fração ideal ser igual ou inferior a 40% do total do imóvel.

Compra de Fração Remanescente de Imóvel Residencial Quitado ou Financiado, Pelo Proprietário de Fração do Mesmo Imóvel

Pode ser utilizado o FGTS para compra da fração remanescente, desde que o adquirente figure na escritura aquisitiva do imóvel ou contrato de financiamento como coproprietário. Nesse caso particular, a detenção de fração ideal pode ultrapassar os 40%.

Proprietário de Lotes ou Terrenos

Pode utilizar o FGTS se comprovada a inexistência de edificação, por meio da apresentação do carnê do Imposto Predial Territorial Urbano - IPTU e matrícula atualizada do imóvel.

Proprietário de Imóvel Residencial Recebido por Doação ou Herança

Se o imóvel recebido por doação ou herança estiver gravado com cláusula de usufruto vitalício em favor de terceiros, o seu proprietário pode adquirir outro imóvel com recursos do FGTS.

Construção

Caso haja um financiamento concedido dentro ou fora do SFH ou de autofinanciamento contratado junto a Cooperativa Habitacional, Companhia de Habitação, Administradora de Consórcio de Imóveis ou por contrato de empreitada, o FGTS pode ser utilizado. O construtor deverá apresentar cronograma de obra.

Aquisição e Construção de Imóvel Misto, Destinado à Residência e Instalação de Atividades Comerciais

A utilização de recursos do FGTS na aquisição de imóvel misto é restrita à fração correspondente à unidade residencial.

Localização do Imóvel

> No município onde os adquirentes exerçam a sua ocupação principal ou em município limítrofe ou integrante da região metropolitana;
> No município em que os adquirentes já residam há pelo menos 1 ano, comprovados por, no mínimo, 2 documentos simultâneos, tais como contrato de aluguel, contas de água, luz, telefone ou gás, recibos de condomínio ou declaração do empregador ou de instituição bancária.

O atendimento dos requisitos é exigido, também, em relação ao coadquirente, exceto ao cônjuge.

Legislação Aplicada ao Programa Minha Casa, Minha Vida

Decreto nº 7.499, de 16 de Junho de 2011

Art. 1º O Programa Minha Casa, Minha Vida - PMCMV tem por finalidade criar mecanismos de incentivo à produção e à aquisição de novas unidades habitacionais, à requalificação de imóveis urbanos e à produção ou reforma de habitações rurais, para famílias com renda mensal de até R$ 5.000,00 (cinco mil reais) e compreende os seguintes subprogramas:

I. Programa Nacional de Habitação Urbana - PNHU; e
II. Programa Nacional de Habitação Rural - PNHR.

Parágrafo único. A execução do PMCMV observará as definições do

Art. 2º Para a execução do PMCMV, a União, observada a disponibilidade orçamentária e financeira:

I. Concederá subvenção econômica ao beneficiário pessoa física no ato da contratação de financiamento habitacional;
II. Participará do Fundo de Arrendamento Residencial - FAR, mediante integralização de cotas e transferirá recursos ao Fundo de Desenvolvimento Social - FDS de que tratam, respectivamente, a Lei nº 10.188, de 12 de fevereiro de 2001, e a Lei nº 8.677, de 13 de julho de 1993;
III. Realizará oferta pública de recursos destinados à subvenção econômica ao beneficiário pessoa física de operações em municípios com população de até cinquenta mil habitantes;
IV. Participará do Fundo Garantidor da Habitação Popular - FGHab; e
V. Concederá subvenção econômica por meio do Banco Nacional de Desenvolvimento Econômico e Social - BNDES, sob a modalidade de equalização de taxas de juros e outros encargos financeiros, especificamente nas operações de financiamento de linha especial para infraestrutura em projetos de habitação popular.

§ 1º A aplicação das condições previstas no inciso III do caput dar-se-á sem prejuízo da possibilidade de atendimento aos municípios com população entre vinte mil e cinquenta mil habitantes, por outras formas admissíveis no âmbito do PMCMV, nos termos de regulamento do Ministério das Cidades.

§ 2º O regulamento previsto no § 1º deverá estabelecer, entre outras condições, atendimento aos municípios com população urbana igual ou superior a setenta por cento de sua população total e taxa de crescimento populacional, entre os anos 2000 e 2010, superior à taxa verificada no respectivo estado.

Art. 3º Para a indicação dos beneficiários do PMCMV, deverão ser observados os requisitos constantes do art. 3º da Lei no 11.977, de 2009, e o limite de renda familiar mensal estabelecido no art. 1º deste Decreto.

§ 1º O Ministério das Cidades definirá os parâmetros de priorização e enquadramento dos beneficiários do PMCMV, observado o caput.

§ 2º Além dos requisitos de que trata o caput, os estados, os municípios e o Distrito Federal poderão fixar outros critérios de seleção de beneficiários do PMCMV, previamente aprovados pelos respectivos conselhos locais de habitação, quando existentes, e em conformidade com as respectivas políticas habitacionais e as regras estabelecidas pelo Ministério das Cidades.

Art. 4º Em áreas urbanas, deverão ser respeitados os seguintes critérios de prioridade para projetos do PMCMV, observada a regulamentação do Ministério das Cidades:

I. A doação pelos estados, pelo Distrito Federal e pelos municípios de terrenos localizados em área urbana consolidada para implantação de empreendimentos vinculados ao programa;
II. A implementação pelos estados, pelo Distrito Federal e pelos municípios de medidas de desoneração tributária para as construções destinadas à habitação de interesse social; e
III. A implementação pelos municípios dos instrumentos da Lei no 10.257, de 10 de julho de 2001, que visam ao controle da retenção das áreas urbanas em ociosidade.

Capítulo II

Do Programa Nacional de Habitação Urbana - PNHU

Art. 5º O Programa Nacional de Habitação Urbana - PNHU tem por objetivo promover a produção ou aquisição de novas unidades habitacionais, ou a requalificação de imóveis urbanos.

§ 1º Para a implementação do PNHU, a União disponibilizará recursos na forma prevista nos incisos I, II e III do art. 2º.

§ 2º A assistência técnica pode fazer parte da composição de custos do PNHU.

Art. 6º Para a implantação de empreendimentos no âmbito do PNHU deverão ser respeitados os seguintes requisitos, observada a regulamentação do Ministério das Cidades:

I. Localização do terreno na malha urbana ou em área de expansão que atenda aos requisitos estabelecidos pelo Ministério das Cidades, observado o respectivo plano diretor, quando existente;

II. Adequação ambiental do projeto;

III. Infraestrutura básica que permita ligações domiciliares de abastecimento de água e energia elétrica e que inclua vias de acesso, iluminação pública e solução de esgotamento sanitário e de drenagem de águas pluviais;

IV. A existência ou compromisso do poder público local de instalação ou de ampliação dos equipamentos e serviços relacionados à educação, à saúde, ao lazer e ao transporte público.

Art. 7º A subvenção econômica de que trata o inciso I do art. 2º será concedida no ato da contratação da operação de financiamento, com o objetivo de:

I. Facilitar a aquisição, produção e requalificação do imóvel residencial; ou

II. Complementar o valor necessário a assegurar o equilíbrio econômico-financeiro das operações de financiamento realizadas pelas entidades integrantes do Sistema Financeiro da Habitação - SFH, compreendendo as despesas de contratação, de administração e cobrança e de custos de alocação, remuneração e perda de capital.

§ 1º A subvenção econômica a que se refere o inciso I do caput do art. 2º será concedida exclusivamente a mutuários com renda familiar mensal de até R$ 3.275,00 (três mil, duzentos e setenta e cinco reais), uma única vez por imóvel e por beneficiário e será cumulativa com os descontos habitacionais concedidos nas operações de financiamento realizadas na forma do art. 9º da Lei no 8.036, de 11 de maio de 1990, com recursos do Fundo de Garantia do Tempo de Serviço - FGTS, até o limite máximo a ser fixado em ato conjunto dos Ministérios das Cidades, da Fazenda e do Planejamento, Orçamento e Gestão.

§ 2º A subvenção de que trata o inciso I do caput do art. 2º poderá ser cumulativa com subsídios concedidos no âmbito de programas habitacionais dos Estados, do Distrito Federal ou dos Municípios.

Art. 8º As operações realizadas com recursos provenientes da integralização de cotas no FAR e recursos transferidos ao FDS, conforme previsto no inciso II do caput do art. 2º, beneficiarão famílias com renda mensal de até R$ 1.600,00 (um mil e seiscentos reais) e ocorrerão na forma de regulamento estabelecido por ato conjunto dos Ministérios das Cidades, da Fazenda, e do Planejamento, Orçamento e Gestão, observadas as seguintes condições:(Redação dada pelo Decreto nº 7.795, de 2012)

I. Exigência de participação financeira dos beneficiários, sob a forma de prestações mensais;

II. Quitação da operação, em casos de morte ou invalidez permanente do beneficiário, sem cobrança de contribuição do beneficiário;

III. Cobertura de danos físicos ao imóvel, sem cobrança de contribuição do beneficiário.

§ 1º Nos empreendimentos habitacionais em edificações multifamiliares, produzidos com os recursos de que trata o caput, inclusive no caso de requalificação de imóveis urbanos, será admitida a produção de unidades destinadas à atividade comercial a eles vinculada, devendo o resultado de sua exploração ser destinado integralmente ao custeio do condomínio.

§ 2º É vedada a alienação das unidades destinadas à atividade comercial de que trata o § 1º pelo condomínio a que estiverem vinculadas.

§ 3º Serão dispensadas a participação financeira dos beneficiários de que trata o inciso I do caput e a cobertura a que se refere o inciso III do caput nas operações com recursos provenientes da integralização de cotas do FAR, quando essas operações:

I. Forem vinculadas às programações orçamentárias do Programa de Aceleração do Crescimento - PAC e demandarem reassentamento, remanejamento ou substituição de unidades habitacionais;

II. Forem vinculadas a intervenções financiadas por operações de crédito ao setor público inseridas no PAC e demandarem reassentamento, remanejamento ou substituição de unidades habitacionais;

III. Forem destinadas ao atendimento, nos casos de situação de emergência ou estado de calamidade pública reconhecidos pela União, a famílias desabrigadas que perderam seu único imóvel.

§ 4º Nas operações realizadas com recursos provenientes da integralização de cotas do FAR, na forma dos incisos I, II, e III do §3º, será admitido o atendimento a famílias com renda mensal de até R$ 3.275,00 (três mil, duzentos e setenta e cinco reais), dispensadas a participação financeira dos beneficiários sob a forma de prestações mensais e a cobertura de danos físicos ao imóvel

§ 5º As operações realizadas com recursos previstos no caput observarão os seguintes dispositivos:

I. A subvenção econômica será concedida nas prestações do financiamento, ao longo de cento e vinte meses;

II. A quitação antecipada do financiamento implicará o pagamento do valor da dívida contratual do imóvel, sem a subvenção econômica conferida na forma deste artigo; e

III. Não se admite transferência inter vivos de imóveis sem a respectiva quitação.

§ 6º As cessões de direitos, promessas de cessões de direitos ou procurações que tenham por objeto a compra e venda, promessa de compra e venda ou cessão de imóveis adquiridos sob as regras do PMCMV, quando em desacordo com o inciso III do § 5º, serão consideradas nulas.

§ 7º Nas operações previstas no § 3º, a subvenção econômica será concedida no ato da contratação da unidade habitacional, exclusivamente para o beneficiário que comprovar a titularidade e regularidade fundiária do imóvel do qual será removido, do imóvel que foi destruído ou do imóvel cujo uso foi impedido definitivamente, quando nele esteja ou estivesse habitando.

§ 8º A comprovação de que trata o § 7º será feita por meio de documentação que comprove a regularidade da ocupação e a situação de destruição ou impedimento definitivo do imóvel, atestada por autoridade competente na forma estabelecida pelo Ministério das Cidades.

§ 9º É vedada a concessão de subvenções econômicas lastreadas nos recursos do FAR ou FDS a beneficiário que tenha recebido benefício de natureza habitacional oriundo de recursos orçamentários da União, do FAR, do FDS ou de descontos habitacionais concedidos com recursos do FGTS, excetuadas as subvenções ou descontos destinados à aquisição de material de construção para fins de conclusão, ampliação, reforma ou melhoria de unidade habitacional, e aquelas previstas no atendimento a famílias nas operações estabelecidas no § 3º

§ 10 Os beneficiários das operações realizadas com recursos provenientes da integralização de cotas no FAR e recursos transferidos ao FDS assumirão responsabilidade contratual pelo pagamento de cento e vinte prestações mensais, correspondentes a cinco por cento da renda bruta familiar mensal, com valor mínimo fixado em vinte e cinco reais.

§ 11 O percentual e o valor mínimo fixados para a prestação mensal de que trata o §10 poderá ser alterado por meio de ato conjunto dos Ministros de Estado das Cidades, da Fazenda e do Planejamento, Orçamento e Gestão.

§ 12 Nas operações realizadas com recursos provenientes da integralização de cotas do FAR, poderá ser custeada a edificação de equipamentos de educação, saúde e outros complementares à habitação, inclusive em terrenos de propriedade pública, observadas as políticas setoriais federal, estaduais, distrital, ou municipais.

§ 13 O Ministério das Cidades definirá o conteúdo do compromisso prévio de que trata o § 1º do art. 82-D da Lei nº 11.977, de 2009, a ser celebrado entre o órgão gestor do FAR e os governos estaduais, distrital, ou municipais.

Art. 9º Compete à Caixa Econômica Federal - CEF, na condição de Agente Gestor do FAR, expedir os atos necessários à atuação de instituições financeiras oficiais federais na operacionalização do PMCMV, com recursos transferidos ao FAR.

Parágrafo único. Caberá às instituições financeiras oficiais federais, dentre outras obrigações decorrentes da operacionalização do PMCMV, com recursos transferidos ao FAR:

I.   Responsabilizar-se pela estrita observância das normas aplicáveis, ao alienar e ceder aos beneficiários do PMCMV os imóveis produzidos; e

II. Adotar todas as medidas judiciais e extrajudiciais para a defesa dos direitos do FAR no âmbito das contratações que houver intermediado.

Art. 10. A concessão de subvenção econômica, nas operações de que trata o inciso III do caput do art. 2º, beneficiará famílias com renda bruta mensal limitada a R$ 1.600,00 (um mil e seiscentos reais), com o objetivo de:

I.   Facilitar a produção de imóvel residencial; e

II. Remunerar as instituições ou agentes financeiros do Sistema Financeiro da Habitação - SFH habilitados a atuar no programa.

§ 1º O Ministério das Cidades definirá a tipologia e o padrão das moradias e da infraestrutura urbana, com observância da legislação municipal pertinente.

§ 2º Para a concessão de subvenção econômica nas operações de que trata o caput, fica estabelecido que a instituição ou agente financeiro participante somente poderá receber recursos até o máximo de quinze por cento do total ofertado em cada oferta pública, considerado o limite de cem unidades habitacionais por município, na forma regulamentada em ato conjunto dos Ministérios das Cidades, da Fazenda e do Planejamento, Orçamento e Gestão, que disporá sobre os seguintes aspectos:

I.   Valores e limites das subvenções individualizadas destinadas a cada beneficiário;

II. Remuneração das instituições e agentes financeiros pelas operações realizadas; e

III. Quantidade, condições e modalidades de ofertas públicas de cotas de subvenções.

§ 3º É vedada a concessão de subvenções econômicas de que trata o inciso III do caput do art. 2º a beneficiário que tenha recebido benefício de natureza habitacional oriundo de recursos orçamentários da União, do FAR, do FDS ou de descontos habitacionais concedidos com recursos do FGTS, excetuadas as subvenções ou descontos destinados à aquisição de material de construção para fins de conclusão, ampliação, reforma ou melhoria de unidade habitacional

Art. 11. Caberá ao Ministério das Cidades a regula\ mentação do PNHU, especialmente em relação:

I.   à fixação das diretrizes e condições gerais de execução;

II. à distribuição regional dos recursos e à fixação dos critérios complementares de distribuição; e

III. ao estabelecimento dos critérios adicionais de priorização da concessão da subvenção econômica.

Art. 12. A gestão operacional dos recursos destinados à concessão da subvenção do PNHU, de que trata o inciso I do caput do art. 2º, será efetuada pela CEF.

Art. 13. Os Ministros de Estado das Cidades, da Fazenda e do Planejamento, Orçamento e Gestão fixarão, em ato conjunto:

I.   A remuneração da CEF pelas atividades exercidas no âmbito do PNHU;

II. Os valores e limites máximos de subvenção; e

III. As condições operacionais para pagamento e controle da subvenção econômica.

Capítulo III

Do Programa Nacional De Habitação Rural - PNHR

Art. 14. O PNHR tem como finalidade subsidiar a produção ou reforma de imóveis aos agricultores familiares e trabalhadores rurais cuja renda familiar anual bruta não ultrapasse R$ 60.000,00 (sessenta mil reais), por intermédio de operações de repasse de recursos do Orçamento Geral da União ou de financiamento habitacional com recursos do FGTS.

Parágrafo único. A assistência técnica pode fazer parte da composição de custos do PNHR.

Art. 15. A subvenção econômica do PNHR será concedida no ato da contratação da operação pelo beneficiário, com o objetivo de:

I.   Facilitar a produção ou reforma do imóvel residencial;

II. Complementar o valor necessário a assegurar o equilíbrio econômico-financeiro das operações de financiamento realizadas pelos agentes financeiros; ou

III. Complementar a remuneração do agente financeiro, nos casos em que o subsídio não esteja vinculado a financiamento.

§ 1º A subvenção econômica do PNHR será concedida uma única vez por imóvel e por beneficiário, até o limite máximo a ser fixado em ato conjunto dos Ministérios das Cidades, da Fazenda e do Planejamento, Orçamento e Gestão e, excetuados os casos previstos no inciso III do caput, será cumulativa com os descontos habitacionais concedidos nas operações de financiamento realizadas na forma do art. 9º da Lei no 8.036, de 1990, com recursos do FGTS.

§ 2º A subvenção econômica do PNHR poderá ser cumulativa com subsídios concedidos no âmbito de programas habitacionais dos estados, Distrito Federal ou municípios.

§ 3º Para definição dos beneficiários do PNHR, deverão ser respeitados, exclusivamente, o limite de renda definido para o PMCMV e as faixas de renda definidas pelos Ministérios das Cidades, da Fazenda e do Planejamento, Orçamento e Gestão, em ato conjunto.

Art. 16. O Ministério das Cidades regulamentará as diretrizes e condições gerais de operação, gestão, acompanhamento, controle e avaliação do PNHR.

Art. 17. A gestão operacional do PNHR será efetuada pela CEF, sem prejuízo da participação de outras instituições financeiras oficiais federais.

Art. 18. Os Ministros de Estado das Cidades, da Fazenda e do Planejamento, Orçamento e Gestão fixarão, em ato conjunto, a remuneração da CEF pelas atividades exercidas no âmbito do PNHR.

Capítulo IV
Das Custas e Emolumentos e da Regularização Fundiária

Art. 19. Nos empreendimentos não constituídos exclusivamente por unidades enquadradas no PMCMV, a redução de custas e emolumentos prevista no art. 42 da Lei no 11.977, de 2009, alcançará apenas a parcela do empreendimento incluída no programa.

Art. 20. Para obtenção da redução de custas e emolumentos prevista no art. 43 da Lei no 11.977, de 2009, o interessado deverá apresentar ao cartório os seguintes documentos:

I.	Declaração firmada pelo beneficiário, sob as penas da lei, atestando que o imóvel objeto do registro ou averbação requerido é o primeiro imóvel residencial por ele adquirido;
II.	Declaração do vendedor, sob as penas da lei, atestando que o imóvel nunca foi habitado; e
III.	Declaração firmada pelo agente financeiro responsável atestando o enquadramento da operação às condições estabelecidas para o PMCMV.

Parágrafo único. As exigências previstas neste artigo poderão ser supridas mediante a inclusão de cláusulas específicas no instrumento contratual levado a registro ou averbação.

Art. 21. Na regularização jurídica de glebas parceladas para fins urbanos anteriormente a 19 de dezembro de 1979, o registro do parcelamento será procedido mediante requerimento do interessado dirigido ao cartório de registro de imóveis, acompanhado dos seguintes documentos:

I.	Certidão da matrícula ou transcrição referente à gleba objeto de parcelamento;
II.	Planta e memorial descritivo do parcelamento objeto de regularização;
III.	Documento expedido pelo Poder Executivo municipal que ateste a conformidade do procedimento de regularização, observados os requisitos de implantação e integração à cidade do parcelamento; e
IV.	Cópia da Anotação de Responsabilidade Técnica do profissional legalmente habilitado responsável pela regularização.

§ 1º A regularização prevista no caput poderá envolver a totalidade ou parcelas da gleba.

§ 2º Na regularização fundiária a cargo da administração pública, fica dispensada a apresentação do documento mencionado no inciso IV do caput caso o profissional legalmente habilitado seja servidor ou empregado público.

§ 3º O registro do parcelamento de que trata o caput será efetivado independentemente da retificação de registro da gleba sobre a qual se encontre implantado e da aprovação de projeto de regularização fundiária.

Capítulo V
Disposições Finais

Art. 22. Os Ministérios das Cidades, da Fazenda e do Planejamento, Orçamento e Gestão poderão, em ato conjunto, rever anualmente os limites de renda familiar estabelecidos, na forma deste Decreto, para o PNHU e PNHR.

Parágrafo único. Na atualização dos valores adotados como parâmetros de renda familiar estabelecidos neste Decreto deverão ser observados os limites fixados no § 6º do art. 3º da Lei no 11.977, de 2009.

Art. 23. A participação dos estados, Distrito Federal e municípios no âmbito do PMCMV será regida por Termo de Adesão, a ser definido pelo Ministério das Cidades, que conferirá aos estados, municípios e ao Distrito Federal as seguintes atribuições:

I.	Executar a seleção de beneficiários do PMCMV, observada a regulamentação do Ministério das Cidades;
II.	Executar o trabalho técnico e social pós-ocupação dos empreendimentos implantados, definido como um conjunto de ações que visam promover o desenvolvimento da população beneficiária, de forma a favorecer a sustentabilidade do empreendimento, mediante a abordagem dos temas mobilização e organização comunitária, educação sanitária e ambiental, e geração de trabalho e renda;
III.	Promover ações que facilitem a elaboração e execução de projetos, na forma disposta no art. 4º; e
IV.	Firmar, a cada projeto, instrumento de compromisso com a execução dos equipamentos e serviços, de que trata o inciso IV do art. 6º.

Art. 24. Os recursos vinculados ao PNHU e ao PNHR, previstos neste Decreto, serão transferidos para a CEF, na qualidade de gestor operacional, pelo Ministério das Cidades, conforme programação orçamentário-financeira a ser definida pelos Ministérios da Fazenda e do Planejamento, Orçamento e Gestão.

Art. 25. Em casos de utilização dos recursos de subvenção econômica vinculada ao PMCMV em finalidades e condições diversas daquelas definidas em Lei e na forma deste Decreto, será exigida a devolução ao erário do valor da subvenção concedida, acrescido de juros e atualização monetária, com base na remuneração dos recursos que serviram de lastro à sua concessão, sem prejuízo das penalidades previstas em Lei.

Art. 26. Fica instituído o Comitê de Acompanhamento do Programa Minha Casa, Minha Vida - CAPMCMV, com a finalidade de acompanhar e avaliar as atividades do Programa.

§ 1º O CAPMCMV será integrado por um representante titular e um suplente dos seguintes órgãos:

I.	Ministério do Planejamento, Orçamento e Gestão, responsável pela sua coordenação e por oferecer os meios necessários ao seu funcionamento;
II.	Casa Civil da Presidência da República;
III.	Ministério das Cidades; e
IV.	Ministério da Fazenda.

§ 2º O Ministério do Planejamento, Orçamento e Gestão poderá convidar para integrar o CAPMCMV outros órgãos e entidades da administração pública federal direta ou indireta.

§ 3º O Ministério do Planejamento, Orçamento e Gestão designará os membros do CAPMCMV indicados pelos titulares dos órgãos referidos neste artigo.

§ 4º O CAPMCMV disponibilizará ao Conselho das Cidades, órgão integrante da estrutura básica do Ministério das Cidades, dados e informações que permitam o acompanhamento e avaliação da execução do PMCMV.

§ 5º A participação no CAPMCMV será considerada prestação de serviço público relevante, não remunerada.

Art. 27. Às operações do PMCMV, protocoladas nos agentes financeiros até 1º de dezembro de 2010, será assegurada a aplicação das regras de contratação então vigentes, nos termos que vierem a ser regulamentados pelo Ministério das Cidades.

Art. 28. O inciso II do art. 1º do Decreto no 5.435, de 26 de abril de 2005, passa a vigorar com a seguinte redação:

II. Até R$ 9.850.000.000,00 (nove bilhões e oitocentos e cinquenta milhões de reais), na aquisição de imóveis para atendimento aos objetivos do Programa de Arrendamento Residencial - PAR. (NR)

Art. 29. Este Decreto entra em vigor na data de sua publicação.

Art. 30. Fica revogado o Decreto nº 6.962, de 17 de setembro de 2009.

Exercício Comentado

01. Se a pessoa possui renda familiar mensal bruta até R$ 1.600,00, pode ser beneficiada do Programa MCMV por meio da indicação de uma associação, desde que seja voltada para a solução para a solução dos problemas habitacionais, mesmo que tenha fins lucrativos.

ERRADO. A pessoa com renda familiar mensal bruta até R$1.600,00 pode sim ser indicada por uma entidade organizadora (cooperativas, associações ou entidades da sociedade civil) o erro da questão está em falar que essa associação pode ter fins lucrativos, já que essas entidades não podem ter fins lucrativos.

Anotações

CAPÍTULO 09
Cheques

O cheque é uma ordem de pagamento à vista e um título de crédito. A operação com cheque envolve três agentes:

> O **emitente (emissor ou sacador)**, que é aquele que emite o cheque;

> O **beneficiário**, que é a pessoa a favor de quem o cheque é emitido; e

> O **sacado**, que é o banco onde está depositado o dinheiro do emitente.

O cheque é uma ordem de pagamento à vista, porque deve ser pago no momento de sua apresentação ao banco sacado.

O cheque é também um título de crédito para o beneficiário que o recebe, porque pode ser protestado ou executado em juízo.

No cheque estão presentes dois tipos de relação jurídica: uma entre o emitente e o banco (baseada na conta bancária); outra entre o emitente e o beneficiário.

A Lei do Cheque 7.357/1985 dispõem que são **Requisitos Essenciais** do cheque:

> A denominação "cheque" inscrita no contexto do título e expressa na língua em que este é redigido;

> A ordem incondicional de pagar quantia determinada; (Esta deve ser determinada por cifra e por extenso, prevalecendo o extenso em caso de divergência.)

Fique Ligado

O não preenchimento da quantia em algarismos não impede o pagamento do cheque.

> O nome do banco ou da instituição financeira que deve pagar (sacado);

> A indicação do lugar de pagamento;

> A indicação da data e do lugar de emissão;

Data: compreende o mês, dia e ano, não se admitindo o mês grafado numericamente.

> A assinatura do emitente (sacador), ou de seu mandatário com poderes especiais.

Emissão do Cheque

O cheque pode ser emitido de três formas:

> **Nominal (ou nominativo) à ordem** - só pode ser apresentado ao banco pelo beneficiário indicado no cheque, podendo ser transferido por endosso do beneficiário;

> **Nominal não à ordem** - não pode ser transferido pelo beneficiário; e

> **Ao portador** - não nomeia um beneficiário e é pagável a quem o apresente ao banco sacado. Não pode ter valor superior a R$ 100.

Para tornar um cheque não à ordem, basta o emitente escrever, após o nome do beneficiário, a expressão "não à ordem", ou "não-transferível", ou "proibido o endosso", ou outra equivalente.

Cheque de valor superior a R$100 tem que ser nominal, ou seja, trazer a identificação do beneficiário. O cheque de valor superior a R$100 emitido sem identificação do beneficiário será devolvido pelo motivo "48-cheque emitido sem identificação do beneficiário - acima do valor estabelecido".

Fique Ligado

Se for cheque emitido por entidade pública é OBRIGATÓRIO a emissão de cheque na forma nominativa para qualquer valor de emissão.

Cheque Cruzado

Significa que o cheque somente pode ser pago mediante crédito em conta.

→ O cruzamento pode ser:

> **Em branco**: quando não indica o nome do banco, sendo assim pagável em qualquer banco.

> **Em preto**: quando o nome do banco aparece entre os traços de cruzamento, portanto **apresentável única e exclusivamente ao banco mencionado entre as linhas.**

O cruzamento não pode ser anulado

Endosso

Endosso: é a forma que o beneficiário transfere a propriedade de um cheque nominativo à ordem, mediante assinatura no verso do documento. O endosso pode ser feito de duas formas:

Em Preto: ocorre quando o cheque está nominal a você e você assina atrás e coloca o nome da pessoa a que você está passando o cheque.

Em Branco: ocorre quando o cheque está nominal a você e você assina atrás e **não** coloca o nome da pessoa a que você está passando o cheque.

Cadastro de Emitentes de Cheque Sem Fundos (CCF)

O CCF, é **operacionalizado pelo Banco do Brasil e é supervisionado pelo BACEN**, é um cadastro com dados dos emitentes de cheques sem fundos. A inclusão no CCF ocorre automaticamente quando algum cheque for devolvido por um dos seguintes motivos:

> **Motivo 11:** cheque sem fundos - 1ª apresentação; (quando o cheque é devolvido pela 1ª vez não gera inclusão no CCF).

> **Motivo 12: cheque sem fundos** - 2ª apresentação;

> **Motivo 13: conta encerrada**;

> **Motivo 14:** prática espúria.

Acesso

O titular da conta corrente pode fazer consulta para saber se o próprio nome ou o de sua empresa está incluído no CCF. A informação pode ser obtida:

- **Presencialmente**

Comparecimento do próprio interessado ou preposto autorizado, devidamente identificados, na instituição financeira onde o correntista possui conta (é vedada a cobrança de qualquer tarifa pela pesquisa) ou em qualquer central de atendimento ao público do Banco Central. O interessado deve estar munido dos mesmos documentos exigidos para a consulta por correspondência.

→ Correspondência
Carta escrita endereçada ao Banco Central do Brasil;
Documentos Necessários:

Pessoa Física
> Anexar cópias autenticadas da Carteira de Identidade e do cartão de inscrição do nº de CPF do solicitante:

Pessoa Jurídica
→ Anexar cópias autenticadas:
a) CPF e Identidade do solicitante;
b) Certidão simplificada (original ou cópia autenticada), fornecida pela Junta Comercial em papel timbrado, com chancela e data de emissão igual ou inferior a trinta dias. Caso a instituição não possa ser registrada nas Juntas Comerciais, deverá entregar certidão simplificada dos Cartórios de Registro Civil de Pessoas Físicas e Jurídicas. A referida certidão é dispensada caso o contrato, a alteração, o estatuto ou a ata da assembleia tenham sido registrados há menos de trinta dias na Junta Comercial;
c) Cópia do contrato social da empresa (no caso de Ltda.) ou estatuto social e ata da assembleia que elegeu os representantes legais (no caso de S/A);
d) Procuração particular com firma reconhecida, assinada por pessoa(s) com competência para tal, conforme os documentos citados na alínea anterior.

Internet:
Não é possível fazer consultas ao CCF pela internet.

Telefone:
Não é possível fazer consultas ao CCF por telefone.

Restrições
É facultada à instituição financeira a abertura, manutenção ou encerramento de conta de depósitos a vista cujo titular figure ou tenha figurado no CCF;

É proibido o fornecimento de talonário de cheques ao depositante enquanto figurar no CCF.

Taxas/Tarifas
É cobrado do estabelecimento sacado (banco) taxa de serviço no valor de R$ 6,82 por ocorrência, admitida o ressarcimento junto ao correntista;

É facultado, ainda, ao estabelecimento sacado (banco) cobrar do correntista tarifas bancárias, desde que estejam relacionadas em quadro de aviso afixado em local visível na agência.

Mercado Financeiro
O setor financeiro da economia é composto por quatro segmentos diferentes, que são definidos pelo tipo de operações que realizam.

O termo mercado é utilizado para definir esses segmentos. Dessa forma, os quatro segmentos do setor financeiro correspondem a quatro mercados:
> Mercado Monetário;
> Mercado de Crédito;
> Mercado de Câmbio;
> Mercado de Capitais.

Exercício Comentado

01. O cheque é uma ordem de pagamento a prazo, por que deve ser pago após a emissão.
ERRADO. O cheque é uma ordem de pagamento à vista, porque deve ser pago no momento de sua apresentação ao banco sacado.

Anotações

CAPÍTULO 10
Produtos e Serviços Bancários
FIES

O FIES é um programa do Ministério da Educação - MEC - destinado a financiar a graduação no Ensino Superior de estudantes que não têm condições de arcar com os custos de sua formação e estejam regularmente matriculados em instituições não gratuitas, cadastradas no Programa e com avaliação positiva nos processos conduzidos pelo MEC.

Fique Ligado
O FIES tem natureza contábil.

Criado em 1999 para substituir o Programa de Crédito Educativo - PCE/CREDUC, o FIES trouxe mais transparência, modernidade e melhores condições de financiamento aos beneficiários e, decorridos menos de quatro anos de sua criação, tornou realidade o acesso de 218.000 estudantes ao ensino superior, aplicando recursos da ordem de R$ 1,7 bilhão.

As instituições de Ensino Superior - IES, devem, a cada Processo Seletivo, fazer a adesão ao FIES, através do cadastramento dos cursos com avaliação positiva, com oferta de vagas.

É considerado curso com avaliação positiva aquele que não tenha obtido exclusivamente conceitos D ou E nas três últimas avaliações realizadas pelo Exame Nacional de Cursos "Provão". Os cursos novos não submetidos a processo de reconhecimento, bem como aqueles não submetidos às avaliações do MEC, poderão ser habilitados para a concessão do financiamento.

Importância do FIES

A educação no Brasil tem apresentado índices cada vez mais positivos, com incrementos importantes nas matrículas nos Ensinos Fundamental e Médio.

O evidente reflexo desta evolução é o aumento da procura dos brasileiros por maior qualificação profissional. O Ensino Superior, de 1997 a 2000 - período de maior crescimento, com uma taxa média de expansão de 11% ao ano - incorporou um milhão de novos estudantes nos cursos de graduação.

Entretanto, é justamente neste nível que o setor privado tem uma participação expressiva, respondendo por 67% das matrículas - ao contrário do que ocorre na educação básica, onde a rede pública é majoritária.

Assim, destaca-se a importância do FIES como instrumento para a democratização do acesso à educação de qualidade, propiciando ao maior número possível de estudantes a permanência e a conclusão do curso de graduação em instituições privadas de ensino superior.

Além disso, fornecendo aos universitários selecionados recursos suficientes para arcar com custos de sua educação e concluir seu curso, o FIES também apoia as instituições de ensino superior, que passam a ter garantido o recebimento da parcela financiada pelo programa.

Fique Ligado
O FIES também poderá Financiar e beneficiar estudantes matriculados em cursos da educação profissional e tecnológica, bem como em programas de mestrado e doutorado com avaliação positiva, desde que haja disponibilidade de recursos.

Quem pode Habilitar-se

Poderão habilitar-se ao Fundo de Financiamento ao Estudante do Ensino Superior - FIES estudantes regularmente matriculados em cursos superiores não gratuitos, credenciados ao programa e com avaliação positiva nos processos conduzidos pelo Ministério da Educação.

O credenciamento dos cursos dar-se-á mediante Termo de Adesão ao programa, firmado pela mantenedora da instituição de ensino superior.

Quem não Pode se Habilitar

→ É vedada a inscrição no FIES ao estudante:
> Cuja matrícula acadêmica esteja em situação de trancamento geral de disciplinas no momento da inscrição;
> Que já tenha sido beneficiado com financiamento do FIES;
> Inadimplente com o Programa de Crédito Educativo (PCE/CREDUC);
> Cujo percentual de comprometimento da renda familiar mensal bruta *per capita* seja inferior a 20% (vinte por cento);
> Cuja renda familiar mensal bruta seja superior a 20 (vinte) salários mínimos.

ENEM

Os estudantes que concluíram o ensino médio a partir do ano letivo de 2010 e queiram solicitar o FIES, deverão ter realizado o Exame Nacional do Ensino Médio (ENEM) de 2010 ou ano posterior.

Estarão isentos da exigência do ENEM os professores da rede pública de ensino, no efetivo exercício do magistério da educação básica, integrantes do quadro de pessoal permanente de instituição pública, regularmente matriculados em cursos de licenciatura, normal superior ou pedagogia. Para tanto, será exigido, mediante apresentação à CPSA, o original de declaração ou documento equivalente, expedido, conforme o caso, pela Secretaria de Educação do Estado, do Distrito Federal, do Município ou por escola federal, comprovando a condição de professor do quadro de pessoal permanente da rede pública de ensino da educação básica, em efetivo exercício do magistério.

Os estudantes que por ocasião da inscrição ao FIES informarem data de conclusão do ensino médio anterior ao ano de 2010, deverão comprovar essa condição perante à CPSA, apresentando diploma, certificado ou documento equivalente de conclusão do ensino médio expedido pela instituição de ensino competente.

Fique Ligado
A Comissão Permanente de Supervisão e Acompanhamento (CPSA) é responsável pela validação das informações prestadas pelo estudante no ato da inscrição, bem como dar início ao processo de aditamento de renovação dos contratos de financiamento.

Cada local de oferta de cursos da instituição de ensino participante do FIES deverá constituir uma Comissão Permanente de Supervisão e Acompanhamento (CPSA). A Comissão será composta por cinco membros, sendo dois representantes da instituição de ensino, dois representantes da entidade máxima de representação estudantil da instituição de ensino e um representante do corpo docente da instituição de ensino.

Os representantes da Comissão deverão integrar o corpo docente, discente e administrativo do local de oferta de cursos. Caso não exista entidade representativa dos estudantes no local de oferta de cursos, os representantes estudantis serão escolhidos pelo corpo discente da instituição.

Instituição de Ensino Superior

As instituições de ensino superior não gratuitas que desejarem participar do processo seletivo do FIES deverão firmar o Termo de Adesão especificado, por meio de suas mantenedoras, independentemente de já ter havido adesão a processos seletivos anteriores. Devendo cadastrar os cursos com avaliação positiva, com oferta de vagas.

É considerado curso com avaliação positiva aquele que não tenha obtido exclusivamente conceitos D ou E nas três últimas avaliações realizadas pelo Exame Nacional de Cursos "Provão". Os cursos novos não submetidos a processo de reconhecimento, bem como aqueles não submetidos às avaliações do MEC, poderão ser habilitados para a concessão do financiamento.

Fique Ligado

Algumas mantenedoras de Instituição de Ensino Superior fazem a adesão ao FIES com limite financeiro que, na medida em que os estudantes finalizam suas inscrições no SisFIES, vai sendo reduzido proporcionalmente até chegar ao ponto em que se esgota e novas inscrições não são mais aceitas. A conclusão da inscrição, portanto, fica condicionada à disponibilidade do referido recurso, que pode, a critério da mantenedora, ser alterado a qualquer momento.

Agente Financeiro

Os Agentes Financeiros serão contratados pelo Agente Operador e efetuarão os financiamentos, observando os limites de créditos estabelecidos pelo Agente Operador.

Fique Ligado

> *Agentes Financeiros: são as agencias bancarias onde o estudante contrata o FIES.*
> *Agente Operador ou Gestor: é quem opera atualmente é o FNDE (Fundo Nacional de Desenvolvimento da Educação).*

→ São atribuições do agente financeiro:
> Formalização das contratações e aditamentos junto aos estudantes, de acordo com os procedimentos definidos pelos agentes gestor e operador;
> Administração dos contratos;
> Repasse dos retornos financeiros ao agente operador;
> Controle da inadimplência;
> Cobrança e execução dos contratos inadimplentes;
> Assunção do risco do financiamento no percentual de vinte por cento do total do saldo devedor do contrato, de acordo com o inciso V do art. 5º da Lei no 10.260; e
> Informações sobre os contratos mantidos em sua carteira, na forma e prazo estabelecidos pelo agente operador.

Fique Ligado

Cabe ao agente financeiro observar o cumprimento do cronograma de atividades de contratação e aditamento.

Os Agentes Financeiros deveram também prestar ao agente operador, toda e qualquer informação relativa aos contratos concedidos com recursos do FIES, mas lembrando que as informações cadastrais dos estudantes e dos fiadores vinculados ao FIES.

Gestão do FIES

→ **A gestão do FIES caberá:**
> Ao MEC, na qualidade de formulador da política de oferta de financiamento e de supervisor da execução das operações do Fundo; e
> Ao Fundo Nacional de Desenvolvimento da Educação - FNDE, na qualidade de agente operador e de administradora dos ativos e passivos, conforme regulamento e normas baixadas pelo CMN.

→ **O MEC editará regulamento que disporá, inclusive, sobre:**
> As regras de seleção de estudantes a serem financiados pelo FIES
> Os casos de transferência de curso ou instituição, suspensão temporária e encerramento dos contratos de financiamento.
> As exigências de desempenho acadêmico para a manutenção do financiamento.
> Aplicação de sanções às instituições de ensino e aos estudantes que descumprirem as regras do Fies.
> Sobre o abatimento de que trata o art. 6º-B da Lei.

O Ministério da Educação poderá contar com o assessoramento de conselho, de natureza consultiva, cujos integrantes serão designados pelo Ministro de Estado.

Percentual de Financiamento do FIES

Percentual Mínimo de Financiamento do FIES

O percentual mínimo de financiamento pelo FIES é de 50% (cinquenta por cento) do valor dos encargos educacionais cobrados do estudante por parte da instituição de ensino.

Percentual Máximo de Financiamento do FIES

→ **Para estudantes com renda familiar mensal bruta de até 10 (dez) salários mínimos:**
> Até 100% (cem por cento) de financiamento, quando o percentual do comprometimento da renda familiar mensal bruta per capita com os encargos educacionais for igual ou superior a 60% (sessenta por cento);
> Até 75% (setenta e cinco por cento) de financiamento, quando o percentual do comprometimento da renda familiar mensal bruta *per capita* com os encargos educacionais for igual ou superior a 40% (quarenta por cento) e menor de 60% (sessenta por cento);

> Até 50% (cinquenta por cento) de financiamento, quando o percentual do comprometimento da renda familiar mensal bruta *per capita* com os encargos educacionais for igual ou superior a 20% (vinte por cento) e menor de 40% (quarenta por cento).

→ **Para estudantes com renda familiar mensal bruta maior de 10 (dez) salários mínimos e menor ou igual a 15 (quinze) salários mínimos:**

> Até 75% (setenta e cinco por cento) de financiamento, quando o percentual do comprometimento da renda familiar mensal bruta *per capita* com os encargos educacionais for igual ou superior a 40% (quarenta por cento);

> De 50% (cinquenta por cento) de financiamento, quando o percentual do comprometimento da renda familiar mensal bruta *per capita* com os encargos educacionais for igual ou superior a 20% (vinte por cento) e menor de 40% (quarenta por cento).

→ **Para estudantes com renda familiar mensal bruta maior de 15 (quinze) salários mínimos e menor ou igual a 20 (vinte) salários mínimos:**

> De 50% (cinquenta por cento) de financiamento, quando o percentual do comprometimento da renda familiar mensal bruta *per capita* com os encargos educacionais for igual ou superior a 20% (vinte por cento).

O estudante matriculado em curso de licenciatura ou bolsista parcial do ProUni que solicitar o financiamento para o mesmo curso no qual é beneficiário da bolsa poderá financiar até 100% (cem por cento) dos encargos educacionais cobrados do estudante pela IES.

- **Comprometimento da renda**

Para calcular o percentual de comprometimento da renda é necessário primeiro dividir por 6 (seis) o valor da semestralidade com desconto, obtendo assim o valor da mensalidade com desconto. Dividindo o valor da mensalidade com desconto pela renda familiar mensal bruta *per capita* e multiplicando esse resultado por 100 (cem), obtemos o percentual de comprometimento.

Exemplo:
Semestralidade com desconto: R$ 3.600,00
Mensalidade com desconto: R$ 600,00 (R$ 3.600,00 ÷ 6)
Renda familiar mensal bruta *per capita*: R$ 1.000,00
Percentual de comprometimento:
60% [(R$ 600,00 ÷ R$ 1.000,00) · 100]

Fique Ligado

Os estudantes que já pagaram algumas mensalidades do semestre poderá ser ressarcido caso a contratação do financiamento aconteça no decorrer do semestre, a instituição de ensino deverá ressarcir ao estudante financiado o valor referente aos repasses recebidos de parcelas da semestralidade já pagas pelo estudante.

Fiador

Para contratação do financiamento é exigida a apresentação de fiador. Existem dois tipos de fiança: a fiança convencional e a fiança solidária.

Fianças Convencional

A fiança convencional é aquela prestada por até dois fiadores apresentados pelo estudante ao Agente Financeiro, observadas as seguintes condições: no caso de estudante beneficiário de bolsa parcial do ProUni, o(s) fiador(es) deverá(ão) possuir renda mensal bruta conjunta pelo menos igual à parcela mensal da semestralidade, observados os descontos regulares e de caráter coletivo oferecidos pela IES, inclusive aqueles concedidos em virtude de pagamento pontual. Nos demais casos, o(s) fiador(es) deverá(ão) possuir renda mensal bruta conjunta pelo menos igual ao dobro da parcela mensal da semestralidade.

Fiança Solidária

A fiança solidária constitui-se na garantia oferecida reciprocamente por estudantes financiados pelo FIES reunidos em grupo de três a cinco participantes, em que cada um deles se compromete como fiador solidário da totalidade dos valores devidos individualmente pelos demais.

O grupo de fiadores solidários deve ser constituído no Agente Financeiro (instituição bancária) no ato da contratação do financiamento por parte dos estudantes. Cada estudante poderá participar de apenas um grupo de fiadores solidários, sendo vedado aos membros do grupo o oferecimento de outro tipo de fiança a qualquer estudante financiado pelo FIES.

Para a constituição do grupo da fiança solidária, não será exigida comprovação de rendimentos dos membros do grupo. Os membros do grupo de fiadores solidários devem obrigatoriamente ser estudantes da mesma instituição de ensino, matriculados no mesmo local de oferta de cursos.

Fique Ligado

Ficam dispensados da exigência de fiador os alunos bolsistas parciais do ProUni, os alunos matriculados em cursos de licenciatura e os alunos que tenham renda familiar per capita de até um salário mínimo e meio e que tenham optado pelo Fundo de Garantia de Operações de Crédito Educativo (FGEDUC).

FGEDUC

O Fundo de Garantia de Operações de Crédito Educativo (FGEDUC) é uma opção para os estudantes que desejam financiar cursos superiores não gratuitos e tenham dificuldade em apresentar fiador.

Quem Pode Recorrer ao Fundo

→ **Podem recorrer ao Fundo:**

> Estudante matriculado em cursos de licenciatura;

> Estudante com renda familiar mensal per capita de até um salário mínimo e meio;

> Bolsista parcial do Programa Universidade para Todos (ProUni) que opte por inscrição no FIES no mesmo curso em que é beneficiário da bolsa.

- **Como Recorrer ao Fundo**

Para recorrer ao Fundo, o estudante deverá, no momento da inscrição, optar por essa modalidade verificando se a instituição na qual pretende ingressar aderiu à iniciativa, já que a adesão das instituições participantes do FIES ao Fundo é voluntária.

Trabalho por Quitação das Parcela

Podem trabalhar na rede pública em troca da quitação das parcelas os estudantes financiados pelo FIES em cursos de licenciatura, pedagogia ou normal superior, em efetivo exercício na rede pública de educação básica e estudantes graduados em medicina, integrantes de equipe de saúde da família oficialmente cadastrada.

Critério para Aquisição do Benefício

- **Licenciatura**

> Ser professor da rede pública de educação básica, em efetivo exercício, com carga horária de, no mínimo, 20 horas semanais, que cursou ou que esteja cursando licenciatura, pedagogia ou normal superior e tenha a situação de seu respectivo financiamento na condição de ativo e adimplente no agente financeiro.

> Os meses trabalhados para fins da concessão do abatimento são todos aqueles em efetivo exercício a partir de janeiro de 2010.

> Durante o período em que o professor fizer jus ao benefício, fica desobrigado do pagamento das prestações do financiamento.

> A desobrigação do pagamento das prestações será mantida enquanto o professor fizer jus ao abatimento. Nesse período serão informados e validados os meses efetivamente trabalhados para fins de contagem do abatimento a ser concedido.

> Se o valor total do abatimento não for suficiente para liquidar o saldo devedor consolidado, deverá retomar o pagamento das prestações do financiamento até a liquidação total do saldo devedor consolidado não liquidado com o valor do abatimento.

> As Secretarias de Educação dos Municípios, Estados e do Distrito Federal deverão confirmar as informações prestadas pelo professor referentes ao efetivo exercício na rede pública de educação básica. As informações deverão ser atualizadas pelo financiado e validadas pela respectiva Secretaria de Educação a cada ano para a operacionalização do abatimento

- **Medicina**

> Estudante graduado em Medicina integrante de equipe do Saúde da Família oficialmente cadastrada, que atue em um dentre os 2.219 municípios selecionados como prioritários pelo Ministério da Saúde, conforme definidos pela Portaria Conjunta MEC - Ministério da Saúde nº 2, de 25 de agosto de 2011.

> Pela regra, a solicitação do abatimento deve ocorrer a partir de 1 (um) ano de trabalho ininterrupto como médico integrante de equipe de saúde da família oficialmente cadastrada.

> A desobrigação do pagamento das prestações será mantida enquanto o médico fizer jus ao abatimento. Nesse período, serão informados e validados os meses efetivamente trabalhados para fins de contagem do abatimento a ser concedido.

> Se o valor total do abatimento não for suficiente para liquidar o saldo devedor consolidado, deverá retomar o pagamento das prestações do financiamento até a liquidação total do saldo devedor consolidado não liquidado com o valor do abatimento.

> Dezenove especialidades médicas previstas: anestesiologia, cancerologia, cancerologia cirúrgica, cancerologia clínica, cancerologia pediátrica, cirurgia geral, clínica médica, geriatria, ginecologia e obstetrícia, medicina de família e comunidade, medicina intensiva, medicina preventiva e social, neurocirurgia, neurologia, ortopedia e traumatologia, patologia, pediatria, psiquiatria e radioterapia. As áreas de atuação prioritárias são cirurgia do trauma, medicina de urgência, neonatologia e psiquiatria da infância e da adolescência.

Requerimento do Benefício

Para requerer o benefício, o docente ou estudante deve formalizar o pedido no Fundo Nacional de Desenvolvimento da Educação (FNDE), autarquia do MEC que opera o financiamento estudantil. O FNDE disponibilizará neste sítio um sistema específico para que seja feito esse requerimento. Ao requerer o abatimento, o estudante deverá informar os dados referentes ao seu contrato de financiamento e a Secretaria de Saúde ou Educação a que se encontra vinculado. Após receber a solicitação de abatimento, o FNDE notificará o Agente Financeiro responsável para a suspensão da cobrança das prestações referentes à amortização do financiamento. As Secretarias de Saúde ou Educação dos Municípios, Estados e do Distrito Federal deverão confirmar as informações prestadas pelo estudante referentes ao efetivo exercício na rede pública de educação básica. As informações deverão ser atualizadas pelo financiado e validadas pela respectiva Secretaria de Saúde ou Educação a cada ano para a operacionalização do abatimento.

ProUni

Contratante pelo FIES a Partir de 15/01/2010 e foi Pré-selecionado para Bolsa do ProUni

Considerando que a funcionalidade do sistema do FIES que permite a solicitação do encerramento dos contratos do FIES, formalizados a partir de 15 de janeiro de 2010, encontra-se em fase de implementação pelo FNDE, o candidato pré-selecionado pelo ProUni para curso que tenha havido formação de turma no período letivo inicial e que comprovar as informações constantes em sua ficha de inscrição no prazo definido no Edital Prouni nº 1/2012, bem como for aprovado em processo seletivo próprio da instituição, se for o caso, deverá ter o Termo de Concessão de Bolsa do ProUni emitido, independentemente do registro no Sistema Informatizado do FIES (SisFIES) do encerramento do contrato firmado no âmbito do FIES.

O candidato pré-selecionado para a bolsa do ProUni 1/2012 deverá, para fins de atendimento ao disposto no art. 29 da Portaria Normativa MEC nº 1, de 6 de janeiro de 2012, assumir o compromisso formal de entregar imediatamente à CPSA da instituição de ensino onde encontra-se matriculado com contrato do FIES cópia do Termo de Concessão de Bolsa do ProUni e apresentar à Coordenação do ProUni documento comprobatório do encerramento da utilização do financiamento em até 30 dias a contar da data da liberação da funcionalidade do SisFIES para essa finalidade.

Contratante pelo FIES a Até de 15/01/2010 e Foi Pré-selecionado para Bolsa do ProUni

Os estudantes financiados pelo FIES em data anterior ao dia 15 de janeiro de 2010 deverão apresentar à Coordenação do ProUni cópia da solicitação de encerramento do financiamento feita à Caixa Econômica Federal.

Dilatação de Prazo

A dilatação é o aumento do prazo de utilização do financiamento por até 2 (dois) semestres consecutivos, caso o estudante não tenha concluído o curso até o último semestre do financiamento.

Solicitação de Dilatação

A solicitação de dilatação do prazo de utilização do financiamento será realizada pelo estudante, por meio do Sistema Informatizado do FIES (SisFIES), no período compreendido entre o primeiro dia do último mês do semestre de encerramento do curso e o último dia do primeiro trimestre do semestre de referência da dilatação.

Após a solicitação no sistema, o pedido precisa ser validado pela Comissão Permanente de Supervisão e Avaliação (CPSA) da instituição de ensino superior em até 5 (cinco) dias e, em seguida, o estudante deverá efetuar o aditamento de renovação do financiamento para o semestre dilatado.

Transferência de Instituição/Curso

Durante o período de dilatação do financiamento, a realização de transferência somente poderá ocorrer quando destinar-se à mudança de instituição de ensino para conclusão do curso financiado e desde que a quantidade de semestres a cursar na instituição de destino não ultrapasse o prazo máximo permitido para dilatação.

Encerramento

O estudante pode requerer a qualquer tempo o encerramento do financiamento estudantil.

Encerramento Antecipado

É o encerramento antecipado da utilização do financiamento e inicio das fases de carência e amortização de contrato de financiamento estudantil.

O estudante que optar pelo encerramento antecipado da utilização do financiamento deverá escolher uma das seguintes opções:

> Liquidar o saldo devedor do financiamento no ato da assinatura do Termo de Encerramento;

> Permanecer na fase de utilização do financiamento e cumprir as fases de carência e amortização de acordo com as condições pactuadas contratualmente.

> Antecipar a fase de carência do financiamento e cumprir a fase de amortização de acordo com as condições pactuadas contratualmente; ou

> Antecipar a fase de amortização do financiamento e efetuar o pagamento das prestações de acordo com as condições pactuadas contratualmente.

Quando vinculadas a contratos de financiamento garantidos por fiança convencional ou solidária, será exigido a assinatura do fiador para todas as opções de encerramento, exceto no caso do estudante liquidar o saldo devedor do financiamento no ato da assinatura do Termo de Encerramento

Caso o estudante queira permanecer na fase de utilização do financiamento e cumprir as fases de carências e amortização de acordo com as condições pactuadas contratualmente será necessário comprovar a condição de estudante regularmente matriculado. A partir do 2º semestre do ano de 2013, o encerramento antecipado da utilização do financiamento, na opção de permanecer na fase de utilização, ficará condicionado à comprovação da condição de estudante matriculado em curso superior e deverá ser feita no agente financeiro por ocasião da assinatura do Termo de Encerramento, mediante a apresentação de declaração emitida pela instituição de ensino detentora da matrícula do estudante.

Fique Ligado

Quando o correr o encerramento antecipado do FIES, não será concedido novo financiamento para estudante que tenha encerrado o prazo de utilização do financiamento, mesmo que antecipadamente.

Suspensão Temporário do FIES

É a suspensão temporária da utilização do financiamento mantida a duração regular do curso para fins de cálculo do prazo de amortização do financiamento.

Solicitação da Suspensão Temporária

A suspensão temporária da utilização do financiamento deverá ser solicitada pelo estudante, por meio do Sistema Informatizado do FIES (SisFIES), até o 15º (décimo quinto) dia dos meses de janeiro a maio, para o 1º semestre, e de julho a novembro, para o 2º semestre, e terá validade a partir do primeiro dia do mês seguinte ao da solicitação. A suspensão temporária do semestre para o qual o estudante não tenha feito a renovação semestral do financiamento poderá ser solicitada em qualquer mês do semestre a ser suspenso e terá validade a partir do 1º (primeiro) dia do semestre suspenso.

Fique Ligado

Na hipótese de decurso do prazo para validação da solicitação de suspensão temporária pela CPSA, o que o estudante pode fazer?

É facultado ao estudante realizar nova solicitação de suspensão, desde que esteja vigente o prazo regulamentar para essa finalidade.

Na hipótese de rejeição da solicitação de suspensão temporária pela CPSA, o que o estudante pode fazer?

Havendo a rejeição da solicitação pela CPSA, o estudante somente poderá efetuar nova solicitação após o cancelamento da rejeição pela Comissão, desde que esteja vigente o prazo regulamentar para essa finalidade.

- **Por Quanto Tempo o Estudante Poderá Solicitar a Suspensão Temporária**

A utilização do financiamento poderá ser suspensa temporariamente por até 2 (dois) semestres consecutivos, por solicitação do estudante e validação da Comissão Permanente de Supervisão e Acompanhamento (CPSA) do local de oferta de curso, ou por iniciativa do Fundo Nacional de Desenvolvimento da Educação (FNDE), agente operador do FIES

- **Mais de Duas Solicitações de Suspensões Temporárias**

O estudante pode pedir mais de duas Suspensões temporárias excepcionalmente, por mais um semestre, na ocorrência de fato superveniente formalmente justificado pelo estudante e validado pela CPSA; **ou** por mais 2 (dois) semestres consecutivos, , na ocorrência do encerramento de atividade de instituição de ensino aderente ao FIES, devidamente reconhecido pelo Ministério da Educação, até que seja realizada a transferência de instituição de ensino.

Contagem da Suspensão Temporária,

Independentemente do mês do semestre em que for solicitada a suspensão temporária, considerar-se-á o semestre integral para fins da contagem do prazo.

- **Contagem da Suspensão Temporária do Financiamento**

Suspensão temporária, por iniciativa do agente operador, ocorrerá quando não efetuada pelo estudante a renovação semestral do financiamento durante o prazo regulamentar.

Legislação FIES

Capítulo I

- **Do Fundo de Financiamento ao Estudante do Ensino Superior (FIES)**

Art. 1 É instituído, nos termos desta Lei, o Fundo de Financiamento Estudantil (Fies), de natureza contábil, destinado à concessão de financiamento a estudantes regularmente matriculados em cursos superiores não gratuitos e com avaliação positiva nos processos conduzidos pelo Ministério da Educação, de acordo com regulamentação própria.

§ 1º O financiamento de que trata o caput poderá beneficiar estudantes matriculados em cursos da educação profissional e tecnológica, bem como em programas de mestrado e doutorado com avaliação positiva, desde que haja disponibilidade de recursos.

I.	*(Revogado pela Lei nº 12.202, de 2010)*
II.	*(Revogado pela Lei nº 12.202, de 2010)*
III.	*(Revogado pela Lei nº 12.202, de 2010)*

§ 2º São considerados cursos de graduação com avaliação positiva, aqueles que obtiverem conceito maior ou igual a 3 (três) no Sistema Nacional de Avaliação da Educação Superior - SINAES, de que trata a Lei no 10.861, de 14 de abril de 2004.

§ 3º Os cursos que não atingirem a média referida no § 2º ficarão desvinculados do Fies sem prejuízo para o estudante financiado.

§ 4º São considerados cursos de mestrado e doutorado, com avaliação positiva, aqueles que, nos processos conduzidos pela Coordenação de Aperfeiçoamento de Pessoal de Nível Superior - Capes, nos termos da Lei no 8.405, de 9 de janeiro de 1992, obedecerem aos padrões de qualidade por ela propostos.

§ 5º A participação da União no Fies dar-se-á exclusivamente mediante contribuições ao Fundo instituído por esta Lei, ressalvado o disposto nos arts. 10 e 16.

§ 6º É vedada a concessão de novo financiamento a estudante inadimplente com o Fies ou com o Programa de Crédito Educativo de que trata a Lei no 8.436, de 25 de junho de 1992.

§ 7º A avaliação das unidades de ensino de educação profissional e tecnológica para fins de adesão ao Fies dar-se-á de acordo com critérios de qualidade e requisitos fixados pelo Ministério da Educação.

- **Seção I**

Das receitas do FIES

Art. 2º Constituem receitas do FIES:

I.	dotações orçamentárias consignadas ao MEC, ressalvado o disposto no art. 16;
II.	trinta por cento da renda líquida dos concursos de prognósticos administrados pela Caixa Econômica Federal, bem como a totalidade dos recursos de premiação não procurados pelos contemplados dentro do prazo de prescrição, ressalvado o disposto no art. 16;
III.	encargos e sanções contratualmente cobrados nos financiamentos concedidos ao amparo desta Lei;
IV.	taxas e emolumentos cobrados dos participantes dos processos de seleção para o financiamento;
V.	encargos e sanções contratualmente cobrados nos financiamentos concedidos no âmbito do Programa de Crédito Educativo, de que trata a Lei no 8.436, de 25 de junho de 1992, ressalvado o disposto no art. 16;
VI.	rendimento de aplicações financeiras sobre suas disponibilidades; e
VII.	receitas patrimoniais.
VIII.	outras receitas.

§ 1º Fica autorizada:

I.	*(Revogado pela Lei nº 12.202, de 2010)*
II.	a transferência ao FIES dos saldos devedores dos financiamentos concedidos no âmbito do Programa de Crédito Educativo de que trata a Lei no 8.436, de 1992;
III.	a alienação, total ou parcial, a instituições financeiras, dos ativos de que trata o inciso II deste parágrafo e dos ativos representados por financiamentos concedidos ao amparo desta Lei.

§ 2º As disponibilidades de caixa do FIES deverão ser mantidas em depósito na conta única do Tesouro Nacional.

§ 3º As despesas do Fies com os agentes financeiros corresponderão a remuneração mensal de até 2% a.a. (dois por cento ao ano), calculados sobre o saldo devedor dos financiamentos concedidos, ponderados pela taxa de adimplência, na forma do regulamento.

I.	*(Revogado pela Lei nº 12.202, de 2010)*
II.	*(Revogado pela Lei nº 12.202, de 2010)*
III.	*(Revogado pela Lei nº 12.202, de 2010)*
IV.	*(Revogado pela Lei nº 12.202, de 2010)*

§ 4º (Revogado pela Lei nº 12.202, de 2010)

§ 5º Os saldos devedores alienados ao amparo do inciso III do § 1º deste artigo e os dos contratos cujos aditamentos ocorrerem após 31 de maio de 1999 poderão ser renegociados entre credores e devedores, segundo condições que estabelecerem, relativas à atualização de débitos constituídos, saldos devedores, prazos, taxas de juros, garantias, valores de prestações e eventuais descontos, observado o seguinte:

I.	na hipótese de renegociação de saldo devedor parcialmente alienado na forma do inciso III do § 1º deste artigo, serão estabelecidas condições idênticas de composição para todas as parcelas do débito, cabendo a cada credor, no total repactuado, a respectiva participação percentual no montante renegociado com cada devedor;
II.	as instituições adquirentes deverão apresentar ao MEC, até o dia 10 de cada mês, relatório referente aos contratos renegociados e liquidados no mês anterior, contendo o número do contrato, nome do devedor, saldo devedor, valor renegociado ou liquidado, quantidade e valor de prestações, taxa de juros, além de outras informações julgadas necessárias pelo MEC.

- Seção II
Da gestão do FIES
Art. 3º A gestão do FIES caberá:

I. ao MEC, na qualidade de formulador da política de oferta de financiamento e de supervisor da execução das operações do Fundo; e

II. ao Fundo Nacional de Desenvolvimento da Educação - FNDE, na qualidade de agente operador e de administradora dos ativos e passivos, conforme regulamento e normas baixadas pelo CMN.

§ 1º O MEC editará regulamento que disporá, inclusive, sobre:

I. as regras de seleção de estudantes a serem financiados pelo FIES;

II. os casos de transferência de curso ou instituição, suspensão temporária e encerramento dos contratos de financiamento;

III. as exigências de desempenho acadêmico para a manutenção do financiamento, observado o disposto nos §§ 2º, 3º e 4º do art. 1º desta Lei;

IV. aplicação de sanções às instituições de ensino e aos estudantes que descumprirem as regras do Fies, observados os §§ 5º e 6º do art. 4º desta Lei.

V. o abatimento de que trata o art. 6º-B.

§ 2º O Ministério da Educação poderá contar com o assessoramento de conselho, de natureza consultiva, cujos integrantes serão designados pelo Ministro de Estado.

§ 3º De acordo com os limites de crédito estabelecidos pelo agente operador, as instituições financeiras poderão, na qualidade de agente financeiro, conceder financiamentos com recursos do FIES.

Capítulo II
- Das Operações

Art. 4º São passíveis de financiamento pelo Fies até 100% (cem por cento) dos encargos educacionais cobrados dos estudantes por parte das instituições de ensino devidamente cadastradas para esse fim pelo Ministério da Educação, em contraprestação aos cursos referidos no art. 1º em que estejam regularmente matriculados.

§ 1º (Revogado pela Lei nº 12.202, de 2010)

§ 2o Poderá o Ministério da Educação, em caráter excepcional, cadastrar, para fins do financiamento de que trata esta Lei, cursos para os quais não haja processo de avaliação concluído.

§ 3º (Revogado pela Lei nº 12.202, de 2010)

§ 4º Para os efeitos desta Lei, os encargos educacionais referidos no caput deste artigo deverão considerar todos os descontos regulares e de caráter coletivo oferecidos pela instituição, inclusive aqueles concedidos em virtude de seu pagamento pontual.

§ 5º O descumprimento das obrigações assumidas no termo de adesão ao Fies sujeita as instituições de ensino às seguintes penalidades:

I. impossibilidade de adesão ao Fies por até 3 (três) processos seletivos consecutivos, sem prejuízo para os estudantes já financiados; e

II. ressarcimento ao Fies dos encargos educacionais indevidamente cobrados, conforme o disposto no § 4º deste artigo, bem como dos custos efetivamente incorridos pelo agente operador e pelos agentes financeiros na correção dos saldos e fluxos financeiros, retroativamente à data da infração, sem prejuízo do previsto no inciso I deste parágrafo.

§ 6º Será encerrado o financiamento em caso de constatação, a qualquer tempo, de inidoneidade de documento apresentado ou de falsidade de informação prestada pelo estudante à instituição de ensino, ao Ministério da Educação, ao agente operador ou ao agente financeiro.

§ 7º O Ministério da Educação, conforme disposto no art. 3º desta Lei, poderá criar regime especial, na forma do regulamento, dispondo sobre:

I. a dilatação dos prazos previstos no inciso I e na alínea b do inciso V do art. 5º desta Lei;

II. o Fies solidário, com a anuência do agente operador, desde que a formação de cada grupo não ultrapasse 5 (cinco) fiadores solidários e não coloque em risco a qualidade do crédito contratado;

III. outras condições especiais para contratação do financiamento do Fies para cursos específicos.

§ 8º As medidas tomadas com amparo no § 7º deste artigo não alcançarão contratos já firmados, bem como seus respectivos aditamentos.

§ 9º A oferta de curso para financiamento na forma desta Lei ficará condicionada à adesão da entidade mantenedora de instituição de ensino ao Fies e ao Fundo de que trata o inciso III do art. 7º da Lei no 12.087, de 11 de novembro de 2009, nos termos do seu estatuto.

§ 10. A entidade mantenedora aderente ao Fies em data anterior à publicação da lei decorrente da conversão da Medida Provisória no 619, de 6 de junho de 2013, deverá enquadrar-se no disposto no § 9º deste artigo, na forma e condições que vierem a ser estabelecidas pelo Ministério da Educação.

Art. 5º Os financiamentos concedidos com recursos do FIES deverão observar o seguinte:

I. prazo: não poderá ser superior à duração regular do curso, abrangendo todo o período em que o Fies custear os encargos educacionais a que se refere o art. 4º desta Lei, inclusive o período de suspensão temporária, ressalvado o disposto no § 3º deste artigo;

II. juros, capitalizados mensalmente, a serem estipulados pelo CMN;

III. oferecimento de garantias adequadas pelo estudante financiado ou pela entidade mantenedora da instituição de ensino;

IV. carência: de 18 (dezoito) meses contados a partir do mês imediatamente subsequente ao da conclusão do curso, mantido o pagamento dos juros nos termos do § 1º deste artigo.

V. (Revogado pela Lei nº 12.385, de 2011).

a) (Revogado pela Medida Provisória nº 501, de 2010)

b) (Revogado pela Medida Provisória nº 501, de 2010)

VI. risco: as instituições de ensino participarão do risco do financiamento, na condição de devedores solidários, nos seguintes limites percentuais:

a) (Revogado pela Lei nº 12.202, de 2010)

b) 30% (trinta por cento) por operação contratada, sobre parcela não garantida por fundos instituídos na forma do inciso III do caput do art. 7º da Lei no 12.087, de 11 de novembro de 2009, para as instituições de ensino inadimplentes com as obrigações tributárias federais; e

c) 15% (quinze por cento) por operação contratada, sobre parcela não garantida por fundos instituídos na forma do inciso III do caput do art. 7º da Lei no 12.087, de 11 de novembro de 2009, para as instituições de ensino adimplentes com as obrigações tributárias federais;

VII. comprovação de idoneidade cadastral do(s) fiador(es) na assinatura dos contratos e termos aditivos, observando o disposto no § 9º deste artigo.

VIII. possibilidade de utilização pelo estudante do Fundo de que trata o inciso III do art. 7º da Lei no 12.087, de 11 de novembro de 2009, cabendo ao Ministério da Educação dispor sobre as condições de sua ocorrência de forma exclusiva ou concomitante com as garantias previstas no inciso III.

§ 1º Ao longo do período de utilização do financiamento, inclusive no período de carência, o estudante financiado fica obrigado a pagar os juros incidentes sobre o financiamento, na forma regulamentada pelo agente operador.

§ 2º É facultado ao estudante financiado, a qualquer tempo, realizar amortizações extraordinárias ou a liquidação do saldo devedor, dispensada a cobrança de juros sobre as parcelas vincendas

§ 3º Excepcionalmente, por iniciativa do estudante, a instituição de ensino à qual esteja vinculado poderá dilatar em até um ano o prazo de utilização de que trata o inciso I do caput, hipótese na qual as condições de amortização permanecerão aquelas definidas no inciso V também do caput

§ 4º Na hipótese de verificação de inidoneidade cadastral do(s) fiador(es) após a assinatura do contrato, ficará sobrestado o aditamento do mencionado documento até a comprovação da restauração da idoneidade ou a substituição do fiador inidôneo, respeitado o prazo de suspensão temporária do contrato

§ 5º O contrato de financiamento poderá prever a amortização mediante autorização para desconto em folha de pagamento, na forma da Lei no 10.820, de 17 de dezembro de 2003, preservadas as garantias e condições pactuadas originalmente, inclusive as dos fiadores.

§ 6º (VETADO)

§ 7º O agente financeiro fica autorizado a pactuar condições especiais de amortização ou alongamento excepcional de prazos, nos termos da normatização do agente operador, respeitado o equilíbrio econômico-financeiro do Fies, de forma que o valor inicialmente contratado retorne integralmente ao Fundo, acrescido dos encargos contratuais.

§ 8º Em caso de transferência de curso, aplicam-se ao financiamento os juros relativos ao curso de destino, a partir da data da transferência.

§ 9º Para os fins do disposto no inciso III do caput deste artigo, o estudante poderá oferecer como garantias, alternativamente:

I. fiança;

II. fiança solidária, na forma do inciso II do § 7º do art. 4º desta Lei;

§ 10. A redução dos juros, estipulados na forma do inciso II deste artigo, incidirá sobre o saldo devedor dos contratos já formalizados

§ 11. A utilização exclusiva do Fundo de que trata o inciso VIII do caput para garantir operações de crédito no âmbito do Fies dispensa o estudante de oferecer as garantias previstas no § 9º deste artigo.

Art. 5º-A. As condições de amortização dos contratos de financiamento celebrados no âmbito do Fundo de Financiamento ao Estudante do Ensino Superior - FIES serão fixadas por meio de ato do Poder Executivo federal.

Art. 5º-B. O financiamento da educação profissional e tecnológica poderá ser contratado pelo estudante, em caráter individual, ou por empresa, para custeio da formação profissional e tecnológica de trabalhadores.

§ 1º Na modalidade denominada Fies-Empresa, a empresa figurará como tomadora do financiamento, responsabilizando-se integralmente pelos pagamentos perante o Fies, inclusive os juros incidentes, até o limite do valor contratado.

§ 2º No Fies-Empresa, poderão ser pagos com recursos do Fies exclusivamente cursos de formação inicial e continuada e de educação profissional técnica de nível médio.

§ 3º A empresa tomadora do financiamento poderá ser garantida por fundo de garantia de operações, nos termos do inciso I do caput do art. 7º da Lei no 12.087, de 11 de novembro de 2009.

§ 4º Regulamento disporá sobre os requisitos, condições e demais normas para contratação do financiamento de que trata este artigo.

Art. 6º Em caso de inadimplemento das prestações devidas pelo estudante financiado, a instituição referida no § 3º do art. 3º promoverá a execução das parcelas vencidas, conforme estabelecida pela Instituição de que trata o inciso II do caput do art. 3º, repassando ao Fies e à instituição de ensino a parte concernente ao seu risco.

§ 1º Recebida a ação de execução e antes de receber os embargos, o juiz designará audiência preliminar de conciliação, a realizar-se no prazo de 15 (quinze) dias, para a qual serão as partes intimadas a comparecer, podendo fazer-se representar por procurador ou preposto, com poderes para transigir.

§ 2º Obtida a conciliação, será reduzida a termo e homologada por sentença.

§ 3º Não efetuada a conciliação, terá prosseguimento o processo de execução.

Art. 6º-B. O Fies poderá abater, na forma do regulamento, mensalmente, 1,00% (um inteiro por cento) do saldo devedor consolidado, incluídos os juros devidos no período e independentemente da data de contratação do financiamento, dos estudantes que exercerem as seguintes profissões:

I. professor em efetivo exercício na rede pública de educação básica com jornada de, no mínimo, 20 (vinte) horas semanais, graduado em licenciatura; e

II. médico integrante de equipe de saúde da família oficialmente cadastrada, com atuação em áreas e regiões com carência e dificuldade de retenção desse profissional, definidas como prioritárias pelo Ministério da Saúde, na forma do regulamento.

§ 1º (VETADO)

§ 2º O estudante que já estiver em efetivo exercício na rede pública de educação básica com jornada de, no mínimo, 20 (vinte) horas semanais, por ocasião da matrícula no curso de licenciatura, terá direito ao abatimento de que trata o caput desde o início do curso.

§ 3º O estudante graduado em Medicina que optar por ingressar em programa credenciado Medicina pela Comissão Nacional de Residência Médica, de que trata a Lei no 6.932, de 7 de julho de 1981, e em especialidades prioritárias definidas em ato do Ministro de Estado da Saúde terá o período de carência estendido por todo o período de duração da residência médica.

§ 4º O abatimento mensal referido no caput será operacionalizado anualmente pelo agente operador do Fies, vedado o primeiro abatimento em prazo inferior a 1 (um) ano de trabalho.

§ 5º No período em que obtiverem o abatimento do saldo devedor, na forma do caput, os estudantes ficam desobrigados da amortização de que trata o inciso V do caput do art. 5º.

§ 6º O estudante financiado que deixar de atender às condições previstas neste artigo deverá amortizar a parcela remanescente do saldo devedor regularmente, na forma do inciso V do art. 5º.

Art. 6º-C. No prazo para embargos, reconhecendo o crédito do exequente e comprovando o depósito de 10% (dez por cento) do valor em execução, inclusive custas e honorários de advogado, poderá o executado requerer que lhe seja admitido pagar o restante em até 12 (doze) parcelas mensais.

§ 1º O valor de cada prestação mensal, por ocasião do pagamento, será acrescido de juros equivalentes à taxa referencial do Sistema Especial de Liquidação e de Custódia (Selic) para títulos federais acumulada mensalmente, calculados a partir do mês subsequente ao da consolidação até o mês anterior ao do pagamento, e de 1% (um por cento) relativamente ao mês em que o pagamento estiver sendo efetuado. (Incluído pela Lei nº 12.513, de 2011)

§ 2º Sendo a proposta deferida pelo juiz, o exequente levantará a quantia depositada e serão suspensos os atos executivos; caso indeferida, seguir-se-ão os atos executivos, mantido o depósito.

§ 3º O inadimplemento de qualquer das prestações implicará, de pleno direito, o vencimento das subsequentes e o prosseguimento do processo, com o imediato início dos atos executivos, imposta ao executado multa de 10% (dez por cento) sobre o valor das prestações não pagas e vedada a oposição de embargos.

Art. 6º-D. Nos casos de falecimento ou invalidez permanente do estudante tomador do financiamento, devidamente comprovados, na forma da legislação pertinente, o saldo devedor será absorvido conjuntamente pelo Fies e pela instituição de ensino.

Art. 6º-E. O percentual do saldo devedor de que tratam o caput do art. 6º e o art. 6º-D, a ser absorvido pela instituição de ensino, será equivalente ao percentual do risco de financiamento assumido na forma do inciso VI docaput do art. 5º, cabendo ao Fies a absorção do valor restante.

Capítulo III

- **Dos Títulos da Dívida Pública**

Art. 7º Fica a União autorizada a emitir títulos da dívida pública em favor do FIES.

§ 1º Os títulos a que se referem o caput serão representados por certificados de emissão do Tesouro Nacional, com características definidas em ato do Poder Executivo.

§ 2º Os certificados a que se refere o parágrafo anterior serão emitidos sob a forma de colocação direta, ao par, mediante solicitação expressa do FIES à Secretaria do Tesouro Nacional.

§ 3º Os recursos em moeda corrente entregues pelo FIES em contrapartida à colocação direta dos certificados serão utilizados exclusivamente para abatimento da dívida pública de responsabilidade do Tesouro Nacional.

Art. 8º Em contrapartida à colocação direta dos certificados, fica o FIES autorizado a utilizar em pagamento os créditos securitizados recebidos na forma do art. 14.

Art. 9º Os certificados de que trata o art. 7º serão destinados pelo Fies exclusivamente ao pagamento às mantenedoras de instituições de ensino dos encargos educacionais relativos às operações de financiamento realizadas com recursos desse Fundo

Art. 10. Os certificados de que trata o art. 7º serão utilizados para pagamento das contribuições sociais previstas nas alíneas a e c do parágrafo único do art. 11 da Lei no 8.212, de 24 de julho de 1991, bem como das contribuições previstas no art. 3º da Lei no 11.457, de 16 de março de 2007.

§ 1º É vedada a negociação dos certificados de que trata o caput com outras pessoas jurídicas de direito privado

§ 3º Não havendo débitos de caráter previdenciário, os certificados poderão ser utilizados para o pagamento de quaisquer tributos administrados pela Secretaria da Receita Federal do Brasil, e respectivos débitos, constituídos ou não, inscritos ou não em dívida ativa, ajuizados ou a ajuizar, exigíveis ou com exigibilidade suspensa, bem como de multas, de juros e de demais encargos legais incidentes.

§ 4º O disposto no § 3º deste artigo não abrange taxas de órgãos ou entidades da administração pública direta e indireta e débitos relativos ao Fundo de Garantia do Tempo de Serviço - FGTS.

§ 5º Por opção da entidade mantenedora, os débitos referidos no § 3º deste artigo poderão ser quitados mediante parcelamento em até 120 (cento e vinte) prestações mensais. (Incluído pela Lei nº 11.552, de 2007).

§ 6º A opção referida no § 5º deste artigo implica obrigatoriedade de inclusão de todos os débitos da entidade mantenedora, tais como os integrantes do Programa de Recuperação Fiscal - Refis e do parcelamento a ele alternativo, de que trata a Lei no 9.964, de 10 de abril de 2000, os compreendidos no âmbito do Parcelamento Especial - Paes, de que trata a Lei no 10.684, de 30 de maio de 2003, e do Parcelamento Excepcional - Paex, disciplinado pela Medida Provisória no 303, de 29 de junho de 2006, bem como quaisquer outros débitos objeto de programas governamentais de parcelamento. (

§ 7º Para os fins do disposto no § 6º deste artigo, serão rescindidos todos os parcelamentos da entidade mantenedora referentes aos tributos de que trata o § 3º deste artigo.

§ 8º Poderão ser incluídos no parcelamento os débitos que se encontrem com exigibilidade suspensa por força do disposto nos incisos III a V do caput do art. 151 da Lei no 5.172, de 25 de outubro de 1966 - Código Tributário Nacional, desde que a entidade mantenedora desista expressamente e de forma irrevogável da impugnação ou do recurso interposto, ou da ação judicial e, cumulativamente, renuncie a quaisquer alegações de direito sobre as quais se fundam os referidos processos administrativos e ações judiciais.

§ 9º O parcelamento de débitos relacionados a ações judiciais implica transformação em pagamento definitivo dos valores eventualmente depositados em juízo, vinculados às respectivas ações.

§ 10. O parcelamento reger-se-á pelo disposto nesta Lei e, subsidiariamente:

I. pela Lei no 8.212, de 24 de julho de 1991, relativamente às contribuições sociais previstas nas alíneas a e c do parágrafo único do art. 11 da mencionada Lei, não se aplicando o disposto no § 1º do art. 38 da mesma Lei;

II. pela Lei no 10.522, de 19 de julho de 2002, em relação aos demais tributos, não se aplicando o disposto no § 2º do art. 13 e no inciso I do caput do art. 14 da mencionada Lei.

§ 11. Os débitos incluídos no parcelamento serão consolidados no mês do requerimento.

§ 12. O parcelamento deverá ser requerido perante a Secretaria da Receita Federal do Brasil e, em relação aos débitos inscritos em Dívida Ativa, perante a Procuradoria-Geral da Fazenda Nacional, até o dia 30 de abril de 2008.

§ 13. Os pagamentos de que trata este artigo serão efetuados nos termos das normas fixadas pelo Ministério da Fazenda.

§ 14. O valor de cada prestação será apurado pela divisão do débito consolidado pela quantidade de prestações em que o parcelamento for concedido, acrescido de juros equivalentes à taxa referencial do Sistema Especial de Liquidação e de Custódia - SELIC para títulos federais, acumulada mensalmente, calculados a partir da data da consolidação até o mês anterior ao do pagamento, e de 1% (um por cento) relativamente ao mês em que o pagamento estiver sendo efetuado.

§ 15. Se o valor dos certificados utilizados não for suficiente para integral liquidação da parcela, o saldo remanescente deverá ser liquidado em moeda corrente.

§ 16. O parcelamento independerá de apresentação de garantia ou de arrolamento de bens, mantidos os gravames decorrentes de medida cautelar fiscal e as garantias de débitos transferidos de outras modalidades de parcelamento e de execução fiscal.

§ 17. A opção da entidade mantenedora pelo parcelamento implica:

I.	confissão irrevogável e irretratável dos débitos;
II.	aceitação plena e irretratável de todas as condições estabelecidas;
III.	cumprimento regular das obrigações para com o FGTS e demais obrigações tributárias correntes; e
IV.	manutenção da vinculação ao Prouni e do credenciamento da instituição e reconhecimento do curso, nos termos do art. 46 da Lei nº 9.394, de 20 de dezembro de 1996. (Incluído pela Lei nº 11.552, de 2007).

§ 18. O parcelamento será rescindido nas hipóteses previstas na legislação referida no § 10 deste artigo, bem como na hipótese de descumprimento do disposto nos incisos III ou IV do § 17 deste artigo.

§ 19. Para fins de rescisão em decorrência de descumprimento do disposto nos incisos III ou IV do § 17 deste artigo, a Caixa Econômica Federal e o Ministério da Educação, respectivamente, apresentarão à Secretaria da Receita Federal do Brasil e à Procuradoria-Geral da Fazenda Nacional, trimestralmente, relação das entidades mantenedoras que o descumprirem.

§ 20. A rescisão do parcelamento implicará exigibilidade imediata da totalidade do débito confessado e ainda não quitado e automática execução da garantia prestada, restabelecendo-se, em relação ao montante não pago, os acréscimos legais na forma da legislação aplicável à época da ocorrência dos respectivos fatos geradores.

§ 21. As entidades mantenedoras que optarem pelo parcelamento não poderão, enquanto este não for quitado, parcelar quaisquer outros débitos perante a Secretaria da Receita Federal do Brasil e a Procuradoria-Geral da Fazenda Nacional.

§ 22. A Secretaria da Receita Federal do Brasil e a Procuradoria-Geral da Fazenda Nacional, no âmbito de suas competências, poderão editar atos necessários à execução do disposto neste artigo.

Art. 11. A Secretaria do Tesouro Nacional resgatará, mediante solicitação da Secretaria da Receita Federal do Brasil e da Procuradoria-Geral da Fazenda Nacional, os certificados utilizados para quitação dos tributos na forma do art. 10 desta Lei, conforme estabelecido em regulamento.

Parágrafo único. O agente operador fica autorizado a solicitar na Secretaria do Tesouro Nacional o resgate dos certificados de que trata o caput.

Art. 12. A Secretaria do Tesouro Nacional fica autorizada a resgatar antecipadamente, mediante solicitação formal do Fies e atestada pelo INSS, os certificados com data de emissão até 10 de novembro de 2000 em poder de instituições de ensino que, na data de solicitação do resgate, tenham satisfeito as obrigações previdenciárias correntes, inclusive os débitos exigíveis, constituídos, inscritos ou ajuizados e que atendam, concomitantemente, as seguintes condições:

I.	não estejam em atraso nos pagamentos referentes aos acordos de parcelamentos devidos ao INSS;
II.	não possuam acordos de parcelamentos de contribuições sociais relativas aos segurados empregados;
III.	se optantes do Programa de Recuperação Fiscal (REFIS), não tenham incluído contribuições sociais arrecadadas pelo INSS;
IV.	não estejam em atraso nos pagamentos dos tributos administrados pela Secretaria da Receita Federal do Brasil.

Parágrafo único. Das instituições de ensino que possuam acordos de parcelamentos com o INSS e que se enquadrem neste artigo poderão ser resgatados até 50% (cinquenta por cento) do valor dos certificados, ficando estas obrigadas a utilizarem os certificados restantes, em seu poder, na amortização dos aludidos acordos de parcelamentos.

Art. 13. O Fies recomprará, no mínimo a cada trimestre, ao par, os certificados aludidos no art. 9º, mediante utilização dos recursos referidos no art. 2º, ressalvado o disposto no art. 16, em poder das instituições de ensino que atendam ao disposto no art. 12.

Art. 14. Para fins da alienação de que trata o inciso III do § 1º do art. 2º, fica o FIES autorizado a receber em pagamento créditos securitizados de responsabilidade do Tesouro Nacional, originários das operações de securitização de dívidas na forma prevista na alínea "b" do inciso II do § 2º do art. 1º da Lei nº 10.150, de 21 de dezembro de 2000.

Parágrafo único. Para efeito do recebimento dos créditos securitizados na forma prevista no caput será observado o critério de equivalência econômica entre os ativos envolvidos.

Art. 15. As operações a que se referem os arts. 8º e 11 serão realizadas ao par, ressalvadas as referidas no § 1º do art. 10.

Capítulo IV

- **Das Disposições Gerais e Transitórias**

Art. 16. Nos exercícios de 1999 e seguintes, das receitas referidas nos incisos I, II e V do art. 2º serão deduzidos os recursos necessários ao pagamento dos encargos educacionais contratados no âmbito do Programa de Crédito Educativo de que trata a Lei nº 8.436, de 1992.

Art. 17. Excepcionalmente, no exercício de 1999, farão jus ao financiamento de que trata esta Lei, com efeitos a partir de 1º de maio de 1999, os estudantes comprovadamente carentes que tenham deixado de beneficiar-se de bolsas de estudos integrais ou parciais concedidas pelas instituições referidas no art. 4º da Lei nº 9.732, de 1998, em valor correspondente à bolsa anteriormente recebida.

Parágrafo único. Aos financiamentos de que trata o caput deste artigo não se aplica o disposto na parte final do art. 1º e no § 1º do art. 4º.

Art. 18. Fica vedada, a partir da publicação desta Lei, a inclusão de novos beneficiários no Programa de Crédito Educativo de que trata a

Art. 19. A partir do primeiro semestre de 2001, sem prejuízo do cumprimento das demais condições estabelecidas nesta Lei, as instituições de ensino enquadradas no art. 55 da Lei no 8.212, de 24 de julho de 1991, ficam obrigadas a aplicar o equivalente à contribuição calculada nos termos do art. 22 da referida Lei na concessão de bolsas de estudo, no percentual igual ou superior a 50% dos encargos educacionais cobrados pelas instituições de ensino, a alunos comprovadamente carentes e regularmente matriculados.

§ 1º A seleção dos alunos a serem beneficiados nos termos do caput será realizada em cada instituição por uma comissão constituída paritariamente por representantes da direção, do corpo docente e da entidade de representação discente.

§ 2º Nas instituições que não ministrem ensino superior caberão aos pais dos alunos regularmente matriculados os assentos reservados à representação discente na comissão de que trata o parágrafo anterior.

§ 3º Nas instituições de ensino em que não houver representação estudantil ou de pais organizada, caberá ao dirigente da instituição proceder à eleição dos representantes na comissão de que trata o § 1º.

§ 4º Após a conclusão do processo de seleção, a instituição de ensino deverá encaminhar ao MEC e ao INSS a relação de todos os alunos, com endereço e dados pessoais, que receberam bolsas de estudo.

§ 5º As instituições de ensino substituirão os alunos beneficiados que não efetivarem suas matrículas no prazo regulamentar, observados os critérios de seleção dispostos neste artigo.

Art. 20. Ficam convalidados os atos praticados com base na Medida Provisória no 2.094-28, de 13 de junho de 2001, e nas suas antecessoras.

Art. 20-A. O Fundo Nacional de Desenvolvimento da Educação - FNDE terá prazo até 30 de junho de 2013 para assumir o papel de agente operador dos contratos de financiamento formalizados no âmbito do FIES até o dia 14 de janeiro de 2010, cabendo à Caixa Econômica Federal, durante esse prazo, dar continuidade ao desempenho das atribuições decorrentes do encargo.

Art. 21. Esta Lei entra em vigor na data de sua publicação.

Exercício Comentado

01. O FIES só financiara matriculas em cursos superior, em nenhuma hipótese doutorado ou mestrado.

ERRADO. O FIES também poderá Financiar e beneficiar estudantes matriculados em cursos da educação profissional e tecnológica, bem como em programas de mestrado e doutorado com avaliação positiva, desde que haja disponibilidade de recursos.

Anotações

ÍNDICE

CAPÍTULO 01 .... **125**
   Ética, Moral, Valores e Virtudes.. 125
      Ética..125
      Moral...126
      Valores 126
      Virtudes..126

CAPÍTULO 02 .... **128**
   Noções de Ética Empresarial e Profissional e a Gestão da Ética nas Empresas Públicas e Privadas 128
      Noções de Ética Empresarial e Profissional...128
      Gestão da Ética nas Empresas Públicas e Privadas 129

CAPÍTULO 03 .... **131**
   Código de Ética do Banco do Brasil... 131
      Código de Ética...131
      Código de Ética do Banco do Brasil 131

CAPÍTULO 04 .... **133**
   Código de Ética da CAIXA... 133

CAPÍTULO 05 .... **135**
   Código de Ética Profissional do Serviço Público Civil do Poder Executivo Federal 135

CAPÍTULO 06 .... **138**
   Código de Conduta da Alta Administração Federal 138

CAPÍTULO 01
Ética, Moral, Valores e Virtudes

Neste capítulo, em suma, vamos abordar a ética aplicada ou conceitos referentes à ética, moral, valores e virtudes.

Os conteúdos mais relevantes que serão abordados ao longo deste capítulo são os que dizem respeito a noções, conceitos e características da ética e da moral.

Ética

Origem e Definição

A palavra "ética" vem do grego *ethos*. Os romanos traduziram o ethos grego para o latim "*mos*", que quer dizer "costume", de onde vem a palavra "moral".

Em outras palavras, assim como a palavra "moral" vem do latim (*mos, moris*), a palavra "ética" vem do grego (*ethos*) e ambas se referem a costumes, indicando as regras do comportamento, as diretrizes de conduta a serem seguidas.

Cotidianamente, não se faz distinção entre ética e moral, as duas palavras são usadas como sinônimos. Mas os estudiosos da questão fazem distinção entre elas. Sendo assim, vejamos.

Fique Ligado

A palavra "ética" vem do grego "ethos", que significa "modo de ser" ou "caráter" (índole).

A Ética é a parte da filosofia que estuda a moralidade das ações humanas, isto é, se são boas ou más. É uma reflexão crítica sobre a moralidade.

Assim, a ética é definida como a teoria ou a ciência do comportamento moral, que busca explicar, compreender, justificar e criticar a moral ou as morais de uma sociedade. A ética é filosófica e científica. Compete à ética chegar, por meio de investigações científicas, à explicação de determinadas realidades sociais, ou seja, ela investiga o sentido que o homem dá a suas ações para ser verdadeiramente feliz.

Enquanto a moral é definida como o conjunto de normas, princípios, preceitos, costumes, valores que norteiam o comportamento do indivíduo no seu grupo social. A moral é normativa.

A ética representa uma abordagem científica sobre as constantes morais, ou seja, refere-se àquele conjunto de valores e costumes mais ou menos permanente no tempo e no espaço. Em outras palavras, a ética é a ciência da moral, isto é, de uma esfera do comportamento humano. (VÁZQUEZ, 2011).

Mas a Ética não é puramente teoria é um conjunto de princípios e disposições voltados para a ação, historicamente produzidos, cujo objetivo é balizar (limitar) as ações humanas.

Fique Ligado

Em seu sentido mais amplo, a ética tem sido entendida como a ciência da conduta humana perante o ser e seus semelhantes. Portanto, neste sentido, a ética envolve estudos de aprovação ou desaprovação da ação dos homens; e a consideração de valor como equivalente de uma medição do que é real e voluntarioso no campo das ações virtuosas.

Objeto e Objetivo da Ética

A Ética tem por objeto de estudo o estímulo que guia a ação: os motivos, as causas, os princípios, as máximas, as circunstâncias; mas também analisa as consequências dessas ações.

A Ética tem como objetivo fundamental levar a modificações na moral, com aplicação universal, guiando e orientando racionalmente e do melhor modo a vida humana.

Assim, a Ética tem por objeto o comportamento humano no interior de cada sociedade, e o estudo desse comportamento com o fim de estabelecer níveis aceitáveis que garantam a convivência pacífica dentro das sociedades e entre elas, constitui o objetivo da Ética. (LISBOA; MARTINS, 2011).

Campo da Ética

Os problemas éticos, ao contrário dos problemas prático-morais, são caracterizados por sua generalidade. (VÁZQUEZ, 2011).

A função fundamental da ética é a mesma de toda teoria: explicar, esclarecer ou investigar uma determinada realidade, elaborando os conceitos correspondentes. (VÁZQUEZ, 2011).

Não lhe cabe formular juízos de valor sobre a prática moral de outras sociedades, ou de outras épocas, em nome de uma moral absoluta e universal, mas deve antes explicar a razão de ser desta pluralidade e das mudanças de moral; isto é, deve esclarecer o fato de os homens terem recorrido a práticas morais diferentes e até opostas. (VÁZQUEZ, 2011).

Conduta Ética

Para que uma conduta possa ser considerada ética, três elementos essenciais devem ser ponderados:

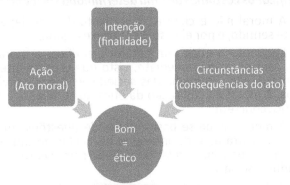

Se um único desses três elementos não for bom, o comportamento não é ético. Assim, a ação (ato moral), a intenção (finalidade), e as circunstâncias e consequências do ato devem ser boas, corretas e certas.

Normas Éticas e Lei

Ética é um conjunto de normas que regem a boa conduta humana. As normas éticas são aquelas que prescrevem como o homem deve agir.

A norma ética possui, como uma de suas características, a possibilidade de ser violada, ao contrário da norma legal (lei).

A ética não deve ser confundida com a lei, embora, com certa frequência, a lei tenha como base princípios éticos. Ao contrário da lei, nenhum indivíduo pode ser compelido, pelo Estado ou por outros indivíduos, a cumprir as normas éticas, nem sofrer qualquer sanção pela desobediência a estas. Por outro lado, a lei pode ser omissa quanto a questões abrangidas no escopo da ética.

Moral
Origem e Definição

Fique Ligado

A palavra "moral" vem do latim "mos" ou "mores", que significa "costume" ou "costumes (VÁZQUEZ, 2011).

A noção de moral está diretamente relacionada com os costumes de um grupo social.

A moral é um conjunto de regras de conduta adotadas pelos indivíduos de um grupo social e tem a finalidade de organizar as relações interpessoais segundo os valores do bem e do mal.

Em outras palavras, a moral é a regulação dos valores e comportamentos considerados legítimos por uma determinada sociedade, um povo, uma religião, uma certa tradição cultural etc.

Sendo assim, a moral é mutável e varia historicamente, de acordo com o desenvolvimento de cada sociedade e, com ela, variam os seus princípios e as suas normas. Ela norteia os valores éticos na Administração Pública. (VÁZQUEZ, 2011).

A moral é influenciada por vários fatores, como sociais e históricos. Sendo assim, há diferença entre os conceitos morais de um grupo para outro.

Moral e Ética

Fique Ligado

Moral e ética não devem ser confundidos. Enquanto a moral é normativa, a ética é teórica e busca explicar e justificar os costumes de uma determinada sociedade.

A moral não é ciência, mas objeto da ciência; e, neste sentido, é por ela estudada e investigada.

Enquanto a ética tem caráter científico, a moral tem caráter prático imediato, visto que é parte integrante da vida cotidiana das sociedades e dos indivíduos. A moral é a aplicação da ética no cotidiano, é a prática concreta.

A moral ocupa-se basicamente de questões subjetivas, abstratas e de interesse particular do indivíduo e da sociedade, relacionando-se com valores ou condutas sociais.

Diferenças Entre Ética e Moral	
ÉTICA	**MORAL**
Científica	Prática (objeto da ciência)
Geral	Específica
Objetiva	Subjetiva
Permanente	Temporal
Princípio	Aspectos de condutas específicas
Regra	Conduta de regra
Teórica	Normativa
Universal (absoluta)	Cultural (relativa)

Valores
Noções e Conceito

O conceito de valor tem sido investigado e definido em diferentes áreas do conhecimento (filosofia, sociologia, ciências econômicas, "marketing" etc).

Os valores são as normas, princípios ou padrões sociais aceitos ou mantidos por indivíduos, classe ou sociedade. Dizem respeito a princípios que merecem ser buscados. O valor exprime uma relação entre as necessidades do indivíduo (respirar, comer, viver, posse, reproduzir, prazer, domínio, relacionar, comparar) e a capacidade das coisas, objetos ou serviços de satisfazê-las.

É na apreciação desta relação que se explica a existência de uma hierarquia de valores, segundo a urgência/prioridade das necessidades e a capacidade dos mesmos objetos para as satisfazerem, diferenciadas no espaço e no tempo.

Valores Éticos

O complexo de normas éticas se alicerça em valores, normalmente designados valores do bom.

"Valores éticos são indicadores da relevância ou do grau de atendimento aos princípios éticos". Por exemplo, a dignidade da pessoa sugere e exige que se valorize o respeito às pessoas. (ALONSO; LÓPEZ; CASTRUCCI, 2010).

Valores estão também ligados aos princípios da Ética Social. Por exemplo, a primazia do bem comum sugere valores como a "solidariedade". (ALONSO; LÓPEZ; CASTRUCCI, 2010).

Valores éticos só podem ser atribuídos a pessoas, pois elas são os únicos seres que agem com conhecimento de certo e errado, bem e mal, e com liberdade para agir. (ALONSO; LÓPEZ; CASTRUCCI, 2010).

Algumas condutas podem ferir os valores éticos.

A prática constante de respeito aos valores éticos conduz as pessoas às virtudes morais. (ALONSO; LÓPEZ; CASTRUCCI, 2010).

Virtudes
Origem e Definição

Fique Ligado

Virtude vem do latim "virtus", que deriva de "vir", homem, varão (homem esforçado, valoroso), e significa uma qualidade própria da natureza humana; ainda, significa, de modo geral, praticar o bem usando a liberdade com responsabilidade constantemente.

Virtudes são hábitos, adquiridos disciplinarmente, que predispõem as pessoas para agir bem". (ALONSO; LÓPEZ; CASTRUCCI, 2010).

As virtudes não são inatas, são adquiridas. (ALONSO; LÓPEZ; CASTRUCCI, 2010).

Assim é que os traços de caráter do indivíduo e com eles as virtudes morais não se podem dar ou adquirir fora do meio social.

Virtudes Cardeais (Principais)

Desde a Antiguidade grega até os tempos modernos, o conceito de virtude como hábito de fazer o bem não mudou muito, embora não se tenha chegado a um acordo quanto ao número de virtudes morais.

Chamam-se virtudes cardeais (principais), porque sobre elas se constrói a vida moral. (ALONSO; LÓPEZ; CASTRUCCI, 2010).

São quatro as virtudes morais, principais ou primárias, fundamentais: prudência (hábito de decidir bem), justiça (dar a cada um o que é seu), fortaleza (disposição da vontade que leva a não desistir do esforço necessário para fazer o bem ou resistir ao mal) e temperança (dispõe-nos a moderar a procura do prazer). (ALONSO; LÓPEZ; CASTRUCCI, 2010).

A principal é a prudência, pois é fundamento das outras. Sem prudência não há justiça, nem fortaleza, nem temperança. (ALONSO; LÓPEZ; CASTRUCCI, 2010).

São outras qualidades morais ou virtudes: a humildade, a resignação (abdicação, renúncia), a caridade, a solidariedade, a ajuda mútua, o companheirismo, a cooperação, a disciplina consciente etc. As velhas virtudes, no entanto, não perderam sua significação no mundo moral, como, por exemplo, a honestidade, a sinceridade, a amizade, a simplicidade, a lealdade, a modéstia etc. (VÁZQUEZ, 2011).

Virtude e Vício

O contrário da virtude é o vício, que é o mau hábito adquirido. (ALONSO; LÓPEZ; CASTRUCCI, 2010).

Vícios são a imprudência, a injustiça, a covardia, a intemperança e muitos outros que deles derivam. (ALONSO; LÓPEZ; CASTRUCCI, 2010).

Exercício Comentado

01. *Em seu sentido mais amplo, a ética tem sido entendida como a ciência da conduta humana perante o ser e seus semelhantes. Portanto, neste sentido, a ética envolve:*
a) *Estudos de aprovação ou desaprovação da ação dos homens.*
b) *A consideração de valor como equivalente de uma medição do que é real e voluntarioso no campo das ações virtuosas.*
c) *Obrigação de ser humano como único mal em seu agir.*
d) *Realização fundamental em situação específica.*
e) *As alternativas A e B estão corretas.*

RESPOSTA. "E". *A alternativa correta é a "e", que afirma que as alternativas A e B estão corretas. A ética, entendida como a ciência da conduta humana, de fato, envolve estudos de aprovação ou desaprovação dessa conduta, e para esse mister leva em conta o valor dessas condutas. Por outro lado, a ética não envolve obrigação, já que as normas éticas não podem ser impostas ao indivíduo, da mesma forma que não se trata de realização em situação específica, uma vez que a ética se baseia em princípios, ao contrário da moral, que faz referência a aspectos de conduta específica.*

Este tópico pode ser questionado em uma prova a partir dos conceitos e características, ou mesmo aspectos, da ética e da moral.

Anotações

CAPÍTULO 02
Noções de Ética Empresarial e Profissional e a Gestão da Ética nas Empresas Públicas e Privadas

Noções de Ética Empresarial e Profissional

Empresas e Organizações

Na linguagem cotidiana, usa-se a expressão "empresa" a partir de diferentes e impróprios significados.

Empresa é uma atividade econômica exercida profissionalmente pelo empresário, para produção e circulação de bens e serviços.

A empresa, enquanto atividade, não se confunde com o sujeito de direito que a explora (empresário). Por isso, não é a empresa que "fale" (de falir) ou importa mercadorias, mas o empresário.

Também não se pode confundir a empresa com o local em que a atividade é desenvolvida, uma vez que não é a empresa que pega fogo ou é reformada, mas o estabelecimento comercial.

Da mesma forma, a expressão empresa não pode ser confundida com sociedade. Assim, não se deve dizer "fulano e beltrano abriram uma empresa", mas "fulano e beltrano contrataram uma sociedade".

Assim, diz-se que, no sentido técnico, empresa é sinônimo de empreendimento.

Segundo Maximiano (1992), organização é uma combinação de esforços individuais que tem por finalidade realizar propósitos coletivos.

Por meio de uma organização torna-se possível perseguir e alcançar objetivos que seriam inatingíveis para uma pessoa.

São exemplos de organizações, uma grande empresa ou uma pequena oficina, um laboratório ou o corpo de bombeiros, um hospital ou uma escola, que se classificam desde micro-organizações, a pequenas, médias, grandes e até mega-organizações.

Ética Empresarial

A ética empresarial refere-se à ética nas empresas e organizações.

> **Fique Ligado**
> A ética empresarial está relacionada a reflexões ou indagações sobre costumes e morais, isto é, qual a moral vigente nas empresas ou organizações.

Em outras palavras, a ética empresarial reflete sobre as normas e valores efetivamente dominantes em uma empresa ou organização.

Em sentido amplo, a ética empresarial baseia-se na ideia de um contrato social segundo o qual os membros se comportam de maneira harmoniosa, levando em conta os interesses dos outros.

Pode ser entendida como um valor da empresa ou organização, que assegura sua sobrevivência, reputação e, consequentemente, bons resultados.

> **Fique Ligado**
> As empresas necessitam que a conduta ética de seus integrantes, bem como os valores e convicções primárias da empresa ou organização se tornem parte de sua cultura.

A ética empresarial exige transparência, coerência e compromisso com a veracidade de qualquer informação.

Atualmente, o comportamento ético por parte da empresa é esperado e exigido pela sociedade.

Ética Profissional

Segundo Kraemer (2010), a ética profissional é um conjunto de princípios que regem a conduta funcional e comportamental daqueles que compõem determinada profissão.

A ética profissional não se ocupa somente do estudo e normatização das condutas do profissional com seus clientes, mas também com o outro profissional, objetivando a construção do bem-estar no contexto sócio-cultural, preservando a dignidade humana.

Cada profissão, porém, exige de quem a exerce, além dos princípios éticos comuns a todos os homens, a observância de procedimento ético, de acordo com a profissão.

As leis de cada profissão são elaboradas com o objetivo de proteger os profissionais, a categoria e as pessoas que dependem daquele profissional, mas há muitos aspectos não previstos especificamente e que fazem parte do comprometimento do profissional em ser eticamente correto, ou seja, fazer a coisa certa.

O sigilo é uma das qualidades consideradas de maior importância, senão a maior deles dentro de uma profissão.

A ética profissional, hoje, atinge todas as profissões regulamentadas através de estatutos e códigos específicos.

Código de Ética

Noções

Código de ética é a relação organizada de procedimentos permitidos e proibidos dentro de um corpo social organizado. Um código torna os princípios éticos obrigatórios aos praticantes. (LISBOA; MARTINS, 2011).

Há códigos de ética de organismos públicos e, da mesma forma, de empresas privadas. São, portanto, bastante numerosos e variados. (ALONSO; LÓPEZ; CASTRUCCI, 2010).

O código de ética varia de organização para organização, diferindo quanto ao conteúdo, extensão e formato, podendo, no entanto, apresentar, por vezes, conteúdos assemelhados. (LISBOA; MARTINS, 2011).

Quando se elabora um código de ética, é importante fazer a devida distinção entre questão ética e dilema ético. Aquela lida com a formulação do problema, este trata de sua solução. (LISBOA; MARTINS, 2011).

A condição básica para se ter um código de ética efetivo, no serviço público ou em qualquer outro, é a existência de uma liderança dentro da organização, que seja sua principal defensora e praticante. (LISBOA; MARTINS, 2011).

Essa nova relação de influência, na qual o líder e o seguidor exercem influência mútua, justifica a importância de o líder entender e praticar modelos de comportamento e valores éticos que estimulem seus seguidores.

As normas de um código de ética visam ao bem-estar da sociedade de forma a assegurar a lisura (honradez, boa-fé) de procedimentos de seus membros dentro e fora da instituição (finalidade).

Preceitos básicos

Qualquer código de ética deve conter preceitos em, no mínimo, quatro áreas:

Esses preceitos versam sobre as obrigações do grupo organizado a que se refere o código de ética.

Código de Ética Empresarial

Código de ética empresarial é um conjunto de normas éticas ditadas pela autoridade empresarial, que visam ao bem comum. Nesse código, devido à tênue fronteira entre o ético e o jurídico, normas legais são, frequentemente, repetidas. (ALONSO; LÓPEZ; CASTRUCCI, 2010).

Em outras palavras, o código de ética de uma empresa é um conjunto de princípios que visa estabelecer um padrão de comportamento entre os membros dessa empresa e seus clientes, fundamentado em um conceito de ética universal voltada para o desenvolvimento individual e da empresa.

O código de ética deve partir da realidade de cada empresa, estabelecendo comportamentos corretos, para bem diagnosticar e enfrentar a sua própria problemática ética. (ALONSO; LÓPEZ; CASTRUCCI, 2010).

Outrossim, o código de ética deve especificar as infrações e as sanções correspondentes, que são, geralmente, a advertência reservada, a censura pública, a suspensão e a demissão. (ALONSO; LÓPEZ; CASTRUCCI, 2010).

Além disso, os códigos de ética estabelecem espécie de jurisdição administrativo-disciplinar interna, que cabe à Comissão de Ética da empresa, integrada por pessoas da própria corporação, de reputação ilibada, mas também por pessoas estranhas à corporação. (ALONSO; LÓPEZ; CASTRUCCI, 2010).

Código de Ética Profissional

Um código de ética profissional pode ser entendido como uma relação das práticas de comportamento que se espera sejam observadas no exercício da profissão.

O objetivo central de um código de ética profissional é a formação de consciência sobre padrões de conduta em determinada profissão (LISBOA, MARTINS, 2011).

As profissões, em nosso país, são organizadas pelos Conselhos Regionais Profissionais. É o caso do Conselho Regional de Medicina (CRM), da Ordem dos Advogados do Brasil (OAB) etc. Todos eles contam com seus próprios códigos de ética. (ALONSO; LÓPEZ; CASTRUCCI, 2010).

Modernamente, a maioria das profissões têm seu próprio código de ética profissional - conjunto de normas, de cumprimento obrigatório, derivadas da ética - frequentemente incorporados à lei pública, caso em que os princípios éticos passam a ter força de lei. O seu não cumprimento pode resultar em sanções executadas pela sociedade profissional, como censura pública e suspensão temporária ou definitiva do direito de exercer a profissão.

Ainda, os profissionais, em sua maioria, que trabalham como empregados de empresas, ficam sujeitos a dois códigos de ética: o do Conselho Regional da sua profissão e o da empresa. Tratam-se, em princípio, de âmbitos distintos; uma coisa é a profissão com seus deveres profissionais próprios, e outra a empresa em que se trabalha; mas costumam ter regras em comum. (ALONSO; LÓPEZ; CASTRUCCI, 2010).

Quando ocorre infração simultânea a ambos os códigos (empresarial e profissional), é competente para julgar a comissão de ética que primeiro recebeu a denúncia. É a chamada prevenção. (ALONSO; LÓPEZ; CASTRUCCI, 2010).

Independentemente dos procedimentos pelos códigos éticos, profissional ou empresarial, certamente que os profissionais estão sujeitos ao Poder Judiciário, nos casos em que as infrações éticas graves são também crimes sujeitos às leis penais. Porém, nada impede a aplicação de sanção pelo código de ética independentemente do processo criminal. (ALONSO; LÓPEZ; CASTRUCCI, 2010).

Gestão da Ética nas Empresas Públicas e Privadas

A ética não é esperada apenas das entidades públicas, mas de todas as organizações que atendem ao público, ou seja, também deve ser ética a atuação das empresas privadas.

As empresas privadas não podem atuar apenas com foco no lucro, mas devem atuar com honestidade, confiança e integridade, pois é o que constrói a lealdade dos clientes.

Assim, também as empresas privadas podem (devem) estabelecer códigos de ética, que é visto como gestão de qualidade.

A Ética nas Empresas Estimula a Qualidade

Ficou demonstrado, por meio de pesquisas (FERREL, 2001), que as empresas que têm a ética como pano de fundo tiveram melhores resultados em vários aspectos, sendo os dois principais a melhoria de qualidade com maior eficácia e a fidelização de novos clientes.

Portanto, não basta à empresa ser ética só em alguns aspectos, é preciso que ela transpire ética em todos os sentidos, de forma que possa ser percebida pelo maior número possível de pessoas.

Ética e Responsabilidade Social

Introdução

O comportamento ético da empresa ou organização é a base da responsabilidade social, expressa nos princípios e valores por ela adotados. Não há que se falar em responsabilidade social sem ética nos negócios.

A responsabilidade social empresarial diz respeito à maneira como as empresas realizam seus negócios: os critérios que utilizam para a tomada de decisões, os valores que definem suas prioridades e os relacionamentos com todos os públicos com os quais interagem.

A responsabilidade social sempre preocupou partidos políticos e governos. Porém, nas últimas décadas, passou a preocupar empresas. Estas, num primeiro momento, tomaram consciência de que deviam prestar atenção não só aos seus sócios ou acionistas, mas também às pessoas que com ela se relacionavam, como empregados, fornecedores e clientes. Num segundo momento, conscientizaram-se de sua responsabilidade para com a sociedade em geral. (ALONSO; LÓPEZ; CASTRUCCI, 2010).

A ética, em primeiro lugar, é pessoal. Assim, para que a empresa possa exercer sua responsabilidade social, é necessário que a ética seja posta em prática dentro da administração, e no interior de cada uma das pessoas.

Pode-se concluir que o exercício da responsabilidade social pela empresa está intrinsecamente ligado à ética pessoal de seus dirigentes e funcionários. (ALONSO; LÓPEZ; CASTRUCCI, 2010).

Responsabilidade Social da Empresa

A responsabilidade social pode ser definida como um compromisso da empresa com relação à humanidade em geral, e também uma forma de prestação de contas do seu desempenho e do uso de recursos que originalmente não lhe pertencem, mas pertencem à sociedade. (ALONSO; LÓPEZ; CASTRUCCI, 2010).

Entende-se que o mencionado "compromisso" deva traduzir-se pela destinação não só de recursos, mas pela atenção de seus funcionários a atividades com fins sociais, em favor, a exemplo, da infância abandonada, da alfabetização, da saúde, da escola, da assistência aos necessitados etc. (ALONSO; LÓPEZ; CASTRUCCI, 2010).

→ Porém, não é unânime a opinião dos economistas sobre a responsabilidade social da empresa. Há duas visões:

> **Visão clássica ou econômica**: defende que a única responsabilidade social da empresa e de seus executivos é a de maximizar o lucro para seus acionistas.

> **Visão socioeconômica**: defende que as empresas não somente devem buscar o lucro, mas também a proteção e a melhoria da qualidade de vida das comunidades em que elas operam, e da sociedade em geral. (ALONSO; LÓPEZ; CASTRUCCI, 2010).

O conceito da responsabilidade social empresarial está relacionado com a Ética e a transparência na gestão dos negócios e deve refletir-se nas decisões cotidianas que podem causar impactos na sociedade, no meio ambiente e no futuro dos próprios negócios.

De um modo mais simples, podemos dizer que a Ética nos negócios ocorre quando as decisões de interesse de determinada empresa também respeitam o direito, os valores e os interesses de todos aqueles que, de uma forma ou de outra estão envolvidos.

Transparência é um conceito que muito tem a ver com Ética. A falta de transparência na condução dos negócios pode prejudicar não só clientes e consumidores, mas também a própria empresa. Se ela sonega, por exemplo, uma informação importante sobre seus produtos e serviços, pode ser responsabilizada, mais tarde, por omissão.

A busca da gestão socialmente responsável tem exigido maior transparência das instituições, sejam públicas, sejam privadas, nas relações com seus fornecedores, funcionários e clientes.

Tal atributo tem sido fundamental para a reputação das organizações, que devem explicitar à sociedade seus valores e a seu corpo funcional os padrões éticos e de conduta considerados adequados.

Exercício Comentado

01. *A visão social precisa estar incorporada nos processos, produtos, serviços e nos modelos de gestão dos negócios. Leia as sentenças abaixo sobre algumas definições que envolvem a Responsabilidade Social e assinale a alternativa incorreta.*

a) *A Responsabilidade Social nas empresas limita-se à sua relação com o bem-estar dos seus funcionários. Promoção de boa conduta, valores e princípios.*

b) *Políticas e práticas socialmente responsáveis criam valor e exemplos que influenciam as comunidades.*

c) *RSE é a forma de gestão que se define pela relação ética e transparente da empresa com todos os seus públicos.*

d) *A Responsabilidade Social Empresarial deve impulsionar o desenvolvimento sustentável, preservando recursos ambientais e culturais.*

e) *A RSE deve respeitar a diversidade e promover a redução da desigualdade social.*

RESPOSTA. "A". *A Responsabilidade Social nas empresas não se limita apenas a sua relação com o bem-estar dos seus funcionários, é muito mais abrangente que isso, muito embora inclua sua relação com o bem-estar dos seus funcionários.*

Quanto a possíveis questionamentos acerca desse tópico, ressaltamos os conceitos e noções de ética empresarial e profissional, assim como dos códigos de ética, além de noções de responsabilidade ética das empresas, especialmente a social.

CAPÍTULO 03
Código de Ética do Banco do Brasil

O presente capítulo trata do Código de Ética do Banco do Brasil.

De acordo com os valores que expressam, o Código de Ética do Banco do Brasil agrega nove perspectivas: clientes, funcionários e colaboradores; fornecedores; acionistas, investidores e credores; parceiros; concorrentes; governo; comunidade e órgãos reguladores.

Os conteúdos mais relevantes que serão abordados ao longo deste Capítulo são as perspectivas do Código de Ética do Banco do Brasil referentes a clientes, funcionários e colaboradores; governo e comunidade.

Código de Ética

Atualmente, observa-se que a gestão da ética corporativa, além de comportar a tradicional visão filosófica do tema, a qual em essência busca discernir o que é bom do que é mau, também se relaciona - pragmaticamente - com a tríade de sustentabilidade (social, ambiental e econômica), com a imagem da empresa, exigências de *stakeholders* (partes interessadas), obtenção de certificações e, no limite, com a ampliação da capacidade das organizações realizarem negócios e gerar resultados.

Neste contexto, os códigos de ética representam o marco fundamental de qualquer programa de gestão da ética corporativa, pois explicitam os valores ou referenciais éticos que devem orientar o comportamento dos funcionários e o da própria organização.

O Código de Ética do Banco do Brasil foi atualizado no segundo semestre de 2009. Na construção deste documento foram referenciados os preceitos éticos considerados importantes pela empresa, as recomendações da *Organization for Economic Co-operation and Development,* da Comissão de Ética Pública da Presidência da República, Indicadores *Ethos* de Responsabilidade Social, Índice Dow Jones de Sustentabilidade, Lei *Sarbanes-Oxley* e Índice de Sustentabilidade Empresarial da Bovespa. Também foram ouvidos empregados e estagiários; clientes; fornecedores; entidades sindicais; acionistas e analistas de mercado, cujas sugestões foram agregadas ao texto final.

Além dos normativos internos relacionados à ética corporativa, os executivos do BB também estão submetidos ao Código de Conduta da Alta Administração federal.

Código de Ética do Banco do Brasil
(disponível no site do Banco do Brasil S.A. na internet)

1. Clientes

1.1. Oferecemos produtos, serviços e informações para o atendimento das necessidades de clientes de cada segmento de mercado, com inovação, qualidade e segurança.

1.2. Oferecemos tratamento digno e cortês, respeitando os interesses e os direitos do consumidor.

1.3. Oferecemos orientações e informações claras, confiáveis e oportunas, para permitir aos clientes a melhor decisão nos negócios.

1.4. Estimulamos a comunicação dos clientes com a Empresa e consideramos suas manifestações no desenvolvimento e melhoria das soluções em produtos, serviços e relacionamento.

1.5. Asseguramos o sigilo das informações bancárias, ressalvados os casos previstos em lei.

2. Funcionários e Colaboradores

2.1. Zelamos pelo estabelecimento de um ambiente de trabalho saudável, pautando as relações entre superiores hierárquicos, subordinados e pares pelo respeito e pela cordialidade.

2.2. Repudiamos condutas que possam caracterizar assédio de qualquer natureza.

2.3. Respeitamos a liberdade de associação sindical e buscamos conciliar os interesses da Empresa com os interesses dos funcionários e suas entidades representativas de forma transparente, tendo a negociação como prática permanente.

2.4. Asseguramos a cada funcionário o acesso às informações pertinentes à sua privacidade, bem como o sigilo destas informações, ressalvados os casos previstos em lei.

2.5. Mantemos contratos e convênios com instituições que asseguram aos colaboradores condições previdenciárias, fiscais, de segurança do trabalho e de saúde.

2.6. Reconhecemos, aceitamos e valorizamos a diversidade do conjunto de pessoas que compõem o Conglomerado.

2.7. Repudiamos práticas ilícitas, como suborno, extorsão, corrupção, propina, em todas as suas formas.

2.8. Orientamos os profissionais contratados a pautarem seus comportamentos pelos princípios éticos do BB.

3. Fornecedores

3.1. Adotamos, de forma imparcial e transparente, critérios de seleção, contratação e avaliação, que permitam pluralidade e concorrência entre fornecedores, que confirmem a idoneidade das empresas e que zelem pela qualidade e melhor preço dos produtos e serviços contratados.

3.2. Requeremos, no relacionamento com fornecedores, o cumprimento da legislação trabalhista, previdenciária e fiscal, bem como a não-utilização de trabalho infantil ou escravo e a adoção de relações de trabalho adequadas e de boas práticas de preservação ambiental, resguardadas as limitações legais.

4. Acionistas, Investidores e Credores

4.1. Pautamos a gestão da Empresa pelos princípios da legalidade, impessoalidade, moralidade, publicidade e eficiência.

4.2. Somos transparentes e ágeis no fornecimento de informações aos acionistas, aos investidores e aos credores.

4.3. Consideramos toda informação passível de divulgação, exceto a de caráter restrito que coloca em risco o desempenho e a imagem institucional, ou que está protegida por lei.

5. Parceiros

5.1. Consideramos os impactos socioambientais na realização de parcerias, convênios, protocolos de intenções e de cooperação técnico-financeira com entidades externas, privadas ou públicas.

5.2. Estabelecemos parcerias que asseguram os mesmos valores de integridade, idoneidade e respeito à comunidade e ao meio ambiente.

6. Concorrentes

6.1. Temos a ética e a civilidade como compromisso nas relações com a concorrência.

6.2. Conduzimos a troca de informações com a concorrência de maneira lícita, transparente e fidedigna, preservando os princípios do sigilo bancário e os interesses da Empresa.

6.3. Quando solicitados, disponibilizamos informações fidedignas, por meio de fontes autorizadas.

7. Governo

7.1. Somos parceiros do Governo Federal na implementação de políticas, projetos e programas socioeconômicos voltados para o desenvolvimento sustentável do País.

7.2. Articulamos os interesses e as necessidades da Administração Pública com os vários segmentos econômicos da sociedade.

7.3. Relacionamo-nos com o poder público independentemente das convicções ideológicas dos seus titulares.

8. Comunidade

8.1. Valorizamos os vínculos estabelecidos com as comunidades em que atuamos e respeitamos seus valores culturais.

8.2. Reconhecemos a importância das comunidades para o sucesso da Empresa, bem como a necessidade de retribuir à comunidade parcela do valor agregado aos negócios.

8.3. Apoiamos, nas comunidades, iniciativas de desenvolvimento sustentável e participamos de empreendimentos voltados à melhoria das condições sociais da população.

8.4. Zelamos pela transparência no financiamento da ação social.

8.5. Afirmamos nosso compromisso com a erradicação de todas as formas de trabalho degradante: infantil, forçado e escravo.

8.6. Afirmamos estrita conformidade à Lei na proibição ao financiamento e apoio a partidos políticos ou candidatos a cargos públicos.

9. Órgãos Reguladores

9.1. Trabalhamos em conformidade com as leis e demais normas do ordenamento jurídico.

9.2. Atendemos nos prazos estabelecidos às solicitações originadas de órgãos externos de regulamentação e fiscalização e de auditorias externa e interna.

Exercício Comentado

01. O Código de Ética do Banco do Brasil prevê:
a) Responsabilidade aos parceiros pela avaliação de eventual impacto socioambiental nas realizações conjuntas.
b) Contratação de fornecedores a partir de um grupo selecionado com parcialidade.
c) Estrita conformidade à Lei na proibição ao financiamento a partidos políticos.
d) Troca, sem limites, de informações com a concorrência, na busca de negócios rentáveis.
e) Relacionamento com o poder público, dependente das convicções ideológicas dos seus titulares.

RESPOSTA. "C". Conforme subitem 8.6, do código, "Afirmamos estrita conformidade à Lei na proibição ao financiamento e apoio a partidos políticos ou candidatos a cargos públicos". Já a letra A esta errada. Prescreve o subitem 5.1, do código, "Consideramos os impactos socioambientais na realização de parcerias, convênios, protocolos de intenções e de cooperação técnico-financeira com entidades externas, privadas ou públicas". Letra B errada. Prescreve o subitem 3.1, do código, "Adotamos, de forma imparcial e transparente, critérios de seleção, contratação e avaliação, que permitam pluralidade e concorrência entre fornecedores (...)". Logo a letra D esta errada. Prescreve o subitem 7.3, do código, "Relacionamo-nos com o poder público independentemente das convicções ideológicas dos seus titulares".

Em relação a este tópico, normalmente questiona-se a respeito da própria literalidade dos itens insertos em cada uma das perspectivas do Código de Ética do Banco do Brasil, especialmente as perspectivas: clientes, funcionários e colaboradores; governo e comunidade.

Anotações

CAPÍTULO 04
Código de Ética da CAIXA
(Caixa Econômica Federal)

O presente capítulo trata do Código de Ética da Caixa.

Este Código estabelece, em suma, sua missão, bem como seus valores: respeito, honestidade, compromisso, transparência e responsabilidade.

Os conteúdos mais relevantes que serão abordados ao longo deste Capítulo são os valores do respeito e responsabilidade do Código de Ética da Caixa.

CÓDIGO DE ÉTICA DA CAIXA
NOSSA MISSÃO

Promover a melhoria contínua da qualidade de vida da sociedade, intermediando recursos e negócios financeiros de qualquer natureza, atuando, prioritariamente, no fomento ao desenvolvimento urbano e nos segmentos de habitação, saneamento e infra-estrutura, e na administração de fundos, programas e serviços de caráter social, tendo como valores fundamentais:

Direcionamento de ações para o atendimento das expectativas da sociedade e dos clientes;

Busca permanente de excelência na qualidade de serviços;

Equilíbrio financeiro em todos os negócios;

Conduta ética pautada exclusivamente nos valores da sociedade;

Respeito e valorização do ser humano.

VALORES DO CÓDIGO DE ÉTICA DA CAIXA
RESPEITO

As pessoas na CAIXA são tratadas com ética, justiça, respeito, cortesia, igualdade e dignidade.

Exigimos de dirigentes, empregados e parceiros da CAIXA absoluto respeito pelo ser humano, pelo bem público, pela sociedade e pelo meio ambiente.

Repudiamos todas as atitudes de preconceitos relacionadas à origem, raça, gênero, cor, idade, religião, credo, classe social, incapacidade física e quaisquer outras formas de discriminação.

Respeitamos e valorizamos nossos clientes e seus direitos de consumidores, com a prestação de informações corretas, cumprimento dos prazos acordados e oferecimento de alternativa para satisfação de suas necessidades de negócios com a CAIXA.

Preservamos a dignidade de dirigentes, empregados e parceiros, em qualquer circunstância, com a determinação de eliminar situações de provocação e constrangimento no ambiente de trabalho que diminuam o seu amor próprio e a sua integridade moral.

Os nossos patrocínios atentam para o respeito aos costumes, tradições e valores da sociedade, bem como a preservação do meio ambiente.

HONESTIDADE

No exercício profissional, os interesses da CAIXA estão em 1º lugar nas mentes dos nossos empregados e dirigentes, em detrimento de interesses pessoais, de grupos ou de terceiros, de forma a resguardar a lisura dos seus processos e de sua imagem.

Gerimos com honestidade nossos negócios, os recursos da sociedade e dos fundos e programas que administramos, oferecendo oportunidades iguais nas transações e relações de emprego.

Não admitimos qualquer relacionamento ou prática desleal de comportamento que resulte em conflito de interesses e que estejam em desacordo com o mais alto padrão ético.

Não admitimos práticas que fragilizem a imagem da CAIXA e comprometam o seu corpo funcional.

Condenamos atitudes que privilegiem fornecedores e prestadores de serviços, sob qualquer pretexto.

Condenamos a solicitação de doações, contribuições de bens materiais ou valores a parceiros comerciais ou institucionais em nome da CAIXA, sob qualquer pretexto.

COMPROMISSO

Os dirigentes, empregados e parceiros da CAIXA estão comprometidos com a uniformidade de procedimentos e com o mais elevado padrão ético no exercício de suas atribuições profissionais.

Temos compromisso permanente com o cumprimento das leis, das normas e dos regulamentos internos e externos que regem a nossa Instituição.

Pautamos nosso relacionamento com clientes, fornecedores, correspondentes, coligadas, controladas, patrocinadas, associações e entidades de classe dentro dos princípios deste Código de Ética.

Temos o compromisso de oferecer produtos e serviços de qualidade que atendam ou superem as expectativas dos nossos clientes.

Prestamos orientações e informações corretas aos nossos clientes para que tomem decisões conscientes em seus negócios.

Preservamos o sigilo e a segurança das informações.

Buscamos a melhoria das condições de segurança e saúde do ambiente de trabalho, preservando a qualidade de vida dos que nele convivem.

Incentivamos a participação voluntária em atividades sociais destinadas a resgatar a cidadania do povo brasileiro.

TRANSPARÊNCIA

As relações da CAIXA com os segmentos da sociedade são pautadas no princípio da transparência e na adoção de critérios técnicos.

Como empresa pública, estamos comprometidos com a prestação de contas de nossas atividades, dos recursos por nós geridos e com a integridade dos nossos controles.

Aos nossos clientes, parceiros comerciais, fornecedores e à mídia dispensamos tratamento equânime na disponibilidade de informações claras e tempestivas, por meio de fontes autorizadas e no estrito cumprimento dos normativos a que estamos subordinados.

Oferecemos aos nossos empregados oportunidades de ascensão profissional, com critérios claros e do conhecimento de todos.

Valorizamos o processo de comunicação interna, disseminando informações relevantes relacionadas aos negócios e às decisões corporativas.

RESPONSABILIDADE

Devemos pautar nossas ações nos preceitos e valores éticos deste Código, de forma a resguardar a CAIXA de ações e atitudes inadequadas à sua missão e imagem e a não prejudicar ou comprometer dirigentes e empregados, direta ou indiretamente.

Zelamos pela proteção do patrimônio público, com a adequada utilização das informações, dos bens, equipamentos e demais recursos colocados à nossa disposição para a gestão eficaz dos nossos negócios.

Buscamos a preservação ambiental nos projetos dos quais participamos, por entendermos que a vida depende diretamente da qualidade do meio ambiente.

Garantimos proteção contra qualquer forma de represália ou discriminação profissional a quem denunciar as violações a este Código, como forma de preservar os valores da CAIXA.

Exercício Comentado

01. Determinados funcionários da agência W realizam campanha para discriminar o recolhimento de lixo, observada a sua espécie, para programa de reciclagem. Nos termos do Código de Ética da CEF, tal projeto é:

a) **Irrelevante, uma vez que o ambiente não tem ligação com o programa de ética da empresa.**

b) **Relevante para a sociedade, no entanto, fora dos parâmetros gerenciais adotados por instituições financeiras, incluída a CEF.**

c) **Realização de um dos valores perseguidos pelo Código de Ética empresarial adotado pela empresa.**

d) **Plano a ser adotado no futuro após ampla discussão sobre o tema em assembleias de funcionários.**

e) **Considerado iniciativa individual, sem qualquer vínculo com a empresa, mas admitida como bom empreendimento.**

RESPOSTA. "C". A alternativa correta é a "c". Um dos valores do Código de Ética da CEF é a Responsabilidade, em que se estabelece "Buscamos a preservação ambiental nos projetos dos quais participamos, por entendermos que a vida depende diretamente da qualidade do meio ambiente". Assim sendo, pode-se afirmar que projeto envolvendo a realização de campanha para discriminar o recolhimento de lixo para programa de reciclagem é realização de um dos valores perseguidos pelo Código de Ética empresarial adotado pela CEF, qual seja, o valor da Responsabilidade.

O presente tópico trabalhado vem sendo questionado a partir da análise de situações fáticas descritas no enunciado das questões em face dos valores do Código de Ética da Caixa, especialmente Respeito e Responsabilidade.

Anotações

CAPÍTULO 05
Código de Ética Profissional do Serviço Público Civil do Poder Executivo Federal
(Decreto nº 1.171/1994)

Em suma, o conteúdo do presente capítulo se refere ao Código de Ética Profissional do Servidor Público do Poder Executivo Federal, aprovado pelo Decreto nº 1.171, de 22 de junho de 1994, o qual contempla essencialmente duas partes.

A primeira, dita de ordem substancial (fundamental), fala sobre os princípios morais e éticos a serem observados pelo servidor, e constitui o Capítulo I, que abrange as regras deontológicas (Seção I), os principais deveres do servidor público (Seção II), bem como as vedações (Seção III).

Já a segunda parte, de ordem formal, dispõe sobre a criação e funcionamento de Comissões de Ética, e constitui o Capítulo II, que trata das Comissões de Ética em todos os órgãos do Poder Executivo Federal (Exposição de Motivos nº 001/94-CE).

Os conteúdos mais relevantes que serão abordados ao longo deste capítulo trata das Regras Deontológicas e dos Principais Deveres do Servidor Público ou deveres fundamentais do servidor.

Código de Ética Profissional do Servidor Público Civil do Poder Executivo Federal

(Decreto nº 1.171/1994)

DECRETO Nº 1.171, DE 22 DE JUNHO DE 1994

Aprova o Código de Ética Profissional do Servidor Público Civil do Poder Executivo Federal.

O PRESIDENTE DA REPÚBLICA, no uso das atribuições que lhe confere o art. 84, incisos IV e VI, e ainda tendo em vista o disposto no art. 37 da Constituição, bem como nos arts. 116 e 117 da Lei nº 8.112, de 11 de dezembro de 1990, e nos arts. 10, 11 e 12 da Lei nº 8.429, de 2 de junho de 1992,

DECRETA:

Art. 1º Fica aprovado o Código de Ética Profissional do Servidor Público Civil do Poder Executivo Federal, que com este baixa.

Art. 2º Os órgãos e entidades da Administração Pública Federal direta e indireta implementarão, em sessenta dias, as providências necessárias à plena vigência do Código de Ética, inclusive mediante a Constituição da respectiva Comissão de Ética, integrada por três servidores ou empregados titulares de cargo efetivo ou emprego permanente.

Parágrafo único. A constituição da Comissão de Ética será comunicada à Secretaria da Administração Federal da Presidência da República, com a indicação dos respectivos membros titulares e suplentes.

Art. 3º Este decreto entra em vigor na data de sua publicação.

Brasília, 22 de junho de 1994, 173º da Independência e 106º da República.

ITAMAR FRANCO
Romildo Canhim

Este texto não substitui o publicado no DOU de 23.6.1994.
ANEXO Código de Ética Profissional do Servidor Público Civil do Poder Executivo Federal

CAPÍTULO I
Seção I
Das Regras Deontológicas

I. *A dignidade, o decoro, o zelo, a eficácia e a consciência dos princípios morais são primados maiores que devem nortear o servidor público, seja no exercício do cargo ou função, ou fora dele, já que refletirá o exercício da vocação do próprio poder estatal. Seus atos, comportamentos e atitudes serão direcionados para a preservação da honra e da tradição dos serviços públicos.*

II. *O servidor público não poderá jamais desprezar o elemento ético de sua conduta. Assim, não terá que decidir somente entre o legal e o ilegal, o justo e o injusto, o conveniente e o inconveniente, o oportuno e o inoportuno, mas principalmente entre o honesto e o desonesto, consoante as regras contidas no art. 37, caput, e § 4º, da Constituição Federal.*

III. *A moralidade da Administração Pública não se limita à distinção entre o bem e o mal, devendo ser acrescida da ideia de que o fim é sempre o bem comum. O equilíbrio entre a legalidade e a finalidade, na conduta do servidor público, é que poderá consolidar a moralidade do ato administrativo.*

IV. *A remuneração do servidor público é custeada pelos tributos pagos direta ou indiretamente por todos, até por ele próprio, e por isso se exige, como contrapartida, que a moralidade administrativa se integre no Direito, como elemento indissociável de sua aplicação e de sua finalidade, erigindo-se, como consequência, em fator de legalidade.*

V. *O trabalho desenvolvido pelo servidor público perante a comunidade deve ser entendido como acréscimo ao seu próprio bem-estar, já que, como cidadão, integrante da sociedade, o êxito desse trabalho pode ser considerado como seu maior patrimônio.*

VI. *A função pública deve ser tida como exercício profissional e, portanto, se integra na vida particular de cada servidor público. Assim, os fatos e atos verificados na conduta do dia-a-dia em sua vida privada poderão acrescer ou diminuir o seu bom conceito na vida funcional.*

VII. *Salvo os casos de segurança nacional, investigações policiais ou interesse superior do Estado e da Administração Pública, a serem preservados em processo previamente declarado sigiloso, nos termos da lei, a publicidade de qualquer ato administrativo constitui requisito de eficácia e moralidade, ensejando sua omissão comprometimento ético contra o bem comum, imputável a quem a negar.*

VIII. Toda pessoa tem direito à verdade. O servidor não pode omiti-la ou falseá-la, ainda que contrária aos interesses da própria pessoa interessada ou da Administração Pública. Nenhum Estado pode crescer ou estabilizar-se sobre o poder corruptivo do hábito do erro, da opressão ou da mentira, que sempre aniquilam até mesmo a dignidade humana quanto mais a de uma Nação.

IX. A cortesia, a boa vontade, o cuidado e o tempo dedicados ao serviço público caracterizam o esforço pela disciplina. Tratar mal uma pessoa que paga seus tributos direta ou indiretamente significa causar-lhe dano moral. Da mesma forma, causar dano a qualquer bem pertencente ao patrimônio público, deteriorando-o, por descuido ou má vontade, não constitui apenas uma ofensa ao equipamento e às instalações ou ao Estado, mas a todos os homens de boa vontade que dedicaram sua inteligência, seu tempo, suas esperanças e seus esforços para construí-los.

X. Deixar o servidor público qualquer pessoa à espera de solução que compete ao setor em que exerça suas funções, permitindo a formação de longas filas, ou qualquer outra espécie de atraso na prestação do serviço, não caracteriza apenas atitude contra a ética ou ato de desumanidade, mas principalmente grave dano moral aos usuários dos serviços públicos.

XI. O servidor deve prestar toda a sua atenção às ordens legais de seus superiores, velando atentamente por seu cumprimento, e, assim, evitando a conduta negligente. Os repetidos erros, o descaso e o acúmulo de desvios tornam-se, às vezes, difíceis de corrigir e caracterizam até mesmo imprudência no desempenho da função pública.

XII. Toda ausência injustificada do servidor de seu local de trabalho é fator de desmoralização do serviço público, o que quase sempre conduz à desordem nas relações humanas.

XIII. O servidor que trabalha em harmonia com a estrutura organizacional, respeitando seus colegas e cada concidadão, colabora e de todos pode receber colaboração, pois sua atividade pública é a grande oportunidade para o crescimento e o engrandecimento da Nação.

Seção II
Dos Principais Deveres do Servidor Público

XIV. São deveres fundamentais do servidor público:
a) desempenhar, a tempo, as atribuições do cargo, função ou emprego público de que seja titular;
b) exercer suas atribuições com rapidez, perfeição e rendimento, pondo fim ou procurando prioritariamente resolver situações procrastinatórias, principalmente diante de filas ou de qualquer outra espécie de atraso na prestação dos serviços pelo setor em que exerça suas atribuições, com o fim de evitar dano moral ao usuário;
c) ser probo, reto, leal e justo, demonstrando toda a integridade do seu caráter, escolhendo sempre, quando estiver diante de duas opções, a melhor e a mais vantajosa para o bem comum;
d) jamais retardar qualquer prestação de contas, condição essencial da gestão dos bens, direitos e serviços da coletividade a seu cargo;
e) tratar cuidadosamente os usuários dos serviços aperfeiçoando o processo de comunicação e contato com o público;
f) ter consciência de que seu trabalho é regido por princípios éticos que se materializam na adequada prestação dos serviços públicos;
g) ser cortês, ter urbanidade, disponibilidade e atenção, respeitando a capacidade e as limitações individuais de todos os usuários do serviço público, sem qualquer espécie de preconceito ou distinção de raça, sexo, nacionalidade, cor, idade, religião, cunho político e posição social, abstendo-se, dessa forma, de causar-lhes dano moral;
h) ter respeito à hierarquia, porém sem nenhum temor de representar contra qualquer comprometimento indevido da estrutura em que se funda o Poder Estatal;
i) resistir a todas as pressões de superiores hierárquicos, de contratantes, interessados e outros que visem obter quaisquer favores, benesses ou vantagens indevidas em decorrência de ações imorais, ilegais ou aéticas e denunciá-las;
j) zelar, no exercício do direito de greve, pelas exigências específicas da defesa da vida e da segurança coletiva;
k) ser assíduo e frequente ao serviço, na certeza de que sua ausência provoca danos ao trabalho ordenado, refletindo negativamente em todo o sistema;
l) comunicar imediatamente a seus superiores todo e qualquer ato ou fato contrário ao interesse público, exigindo as providências cabíveis;
m) manter limpo e em perfeita ordem o local de trabalho, seguindo os métodos mais adequados à sua organização e distribuição;
n) participar dos movimentos e estudos que se relacionem com a melhoria do exercício de suas funções, tendo por escopo a realização do bem comum;
o) apresentar-se ao trabalho com vestimentas adequadas ao exercício da função;
p) manter-se atualizado com as instruções, as normas de serviço e a legislação pertinentes ao órgão onde exerce suas funções;
q) cumprir, de acordo com as normas do serviço e as instruções superiores, as tarefas de seu cargo ou função, tanto quanto possível, com critério, segurança e rapidez, mantendo tudo sempre em boa ordem.
r) facilitar a fiscalização de todos atos ou serviços por quem de direito;
s) exercer com estrita moderação as prerrogativas funcionais que lhe sejam atribuídas, abstendo-se de fazê-lo contrariamente aos legítimos interesses dos usuários do serviço público e dos jurisdicionados administrativos;
t) abster-se, de forma absoluta, de exercer sua função, poder ou autoridade com finalidade estranha ao interesse público, mesmo que observando as formalidades legais e não cometendo qualquer violação expressa à lei;

u) divulgar e informar a todos os integrantes da sua classe sobre a existência deste Código de Ética, estimulando o seu integral cumprimento.

Seção III
Das Vedações ao Servidor Público

XV. E vedado ao servidor público;
a) o uso do cargo ou função, facilidades, amizades, tempo, posição e influências, para obter qualquer favorecimento, para si ou para outrem;
b) prejudicar deliberadamente a reputação de outros servidores ou de cidadãos que deles dependam;
c) ser, em função de seu espírito de solidariedade, conivente com erro ou infração a este Código de Ética ou ao Código de Ética de sua profissão;
d) usar de artifícios para procrastinar ou dificultar o exercício regular de direito por qualquer pessoa, causando-lhe dano moral ou material;
e) deixar de utilizar os avanços técnicos e científicos ao seu alcance ou do seu conhecimento para atendimento do seu mister;
f) permitir que perseguições, simpatias, antipatias, caprichos, paixões ou interesses de ordem pessoal interfiram no trato com o público, com os jurisdicionados administrativos ou com colegas hierarquicamente superiores ou inferiores;
g) pleitear, solicitar, provocar, sugerir ou receber qualquer tipo de ajuda financeira, gratificação, prêmio, comissão, doação ou vantagem de qualquer espécie, para si, familiares ou qualquer pessoa, para o cumprimento da sua missão ou para influenciar outro servidor para o mesmo fim;
h) alterar ou deturpar o teor de documentos que deva encaminhar para providências;
i) iludir ou tentar iludir qualquer pessoa que necessite do atendimento em serviços públicos;
j) desviar servidor público para atendimento a interesse particular;
k) retirar da repartição pública, sem estar legalmente autorizado, qualquer documento, livro ou bem pertencente ao patrimônio público;
l) fazer uso de informações privilegiadas obtidas no âmbito interno de seu serviço, em benefício próprio, de parentes, de amigos ou de terceiros;
m) apresentar-se embriagado no serviço ou fora dele habitualmente;
n) dar o seu concurso a qualquer instituição que atente contra a moral, a honestidade ou a dignidade da pessoa humana;
o) exercer atividade profissional aética ou ligar o seu nome a empreendimentos de cunho duvidoso.

CAPÍTULO II
DAS COMISSÕES DE ÉTICA

XVI. Em todos os órgãos e entidades da Administração Pública Federal direta, indireta autárquica e fundacional, ou em qualquer órgão ou entidade que exerça atribuições delegadas pelo poder público, deverá ser criada uma Comissão de Ética, encarregada de orientar e aconselhar sobre a ética profissional do servidor, no tratamento com as pessoas e com o patrimônio público, competindo-lhe conhecer concretamente de imputação ou de procedimento susceptível de censura.

XVII. (Revogado pelo Decreto nº 6.029, de 2007)
XVIII. À Comissão de Ética incumbe fornecer, aos organismos encarregados da execução do quadro de carreira dos servidores, os registros sobre sua conduta ética, para o efeito de instruir e fundamentar promoções e para todos os demais procedimentos próprios da carreira do servidor público.
XIX. (Revogado pelo Decreto nº 6.029, de 2007)
XX. (Revogado pelo Decreto nº 6.029, de 2007)
XXI. (Revogado pelo Decreto nº 6.029, de 2007)
XXII. A pena aplicável ao servidor público pela Comissão de Ética é a de censura e sua fundamentação constará do respectivo parecer, assinado por todos os seus integrantes, com ciência do faltoso.
XXIII. (Revogado pelo Decreto nº 6.029, de 2007)
XXIV. Para fins de apuração do comprometimento ético, entende-se por servidor público todo aquele que, por força de lei, contrato ou de qualquer ato jurídico, preste serviços de natureza permanente, temporária ou excepcional, ainda que sem retribuição financeira, desde que ligado direta ou indiretamente a qualquer órgão do poder estatal, como as autarquias, as fundações públicas, as entidades paraestatais, as empresas públicas e as sociedades de economia mista, ou em qualquer setor onde prevaleça o interesse do Estado
XXV. (Revogado pelo Decreto nº 6.029, de 2007)

Exercício Comentado

01. O servidor público Y, do Ministério da Agricultura, Pecuária e Abastecimento, apresentou-se embriagado no serviço, violando o Código de Ética Profissional do Servidor Público Civil do Poder Executivo Federal. A pena aplicável ao referido servidor pela Comissão de Ética é a de censura, e sua fundamentação constará do respectivo parecer, assinado:
a) Por dois integrantes no mínimo;
b) Pela maioria de seus integrantes, sem ciência dos faltosos;
c) Por todos os seus integrantes, com ciência do faltoso;
d) Por um dos integrantes, com ciência dos faltosos;
e) Pela minoria dos seus integrantes.

RESPOSTA. "C". A alternativa correta é a "c". O parecer da Comissão de Ética deve ser assinado por todos os seus integrantes, com ciência do faltoso, nos termos do inciso XXII, do Decreto n.º 1.171/1994, "A pena aplicável ao servidor público pela Comissão de Ética é a de censura e sua fundamentação constará do respectivo parecer, assinado por todos os seus integrantes, com ciência do faltoso".

O presente tópico trabalhado vem sendo questionado a partir da análise de situações fáticas descritas no enunciado das questões em face dos valores do Código de Ética da Caixa, especialmente Respeito e Responsabilidade.

CAPÍTULO 06
Código de Conduta da Alta Administração Federal
(alta administração pública)

O conteúdo do presente capítulo, em suma, diz respeito ao Código de Conduta da Alta Administração Federal ou também chamado Código de conduta da alta administração pública.

Os conteúdos mais relevantes que serão abordados ao longo deste capítulo são atinentes às finalidades do referido Código de Conduta, vedações às autoridades públicas a ele submetidas e processo de apuração de prática de ato em desrespeito ao preceituado no mencionado Código.

Código de Conduta da Alta Administração Federal

Art. 1º Fica instituído o Código de Conduta da Alta Administração Federal, com as seguintes finalidades:

I. tornar claras as regras éticas de conduta das autoridades da alta Administração Pública Federal, para que a sociedade possa aferir a integridade e a lisura do processo decisório governamental;

II. contribuir para o aperfeiçoamento dos padrões éticos da Administração Pública Federal, a partir do exemplo dado pelas autoridades de nível hierárquico superior;

III. preservar a imagem e a reputação do administrador público, cuja conduta esteja de acordo com as normas éticas estabelecidas neste Código;

IV. estabelecer regras básicas sobre conflitos de interesses públicos e privados e limitações às atividades profissionais posteriores ao exercício de cargo público;

V. minimizar a possibilidade de conflito entre o interesse privado e o dever funcional das autoridades públicas da Administração Pública Federal;

VI. criar mecanismo de consulta, destinado a possibilitar o prévio e pronto esclarecimento de dúvidas quanto à conduta ética do administrador.

Art. 2º As normas deste Código aplicam-se às seguintes autoridades públicas:

I. Ministros e Secretários de Estado;

II. titulares de cargos de natureza especial, secretários-executivos, secretários ou autoridades equivalentes ocupantes de cargo do Grupo-Direção e Assessoramento Superiores - DAS, nível seis;

III. presidentes e diretores de agências nacionais, autarquias, inclusive as especiais, fundações mantidas pelo Poder Público, empresas públicas e sociedades de economia mista.

Art. 3º No exercício de suas funções, as autoridades públicas deverão pautar-se pelos padrões da ética, sobretudo no que diz respeito à integridade, à moralidade, à clareza de posições e ao decoro, com vistas a motivar o respeito e a confiança do público em geral.

Parágrafo único. Os padrões éticos de que trata este artigo são exigidos da autoridade pública na relação entre suas atividades públicas e privadas, de modo a prevenir eventuais conflitos de interesses.

Art. 4º Além da declaração de bens e rendas de que trata a Lei no 8.730, de 10 de novembro de 1993, a autoridade pública, no prazo de dez dias contados de sua posse, enviará à Comissão de Ética Pública - CEP, criada pelo Decreto de 26 de maio de 1999, publicado no Diário Oficial da União do dia 27 subsequente, na forma por ela estabelecida, informações sobre sua situação patrimonial que, real ou potencialmente, possa suscitar conflito com o interesse público, indicando o modo pelo qual irá evitá-lo.

Art. 5º As alterações relevantes no patrimônio da autoridade pública deverão ser imediatamente comunicadas à CEP, especialmente quando se tratar de:

I. atos de gestão patrimonial que envolvam:

a) transferência de bens a cônjuge, ascendente, descendente ou parente na linha colateral;

b) aquisição, direta ou indireta, do controle de empresa; ou

c) outras alterações significativas ou relevantes no valor ou na natureza do patrimônio;

II. atos de gestão de bens, cujo valor possa ser substancialmente alterado por decisão ou política governamental. (Redação dada pela Exm nº 360, de 17.9.2001)

§ 1º É vedado o investimento em bens cujo valor ou cotação possa ser afetado por decisão ou política governamental a respeito da qual a autoridade pública tenha informações privilegiadas, em razão do cargo ou função, inclusive investimentos de renda variável ou em commodities, contratos futuros e moedas para fim especulativo, excetuadas aplicações em modalidades de investimento que a CEP venha a especificar. (Redação dada pela Exm nº 360, de 17.9.2001)

§ 2º Em caso de dúvida, a CEP poderá solicitar informações adicionais e esclarecimentos sobre alterações patrimoniais a ela comunicadas pela autoridade pública ou que, por qualquer outro meio, cheguem ao seu conhecimento. (Redação dada pela Exm nº 360, de 17.9.2001)

§ 3º A autoridade pública poderá consultar previamente a CEP a respeito de ato específico de gestão de bens que pretenda realizar. (Parágrafo incluído pela Exm nº 360, de 17.9.2001)

§ 4º A fim de preservar o caráter sigiloso das informações pertinentes à situação patrimonial da autoridade pública, as comunicações e consultas, após serem conferidas e respondidas, serão acondicionadas em envelope lacrado, que somente poderá ser aberto por determinação da Comissão. (Parágrafo incluído pela Exm nº 360, de 17.9.2001)

Art. 6º A autoridade pública que mantiver participação superior a cinco por cento do capital de sociedade de economia mista, de instituição financeira, ou de empresa que negocie com o Poder Público, tornará público este fato.

Art. 7º A autoridade pública não poderá receber salário ou qualquer outra remuneração de fonte privada em desacordo com a lei, nem receber transporte, hospedagem ou quaisquer favores de particulares de forma a permitir situação que possa gerar dúvida sobre a sua probidade ou honorabilidade.

Parágrafo único. É permitida a participação em seminários, congressos e eventos semelhantes, desde que tornada pública eventual remuneração, bem como o pagamento das despesas de viagem pelo promotor do evento, o qual não poderá ter interesse em decisão a ser tomada pela autoridade.

Art. 8º É permitido à autoridade pública o exercício não remunerado de encargo de mandatário, desde que não implique a prática de atos de comércio ou quaisquer outros incompatíveis com o exercício do seu cargo ou função, nos termos da lei.

Art. 9º É vedada à autoridade pública a aceitação de presentes, salvo de autoridades estrangeiras nos casos protocolares em que houver reciprocidade.

Parágrafo único. Não se consideram presentes para os fins deste artigo os brindes que:

I. não tenham valor comercial; ou

II. distribuídos por entidades de qualquer natureza a título de cortesia, propaganda, divulgação habitual ou por ocasião de eventos especiais ou datas comemorativas, não ultrapassem o valor de R$ 100,00 (cem reais).

Art. 10. No relacionamento com outros órgãos e funcionários da Administração, a autoridade pública deverá esclarecer a existência de eventual conflito de interesses, bem como comunicar qualquer circunstância ou fato impeditivo de sua participação em decisão coletiva ou em órgão colegiado.

Art. 11. As divergências entre autoridades públicas serão resolvidas internamente, mediante coordenação administrativa, não lhes cabendo manifestar-se publicamente sobre matéria que não seja afeta a sua área de competência.

Art. 12. É vedado à autoridade pública opinar publicamente a respeito:

I. da honorabilidade e do desempenho funcional de outra autoridade pública federal;

II. do mérito de questão que lhe será submetida, para decisão individual ou em órgão colegiado.

Art. 13. As propostas de trabalho ou de negócio futuro no setor privado, bem como qualquer negociação que envolva conflito de interesses, deverão ser imediatamente informadas pela autoridade pública à CEP, independentemente da sua aceitação ou rejeição.

Art. 14. Após deixar o cargo, a autoridade pública não poderá:

I. atuar em benefício ou em nome de pessoa física ou jurídica, inclusive sindicato ou associação de classe, em processo ou negócio do qual tenha participado, em razão do cargo;

II. Prestar consultoria a pessoa física ou jurídica, inclusive sindicato ou associação de classe, valendo-se de informações não divulgadas publicamente a respeito de programas ou políticas do órgão ou da entidade da Administração Pública Federal a que esteve vinculado ou com que tenha tido relacionamento direto e relevante nos seis meses anteriores ao término do exercício de função pública.

Art. 15. Na ausência de lei dispondo sobre prazo diverso, será de quatro meses, contados da exoneração, o período de interdição para atividade incompatível com o cargo anteriormente exercido, obrigando-se a autoridade pública a observar, neste prazo, as seguintes regras:

I. não aceitar cargo de administrador ou conselheiro, ou estabelecer vínculo profissional com pessoa física ou jurídica com a qual tenha mantido relacionamento oficial direto e relevante nos seis meses anteriores à exoneração;

II. não intervir, em benefício ou em nome de pessoa física ou jurídica, junto a órgão ou entidade da Administração Pública Federal com que tenha tido relacionamento oficial direto e relevante nos seis meses anteriores à exoneração.

Art. 16. Para facilitar o cumprimento das normas previstas neste Código, a CEP informará à autoridade pública as obrigações decorrentes da aceitação de trabalho no setor privado após o seu desligamento do cargo ou função.

Art. 17. A violação das normas estipuladas neste Código acarretará, conforme sua gravidade, as seguintes providências:

I. advertência, aplicável às autoridades no exercício do cargo;

II. censura ética, aplicável às autoridades que já tiverem deixado o cargo.

Parágrafo único. As sanções previstas neste artigo serão aplicadas pela CEP, que, conforme o caso, poderá encaminhar sugestão de demissão à autoridade hierarquicamente superior.

Art. 18. O processo de apuração de prática de ato em desrespeito ao preceituado neste Código será instaurado pela CEP, de ofício ou em razão de denúncia fundamentada, desde que haja indícios suficientes.

§ 1º A autoridade pública será oficiada para manifestar-se no prazo de cinco dias.

§ 2º O eventual denunciante, a própria autoridade pública, bem assim a CEP, de ofício, poderão produzir prova documental.

§ 3º A CEP poderá promover as diligências que considerar necessárias, bem assim solicitar parecer de especialista quando julgar imprescindível.

§ 4º Concluídas as diligências mencionadas no parágrafo anterior, a CEP oficiará a autoridade pública para nova manifestação, no prazo de três dias.

§ 5º Se a CEP concluir pela procedência da denúncia, adotará uma das penalidades previstas no artigo anterior, com comunicação ao denunciado e ao seu superior hierárquico.

Art. 19. A CEP, se entender necessário, poderá fazer recomendações ou sugerir ao Presidente da República normas complementares, interpretativas e orientadoras das disposições deste Código, bem assim responderá às consultas formuladas por autoridades públicas sobre situações específicas.

Este texto não substitui o publicado no D.O. de 22.8.2000

Exercício Comentado

01. Caio, que ocupa o cargo de Presidente de uma Empresa Pública, opinou publicamente a respeito da honorabilidade e do desempenho funcional de uma autoridade pública federal. Vale salientar que Caio continua no cargo público mencionado. O fato narrado acarretará

a) A não imposição de qualquer sanção, pois Caio não se sujeita às normas do Código de Conduta da Alta Administração Federal.

b) A não imposição de qualquer sanção, pois não caracteriza violação de norma do Código de Conduta da Alta Administração Federal.

c) Sanção de censura ética.

d) Sanção de advertência.

e) Sanção de multa.

RESPOSTA. "D". A alternativa correta é a "d". O fato narrado acarreta a imposição de sanção, primeiro, porque Caio ocupa cargo de Presidente de uma Empresa Pública, sujeitando-se às normas do Código de Conduta da Alta Administração Federal, conforme art. 2º, inciso III; segundo, porque a conduta de Caio, no sentido de opinar publicamente a respeito da honorabilidade e do desempenho funcional de uma autoridade pública federal, constitui vedação expressa no art. 12, inciso II, do Código de Conduta. Ademais, a sanção imposta deve ser a de advertência, considerando que Caio continua no cargo público, consoante estabelece o art. 17, inciso I, do mesmo Código.

O presente tópico trabalhado é questionado normalmente com base na letra das disposições do Código de Conduta da Alta Administração Federal, no que tange a permissões e vedações a que se submetem as autoridades públicas federais.

Anotações

Referências Bibliográficas

ALONSO, Félix Ruiz; LÓPEZ, Francisco Granizo; CASTRUCCI, Plínio de Lauro. Curso de ética em administração. 2. ed. São Paulo : Atlas, 2010.

LISBOA, coordenador Lázaro Plácido; MARTINS, direção geral Eliseu. Ética geral e profissional em contabilidade. Fundação Instituto de Pesquisas Contábeis, Atuariais e Financeiras. 2. ed. 12. reimpr. São Paulo: Atlas, 2011.

VÁZQUEZ, Adolfo Sánchez. Ética. 33. ed. Rio de Janeiro : Civilização Brasileira, 2012.

Código de Ética do Banco do Brasil (disponível no site do Banco do Brasil S.A. na internet). http://www.bb.com.br/portalbb/page3,136,3506,0,0,1,8.bb?codigoMenu=203.

Código de Ética da CAIXA (disponível no site da CAIXA na internet). http://downloads.caixa.gov.br/_arquivos/caixa/ouvidoria/CODIGO_DE_ETICA_DA_CAIXA.pdf.

BRASIL. Anexo I. Código de Ética. Exposição de Motivos. E.M. nº 001/94-CE. Disponível em: www.dme.ufcg.edu.br/uame/administrativo/legislacoes_usuais/CodEtica.htm.

BRASIL. Decreto nº 1.171, de 22 de junho de 1994. Aprova o Código de Ética Profissional do Servidor Público Civil do Poder Executivo Federal. Disponível em: www.planalto.gov.br/ccvil_03/decreto/D1171.htm.

BRASIL. Exposição de Motivos nº 37, de 18.8.2000, aprovado em 21.8.2000. Código de Conduta da Alta Administração Federal. Disponível em: http://www.planalto.gov.br/ccivil_03/codigos/codi_conduta/cod_conduta.htm.

Questões de Concursos. Disponível em: http://www.questoesdeconcursos.com.br/home/public.

ÍNDICE

CAPÍTULO 01 .... **142**
  História e Estatuto da Caixa Econômica Federal... 142
    Caixa Econômica Federal 142
    Economia..143
    Política Externa...143
    Caixa Econômica no Brasil República 143
    Nova República: novos Rumos para o Brasil...144
    Estatuto da Caixa Econômica Federal 145

HISTÓRIA DA CAIXA ECONÔMICA FEDERAL

CAPÍTULO 01
História e Estatuto da Caixa Econômica Federal
A vida pede mais que um banco

Criada em 1861, a CAIXA não é apenas um banco, mas uma instituição presente na vida de milhões de brasileiros. Os trabalhadores formais do Brasil têm na CAIXA o agente responsável pelo Fundo de Garantia do Tempo de Serviço (FGTS), pelo Programa de Integração Social (PIS) e pelo Seguro-Desemprego. A CAIXA também marca presença por meio de programas sociais, como o Bolsa Família, e unidades lotéricas.

Empresa 100% pública, a CAIXA exerce um papel fundamental na promoção do desenvolvimento urbano e da justiça social do país, uma vez que prioriza setores como habitação, saneamento básico, infraestrutura e prestação de serviços, contribuindo significativamente para melhorar a vida das pessoas, principalmente as de baixa renda.

A CAIXA ainda apoia inúmeras atividades artísticas-culturais, educacionais e desportivas, garantindo um lugar de destaque no dia a dia das pessoas, pois acredita que pode fazer o melhor pelo país e por cada um de seus habitantes.

Para seus correntistas, a CAIXA busca sempre oferecer os melhores serviços e opções de crédito, ajudando-os a concretizar seus sonhos, acumulando conquistas e sucessos em parceria com o povo brasileiro.

Fonte: http://www14.caixa.gov.br.

Caixa Econômica Federal

Desde o século XIX, a Caixa Econômica Federal se faz presente na vida de milhões de brasileiros. Sua raiz intelectual e econômica está na casa de Penhor Monte de Socorro da Corte e a Caixa Econômica da Corte, duas importantes instituições públicas que mais tarde se fundiram e contribuíram enormemente para o processo de formação econômica, social e política do Brasil.

Foi na época imperial, sob a regência de D. Pedro II, que nobres sem fortuna alguma, senhoras de poucas rendas, negros pleiteando alforrias e pequenos comerciantes depositaram suas economias no que hoje conhecemos como Caixa Econômica Federal. Aliás, a Caixa tem sido sinônimo de garantia para milhares de poupadores e assegurou os depósitos de seus clientes por quase 130 anos ininterruptos, até a chegada ao poder do presidente Fernando Collor de Mello, que, por decreto, mandou confiscar todos os ativos financeiros da população brasileira, inclusive as tão fiéis cadernetas de poupança.

Cabe lembrar que, embora a criação da Caixa tenha sido oficializada em 12 de janeiro de 1861, a ideia de criar esse tipo de instituição no Brasil remonta a 1830, quando surgiram as primeiras formas organizacionais desse modelo, nos estados de Pernambuco, Alagoas, Rio de Janeiro e Minas Gerais. Delas, somente a de Ouro Preto, em Minas Gerais, conseguiu sobreviver por mais tempo. Foram vários os fatores que provocaram a decadência dessas primeiras versões de caixas econômicas. Dentre eles estavam: a falta de apoio consistente do Império, sob a regência de D. Pedro I, no Primeiro Reinado; e as constantes crises financeiras da época, como, por exemplo, a crise de decadência da extração do ouro, associada à falta de clareza nas instituições públicas para atuar de modo a que realmente satisfizessem às demandas das classes menos privilegiadas. Não havia, naquele período, a preocupação em atender a uma população considerada desprivilegiada do ponto de vista econômico e social. As instituições financeiras do século XIX estavam de tal modo centradas no ganho imediatista e na usura que não tinham qualquer tipo de sensibilidade para pensar em um modelo diferenciado de atendimento ao enorme contingente de brasileiros que viviam em condições subumanas.

Diante de todos esses complicadores, havia ainda um número enorme de escravos que estavam prestes a conquistar a liberdade. Embora a Lei Eusébio de Queiróz tenha posto fim ao tráfico de escravos no Brasil do princípio do Segundo Reinado, diversos homens e mulheres negros ainda viviam sob escravidão. Mas os movimentos abolicionistas atuavam com insistência em prol da libertação efetiva dos escravos. Um dos grandes problemas que estava por vir relacionava-se aos questionamentos acerca de como atender a esse contingente de pessoas que seriam libertas e como financiar a força de trabalho livre. Não se sabia de que forma a sociedade brasileira abarcaria esse grande número de homens e mulheres sem prejuízo do status quo, que fora construído sobre o alicerce das capitanias hereditárias, numa sociedade oligárquica e agrária, que durante séculos serviu de modelo de administração pública no Brasil.

Esse tipo de preocupação não vigorou nas mentes dos homens na política brasileira. Não houve aqui um projeto nacional que pudesse absorver a mão de obra escrava e integrá-la socialmente. Na verdade, houve a iniciativa de poucos que possibilitaram a criação de um banco que representou os primeiros passos para atender "socialmente" a um grupo que até então não era reconhecido.

Nesse contexto, um dos fatores preponderantes no processo de criação oficial da Caixa Econômica Federal estava substancialmente relacionado às demandas representadas pelas classes menos privilegiadas, tendo em vista a emergência do atendimento desses setores sociais não considerados e que passaram a clamar, socialmente, por uma atenção especial. Fator bastante contributivo e bem-exemplificado em obras como a da historiadora e antropóloga Lilia Schwarcz, em As barbas do imperador - que trata muito bem dessa emergência - foi o progresso cultural e industrial do século XIX. Segundo Lilian, à frente desse pensamento emergencial estava D. Pedro II, figura de caráter personalista e um homem adiante de sua época. O imperador era o representante mais característico de um movimento cultural e industrial que se iniciava intelectualmente em meados do século XIX, na Europa. Como viajou muito pelo mundo e trouxe para o Brasil modelos de modernidade, D. Pedro II, impulsionado pela emergência e pelo clamor de uma massa desprivilegiada, decretou a criação da Caixa Econômica e do Monte de Socorro.

Claro que as demandas sociais foram marcantes, assim como a emergência de atendimento de uma população desprivilegiada e de pouca renda e a possibilidade de ascensão de uma população negra numerosa que se pretendia alforriar, como já foi dito. Mas essas demandas sociais pulsantes, associadas à visão sensível do imperador D. Pedro II e aos problemas enfrentados no século XIX, criaram a possibilidade da aprovação, em 22 de agosto de 1860, da Lei dos Entraves. Essa lei propiciou o surgimento da Caixa Econômica, e, no dia

12 de janeiro de 1861, o imperador assinou o Decreto 2.723, que aprovava a criação de uma Caixa Econômica e um Monte de Socorro na Corte.

Às 9h da manhã de uma segunda-feira, 4 de novembro de 1861, 10 meses depois da assinatura do decreto por D. Pedro II, a Instituição começou oficialmente suas operações no Rio de Janeiro. Na época, o Brasil já tinha quase 10 milhões de habitantes e a população do Rio de Janeiro já chegava a 250 mil moradores. Nos primeiros dias de funcionamento, já era possível identificar algumas tendências que mais tarde se consolidariam. A principal é que a instituição tinha surgido para atender à população mais pobre: as somas depositadas pelos 50 primeiros clientes variavam entre 10 mil e 50 mil réis. Para ter uma ideia do valor, basta aclarar que uma refeição não custava menos de 2 mil réis. O primeiro depositante foi Antônio Álvares Pereira Coruja, de 55 anos, morador da Zona central do Rio de Janeiro que correu até a Caixa para depositar seus 2 mil réis. Das dez primeiras contas da Caixa, quatro foram abertas em nome de crianças. Era o contexto do segundo reinado no Brasil e várias questões políticas rondavam o Império brasileiro.

Economia

A economia do Brasil se mantém basicamente a mesma durante todo o período imperial, aliás, só houve significativas alterações nesse setor após 1930. Até esta data, podemos classificá-la da mesma maneira, o que de certa forma facilita o estudo, mas, na prática, atrasou o nosso desenvolvimento.

→ **Características:**
> Predominância da monocultura;
> Economia agroexportadora;
> Grandes propriedades cultivadas (latifúndios).

→ **Os produtos principais estavam enfrentando uma dura crise, a saber:**
> **AÇÚCAR**: sofria concorrência da produção das Antilhas e do açúcar de beterraba na Europa;
> **TABACO**: usado no tráfico de escravos africanos, sofria uma queda na produção sob a pressão inglesa para que o Brasil eliminasse tal prática;
> **ALGODÃO**: perdia mercado para a concorrência do algodão produzido no sul dos Estados Unidos;
> **CHARQUE e COURO**: representavam muito pouco nas exportações brasileiras, não concorrendo com similares produzidos em outras regiões (Argentina e Uruguai).

Diante deste quadro, o único produto que passou a representar uma nova perspectiva para a economia brasileira foi o **CAFÉ**. Ele foi o carro-chefe da economia brasileira por todo o século XIX e no início do século XX.

Fases da economia CAFEEIRA

	Séc. XVIII - XIX	Séc. XIX - XX
Local	Vale do Paraíba	Oeste Paulista
Exportação	Porto do Rio de Janeiro	Porto de Santos
Mão de obra	Escrava	Assalariada (imigrantes)
Elite	Barões do Café	Burguesia cafeeira do oeste paulista

Podemos apontar como ponto de divisão da economia brasileira o ano de 1850, quando foi aprovada a Lei Eusébio de Queirós. A proibição do tráfico negreiro atraiu IMIGRANTES EUROPEUS, que vieram trabalhar na cultura do café.

Indústria: O pequeno desenvolvimento industrial do Brasil no período se deve, inicialmente, a alguns fatores como, por exemplo, renovação dos tratados com a Inglaterra, insuficiência de capital disponível, inexistência de um forte mercado interno, ausência de mentalidade empresarial brasileira e precariedade de rede de transportes. Mas, com a aprovação das Tarifas Alves Branco, a situação ficou um pouco mais favorável. Despontou, após meados do século XIX, a figura de Irineu Evangelista de Sousa, o Barão (1854) e Visconde (1874) de Mauá. É o período que chamamos de **ERA MAUÁ**. Dentre suas atividades, merecem destaque: navegação a vapor, reestruturação de portos, estradas de rodagem, bancos e empresas de serviços. **Esses fatos, porém, não foram capazes de transformar o país em uma economia industrial**. A estrutura agrária continuava centrada no latifúndio. Havia também uma resistência à ideia de industrialização. Não podemos esquecer que, por quase cem anos (1750-1840), a Revolução Industrial privilegiou, sobretudo, a Inglaterra. As economias agrárias resistiam a essa inovação. Esse foi um dos motivos da Guerra da Secessão (1861-1865) nos Estados Unidos. A resistência também se observa no Brasil e por isso Mauá é, hoje, considerado um homem à frente de seu tempo e, em seu tempo, foi considerado como um louco.

Política Externa

Questão Christie

Trata-se de Problemas de ordem diplomática que envolveram Brasil e Inglaterra. Esta questão diplomática foi fruto de um conjunto de incidentes entre ambas as nações, os quais culminaram na atuação inábil do embaixador britânico creditado no Brasil - **William Dougal Christie** - e no rompimento das relações diplomáticas por iniciativa do Brasil, em 1863 (tais relações voltaram a ser estabelecidas em 1865).

Com todo esse contexto, podemos entender a necessidade do Estado brasileiro em organizar as finanças e criar mecanismos de controle econômico.

Desde então, a CAIXA caminha lado a lado com a trajetória do país, acompanhando seu crescimento e o de sua população. Nas principais transformações da história do país, como mudanças de regimes políticos, processos de urbanização e industrialização, a CAIXA estava lá, apoiando e ajudando o Brasil.

Caixa Econômica no Brasil República

Em 1933, a Caixa lançou uma campanha para estimular a abertura de contas em nome de crianças, o que se consolidou como sucesso estrondoso. Batizada de Semana do Pé-de-Meia, essa semana teve como ponto alto a distribuição de 10 mil cofrinhos entre os pequenos. A missão da Caixa de estimular o hábito de poupar foi cumprida, visto que, quando completou 140 anos, somava 13,6 milhões de poupanças. A caderneta de poupança com vida mais longa da História da Caixa, quase 80 anos, pertenceu a Austregésilo de Athayde. Ela também foi confiscada 1990, como a de tantos brasileiros, pelo Plano Collor. A carteira hipotecária surgiu logo após a Revolução de 1930 e a primeira hipoteca destinada à aquisição de bem imóvel foi assinada em 01 de junho de 1931.

Com sua experiência acumulada, a Caixa inaugurou, em 1931, operações de empréstimo por consignação para pessoas físicas; três anos depois, por determinação do governo federal, assumiu a exclusividade dos empréstimos sob penhor, o que extinguiu as casas de prego operadas por particulares.

No dia 1º de junho do mesmo ano, foi assinada a primeira hipoteca para a aquisição de imóveis da Caixa do Rio de Janeiro.

Nova República: novos Rumos para o Brasil

Em 1986, a Caixa incorporou o Banco Nacional de Habitação (BNH) e assumiu definitivamente a condição de maior agente nacional de financiamento da casa própria e de importante financiadora do desenvolvimento urbano, especialmente do saneamento básico. No mesmo ano, com a extinção do BNH, tornou-se o principal agente do Sistema Brasileiro de Poupança e Empréstimo (SBPE), administradora do FGTS e de outros fundos do Sistema Financeiro de Habitação (SFH).

Quatro anos depois, em 1990, iniciou ações para centralizar todas as contas vinculadas ao FGTS, que, à época, eram administradas por mais de 70 instituições bancárias.

Desde o Início, Alinhada às Necessidades da População

Ao longo de sua trajetória, a Caixa vem estabelecendo estreitas relações com a população, ao atender às suas necessidades imediatas, como poupança, empréstimos, FGTS, Programa de Integração Social (PIS), Seguro-Desemprego, crédito educativo, financiamento habitacional e transferência de benefícios sociais.

Também deu ao povo brasileiro a chance de sonhar com uma vida melhor, com as Loterias Federais, das quais detém o monopólio desde 1961.

Desde sua criação, não parou de crescer, de se desenvolver, de diversificar e ampliar suas áreas de atuação. Além de atender a correntistas, trabalhadores, beneficiários de programas sociais e apostadores, acredita e apoia iniciativas artístico-culturais, educacionais e desportivas em todo o Brasil.

Hoje, a Caixa tem uma posição consolidada no mercado como um banco de grande porte, sólido e moderno. Como principal agente das políticas públicas do governo federal, está presente em todo o país, sem perder sua principal finalidade - a de acreditar nas pessoas - e é o maior banco público do país, estando voltada também a grandes operações comerciais e, o mais interessante, ainda assim não perdendo o caráter social estabelecido desde de sua criação. Dessa forma, demonstra que se mantém fiel às suas ideias originais, uma vez que é a centralizadora das operações com o FGTS (Fundo de Garantia por Tempo de Serviço) e PIS (Programa de Integração Social), habitação popular (Programa de Arrendamento Residencial - PAR, Carta de Crédito, FGTS, entre outros). É agente pagador também do Bolsa Família, programa de complementação de renda do Governo Federal e do Seguro-desemprego.

A instituição atua ainda no financiamento de obras públicas, principalmente voltadas para o saneamento básico, destinando recursos a estados e municípios. Também faz a intermediação de verbas do Governo federal destinadas ao setor público.

Acima de tudo, a Caixa Econômica Federal é um órgão público controlado pelo Tesouro Nacional da República Federativa do Brasil.

A Caixa, sem dúvida, alguma é o principal agente das políticas sociais do governo federal e, de uma forma ou de outra, está presente na vida de mais de 180 milhões de brasileiros. Isso fica evidente ao priorizar os setores de habitação, saneamento básico, infraestrutura e prestação de serviços. Dessa forma, a Caixa exerce um papel fundamental na promoção do desenvolvimento urbano e da justiça social no país, além de contribuir para a melhoria na qualidade de vida da população, especialmente a de baixa renda.

Seu direcionamento social, contudo, não a impede de ser uma instituição financeira competitiva e rentável. Pelo contrário, seu crescente sucesso tem servido para ampliar a sua capacidade de investir no desenvolvimento sustentável (ou gestão de sustentabilidade, como é mais conhecido) de nossas cidades, promover a inclusão bancária das populações de baixa renda e patrocinar ações para o desenvolvimento humano, por meio do apoio às iniciativas artístico-culturais, educacionais e desportivas. Assume, assim, um considerável compromisso social.

O compromisso da Caixa com a inclusão social compreende, também, o lançamento da Conta CAIXA Aqui, feito em 2003. Essa modalidade de conta permitiu, até o final de 2004, que mais de 2,2 milhões de brasileiros que não dispunham de comprovante de renda ou residência pudessem abrir sua primeira conta bancária. Mais de R$ 235 milhões foram emprestados a esses novos clientes até dezembro de 2004, viabilizando pequenos empreendimentos e a solução de problemas financeiros com juros de 2% ao mês - muito menos que as taxas extorsivas cobradas pelas fontes informais de crédito, as únicas a que estas pessoas, até então, tinham acesso. O alcance da conta CAIXA Aqui rendeu à Caixa o Prêmio Marketing Best de Responsabilidade Social em 2004.

Em outubro de 2003, o governo unificou os vários programas de transferência de renda existentes, aumentando a responsabilidade da Caixa como agente operador e pagador desses benefícios. O Bolsa Escola, do Ministério da Educação, o Bolsa Alimentação, do Ministério da Saúde, o Auxílio-Gás, do Ministério de Minas e Energia, e o Cartão Alimentação, do Ministério Extraordinário da Segurança Alimentar, foram consolidados no Bolsa Família. Visando à excelência no atendimento e a satisfação dos clientes, a Caixa tem a maior rede de atendimento do Brasil e continua crescendo.

É o único banco presente em todos os 5.562 municípios brasileiros, com mais de 17,4 mil pontos de atendimento entre agências, casas lotéricas e correspondentes bancários. Até o final de 2006, serão mais 500 agências e 8.000 correspondentes bancários para os brasileiros movimentarem suas contas, pagarem tributos e receberem os benefícios dos programas de transferência de renda do governo federal.

Conforme afirma Everton Guimarães em seu artigo:

"A CAIXA está sempre ampliando o seu leque de produtos e serviços para atender aos mais diferentes públicos, além de oferecer atendimento personalizado nas agências e os mais modernos canais de atendimento: terminais eletrônicos, Banco 24 Horas, CAIXA Rápido, débito automático, telemarketing, Internet Banking CAIXA, bem como sistemas integrados e automatizados às empresas, municípios e trabalhadores. A partir de Julho de 2004, a Empresa passou a atender os brasileiros que residem fora do país. Através de uma e-conta CAIXA Internacional, clientes podem fazer remessas de dinheiro ao Brasil, investir em Poupança ou aplicar seu dinheiro em Letras Hipotecárias. De qualquer parte do mundo, a um clique de distância e com toda segurança. A CAIXA tem participação ativa no desenvolvimento dos municípios brasileiros. Seguindo as diretrizes do Governo Federal, a Empresa fiscaliza, acompanha e repassa recursos para diversos programas de saneamento básico e infraestrutura urbana. A CAIXA ainda promove programas para premiar, incentivar e disseminar experiências locais bem-sucedidas, com o Programa CAIXA Melhores Práticas em Gestão Local, que valoriza a experiência e criatividade da população e das prefeituras para melhorar a qualidade de vida dos habitantes. Clientes do crédito imobiliário, do penhor, trabalhadores beneficiários do FGTS, PIS ou Seguro-Desemprego, aposentados, estudantes assistidos pelo Financiamento Estudantil, apostadores das loterias, beneficiários de programas sociais e usuários de serviços bancários têm lugar na CAIXA, o banco de todos os brasileiros."

Estatuto da Caixa Econômica Federal

Capítulo I

Da Denominação, Sede, Foro, Duração e Demais Disposições Preliminares

Art. 1º - A Caixa Econômica Federal - - CEF é uma instituição financeira sob a forma de empresa pública, criada nos termos do Decreto-Lei no 759, de 12 de agosto de 1969, vinculada ao Ministério da Fazenda.

Art. 2º - A CEF tem sede e foro em Brasília, Distrito Federal, prazo de duração indeterminado e atuação em todo o território nacional, e poderá criar e suprimir sucursais, filiais ou agências, escritórios, dependências e outros pontos de atendimento em outros locais do País e no exterior.

Art. 3º - A CEF é instituição integrante do sistema financeiro nacional e auxiliar da execução da política de crédito do Governo federal, e sujeita-se às normas e decisões dos órgãos competentes e à fiscalização do Banco Central do Brasil.

Art. 4º - A administração da CEF respeitará os princípios constitucionais da legalidade, impessoalidade, moralidade, publicidade e eficiência, e os seguintes preceitos:

I.   programação e coordenação de suas atividades, em todos os níveis administrativos;
II. desconcentração da autoridade executiva para assegurar maior eficiência e agilidade às atividades-fim, com descentralização e desburocratização dos serviços e operações;
III. racionalização dos gastos administrativos;
IV. simplificação de sua estrutura, evitando o excesso de níveis hierárquicos;
V.   incentivo ao aumento da produtividade, da qualidade e da eficiência dos serviços;
VI. aplicação de regras de governança corporativa e dos princípios de responsabilidade social empresarial; e
VII. administração de negócios direcionada pelo gerenciamento de risco.

Capítulo II

Dos Objetivos

Art. 5º - A CEF tem por objetivos:

I.   receber depósitos, a qualquer título, inclusive os garantidos pela União, em especial os de economia popular, com o propósito de incentivar e educar a população brasileira nos hábitos da poupança e fomentar o crédito em todas as regiões do País;
II.   prestar serviços bancários de qualquer natureza, por meio de operações ativas, passivas e acessórias, inclusive de intermediação e suprimento financeiro, sob suas múltiplas formas;
III.   administrar, com exclusividade, os serviços das loterias federais, nos termos da legislação específica;
IV.   exercer o monopólio das operações de penhor civil, em caráter permanente e contínuo;
V.   prestar serviços delegados pelo Governo federal e prestar serviços, mediante convênio, com outras entidades ou empresas, observada sua estrutura e natureza de instituição financeira;
VI.   realizar quaisquer operações, serviços e atividades negociais nos mercados financeiros e de capitais, internos ou externos;
VII.   efetuar operações de subscrição, aquisição e distribuição de ações, obrigações e quaisquer outros títulos ou valores mobiliários no mercado de capitais, para investimento ou revenda;
VIII. realizar operações relacionadas à emissão e à administração de cartões, inclusive os cartões relacionados ao Programa de Alimentação do Trabalhador - PAT, nas modalidades alimentação e refeição;
IX.   realizar operações de câmbio;
X.   realizar operações de corretagem de seguros e de valores mobiliários, arrendamento residencial e mercantil, inclusive sob a forma de leasing;
XI.   prestar, direta ou indiretamente, serviços relacionados às atividades de fomento da cultura e do turismo, inclusive mediante intermediação e apoio financeiro;
XII.   atuar como agente financeiro dos programas oficiais de habitação e saneamento e como principal órgão de execução da política habitacional e de saneamento do Governo federal, e operar como sociedade de crédito imobiliário para promover o acesso à moradia, especialmente para a população de menor renda;
XIII. atuar como agente operador e financeiro do FGTS;
XIV.   administrar fundos e programas delegados pelo Governo federal;
XV.   conceder empréstimos e financiamentos de natureza social de acordo com a política do Governo federal, observadas as condições de retorno, que deverão, no mínimo, ressarcir os custos operacionais, de captação e de capital alocado;
XVI.   manter linhas de crédito específicas para as microempresas e para as empresas de pequeno porte;
XVII. realizar, na qualidade de agente do Governo federal, por conta e ordem deste, quaisquer operações ou serviços que lhe forem delegados, nos mercados financeiro e de capitais;
XVIII. prestar serviços de custódia de valores mobiliários;
XIX.   prestar serviços de assessoria, consultoria e gerenciamento de atividades econômicas, de políticas públicas, de previdência

XX. atuar na exploração comercial de mercado digital voltada para seus fins institucionais;

XXI. atuar em projetos e programas de cooperação técnica internacional para auxiliar na solução de problemas sociais e econômicos;

XXII. realizar, na forma fixada pelo Conselho Diretor e aprovada pelo Conselho de Administração da CEF, aplicações não reembolsáveis ou parcialmente reembolsáveis destinadas especificamente a apoiar projetos e investimentos de caráter socioambiental, que se enquadrem em seus programas e ações, que beneficiem prioritariamente a população de baixa renda, e principalmente nas áreas de habitação de interesse social, saneamento ambiental, gestão ambiental, geração de trabalho e renda, saúde, educação, desportos, cultura, justiça, alimentação, desenvolvimento institucional, desenvolvimento rural, e outras vinculadas ao desenvolvimento sustentável.

§ 1º - No desempenho de seus objetivos, a CEF opera ainda no recebimento de:

I. depósitos judiciais, na forma da lei; e

II. depósitos de disponibilidades de caixa dos órgãos ou entidades do Poder Público e das empresas por ele controladas, observada a legislação pertinente.

§ 2º - A atuação prevista no inciso XXI do caput deverá ocorrer em colaboração com o órgão ou entidade da União competente para coordenar a cooperação técnica internacional.

Capítulo VIII
Do Pessoal

Art. 54. O pessoal da CEF é admitido, obrigatoriamente, mediante concurso público, de provas ou de provas e títulos, sob regime jurídico da Consolidação das Leis do Trabalho – CLT e legislação complementar.

§ 1º - A CEF poderá requerer a cessão de servidores dos quadros de pessoal da administração pública federal, inclusive das empresas públicas e sociedades de economia mista, para o exercício de função de assessoramento ao Conselho de Administração e à Presidência da CEF.

§ 2º - Poderão ser contratados, a termo, profissionais para o exercício de função de assessoramento ao Conselho de Administração e à Presidência da CEF.

§ 3º - A aplicação dos §§ 1º e 2º ocorrerá para, no máximo, doze cessões e dez contratações a termo, com remuneração a ser definida em normatização específica, limitada ao teto e aos critérios previstos para o quadro permanente de pessoal da CEF.

Referências Bibliográficas

CAIXA ECONÔMICA FEDERAL. Caixa Fome Zero. Responsabilidade social e objetivos do milênio. Brasília, Caixa Econômica Federal (cartilha), [s.d.].

CAIXA ECONÔMICA FEDERAL. História, missão e visão de futuro. Disponível em: www.caixa.gov.br/asp/historia_e_missao.asp.

FERREIRA, Olavo. História do Brasil. São Paulo, Ática, 1978.

FREYRE, Gilberto. Casa-grande & senzala. Rio de Janeiro, José Olympio, 1987.

PEREIRA, Lia Valls. "O setor público brasileiro". Revista dos Empregados da Caixa, nº 7, janfev 2006, p.15-19.

RIBEIRO, Darcy. O povo brasileiro. São Paulo, Companhia das Letras, 2002.

SANTOS, Sérgio Xavier dos. "Caixa Econômica Federal como instrumento de desenvolvimento urbano do governo federal, através do Programa Carta de Crédito, FGTS", [s.r.].

SCHWARCZ, Lilia Moritz. As barbas do imperador. São Paulo, Companhia das Letras, 2007.

SILVA, Plácido. "Caixas Econômicas Federais: suas histórias, seu conceito jurídico, sua organização, sua administração e operações autorizadas". Disponível em:

www.tede.unifacs.br/tde_busca/arquivo.php?codArquivo=105.

SILVA, Getúlio Borges da. Caixas Econômicas: a questão da função social. Rio de Janeiro,

Forense, Rio de Janeiro, [s.d.].

ZIVKO, Wlazia de Oliveira. Casa própria: sonho ou direito?, [s.r.]

ÍNDICE

CAPÍTULO 01 148
- Lei de Lavagem de Capitais 148
  - Conceito de Lavagem de Capitais 148
  - Etapas da Lavagem de Capitais 148
  - Gerações de Leis de Lavagem de Capitais 148
  - Bem Jurídico Tutelado 148
  - Sujeitos do Delito de Lavagem 148
  - Acessoriedade do Crime de Lavagem de Capitais 149
  - Tipos Objetivos 149
  - Tipo Subjetivo 150
  - Teoria das Instruções da Avestruz 150
  - Tentativa de Lavagem de Capitais 150
  - Causa de Aumento de Pena 150
  - Delação Premiada 150
  - Aspectos Processuais Penais 151
  - Medidas Assecuratórias 151
  - Prevenção aos Crimes de Lavagem de Capitais 154
  - Composição do COAF 154

LEIS ESPECIAIS

CAPÍTULO 01
Lei de Lavagem de Capitais
LEI 9613/98

O crime de lavagem de capitais, mais conhecido como lavagem de dinheiro, tem origem na doutrina norte-americana, com a preocupação de punir a ocultação de dinheiro feita pelos *gangsters* de Chicago quando da lei seca, que se utilizavam de lavanderias para esconder a origem ilícita do dinheiro. Por isso, "lavagem" de dinheiro: deriva do inglês *"Money laundering"*. Nos países europeus, ficou mais conhecida a expressão "branqueamento de capitais".

Conceito de Lavagem de Capitais

O conceito de lavagem de capitais é trazido pela própria lei 9613/98, porém é interessante observar que ele foi recentemente alterado pela lei 12.683/12. Por isso, torna-se importante o estudo do conceito atualizado com as diferenças trazidas pela atualização legislativa.

O antigo artigo 1° conceituava lavagem de capitais como a ocultação ou dissimulação da natureza, origem, movimentação ou propriedade de bens, direitos ou valores provenientes, direta ou indiretamente, de crime. Esses crimes eram listados nos incisos seguintes ao artigo 1°, a saber:

I. de tráfico ilícito de substâncias entorpecentes ou drogas afins;
II. de terrorismo;
III. de terrorismo e seu financiamento; (Redação dada pela Lei nº 10.701, de 9.7.2003)
IV. de contrabando ou tráfico de armas, munições ou material destinado à sua produção;
V. de extorsão mediante sequestro;
VI. contra a Administração Pública, inclusive a exigência, para si ou para outrem, direta ou indiretamente, de qualquer vantagem, como condição ou preço para a prática ou omissão de atos administrativos;
VII. contra o sistema financeiro nacional;
VIII. praticado por organização criminosa.
IX. praticado por particular contra a administração pública estrangeira.

O novo art. 1° da lei de lavagem de capitais apresenta uma nova conceituação:

> **Art. 1º** - Ocultar ou dissimular a natureza, origem, localização, disposição, movimentação ou propriedade de bens, direitos ou valores provenientes, direta ou indiretamente, de infração penal (Redação dada pela Lei 12.683/12).

Percebe-se, então, que a maior diferença trazida pela nova lei é que agora a ocultação ou dissimulação de bens, direitos ou valores não necessariamente deverão ser produto de um crime antecedente previsto na lei, e sim devem ter como precedente qualquer infração penal (inclusive as contravenções penais, principalmente o jogo do bicho). Portanto, o que se precisa provar em um processo de lavagem de capitais hoje é tão somente a natureza ilícita (dinheiro sujo) dos bens, direitos ou valores, não sendo necessário provar que ele provém de determinado crime.

Etapas da Lavagem de Capitais

As etapas da lavagem de capitais são as fases pelas quais passa o "dinheiro" ilícito para que volte ao mercado financeiro como forma lícita:

→ **1° etapa: *PLACEMENT* (colocação)**

Nessa etapa, o dinheiro é introduzido no sistema financeiro. Existem variadas técnicas para introdução do dinheiro no sistema financeiro, uma delas é o chamado *smurfing* que consiste no fracionamento de elevadas quantias em valores pequenos para que passem despercebidos pelos órgãos de prevenção à lavagem de capitais.

→ **2° etapa: *LAYERING* (dissimulação)**

Nessa etapa, ocorre uma série de movimentações ou transações de modo a encobrir a origem ilícita do dinheiro.

→ **3° Etapa: *INTEGRATION* (integração)**

Nessa etapa, o dinheiro já parecerá lícito e, dessa forma, será incorporado ao sistema econômico normalmente como investimentos no mercado mobiliário ou imobiliário (compra de imóveis, restaurantes, veículos, apartamentos etc.).

Fique Ligado

Na ação penal 470, o STF entendeu que não é necessária a comprovação das três etapas para configuração do delito; bastaria a ocultação para que se configurasse.

Gerações de Leis de Lavagem de Capitais

Leis de 1° geração: nessas leis, a lavagem de capitais somente era concebida como crime se tivesse como antecedente o tráfico de drogas.

Leis de 2° geração: na segunda geração, o rol de crimes antecedente é aumentado, no entanto, ainda se caracteriza como um rol taxativo previsto pela legislação pertinente ao assunto (Ex.: a lei 9.613/95 antes da alteração trazida pela lei 12.683/12).

Leis de 3° geração: na terceira geração, o rol de crimes antecedentes fica bem mais amplo de modo que não é necessária a comprovação de que os bens, direitos ou valores provenham de determinado delito. A lei 9.613/98, após as alterações trazidas pela lei 12.683/12, colocou o Brasil na 3° geração, de forma que não é necessário um CRIME antecedente, e sim que os bens, direitos e valores sejam o produto direto ou indireto de INFRAÇÃO PENAL (seja qualquer crime ou qualquer contravenção penal, desde que possa resultar em bens, direitos ou valores).

Bem Jurídico Tutelado

Prevalece na doutrina que o bem jurídico tutelado pela lei de lavagem de capitais é a ordem econômico-financeira. Levando-se em consideração essa parte considerável da doutrina, é possível inferir que cabe o princípio da insignificância nos crimes previstos pela lei de lavagem de capitais.

Sujeitos do Delito de Lavagem

O sujeito ativo do delito é qualquer pessoa; portanto, trata-se de um crime comum. Vale ressaltar que, se a pessoa cometeu a infração penal antecedente, ela poderá responder também pelo crime de lavagem, caso pratique uma nova conduta que configure o crime. No entanto, o fato de o autor da infração antecedente apenas se encontrar com o dinheiro, por exemplo, guardado em casa ou em sua posse, não configura o delito de lavagem de capitais.

Caso um terceiro participe tão somente da lavagem, ele responderá somente pelo crime de lavagem de capitais, não sendo necessário que tenha participado da infração penal antecedente.

Como o bem jurídico tutelado é a ordem econômico-financeira, o sujeito passivo é o Estado.

Acessoriedade do Crime de Lavagem de Capitais

Para a configuração do crime de lavagem de capitais, é necessário que os bens, direitos ou valores tenham origem ilícita, isto é, derivem direta ou indiretamente de infração penal. Portanto, pode-se dizer que o crime de lavagem de capitais depende de uma infração penal antecedente, funcionando esta como elementar do crime de lavagem de dinheiro (expressão comum no vocabulário pátrio).

Os processos criminais pela infração penal antecedente e o crime de lavagem de capitais são independentes e autônomos de forma que poderá o agente ser punido por lavagem, mesmo que seja desconhecido ou isento de pena o autor da infração antecedente.

> *Art. 2° O processo e julgamento dos crimes previstos nesta Lei:*
>
> *II. independem do processo e julgamento das infrações penais antecedentes, ainda que praticados em outro país, cabendo ao juiz competente para os crimes previstos nesta Lei a decisão sobre a unidade de processo e julgamento*
>
> *§ 1º A denúncia será instruída com indícios suficientes da existência da infração penal antecedente, sendo puníveis os fatos previstos nesta Lei, ainda que desconhecido ou isento de pena o autor, ou extinta a punibilidade da infração penal antecedente.*

Reunião dos Processos

Vale lembrar que reunião dos processos não é o mesmo que conexão ou continência, sendo aquela um efeito dessas, sempre que possível.

O delito de lavagem de capitais segue essa regra, pois é notável que normalmente ocorra a conexão, principalmente a probatória, mas nem sempre será possível a reunião dos processos, mesmo que seja o ideal, pois as infrações penais antecedentes podem até ter ocorrido no exterior.

> *Art. 2º O processo e julgamento dos crimes previstos nesta Lei:*
>
> *II. independem do processo e julgamento das infrações penais antecedentes, ainda que praticados em outro país, cabendo ao juiz competente para os crimes previstos nesta Lei a decisão sobre a unidade de processo e julgamento.*

Influência do Processo da Infração Penal antecedente

Embora os processos da infração antecedente e o processo pelo delito de lavagem de capitais sejam autônomos e independentes, vale ressaltar que a lavagem de capitais depende de uma infração penal para que o crime de lavagem possa existir. Uma questão bastante interessante é quando ocorrem sentenças diversas nos processos independentes, ou melhor, quando o agente é absolvido no processo pela infração antecedente e condenado pelo crime de lavagem de capitais. Resta entender até que ponto a decisão absolutória de um processo influenciará na decisão do outro.

Decisões no processo da infração Antecedente	Processo pelo delito de lavagem de capitais
Absolvição por falta de provas	Não necessariamente influenciará no delito de lavagens de capitais
Absolvição por atipicidade de conduta	Deverá ser absolvido no processo de lavagem de capitais
Absolvição por excludente de ilicitude	Deverá ser absolvido no processo de lavagem de capitais
Absolvição por excludente de culpabilidade	Não necessariamente deverá ser condenado pelo crime de lavagem de capitais
Absolvição por causa extintiva de punibilidade	Não necessariamente deverá ser punido pelo crime de lavagem de capitais
Novation Legis Descriminalizadora	Deverá ser absolvido no processo de lavagem de capitais, pois os bens, direitos e valores não mais possuirão origem ilícita

Tipos Objetivos
Tipo 1

> *Art. 1º - Ocultar ou dissimular a natureza, origem, localização, disposição, movimentação ou propriedade de bens, direitos ou valores provenientes, direta ou indiretamente, de infração penal (Redação dada pela Lei 12.683/12).*

O art. 1° caput traz o primeiro tipo objetivo do crime de lavagem de capitais, o qual consiste na ocultação e dissimulação de bens, direitos ou valores provenientes, direta ou indiretamente, de infração penal.

Como exemplo, pode-se citar uma quadrilha que incorpora dinheiro proveniente do "jogo do bicho" (agora pode ser de qualquer infração penal) em uma lavanderia de carros. Como é difícil comprovar a quantidade de carros que são lavados, aumentam-se exorbitantemente os lucros injetando o dinheiro do "jogo do bicho" na lavanderia.

É importante observar que os verbos **ocultar** e **dissimular** são verbos permanentes e, por isso, uma novel legislação *in pejus* poderia abarcar as situações que ainda se encontrem na permanência.

Exemplo interessante e bastante atual para melhorar a compreensão do exposto é o caso dos praticantes da contravenção penal de "jogo do bicho", pois antes da nova legislação, eles não poderiam responder por lavagem de capitais (a Lei 9.613/98 só possuía como infrações antecedentes os crimes em um rol taxativo).

No entanto, se ainda ocultarem os bens, direitos ou valores provenientes da contravenção penal, mesmo que essa contravenção tenha sido praticada na vigência da lei menos gravosa, eles poderão ser enquadrados no crime de lavagem de capitais já que se trata de um crime permanente.

> *Sum: 711, STF: A lei penal mais grave aplica-se ao crime continuado ou permanente, se a sua vigência é anterior à cessação da continuidade ou permanência.*

Tipo 2

§ 1º *Incorre na mesma pena quem, para ocultar ou dissimular a utilização de bens, direitos ou valores provenientes de infração penal:*

I. *os converte em ativos lícitos;*

II. *os adquire, recebe, troca, negocia, dá ou recebe em garantia, guarda, tem em depósito, movimenta ou transfere;*

III. *importa ou exporta bens com valores não correspondentes aos verdadeiros.*

Nesses casos, os verbos são diferentes e a ocultação e a dissimulação passam a ser a finalidade dos delitos.

Tipo 3

§ 2º *Incorre, ainda, na mesma pena quem:*

I. *utiliza, na atividade econômica ou financeira, bens, direitos ou valores provenientes de infração penal;*

II. *participa de grupo, associação ou escritório tendo conhecimento de que sua atividade principal ou secundária é dirigida à prática de crimes previstos nesta Lei.*

O parágrafo segundo trata diretamente daquele que não participou da infração penal antecedente. O inciso I trata das hipóteses daqueles que se beneficiam do produto do ilícito e tiram proveito do ganho obtido pelo criminoso, razão pela qual se tornam igualmente delinquentes.

Tipo Subjetivo

O tipo subjetivo dos delitos de lavagem de capitais é somente o dolo, pois não há previsão de forma culposa.

É importante notar que ainda há uma grande discussão sobre a aceitação do dolo eventual (assume o risco do resultado) quando da prática do crime de lavagem de capitais, principalmente quando se trata de agente que não participou do crime antecedente.

Ao olhar para os tipos objetivos do artigo primeiro e do parágrafo primeiro, não resta dúvida de que admitem o dolo direto e o dolo eventual. A questão começa a ficar mais interessante quando se trata do parágrafo segundo.

No parágrafo segundo, o inciso I somente aceita o dolo direto, pois cita que o agente deve saber serem os valores provenientes de qualquer dos crimes antecedentes.

Redação anterior

Art. 1º § 2º *Incorre, ainda, na mesma pena quem:*

I. *utiliza, na atividade econômica ou financeira, bens, direitos ou valores que sabe serem provenientes de qualquer dos crimes antecedentes referidos neste artigo.*

No entanto, a nova redação passou a aceitar tanto o dolo direto como o dolo eventual.

Redação atual:

Art. 1º § 2º *Incorre, ainda, na mesma pena quem:*

I. *utiliza, na atividade econômica ou financeira, bens, direitos ou valores provenientes de infração penal.*

O inciso II manteve a redação anterior e, como antes, só prevê o dolo direto, pois é necessário que aquele que participa de grupo, associação ou escritório tenha conhecimento (dolo direto) da atividade ilícita.

Art. 1º §2º *Incorre, ainda, na mesma pena quem:*

II. *participa de grupo, associação ou escritório tendo conhecimento de que sua atividade principal ou secundária é dirigida à prática de crimes previstos nesta Lei.*

Teoria das Instruções da Avestruz

Essa teoria tem origem no direito norte-americano (*ostrich instructions*), pois conota a conduta da avestruz, que coloca a cabeça dentro de um buraco para não saber das más notícias que a envolvem. Semelhantes, há também a denominada teoria da cegueira deliberada, a doutrina da cegueira intencional (*willful blindness doctrine*) e ainda a doutrina do ato de ignorância consciente (*conscious avoidance doctrine*).

Essa teoria traz a ideia daquele que aufere vantagens ou produto do ilícito praticado e, de forma deliberada, toma atitudes para que não saiba detalhadamente da origem ilícita dos bens, direitos ou valores. Essa teoria já foi aplicada no Brasil quanto a crimes eleitorais em Rondônia e também, pelo menos em primeira instância, no famoso caso do furto ao Banco Central de Fortaleza. Os "assaltantes" compraram 11 carros com dinheiro em espécie e os vendedores dos carros foram condenados pelo crime de lavagem de capitais em primeira instância pela alta possibilidade de aquele dinheiro usado para a compra dos carros ser ilícito.

Fique Ligado

O STF, no julgamento da ação penal 470 (Mensalão), empatou em 5x5 quando discutia o uso do dolo eventual no crime de lavagem de capitais.

Tentativa de Lavagem de Capitais

A tentativa é punível de acordo com o código penal, ou seja, como uma causa de diminuição de pena:

Art. 1º § 3º *A tentativa é punida nos termos do parágrafo único do art. 14 do Código Penal.*

Art. 14, p. único, CP: *Salvo disposição em contrário, pune-se a tentativa com a pena correspondente ao crime consumado, diminuída de um a dois terços.*

Causa de Aumento de Pena

Os crimes de lavagem de capitais terão sua pena aumentada de um terço a dois terços se forem praticados de forma reiterada ou por intermédio de organização criminosa. É importante observar que as causas de aumento de pena incidiam apenas em alguns casos de crimes antecedentes previstos. Como a lei alterou o rol taxativo de crime antecedente para qualquer infração penal, as causas de aumento agora são aplicáveis em qualquer modalidade de lavagem de capitais.

Art. 1º § 4º *A pena será aumentada de um a dois terços, se os crimes definidos nesta Lei forem cometidos de forma reiterada ou por intermédio de organização criminosa.*

Delação Premiada

A delação premiada está prevista em várias leis do ordenamento jurídico brasileiro e consiste em uma possibilidade dada a um dos participantes (coautor ou partícipe) de prestar informações relativas ao crime e receber algum benefício.

É preciso observar que, em sua maioria, o benefício concedido é uma diminuição de pena, no entanto, a lei de lavagem de capitais trouxe benefícios diferenciados, que ficaram a critério do juiz, são eles:

- Diminuição de um a dois terços e cumprimento de pena em regime aberto ou semiaberto;
- Possibilidade de substituição de pena privativa de liberdade por restritiva de direitos;
- Perdão judicial (o juiz poderá deixar de aplicar a pena).

→ **Requisitos:**
- Colaboração espontânea com as autoridades;
- Esclarecimentos que conduzam à apuração das infrações penais, à identificação dos autores, coautores e partícipes;
- Indicação de localização dos bens, direitos ou valores objeto do crime.

> *Art. 1° § 5º A pena poderá ser reduzida de um a dois terços e ser cumprida em regime aberto ou semiaberto, facultando-se ao juiz deixar de aplicá-la ou substituí-la, a qualquer tempo, por pena restritiva de direitos, se o autor, coautor ou partícipe colaborar espontaneamente com as autoridades, prestando esclarecimentos que conduzam à apuração das infrações penais, à identificação dos autores, coautores e partícipes, ou à localização dos bens, direitos ou valores objeto do crime (Redação dada pela Lei 12.683/2012).*

Aspectos Processuais Penais

Competência para Julgamento dos Crimes de Lavagem

Em regra, a competência para julgamento dos crimes de lavagem de capitais é da Justiça Estadual.

A competência será transferida para a Justiça Federal se forem praticados contra o sistema financeiro ou a ordem econômico-financeira, em detrimento de bens, serviços e interesse da União, bem como de suas entidades autárquicas ou empresas públicas.

Também será transferida para a Justiça Federal se a infração penal antecedente for de competência da Justiça Federal (tráfico internacional de drogas).

Aplicação do art. 366 do CPP

O artigo 366 do CPP prevê que se o acusado for citado por edital e não comparecer nem constituir advogado, ficarão suspensos o processo e o curso do prazo prescricional. No entanto, prevê a lei de lavagem de capitais que o art. 366 do CPP não se aplicará aos processos por crime de lavagem de capitais, devendo o processo ter prosseguimento até o julgamento do feito, com a nomeação de defensor dativo.

> *Art. 366 do CPP. Se o acusado, citado por edital, não comparecer, nem constituir advogado, ficarão suspensos o processo e o curso do prazo prescricional, podendo o juiz determinar a produção antecipada das provas consideradas urgentes e, se for o caso, decretar prisão preventiva, nos termos do disposto no art. 312.*

> *Art.2° § 2° da lei 9.613/98 – No processo por crime previsto nesta Lei, não se aplica o disposto no art. 366 do Decreto-Lei nº 3.689, de 3 de outubro de 1941 (Código de Processo Penal), devendo o acusado que não comparecer nem constituir advogado ser citado por edital, prosseguindo o feito até o julgamento, com a nomeação de defensor dativo.*

Faz-se importante observar que uma parcela considerável da doutrina criticava a inconsistência do art. 4° §3° da lei de lavagem, que mandava aplicar o art. 366; no entanto, aquele foi alterado, não mais prevendo a aplicação do art. 366 do CPP.

Redação antiga

> *§ 3º Nenhum pedido de restituição será conhecido sem o comparecimento pessoal do acusado, podendo o juiz determinar a prática de atos necessários à conservação de bens, direitos ou valores, nos casos do art. 366 do Código de Processo Penal.*

Redação atual

> *§ 3º Nenhum pedido de liberação será conhecido sem o comparecimento pessoal do acusado ou de interposta pessoa a que se refere o caput deste artigo, podendo o juiz determinar a prática de atos necessários à conservação de bens, direitos ou valores, sem prejuízo do disposto no § 1º.*

Liberdade Provisória e Fiança

A liberdade provisória, como diz parte considerável da doutrina, é um remédio para a prisão em flagrante, pois a pessoa presa em flagrante fica em liberdade e é obrigada a cumprir certas condições. Pode-se falar em liberdade provisória pode ser **com** ou **sem** fiança.

A vedação completa da liberdade provisória com ou sem fiança é alvo de diversas críticas da doutrina, pois entende-se que o legislador não poderia vedar a liberdade de uma pessoa sem que estejam presentes os requisitos da prisão preventiva (art. 312 e 313 do CPP). Pois bem, essa vedação estava presente no art. 3° da lei de lavagem de capitais e foi revogada pela Lei 12.683/12.

Artigo Revogado da Lei De Lavagem de Capitais:

> *Art. 3º Os crimes disciplinados nesta Lei são insuscetíveis de fiança e liberdade provisória e, em caso de sentença condenatória, o juiz decidirá fundamentadamente se o réu poderá apelar em liberdade (Revogado pela Lei 12.683/12).*

Recurso em Liberdade

A mesma discussão ocorre em torno do recolhimento à prisão para poder recorrer de uma sentença condenatória. Quanto a esse tema, o STF se manifestou na súmula 347:

→ "O conhecimento do recurso de apelação independe de sua prisão".

Portanto, o condenado somente será recolhido à prisão se estiverem presentes os pressupostos de aplicação da prisão preventiva, sendo a regra a liberdade. Em consonância com tal entendimento, o artigo 3°, que previa uma fundamentação do juiz para o recurso em liberdade, foi revogado.

Medidas Assecuratórias

Medidas assecuratórias são medidas que recaem sobre os bens do acusado, ou que estejam com interposta pessoa, que sejam produto do crime, de modo a minorar um possível prejuízo para o processo, para a vítima ou para o Estado. São medidas assecuratórias:

Apreensão

A apreensão acontece por meio de uma busca com o objetivo de apreender objetos, coisas, documentos que tenham interesse no processo. Normalmente, recaem sobre o chamado corpo de delito.

Sequestro

O sequestro é uma medida assecuratória de natureza patrimonial que recairá sobre o bem produto direto do crime, ou adquirido com a vantagem auferida com a prática delituosa, na intenção de assegurar uma pena de posterior perdimento em favor do Estado.

O artigo 4° prevê aplicação da apreensão e do sequestro, pois se trata diretamente de bens, direitos ou valores que são instrumento, produto ou proveito do crime de lavagem ou da infração penal antecedente.

Aplicação das Medidas Assecuratórias

O juiz aplicará as medidas assecuratórias, sendo que tal aplicação poderá se dar de 3 formas:

> O juiz pode aplicar de ofício;
> O juiz pode aplicar a requerimento do Ministério Público;
> O juiz pode aplicar mediante representação do delegado de polícia.

> **Art. 4º** O juiz, de ofício, a requerimento do Ministério Público ou mediante representação do delegado de polícia, ouvido o Ministério Público em 24 (vinte e quatro) horas, havendo indícios suficientes de infração penal, poderá decretar medidas assecuratórias de bens, direitos ou valores do investigado ou acusado, ou existentes em nome de interpostas pessoas, que sejam instrumento, produto ou proveito dos crimes previstos nesta Lei ou das infrações penais antecedentes.

As medidas assecuratórias também podem ser decretadas com a finalidade de reparação do dano causado à vítima:

> **§ 4º** Poderão ser decretadas medidas assecuratórias sobre bens, direitos ou valores para reparação do dano decorrente da infração penal antecedente ou da prevista nesta Lei ou para pagamento de prestação pecuniária, multa e custas.

A lei de lavagem previa um prazo de 120 dias para o término do inquérito policial no qual teriam sido aplicadas as medidas assecuratórias; caso contrário, elas seriam levantadas, diferentemente do código de processo penal em seu artigo 131, I. No entanto, essa regra de 120 dias foi revogada e, como a própria lei de lavagem manda aplicar o CPP subsidiariamente, esse prazo passou para 60 dias.

> **Art. 17-A.** Aplicam-se, subsidiariamente, as disposições do Decreto-Lei nº 3.689, de 3 de outubro de 1941 (Código de Processo Penal), no que não forem incompatíveis com esta Lei (Incluído pela Lei 12.683/12).

Levantamento dos bens

Caso se ultrapasse o prazo para o término, os bens, direitos ou valores poderão ser levantados (devolvidos) pelo acusado.

Também serão levantados os bens (total ou parcialmente) caso o acusado comprove a licitude de sua origem; nesse caso, o ônus da prova da licitude cabe ao acusado, conforme previsto no art. 4° § 2°:

> **§ 2º** O juiz determinará a liberação total ou parcial dos bens, direitos e valores quando comprovada a licitude de sua origem, mantendo-se a constrição dos bens, direitos e valores necessários e suficientes à reparação dos danos e ao pagamento de prestações pecuniárias, multas e custas decorrentes da infração penal".

Os bens também serão devolvidos ao acusado, caso ele seja absolvido no fim do processo. Porém, nesse caso, cabe ao Ministério Público, titular da ação penal, o ônus da prova da ilicitude da origem dos bens.

Qualquer pedido de devolução deverá ser feito com o comparecimento pessoal do acusado:

> **§ 3º** Nenhum pedido de liberação será conhecido sem o comparecimento pessoal do acusado ou de interposta pessoa a que se refere o **caput** deste artigo, podendo o juiz determinar a prática de atos necessários à conservação de bens, direitos ou valores, sem prejuízo do disposto no § 1º.

Alienação Antecipada

A alienação antecipada é uma medida que visa a proteger os bens que foram sequestrados, submetidos a medidas assecuratórias, para que não se deteriorem.

O art. 4° § 1° traz a primeira previsão de alienação antecipada:

> **§ 1º** - Proceder-se-á à alienação antecipada para preservação do valor dos bens sempre que estiverem sujeitos a qualquer grau de deterioração ou depreciação, ou quando houver dificuldade para sua manutenção".

A Lei 12.683/12 trouxe o art. 4°-A para regular a alienação antecipada:

> **Art. 4º-A.** A alienação antecipada para preservação de valor de bens sob constrição será decretada pelo juiz, de ofício, a requerimento do Ministério Público ou por solicitação da parte interessada, mediante petição autônoma, que será autuada em apartado e cujos autos terão tramitação em separado em relação ao processo principal (Incluído pela Lei 12.683/12).
>
> **§ 1º** O requerimento de alienação deverá conter a relação de todos os demais bens, com a descrição e a especificação de cada um deles, e informações sobre quem os detém e local onde se encontram.
>
> **§ 2º** O juiz determinará a avaliação dos bens, nos autos apartados, e intimará o Ministério Público.
>
> **§ 3º** Feita a avaliação e dirimidas eventuais divergências sobre o respectivo laudo, o juiz, por sentença, homologará o valor atribuído aos bens e determinará que sejam alienados em leilão ou pregão, preferencialmente eletrônico, por valor não inferior a 75% (setenta e cinco por cento) da avaliação.
>
> **§ 4º** Realizado o leilão, a quantia apurada será depositada em conta judicial remunerada, adotando-se a seguinte disciplina:
>
> I. nos processos de competência da Justiça Federal e da Justiça do Distrito Federal:
>   a) os depósitos serão efetuados na Caixa Econômica Federal ou em instituição financeira pública, mediante documento adequado para essa finalidade;
>   b) os depósitos serão repassados pela Caixa Econômica Federal ou por outra instituição financeira pública para a Conta Única do Tesouro Nacional, independentemente de qualquer formalidade, no prazo de 24 (vinte e quatro) horas;
>   c) os valores devolvidos pela Caixa Econômica Federal ou por instituição financeira pública serão debitados à Conta Única do Tesouro Nacional, em subconta de restituição;
>
> II. nos processos de competência da Justiça dos Estados:
>   a) os depósitos serão efetuados em instituição financeira designada em lei, preferencialmente pública, de cada Estado ou, na sua ausência, em instituição financeira pública da União;
>   b) os depósitos serão repassados para a conta única de cada Estado, na forma da respectiva legislação.
>
> **§ 5º** Mediante ordem da autoridade judicial, o valor do depósito, após o trânsito em julgado da sentença proferida na ação penal, será:

I. em caso de sentença condenatória, nos processos de competência da Justiça Federal e da Justiça do Distrito Federal, incorporado definitivamente ao patrimônio da União, e, nos processos de competência da Justiça Estadual, incorporado ao patrimônio do Estado respectivo;

II. em caso de sentença absolutória extintiva de punibilidade, colocado à disposição do réu pela instituição financeira, acrescido da remuneração da conta judicial.

§ 6º A instituição financeira depositária manterá controle dos valores depositados ou devolvidos.

§ 7º Serão deduzidos da quantia apurada no leilão todos os tributos e multas incidentes sobre o bem alienado, sem prejuízo de iniciativas que, no âmbito da competência de cada ente da Federação, venham a desonerar bens sob constrição judicial daqueles ônus.

§ 8º Feito o depósito a que se refere o § 4o deste artigo, os autos da alienação serão apensados aos do processo principal.

§ 9º Terão apenas efeito devolutivo os recursos interpostos contra as decisões proferidas no curso do procedimento previsto neste artigo.

§ 10. Sobrevindo o trânsito em julgado de sentença penal condenatória, o juiz decretará, em favor, conforme o caso, da União ou do Estado:

I. a perda dos valores depositados na conta remunerada e da fiança;

II. a perda dos bens não alienados antecipadamente e daqueles aos quais não foi dada destinação prévia; e

III. a perda dos bens não reclamados no prazo de 90 (noventa) dias após o trânsito em julgado da sentença condenatória, ressalvado o direito de lesado ou terceiro de boa-fé.

§ 11. Os bens a que se referem os incisos II e III do § 10 deste artigo serão adjudicados ou levados a leilão, depositando-se o saldo na conta única do respectivo ente.

§ 12. O juiz determinará ao registro público competente que emita documento de habilitação à circulação e utilização dos bens colocados sob o uso e custódia das entidades a que se refere o caput deste artigo.

§ 13. Os recursos decorrentes da alienação antecipada de bens, direitos e valores oriundos do crime de tráfico ilícito de drogas e que tenham sido objeto de dissimulação e ocultação nos termos desta Lei permanecem submetidos à disciplina definida em lei específica.

Ação Controlada

A ação controlada é a previsão legal para a não prisão em flagrante pela prática de delitos com a finalidade de se investigarem os verdadeiros responsáveis pelos delitos, os chamados "peixes maiores".

No caso da lei de lavagem de capitais, a previsão estava no art. 4 § 4° e agora está no art. 4°-B.

Art. 4º-B. A ordem de prisão de pessoas ou as medidas assecuratórias de bens, direitos ou valores poderão ser suspensas pelo juiz, ouvido o Ministério Público, quando a sua execução imediata puder comprometer as investigações (Incluído pela Lei 12.683/12).

No entanto, a previsão da ação controlada prevista na lei de lavagem não abrange a prisão em flagrante, pois abrange tão somente a prisão com ordem, ou seja, a prisão preventiva e a prisão temporária.

Administrador dos Bens Assegurados

Quando as circunstâncias o aconselharem, o juiz, ouvido o Ministério Público, nomeará pessoa física ou jurídica qualificada para a administração dos bens, direitos ou valores sujeitos a medidas assecuratórias, mediante termo de compromisso.

A pessoa responsável pela administração dos bens:

I. fará jus a uma remuneração, fixada pelo juiz, que será satisfeita com o produto dos bens objeto da administração;

II. prestará, por determinação judicial, informações periódicas da situação dos bens sob sua administração, bem como explicações e detalhamentos sobre investimentos e reinvestimentos realizados.

Os atos relativos à administração dos bens sujeitos a medidas assecuratórias serão levados ao conhecimento do Ministério Público, que requererá o que entender cabível.

Efeitos da Condenação

São efeitos da condenação, além dos previstos no Código Penal:

I. a perda, em favor da União – e dos Estados, nos casos de competência da Justiça Estadual –, de todos os bens, direitos e valores relacionados, direta ou indiretamente, à prática dos crimes previstos nesta Lei, inclusive aqueles utilizados para prestar a fiança, ressalvado o direito do lesado ou de terceiro de boa-fé;

II. a interdição do exercício de cargo ou função pública de qualquer natureza e de diretor, de membro de conselho de administração ou de gerência das pessoas jurídicas referidas no art. 9º, pelo dobro do tempo da pena privativa de liberdade aplicada.

A União e os Estados, no âmbito de suas competências, regulamentarão a forma de destinação dos bens, direitos e valores cuja perda houver sido declarada, assegurada, quanto aos processos de competência da Justiça Federal, a sua utilização pelos órgãos federais encarregados da prevenção, do combate, da ação penal e do julgamento dos crimes previstos nesta Lei, e, quanto aos processos de competência da Justiça Estadual, a preferência dos órgãos locais com idêntica função.

Os instrumentos do crime sem valor econômico cuja perda em favor da União ou do Estado for decretada serão inutilizados ou doados a museu criminal ou a entidade pública, se houver interesse na sua conservação.

Bens, Direitos ou Valores Oriundos de Crimes Praticados no Estrangeiro

O juiz determinará, na hipótese de existência de tratado ou convenção internacional e por solicitação de autoridade estrangeira competente, medidas assecuratórias sobre bens, direitos ou valores oriundos de crimes de lavagem de capitais praticados no estrangeiro.

Caso não exista tratado ou convenção internacional, o juiz poderá aplicar as medidas assecuratórias quando o governo do país da autoridade solicitante prometer reciprocidade ao Brasil.

Na falta de tratado ou convenção, os bens, direitos ou valores privados sujeitos a medidas assecuratórias por solicitação de autoridade estrangeira competente ou os recursos provenientes da sua alienação serão repartidos entre o Estado requerente e o Brasil, na proporção de metade, ressalvado o direito do lesado ou de terceiro de boa-fé.

Prevenção aos Crimes de Lavagem de Capitais

Antes de entrar nos detalhes desse tema, é necessário lembrar o famoso caso do Banco Central: naquele caso, foi aplicada a teoria da cegueira deliberada aos vendedores de carros para puni-los por lavagem de dinheiro. Tal situação será analisada na sequência:

Os vendedores de carros possuíam algumas obrigações, pois são pessoas sujeitas ao mecanismo de controle, de acordo com o artigo 9°, e por esta razão devem obrigações de comunicação das operações financeiras, identificação dos clientes e manutenção dos registros (artigos 10 e 11).

Caso não cumpram com suas obrigações, as pessoas sujeitas aos mecanismos de controles estarão sujeitas às responsabilidades administrativas previstas no artigo 12.

Por último, o controle de toda essa atividade será feito pelo COAF (Conselho de Controle de Atividades Financeiras).

Conselho de Controle de Atividades Financeiras - COAF

O Conselho de Controle de Atividades Financeiras (COAF) foi criado no **âmbito do Ministério da Fazenda** com a finalidade de disciplinar, aplicar penas administrativas, receber, examinar e identificar as ocorrências suspeitas de atividades ilícitas previstas nessa Lei, sem prejuízo da competência de outros órgãos e entidades.

As instruções de identificação dos clientes e manutenção dos registros, referidas no art. 10, destinadas às pessoas sujeitas aos mecanismos de controle, mencionadas no art. 9º, para as quais não existe órgão próprio fiscalizador ou regulador, serão expedidas pelo COAF, competindo-lhe, para esses casos, a definição das pessoas abrangidas e a aplicação das sanções provenientes da responsabilidade administrativa enumerada no art. 12.

O COAF deverá, ainda, coordenar e propor mecanismos de cooperação e de troca de informações que viabilizem ações rápidas e eficientes no combate à ocultação ou dissimulação de bens, direitos e valores.

Fique Ligado

O COAF poderá requerer aos órgãos da Administração Pública as informações cadastrais bancárias e financeiras de pessoas envolvidas em atividades suspeitas.

O COAF comunicará às autoridades competentes, para a instauração dos procedimentos cabíveis, quando concluir pela existência de crimes de lavagem de capitais, de fundados indícios de sua prática ou de qualquer outro ilícito.

Composição do COAF

O COAF será composto por servidores públicos de reputação ilibada e reconhecida competência, designados em ato do Ministro de Estado da Fazenda, dentre os integrantes do quadro de pessoal efetivo:

> Do Banco Central do Brasil (BACEN)
> Da Comissão de Valores Mobiliários (CVM)
> Da Superintendência de Seguros Privados
> Da Procuradoria-Geral da Fazenda Nacional (PFN)
> Da Secretaria da Receita Federal do Brasil (SRFB)
> Da Agência Brasileira de Inteligência (ABIN)
> Do Ministério das Relações Exteriores
> Do Ministério da Justiça (MJ)
> Do Departamento de Polícia Federal (DPF)
> Do Ministério da Previdência Social
> Da Controladoria-Geral da União (CGU), atendendo à indicação dos respectivos Ministros de Estado.

Acompanhe-me

O Presidente do Conselho será nomeado pelo Presidente da República, por indicação do Ministro de Estado da Fazenda.

Das decisões do COAF relativas às aplicações de penas administrativas, caberá recurso ao Ministro de Estado da Fazenda.

O COAF terá organização e funcionamento definidos em estatuto aprovado por decreto do Poder Executivo.

Pessoas Sujeitas ao Mecanismo de Controle

Sujeitam-se às obrigações referidas nos art. 10 e 11 as pessoas físicas e jurídicas que tenham, em caráter permanente ou eventual, como atividade principal ou acessória, cumulativamente ou não:

I. *a captação, intermediação e aplicação de recursos financeiros de terceiros, em moeda nacional ou estrangeira;*

II. *a compra e venda de moeda estrangeira ou ouro como ativo financeiro ou instrumento cambial;*

III. *a custódia, emissão, distribuição, liquidação, negociação, intermediação ou administração de títulos ou valores mobiliários.*

Parágrafo único. Sujeitam-se às mesmas obrigações:

I. *as bolsas de valores, as bolsas de mercadorias ou futuros e os sistemas de negociação do mercado de balcão organizado;*

II. *as seguradoras, as corretoras de seguros e as entidades de previdência complementar ou de capitalização;*

III. *as administradoras de cartões de credenciamento ou cartões de crédito, bem como as administradoras de consórcios para aquisição de bens ou serviços;*

IV. *as administradoras ou empresas que se utilizem de cartão ou qualquer outro meio eletrônico, magnético ou equivalente, que permita a transferência de fundos;*

V. *as empresas de arrendamento mercantil (leasing) e as de fomento comercial (factoring);*

VI. *as sociedades que efetuem distribuição de dinheiro ou quaisquer bens móveis, imóveis, mercadorias, serviços, ou, ainda, concedam descontos na sua aquisição, mediante sorteio ou método assemelhado;*

VII. *as filiais ou representações de entes estrangeiros que exerçam no Brasil qualquer das atividades listadas neste artigo, ainda que de forma eventual;*

VIII. as demais entidades cujo funcionamento dependa de autorização de órgão regulador dos mercados financeiro, de câmbio, de capitais e de seguros;

IX. as pessoas físicas ou jurídicas, nacionais ou estrangeiras, que operem no Brasil como agentes, dirigentes, procuradoras, comissionárias ou por qualquer forma representem interesses de ente estrangeiro que exerça qualquer das atividades referidas neste artigo;

X. as pessoas físicas ou jurídicas que exerçam atividades de promoção imobiliária ou compra e venda de imóveis;

XI. as pessoas físicas ou jurídicas que comercializem joias, pedras e metais preciosos, objetos de arte e antiguidades.

XII. as pessoas físicas ou jurídicas que comercializem bens de luxo ou de alto valor, intermedeiem a sua comercialização ou exerçam atividades que envolvam grande volume de recursos em espécie;

XIII. as juntas comerciais e os registros públicos;

XIV. as pessoas físicas ou jurídicas que prestem, mesmo que eventualmente, serviços de assessoria, consultoria, contadoria, auditoria, aconselhamento ou assistência, de qualquer natureza, em operações:

   a) de compra e venda de imóveis, estabelecimentos comerciais ou industriais ou participações societárias de qualquer natureza;

   b) de gestão de fundos, valores mobiliários ou outros ativos;

   c) de abertura ou gestão de contas bancárias, de poupança, investimento ou de valores mobiliários;

   d) de criação, exploração ou gestão de sociedades de qualquer natureza, fundações, fundos fiduciários ou estruturas análogas;

   e) financeiras, societárias ou imobiliárias; e

   f) de alienação ou aquisição de direitos sobre contratos relacionados a atividades desportivas ou artísticas profissionais;

XV. pessoas físicas ou jurídicas que atuem na promoção, intermediação, comercialização, agenciamento ou negociação de direitos de transferência de atletas, artistas ou feiras, exposições ou eventos similares;

XVI. as empresas de transporte e guarda de valores;

XVII. as pessoas físicas ou jurídicas que comercializem bens de alto valor de origem rural ou animal ou intermedeiem a sua comercialização;

XVIII. as dependências no exterior das entidades mencionadas neste artigo, por meio de sua matriz no Brasil, relativamente a residentes no País.

Identificação dos Clientes e Manutenção de Registros

As pessoas sujeitas ao mecanismo de controle:

I. identificarão seus clientes e manterão cadastro atualizado, nos termos de instruções emanadas das autoridades competentes;

II. manterão registro de toda transação em moeda nacional ou estrangeira, títulos e valores mobiliários, títulos de crédito, metais, ou qualquer ativo passível de ser convertido em dinheiro, que ultrapassar limite fixado pela autoridade competente e nos termos de instruções por esta expedidas;

III. deverão adotar políticas, procedimentos e controles internos, compatíveis com seu porte e volume de operações, que lhes permitam atender ao disposto neste artigo e no art. 11, na forma disciplinada pelos órgãos competentes;

IV. deverão cadastrar-se e manter seu cadastro atualizado no órgão regulador ou fiscalizador e, na falta deste, no Conselho de Controle de Atividades Financeiras (COAF), na forma e condições por eles estabelecidas;

V. deverão atender às requisições formuladas pelo COAF na periodicidade, forma e condições por ele estabelecidas, cabendo-lhe preservar, nos termos da lei, o sigilo das informações prestadas.

Na hipótese de o cliente constituir-se em pessoa jurídica, a identificação referida no inciso I deste artigo deverá abranger as pessoas físicas autorizadas a representá-la, bem como seus proprietários.

Os cadastros e registros referidos nos incisos I e II deste artigo deverão ser conservados durante o período mínimo de cinco anos a partir do encerramento da conta ou da conclusão da transação, prazo este que poderá ser ampliado pela autoridade competente.

O registro referido no inciso II deste artigo será efetuado também quando a pessoa física ou jurídica, seus entes ligados, houver realizado, em um mesmo mês-calendário, operações com uma mesma pessoa, conglomerado ou grupo que, em seu conjunto, ultrapassem o limite fixado pela autoridade competente.

Fique Ligado

O Banco Central manterá registro centralizado formando o cadastro geral de correntistas e clientes de instituições financeiras, bem como de seus procuradores.

Comunicação de Operações Financeiras

As pessoas sujeitas ao mecanismo de controle:

I. dispensarão especial atenção às operações que, nos termos de instruções emanadas das autoridades competentes, possam constituir-se em sérios indícios dos crimes de lavagem e capitais, ou com eles relacionar-se;

II. deverão comunicar ao COAF, abstendo-se de dar ciência de tal ato a qualquer pessoa, inclusive àquela à qual se refira a informação, no prazo de 24 (vinte e quatro) horas, a proposta ou realização:

   a) de todas as transações que ultrapassem o limite mínimo previsto pela autoridade competente, acompanhadas da identificação dos respectivos clientes que efetuarem a operação;

   b) das operações que possam constituir-se em sérios indícios dos crimes de lavagem de capitais;

III. deverão comunicar ao órgão regulador ou fiscalizador da sua atividade ou, na sua falta, ao COAF, na periodicidade, forma e condições por ele estabelecidas, a não ocorrência de propostas, transações ou operações passíveis de serem comunicadas.

As autoridades competentes, nas instruções referidas no inciso I deste artigo, elaborarão relação de operações que, por suas características, no que se refere às partes envolvidas, valores, forma de realização, instrumentos utilizados, ou pela falta de fundamento econômico ou legal, possam configurar a hipótese de indícios de crimes de lavagem de capitais.

As comunicações de boa-fé, feitas na forma prevista neste artigo, não acarretarão responsabilidade civil ou administrativa.

O COAF disponibilizará as comunicações recebidas com base no inciso II do caput aos respectivos órgãos responsáveis pela regulação ou fiscalização das pessoas sujeitas ao mecanismo de controle.

Acompanhe-me

As transferências internacionais e os saques em espécie deverão ser previamente comunicados à instituição financeira, nos termos, limites, prazos e condições fixados pelo Banco Central do Brasil.

Responsabilidade Administrativa

Às pessoas sujeitas ao mecanismo de controle, bem como aos administradores das pessoas jurídicas, que deixem de cumprir as obrigações de identificação dos clientes, manutenção dos registros e comunicação de operações financeiras, serão aplicadas, cumulativamente ou não, pelas autoridades competentes, as seguintes sanções:

I. advertência;
II. multa pecuniária variável não superior:
   a) ao dobro do valor da operação;
   b) ao dobro do lucro real obtido ou que presumivelmente seria obtido pela realização da operação; ou
   c) ao valor de R$ 20.000.000,00 (vinte milhões de reais);
III. inabilitação temporária, pelo prazo de até dez anos, para o exercício do cargo de administrador das pessoas jurídicas sujeitas ao mecanismo de controle;
IV. cassação ou suspensão da autorização para o exercício de atividade, operação ou funcionamento.

A pena de advertência será aplicada por irregularidade no cumprimento das seguintes instruções:

I. identificarão seus clientes e manterão cadastro atualizado, nos termos de instruções emanadas das autoridades competentes;
II. manterão registro de toda transação em moeda nacional ou estrangeira, títulos e valores mobiliários, títulos de crédito, metais, ou qualquer ativo passível de ser convertido em dinheiro, que ultrapassar limite fixado pela autoridade competente e nos termos de instruções por esta expedidas;

A multa será aplicada sempre que as pessoas sujeitas ao mecanismo de controle, por culpa ou dolo:

I. deixarem de sanar as irregularidades objeto de advertência, no prazo assinalado pela autoridade competente;
II. não cumprirem o disposto nos incisos I a IV do art. 10;
III. deixarem de atender, no prazo estabelecido, a requisição formulada nos termos do inciso V do art. 10;
IV. descumprirem a vedação ou deixarem de fazer a comunicação de operações financeiras ao COAF a que se refere o art. 11.

A inabilitação temporária será aplicada quando forem verificadas infrações graves quanto ao cumprimento das obrigações constantes desta Lei ou quando ocorrer reincidência específica, devidamente caracterizada em transgressões anteriormente punidas com multa.

A cassação da autorização será aplicada nos casos de reincidência específica de infrações anteriormente punidas com a pena prevista no inciso III do caput deste artigo.

O procedimento para a aplicação das sanções aqui previstas será regulado por decreto, assegurados o contraditório e a ampla defesa.

Disposições Finais

A autoridade policial e o Ministério Público terão acesso, exclusivamente, aos dados cadastrais do investigado que informam qualificação pessoal, filiação e endereço, independentemente de autorização judicial, mantidos pela Justiça Eleitoral, pelas empresas telefônicas, pelas instituições financeiras, pelos provedores de internet e pelas administradoras de cartão de crédito.

Os encaminhamentos das instituições financeiras e tributárias em resposta às ordens judiciais de quebra ou transferência de sigilo deverão ser, sempre que determinado, em meio informático, e apresentados em arquivos que possibilitem a migração de informações para os autos do processo sem redigitação.

Em caso de indiciamento de servidor público, este será afastado, sem prejuízo de remuneração e demais direitos previstos em lei, até que o juiz competente autorize, em decisão fundamentada, o seu retorno.

A Secretaria da Receita Federal do Brasil conservará os dados fiscais dos contribuintes pelo prazo mínimo de 5 (cinco) anos, contado a partir do início do exercício seguinte ao da declaração de renda respectiva ou ao do pagamento do tributo.

Circular nº 3461, de 24 de Julho de 2009

Consolida as regras sobre os procedimentos a serem adotados na prevenção e combate às atividades relacionadas com os crimes previstos na Lei nº 9.613, de 3 de março de 1998.

A Diretoria Colegiada do Banco Central do Brasil, em sessão realizada em 23 de julho de 2009, com base no disposto nos arts. 10, inciso IX, e 11, inciso VII, da Lei nº 4.595, de 31 de dezembro de 1964, 10 e 11 da Lei nº 9.613, de 3 de março de 1998, e tendo em vista o disposto na Convenção Internacional para Supressão do Financiamento do Terrorismo, adotada pela Assembleia-Geral das Nações Unidas em 9 de dezembro de 1999, promulgada por meio do Decreto nº 5.640, de 26 de dezembro de 2005.

Decidiu:

Art. 1º As instituições financeiras e demais instituições autorizadas a funcionar pelo Banco Central do Brasil devem implementar políticas e procedimentos internos de controle destinados a prevenir sua utilização na prática dos crimes de que trata a Lei nº 9.613, de 3 de março de 1998.

§ 1º As políticas de que trata o caput devem:

I. especificar, em documento interno, as responsabilidades dos integrantes de cada nível hierárquico da instituição;

II. contemplar a coleta e registro de informações tempestivas sobre clientes, que permitam a identificação dos riscos de ocorrência da prática dos mencionados crimes;

III. definir os critérios e procedimentos para seleção, treinamento e acompanhamento da situação econômico-financeira dos empregados da instituição;

IV. incluir a análise prévia de novos produtos e serviços, sob a ótica da prevenção dos mencionados crimes;

V. ser aprovadas pelo conselho de administração ou, na sua ausência, pela diretoria da instituição;

VI. receber ampla divulgação interna.

§ 2º Os procedimentos de que trata o caput devem incluir medidas prévia e expressamente estabelecidas, que permitam:

I. confirmar as informações cadastrais dos clientes e identificar os beneficiários finais das operações;

II. possibilitar a caracterização ou não de clientes como pessoas politicamente expostas.

§ 3º Para os fins desta circular, considera-se cliente eventual ou permanente qualquer pessoa natural ou jurídica com a qual seja mantido, respectivamente em caráter eventual ou permanente, relacionamento destinado à prestação de serviço financeiro ou à realização de operação financeira.

§ 4º Os procedimentos de que trata o caput devem ser reforçados para início de relacionamento com:

I. instituições financeiras, representantes ou correspondentes localizados no exterior, especialmente em países, territórios e dependências que não adotam procedimentos de registro e controle similares aos definidos nesta circular;

II. clientes cujo contato seja efetuado por meio eletrônico, mediante correspondentes no País ou por outros meios indiretos.

Manutenção de Informações Cadastrais Atualizadas:

Art. 2º As instituições mencionadas no art. 1º devem coletar e manter atualizadas as informações cadastrais de seus clientes permanentes, incluindo, no mínimo:

I. as mesmas informações cadastrais solicitadas de depositantes previstas no art. 1º da Resolução nº 2.025, de 24 de novembro de 1993, com a redação dada pela Resolução nº 2.747, de 28 de junho de 2000;

II. os valores de renda mensal e patrimônio, no caso de pessoas naturais, e de faturamento médio mensal dos doze meses anteriores, no caso de pessoas jurídicas;

III. declaração firmada sobre os propósitos e a natureza da relação de negócio com a instituição.

§ 1º As informações relativas a cliente pessoa natural devem abranger as pessoas naturais autorizadas a representá-la.

§ 2º As informações cadastrais relativas a cliente pessoa jurídica devem abranger as pessoas naturais autorizadas a representá-la, bem como a cadeia de participação societária, até alcançar a pessoa natural caracterizada como beneficiário final.

§ 3º Excetuam-se do disposto no § 2º as pessoas jurídicas constituídas sob a forma de companhia aberta ou entidade sem fins lucrativos, para as quais as informações cadastrais devem abranger as pessoas naturais autorizadas a representá-las, bem como seus controladores, administradores e diretores, se houver.

§ 4º As informações cadastrais relativas a cliente fundo de investimento devem incluir a respectiva denominação, número de inscrição no Cadastro Nacional de Pessoa Jurídica (CNPJ), bem como as informações de que trata o inciso I relativas às pessoas responsáveis por sua administração.

§ 5º As instituições mencionadas no art. 1º devem realizar testes de verificação, com periodicidade máxima de um ano, que assegurem a adequação dos dados cadastrais de seus clientes.

Art. 3º As instituições mencionadas no art. 1º devem obter as seguintes informações cadastrais de seus clientes eventuais, do proprietário e do destinatário dos recursos envolvidos na operação ou serviço financeiro:

I. quando pessoa natural, o nome completo, dados do documento de identificação (tipo, número, data de emissão e órgão expedidor) e número de inscrição no Cadastro de Pessoas Físicas (CPF);

II. quando pessoa jurídica, a razão social e número de inscrição no CNPJ.

Parágrafo único. Admite-se o desenvolvimento de procedimento interno destinado à identificação de operações ou serviços financeiros eventuais que não apresentem risco de utilização para lavagem de dinheiro ou de financiamento ao terrorismo, para os quais é dispensada a exigência de obtenção das informações cadastrais de clientes, ressalvado o cumprimento do disposto no art. 12 desta circular.

Pessoas Politicamente Expostas

Art. 4º As instituições de que trata o art. 1º devem coletar de seus clientes permanentes informações que permitam caracterizá-los ou não como pessoas politicamente expostas e identificar a origem dos fundos envolvidos nas transações dos clientes assim caracterizados.

§ 1º Consideram-se pessoas politicamente expostas os agentes públicos que desempenham ou tenham desempenhado, nos últimos cinco anos, no Brasil ou em países, territórios e dependências estrangeiros, cargos, empregos ou funções públicas relevantes, assim como seus representantes, familiares e outras pessoas de seu relacionamento próximo.

§ 2º No caso de clientes brasileiros, devem ser abrangidos:

I. os detentores de mandatos eletivos dos Poderes Executivo e Legislativo da União;

II. os ocupantes de cargo, no Poder Executivo da União:

a) de ministro de estado ou equiparado;

b) de natureza especial ou equivalente;

c) de presidente, vice-presidente e diretor, ou equivalentes, de autarquias, fundações públicas, empresas públicas ou sociedades de economia mista;

d) do Grupo Direção e Assessoramento Superiores (DAS), nível 6, ou equivalentes;

III. os membros do Conselho Nacional de Justiça, do Supremo Tribunal Federal e dos tribunais superiores;

IV. os membros do Conselho Nacional do Ministério Público, o Procurador-Geral da República, o Vice-Procurador-Geral da República, o Procurador-Geral do Trabalho, o Procurador-Geral da Justiça Militar, os Subprocuradores-Gerais da República e os Procuradores-Gerais de Justiça dos Estados e do Distrito Federal;

V. os membros do Tribunal de Contas da União e o Procurador-Geral do Ministério Público junto ao Tribunal de Contas da União;

VI. os governadores de estado e do Distrito Federal, os presidentes de tribunal de justiça, de Assembleia e Câmara Legislativa, os presidentes de tribunal e de conselho de contas de Estado, de Municípios e do Distrito Federal;

VII. os prefeitos e presidentes de Câmara Municipal de capitais de Estados.

§ 3º No caso de clientes estrangeiros, para fins do disposto no caput, as instituições mencionadas no art. 1º devem adotar pelo menos uma das seguintes providências:

I. solicitar declaração expressa do cliente a respeito da sua classificação;

II. recorrer a informações publicamente disponíveis;

III. consultar bases de dados comerciais sobre pessoas politicamente expostas;

IV. considerar a definição constante do glossário dos termos utilizados no documento "As Quarenta Recomendações", do Grupo de Ação Financeira contra a Lavagem de Dinheiro e o Financiamento do Terrorismo (Gafi), não aplicável a indivíduos em posições ou categorias intermediárias ou inferiores, segundo a qual uma pessoa politicamente exposta é aquela que exerce ou exerceu importantes funções públicas em um país estrangeiro, tais como, chefes de estado e de governo, políticos de alto nível, altos servidores dos poderes públicos, magistrados ou militares de alto nível, dirigentes de empresas públicas ou dirigentes de partidos políticos.

§ 4º O prazo de cinco anos referido no § 1º deve ser contado, retroativamente, a partir da data de início da relação de negócio ou da data em que o cliente passou a se enquadrar como pessoa politicamente exposta.

§ 5º Para efeito do § 1º são considerados familiares os parentes, na linha reta, até o primeiro grau, o cônjuge, o companheiro, a companheira, o enteado e a enteada.

§ 6º No caso de relação de negócio com cliente estrangeiro que também seja cliente de instituição estrangeira fiscalizada por entidade governamental assemelhada ao Banco Central do Brasil, admite-se que as providências em relação às pessoas politicamente expostas sejam adotadas pela instituição estrangeira, desde que assegurado ao Banco Central do Brasil o acesso aos respectivos dados e procedimentos adotados.

Início ou Prosseguimento de Relação de Negócio:

Art. 5º As instituições de que trata o art. 1º somente devem iniciar relação de negócio de caráter permanente ou dar prosseguimento a relação dessa natureza já existente com o cliente se observadas as providências estabelecidas nos arts. 2º e 4º.

Registros de Serviços Financeiros e Operações Financeiras

Art. 6º As instituições de que trata o art. 1º devem manter registros de todos os serviços financeiros prestados e de todas as operações financeiras realizadas com os clientes ou em seu nome.

§ 1º No caso de movimentação de recursos por clientes permanentes, os registros devem conter informações consolidadas que permitam verificar:

I. a compatibilidade entre a movimentação de recursos e a atividade econômica e capacidade financeira do cliente;

II. a origem dos recursos movimentados;

III. os beneficiários finais das movimentações.

§ 2º O sistema de registro deve permitir a identificação:

I. das operações que, realizadas com uma mesma pessoa, conglomerado financeiro ou grupo, em um mesmo mês calendário, superem, por instituição ou entidade, em seu conjunto, o valor de R$10.000,00 (dez mil reais);

II. das operações que, por sua habitualidade, valor ou forma, configurem artifício que objetive burlar os mecanismos de identificação, controle e registro.

Registros de Depósitos em Cheque, Liquidação de Cheques Depositado sem Outra Instituição Financeira e da Utilização de Instrumentos de Transferência de Recursos:

Art. 7º As instituições de que trata o art. 1º devem manter registros específicos das operações de transferência de recursos.

§ 1º O sistema de registro deve permitir a identificação:

I. das operações referentes ao acolhimento em depósitos de Transferência Eletrônica Disponível (TED), de cheque, cheque administrativo, cheque ordem de pagamento e outros documentos compensáveis de mesma natureza, e à liquidação de cheques depositados em outra instituição financeira;

II. das emissões de cheque administrativo, de cheque ordem de pagamento, de ordem de pagamento, de Documento de Crédito (DOC), de TED e de outros instrumentos de transferência de recursos, quando de valor superior a R$1.000,00 (mil reais).

§ 2º Os registros de que trata o inciso I do § 1º efetuados por instituição depositária devem conter, no mínimo, os dados relativos ao valor e ao número do cheque depositado, o código de compensação da instituição sacada, os números da agência e da conta de depósitos sacadas e o número de inscrição no CPF ou no CNPJ do respectivo titular.

§ 3º Os registros de que trata o inciso I do § 1º efetuados por instituição sacada devem conter, no mínimo, os dados relativos ao valor e ao número do cheque, o código de compensação da instituição depositária, os números da agência e da conta de depósitos depositárias e o número de inscrição no CPF ou no CNPJ do respectivo titular, cabendo à instituição depositária fornecer à instituição sacada os dados relativos ao seu código de compensação e aos números da agência e da conta de depósitos depositárias.

§ 4º No caso de cheque utilizado em operação simultânea de saque e depósito na própria instituição sacada, com vistas à transferência de recursos da conta de depósitos do emitente para conta de depósitos de terceiros, os registros de que trata o inciso I do § 1º devem conter, no mínimo, os dados relativos ao valor e ao número do cheque sacado, bem como aos números das agências sacada e depositária e das respectivas contas de depósitos.

§ 5º Os registros de que trata o inciso II do § 1º devem conter, no mínimo, as seguintes informações:

I. o tipo e o número do documento emitido, a data da operação, o nome e o número de inscrição do adquirente ou remetente no CPF ou no CNPJ;

II. quando pagos em cheque, o código de compensação da instituição, o número da agência e da conta de depósitos sacadas referentes ao cheque utilizado para o respectivo pagamento, inclusive no caso de cheque sacado contra a própria instituição emissora dos instrumentos referidos neste artigo;

III. no caso de DOC, o código de identificação da instituição destinatária no sistema de liquidação de transferência de fundos e os números da agência, da conta de depósitos depositária e o número de inscrição no CPF ou no CNPJ do respectivo titular;

IV. no caso de ordem de pagamento:

   a) destinada a crédito em conta: os números da agência destinatária e da conta de depósitos depositária;

   b) destinada a pagamento em espécie: os números da agência destinatária e de inscrição do beneficiário no CPF ou no CNPJ.

§ 6º Em se tratando de operações de transferência de recursos envolvendo pessoa física residente no exterior desobrigada de inscrição no CPF, na forma definida pela Secretaria da Receita Federal do Brasil (RFB), a identificação prevista no § 5º, incisos I e IV, alínea "b", pode ser efetuada pelo número do respectivo passaporte, complementada com a nacionalidade da referida pessoa e, quando for o caso, o organismo internacional de que seja representante para o exercício de funções específicas no País.

§ 7º A identificação prevista no § 5º, incisos I e IV, alínea "b", não se aplica às operações de transferência de recursos envolvendo pessoa jurídica com domicílio ou sede no exterior desobrigada de inscrição no CNPJ, na forma definida pela RFB.

Registros de Cartões Pré-Pagos:

Art. 8º As instituições de que trata o art. 1º devem manter registros específicos da emissão ou recarga de valores em um ou mais cartões pré-pagos.

§ 1º O sistema de registro deve permitir a identificação da:

I. emissão ou recarga de valores em um ou mais cartões pré-pagos, em montante acumulado igual ou superior a R$100.000,00 (cem mil reais) ou o equivalente em moeda estrangeira, no mês calendário;

II. emissão ou recarga de valores em cartão pré-pago que apresente indícios de ocultação ou dissimulação da natureza, da origem, da localização, da disposição, da movimentação ou da propriedade de bens, direitos e valores.

§ 2º Para fins do disposto no caput, define-se cartão pré-pago como o cartão apto a receber carga ou recarga de valores em moeda nacional ou estrangeira oriundos de pagamento em espécie, de operação cambial ou de transferência a débito de contas de depósito.

§ 3º Os registros das ocorrências de que tratam os incisos I e II do § 1º devem conter as seguintes informações:

I. o nome ou razão social e o respectivo número de inscrição no CPF ou no CNPJ da pessoa natural ou jurídica responsável pela emissão ou recarga de valores em cartão pré-pago, no caso de emissão ou recarga efetuada por residente ou domiciliado no País;

II. o nome, o número do passaporte e o respectivo país emissor, no caso de emissão ou recarga de valores em cartão pré-pago efetuada por pessoa natural não residente no País ou domiciliada no exterior;

III. o nome e o respectivo número de inscrição no CPF da pessoa natural a quem se destina o cartão pré-pago;

IV. a identificação das instituições, das agências e das contas de depósito ou de poupança debitadas, os nomes dos titulares das contas e respectivos números de inscrição no CPF, no caso de emissão ou recarga de valores em cartão pré-pago oriundos de transferências a débito de contas de depósito ou de poupança tituladas por pessoas naturais;

V. a identificação das instituições, das agências e das contas de depósito ou de poupança debitadas, os nomes dos titulares das contas e respectivos números de inscrição no CNPJ, bem como os nomes das pessoas naturais autorizadas a movimentá-las e respectivos números de inscrição no CPF, no caso de emissão ou recarga de valores em cartão pré-pago oriundos de transferências a débito de contas de depósito ou de poupança tituladas por pessoas jurídicas;

VI. a data e o valor de cada emissão ou recarga de valores em cartão pré-pago;

VII. o propósito da emissão do cartão pré-pago; VIII - o nome e o respectivo número de inscrição no CPF das pessoas naturais que representem as pessoas jurídicas responsáveis pela emissão ou recarga de valores em cartão pré-pago.

Registros de Movimentação Superior a R$100.000,00 em Espécie:

Art. 9º Os bancos comerciais, a Caixa Econômica Federal, os bancos múltiplos com carteira comercial ou de crédito imobiliário, as sociedades de crédito imobiliário, as sociedades de poupança e empréstimo e as cooperativas de crédito devem manter registros específicos das operações de depósito em espécie, saque em espécie, saque em espécie por meio de cartão pré-pago ou pedido de provisionamento para saque.

§ 1º O sistema de registro deve permitir a identificação de:

I. depósito em espécie, saque em espécie, saque em espécie por meio de cartão pré-pago ou pedido de provisionamento para saque, de valor igual ou superior a R$100.000,00 (cem mil reais);

II. depósito em espécie, saque em espécie, saque em espécie por meio de cartão pré-pago ou pedido de provisionamento para saque, que apresente indícios de ocultação ou dissimulação da natureza, da origem, da localização, da disposição, da movimentação ou da propriedade de bens, direitos e valores;

III. emissão de cheque administrativo, TED ou de qualquer outro instrumento de transferência de fundos contra pagamento em espécie, de valor igual ou superior a R$100.000,00 (cem mil reais).

§ 2º Os registros de que trata o caput devem conter as informações abaixo indicadas:

I. o nome e o respectivo número de inscrição no CPF ou no CNPJ, conforme o caso, do proprietário ou beneficiário dos recursos e da pessoa que efetuar o depósito, o saque em espécie ou o pedido de provisionamento para saque;

II. o tipo e o número do documento, o número da instituição, da agência e da conta corrente de depósitos à vista ou da conta de poupança a que se destinam os valores ou de onde o valor será sacado, conforme o caso;

III. o nome e o respectivo número de inscrição no CPF ou no CNPJ, conforme o caso, dos titulares das contas referidas no inciso II, se na mesma instituição;

IV. o nome e o respectivo número de inscrição no CPF, no caso de saque em espécie por meio de cartão pré-pago cujo portador seja residente ou domiciliado no País;

V. o nome e o número do passaporte e o respectivo país emissor, no caso de saque em espécie por meio de cartão pré-pago cujo portador seja não residente no País ou domiciliado no exterior;

VI. a data e o valor do depósito, do saque em espécie, do saque em espécie por meio de cartão pré-pago ou do provisionamento para saque.

Especial Atenção:

Art. 10. As instituições de que trata o art. 1º devem dispensar especial atenção a:

I. operações ou propostas cujas características, no que se refere às partes envolvidas, valores, formas de realização e instrumentos utilizados, ou que, pela falta de fundamento econômico ou legal, indiquem risco de ocorrência dos crimes previstos na Lei nº 9.613, de 1998, ou com eles relacionados;

II. propostas de início de relacionamento e operações com pessoas politicamente expostas de nacionalidade brasileira e as oriundas de países com os quais o Brasil possua elevado número de transações financeiras e comerciais, fronteiras comuns ou proximidade étnica, linguística ou política;

III. indícios de burla aos procedimentos de identificação e registro estabelecidos nesta circular;

IV. clientes e operações em que não seja possível identificar o beneficiário final;

V. transações com clientes oriundos de países que aplicam insuficientemente as recomendações do Gafi, conforme informações divulgadas pelo Banco Central do Brasil;

VI. situações em que não seja possível manter atualizadas as informações cadastrais de seus clientes.

§ 1º A expressão "especial atenção" inclui os seguintes procedimentos:

II. monitoramento reforçado, mediante a adoção de procedimentos mais rigorosos para a apuração de situações suspeitas;

III. análise com vistas à verificação da necessidade das comunicações de que tratam os arts. 12 e 13;

IV. avaliação da alta gerência quanto ao interesse no início ou manutenção do relacionamento com o cliente.

§ 2º Considera-se alta gerência qualquer detentor de cargo ou função de nível hierárquico superior ao daquele ordinariamente responsável pela autorização do relacionamento com o cliente.

Manutenção de Informações e Registros:

Art. 11. As informações e registros de que trata esta circular devem ser mantidos e conservados durante os seguintes períodos mínimos, contados a partir do primeiro dia do ano seguinte ao do término do relacionamento com o cliente permanente ou da conclusão das operações:

I. 10 (dez) anos, para as informações e registros de que trata o art. 7º; II - 5 (cinco) anos, para as informações e registros de que tratam os arts. 6º, 8º e 9º.

Parágrafo único. As informações de que trata o art. 2º devem ser mantidas e conservadas juntamente com o nome da pessoa incumbida da atualização cadastral, o nome do gerente responsável pela conferência e confirmação das informações prestadas e a data de início do relacionamento com o cliente permanente.

Comunicações ao Coaf:

Art. 12. As instituições de que trata o art. 1º devem comunicar ao Conselho de Controle de Atividades Financeiras (Coaf), na forma determinada pelo Banco Central do Brasil:

I. as ocorrências de que trata o art. 8º, § 1º, inciso I, no prazo de até 5 (cinco) dias úteis após o encerramento do mês calendário;

II. as ocorrências de que trata o art. 9º, § 1º, incisos I e III, na data da operação.

Parágrafo único. Devem também ser comunicadas ao Coaf as propostas de realização das operações de que trata o caput.

Art. 13. As instituições de que trata o art. 1º devem comunicar ao Coaf, na forma determinada pelo Banco Central do Brasil:

I. as operações realizadas ou serviços prestados cujo valor seja igual ou superior a R$10.000,00 (dez mil reais) e que, considerando as partes envolvidas, os valores, as formas de realização, os instrumentos utilizados ou a falta de fundamento econômico ou legal, possam configurar a existência de indícios dos crimes previstos na Lei nº 9.613, de 1998;

II. as operações realizadas ou serviços prestados que, por sua habitualidade, valor ou forma, configurem artifício que objetive burlar os mecanismos de identificação, controle e registro;

III. as operações realizadas ou os serviços prestados, qualquer que seja o valor, a pessoas que reconhecidamente tenham perpetrado ou intentado perpetrar atos terroristas ou neles participado ou facilitado o seu cometimento, bem como a existência de recursos pertencentes ou por eles controlados direta ou indiretamente;

IV. os atos suspeitos de financiamento do terrorismo.

§ 1º O disposto no inciso III aplica-se também às entidades pertencentes ou controladas, direta ou indiretamente, pelas pessoas ali mencionadas, bem como por pessoas e entidades atuando em seu nome ou sob seu comando.

§ 2º As comunicações das ocorrências de que tratam os incisos III e IV devem ser realizadas até o dia útil seguinte àquele em que verificadas.

§ 3º Devem também ser comunicadas ao Coaf as propostas de realização das operações e atos descritos nos incisos I a IV.

Art. 14. As comunicações de que tratam os arts. 12 e 13 deverão ser efetuadas sem que seja dada ciência aos envolvidos.

§ 1º As comunicações relativas a cliente identificado como pessoa politicamente exposta devem incluir especificamente essa informação.

§ 2º A alteração ou o cancelamento de comunicação efetuados após o quinto dia útil seguinte ao da sua inclusão devem ser acompanhados de justificativa da ocorrência.

Art. 15. As comunicações de que tratam os arts. 12 e 13 relativas a instituições integrantes de conglomerado financeiro e a instituições associadas a sistemas cooperativos de crédito podem ser efetuadas, respectivamente, pela instituição líder do conglomerado econômico e pela cooperativa central de crédito.

Art. 16. As instituições de que trata o art. 1º devem manter, pelo prazo de 5 (cinco) anos, os documentos relativos às análises de operações ou propostas que fundamentaram a decisão de efetuar ou não as comunicações de que tratam os arts. 12 e 13.

Procedimentos Internos de Controle:

Art. 17. O Banco Central do Brasil aplicará, cumulativamente ou não, as sanções previstas no art. 12 da Lei nº 9.613, de 1998, na forma estabelecida no Decreto nº 2.799, de 8 de outubro de 1998, às instituições mencionadas no art. 1º, bem como aos seus administradores, que deixarem de cumprir as obrigações estabelecidas nesta circular.

Art. 18. As instituições de que trata o art. 1º devem indicar ao Banco Central do Brasil diretor responsável pela implementação e cumprimento das medidas estabelecidas nesta circular, bem como pelas comunicações de que tratam os arts. 12 e 13.

§ 1º Para fins da responsabilidade de que trata o caput, admite-se que o diretor indicado desempenhe outras funções na instituição, exceto a relativa à administração de recursos de terceiros.

§ 2º No caso de conglomerados financeiros, admite-se a indicação de um diretor responsável pela implementação e cumprimento das medidas estabelecidas nesta circular, bem como pelas comunicações referentes às respectivas instituições integrantes.

Art. 19. O Banco Central do Brasil divulgará:

I. os procedimentos para efetuar as comunicações de que tratam os arts. 12 e 13;

II. operações e situações que podem configurar indício de ocorrência dos crimes previstos na Lei nº 9.613, de 1998;

III. situações exemplificativas de relacionamento próximo, para fins do disposto no art. 4º.

Art. 20. A atualização das informações cadastrais relativas a clientes permanentes cujos relacionamentos tenham sido iniciados antes da entrada em vigor desta circular deve ser efetuada em conformidade com os testes de verificação de que trata o § 5º do art. 2º.

Art. 21. Esta circular entra em vigor na data de sua publicação, surtindo efeitos 30 (trinta) dias após a data de publicação para os relacionamentos com clientes permanentes ou eventuais estabelecidos a partir dessa data.

Art. 22. Ficam revogadas as Circulares ns. 2.852, de 3 de dezembro de 1998, 3.339, de 22 de dezembro de 2006, e 3.422, de 27 de novembro de 2008, e os arts. 1º e 2º da Circular nº 3.290, de 5 de setembro de 2005.

Brasília, 24 de julho de 2009.

ÍNDICE

CAPÍTULO 01 .... **163**
   Descontos 163
      Descontos Simples 163
      Descontos Compostos 163
   Taxas 164
      Taxas de Juros 164

CAPÍTULO 02 .... **166**
   Rendas 166
      Rendas com Capitalização Composta 166
      Rendas com Capitalização Composta e Prestações Variáveis 166
   Sistemas de Amortização e Financiamento 167
      PRICE 167
      SAC 167
      SAM 168
      SAA 168
   Análise de Investimento 169
   Taxa Interna de Retorno (TIR) 169

CAPÍTULO 03 .... **172**
   Tabelas 172

MATEMÁTICA FINANCEIRA

CAPÍTULO 01
Descontos

Descontos Simples

O desconto pode ser definido como abatimento em operações financeiras.

O valor do desconto sempre será a diferença entre o valor nominal (valor inicial) e o valor atual.

$$D = N - A$$

Os descontos simples podem ser de dois tipos: por fora (comercial) ou por dentro (racional).

No **desconto simples por fora ou comercial**, o valor do desconto será calculado sobre o valor nominal do produto; já no **desconto simples por dentro ou racional**, o desconto é calculado sobre o valor atual do produto.

Para os cálculos usamos as seguintes fórmulas:

> Simples por Fora (COMERCIAL → sobre o valor nominal):

$$D_c = N \cdot i \cdot t$$
$$A = N \cdot (1 - i \cdot t)$$

> Simples por Dentro (RACIONAL → sobre o valor atual):

$$D_r = A \cdot i \cdot t$$
$$A = \frac{N}{(1 + i \cdot t)}$$

Cujo:
> **D** = desconto;
> **A** = valor atual;
> **N** = valor nominal;
> **i** = taxa de juros;
> **t** = tempo.

Exercício Comentado

01. Um título foi descontado em R$ 252,00, por ter sido pago com 180 dias de antecipação. Se a taxa mensal do desconto comercial simples foi de 3,5%, o valor nominal do título era:
    a) R$ 1.100,00
    b) R$ 1.150,00
    c) R$ 1.200,00
    d) R$ 1.250,00
    e) R$ 1.300,00

RESPOSTA. "C". O valor do desconto foi de R$ 252,00, o período de antecipação foi de 180 dias ou 6 meses, a taxa mensal de desconto foi de 3,5% COMERCIAL, agora aplicando isso fica:

$$D_c = N \cdot i \cdot t$$
$$252 = N \cdot 0,035 \cdot 6$$
$$0,21N = 252$$
$$N = \frac{252}{0,21}$$
$$N = 1.200,00$$

Descontos Compostos

Acontece semelhante aos juros compostos, porém na modalidade desconto.

Para os cálculos, usamos as seguintes fórmulas:

> **Comercial:**

$$A = N \cdot (1 - i)^n$$

> **Racional:**

$$A = \frac{N}{(1 + i)^t}$$

Cujo:
> **A** = valor atual;
> **N** = valor nominal;
> **i** = taxa de juros;
> **t** = tempo.

Exercício Comentado

01. O valor presente de um título descontado 2 (dois) anos antes de seu vencimento é igual a R$ 25.000,00. Utilizou-se o critério do desconto composto racional a uma taxa de 8% ao ano. O valor do desconto correspondente é de
    a) R$ 3.120,00
    b) R$ 3.160,00
    c) R$ 3.200,00
    d) R$ 4.000,00
    e) R$ 4.160,00

RESPOSTA. "E". O valor do título é R$ 25.000,00, o período de antecipação foi de 2 anos, a taxa de desconto de 8% ao ano na modalidade composta, agora calculando o que a questão está pedindo:

$$A = \frac{N}{(1 + i)^t}$$

$$25.000 = \frac{N}{(1 + 0,08)^2}$$

$$25.000 = \frac{N}{(1,08)^2}$$

$$25.000 = \frac{N}{1,1664}$$

$$N = 25.000 \cdot 1,1664$$

$$N = 29.160$$

Como:

$$D = N - A$$
$$D = 29.160 - 25.000$$
$$D = 4.160,00$$

Taxas

Taxas de Juros

Taxas de juros: índices utilizados para os cálculos de juros e descontos.

Em matemática financeira, temos taxas que efetivamente servem; como também temos taxas que não servem para calcular os juros, pois não estão na unidade da capitalização.

Taxa Nominal

É uma taxa que efetivamente não vale, só está na situação problema para dar nome. Esta taxa é proporcional à taxa efetiva.

No sistema de juros compostos, é costume indicar uma taxa para um período com capitalização em período distinto. Convencionou-se, então, que, quando o período mencionado na taxa não corresponde ao período de capitalização, prevalece este último, devendo-se tomar a taxa proporcional correspondente como taxa efetiva e considerar a taxa dada como nominal.

» **Ex.:** Um capital é aplicado à taxa de 24% ao ano com capitalização mensal.

O 24% é uma taxa nominal, pois a que efetivamente vale é de 2% ao mês, devido ao fato de a capitalização ser mensal.

Taxa Efetiva

É aquela que, como o próprio nome já diz, efetivamente é verificada uma operação financeira.

Taxas Equivalentes

Duas (ou mais) taxas de juros são ditas equivalentes quando, aplicadas a um mesmo capital, por tempos iguais, produzirem o mesmo montante. No sistema de capitalização composta, ao contrário do que acontece no sistema de capitalização simples, duas taxas equivalentes não são necessariamente proporcionais entre si.

Fique Ligado

> i_a - a taxa anual de juros compostos
> i_m - a taxa mensal de juros compostos
> i_d - a taxa diária
> i_t - a taxa trimestral
> i_s - a taxa semestral

Vamos obter uma relação que nos permita calcular a taxa equivalente, num certo período de tempo, com uma taxa de juros composta.

As relações para a obtenção de taxas equivalentes são:

$$(1 + i_d)^{360} = (1 + i_m)^{12} = (1 + i_t)^4 = (1 + i_s)^2 = (1 + i_a)^1$$

Exemplos:

1) A Caderneta de Poupança, além da atualização monetária, paga juros de 36% a.a. capitalizados mensalmente.
a) Qual a taxa nominal de juros pagos pela Caderneta de Poupança?
b) Qual a taxa efetiva mensal?
c) Qual a taxa efetiva trimestral?

Resolução:
a) Como a capitalização é mensal a taxa de 36% ao ano é a taxa nominal.
b) A taxa efetiva mensal é proporcional a taxa nominal, pois a capitalização é mensal logo:

$$i_m = \frac{36}{12}$$

i_m = 3% ao mês

c) A taxa efetiva trimestral é equivalente a taxa efetiva mensal logo:

$(1 + i_m)^3 = (1 + i_t)$
$(1 + 0,03)^3 = (1 + i_t)$
$1,092727 = 1 + i_t$
$1,092727 - 1 = i_t$
$i_t = 0,0922727$

Logo, a taxa efetiva trimestral é de 9,27%.

2) Qual a taxa efetiva semestral, no sistema de capitalização de juros compostos, equivalente a uma taxa nominal de 40% ao quadrimestre, capitalizados bimestralmente.
a) 75,00%
b) 67,50%
c) 60,00%
d) 72,80%
e) 64,40%

Resolução:
> 40% não é a taxa efetiva, é uma taxa nominal;
> $\frac{40\%}{2}$ = 20% taxa real.

$(1 + i_b)^3 = (1 + i_s)^1$
$(1 + 0,2)^3 = (1 + i_s)$
$(1,2)^3 = 1 + i_s$
$1,728 = 1 + i_s$
$1,728 - 1 = i_s$
$i_s = 0,728$

Logo, a taxa efetiva semestral é de 72,8%.

3) Calcular o montante gerado por um capital de R$ 2.000,00, quando aplicado a taxa de 60% ao ano com capitalização mensal durante um ano. (Dado $1,05^{12} = 1,79586$)

Resolução:
> Taxa nominal: 60% a.a.
> Taxa efetiva: 5% a.m.

$M = C \cdot (1 + i)^t$
$M = 2000 \cdot (1 + 0,05)^{12}$
$M = 2000 \cdot (1,05)^{12}$
$M = 2000 \cdot 1,79586$
$M = 3591,72$

Taxa Aparente e Taxa Real

Taxa aparente

Quando temos uma aplicação em que no período da mesma tivermos também taxa de inflação a taxa que está escrita nos contratos passa a ser uma taxa aparente, pois não corresponde a uma rentabilidade real.

Taxa real

Depende de haver ou não inflação.

Quando não haver inflação, a taxa real e a taxa aparente serão iguais.

Quando temos inflação, usamos a representação:

> Taxa real = r
> Taxa aparente = i
> Taxa de inflação = j

$$(1 + r) = \frac{(1 + i)}{(1 + j)}$$

Exemplos:

1) Determine a taxa de rendimento real a partir de uma taxa aparente de 7% a.a. e uma inflação projetada de 3% a.a.

Resolução:

i = 7% = 0,07
j = 3% = 0,03
r = ?

$$(1 + r) = \frac{(1 + 0,07)}{(1 + 0,03)}$$

$$(1 + r) = \frac{1,07}{1,03} = 1,038835$$

r = 1,038835 - 1

r = 0,038835

r = 3,8835%

A taxa real de juros é de 3,8835%

2) Em um investimento é desejado um rendimento real de 12%. Sabe-se que a inflação projetada para o período é de 6%. Qual deve ser a taxa aparente desse investimento?

Resolução:

i = ?
j = 6% = 0,06
r = 12% = 0,12

$$(1 + r) = \frac{(1 + i)}{(1 + j)}$$

$(1 + i) = (1 + r) \cdot (1 + j)$

$(1 + i) = (1,12) \cdot (1,06)$

i = 0,1872

i = 18,72%

CAPÍTULO 02
Rendas

No cotidiano, é comum deparar-se com inúmeras situações com movimentação financeira, pois nem sempre se tem o valor à vista, como:

> Comprar um bem de consumo a crédito;
> Investir em poupanças programadas;
> Comprar um imóvel pelo Sistema Financeiro.

Para se aprender a calcular os juros, as parcelas e os montantes envolvidos nessas situações, será feito um estudo mais aprofundado sobre capitalização e amortização.

Capitalização: é o investimento, por um período, de uma quantia fixa, com taxa fixa de juros, com o propósito de compor um determinado capital final.

Amortização: é a ação de saldar uma dívida por meio de parcelas periódicas, constantes ou não.

Rendas: são os capitais dos quais se dispõe periodicamente para algum fim. Pagar uma prestação, aplicar numa poupança programada ou em um investimento são os exemplos mais comuns de rendas.

Rendas com Capitalização Composta

$$M = \frac{C \cdot [(1+i)^t - 1]}{i}$$

Fórmula originária da soma dos termos de uma P.G.

O montante dado pela fórmula acima é o valor que o investidor terá imediatamente após o último depósito ou aplicação.

Exemplos:

1) Supondo que uma pessoa invista, numa poupança, cinco prestações mensais de R$ 100,00, sobre as quais incidirá um juro constante de 2% a.m, será calculado o montante ao final da aplicação. Dado: $(1,02)^5 = 1,104$

C = 100
i = 2% a.m. = 0,02
t = 5
M = ?

Resolução:
M = 100 + 100 · (1,02)¹ + 100 · (1,02)² + 100 · (1,02)³ + 100 · (1,02)⁴ = 520,40

$$M = \frac{C \cdot [(1+i)^t - 1]}{i}$$

$$M = \frac{100 \cdot [(1+0,02)^5 - 1]}{0,02}$$

$$M = \frac{100 \cdot [(1,02)^5 - 1]}{0,02}$$

$$M = \frac{100 \cdot [1,104 - 1]}{0,02}$$

$$M = \frac{10,4}{0,02} = 520$$

A pessoa tem, no dia do último depósito, o montante de R$ 520,00.

2) Calcular o valor do montante de uma aplicação de R$ 1.000,00, por 3 meses, a uma taxa mensal de 3%, um mês após o último depósito.

Resolução:

$$M = \frac{C \cdot [(1+i)^t - 1]}{i}$$

$$M = \frac{1000 \cdot [(1+0,03)^3 - 1]}{0,03}$$

$$M = \frac{1000 \cdot [(1,03)^3 - 1]}{0,03}$$

$$M = \frac{1000 \cdot [1,092727 - 1]}{0,03}$$

$$M = \frac{92,727}{0,03} = 3090,90$$

Como o exercício pediu o valor do montante um mês após o último depósito, é preciso calcular um mês de juros de 3%. Sendo assim, o montante será:

M = C · (1 + i)ᵗ
M = 3090,90 · (1 + 0,03)¹
M = 3090,90 · (1,03)
M = 3183,63

Rendas com Capitalização Composta e Prestações Variáveis

Exemplos:

1) Um investidor fez 2 depósitos mensais de R$ 2.500,00 e, depois, mais 3 depósitos mensais de R$ 3.000,00. Quanto terá no final dos 5 depósitos se a taxa de juros compostos é de 2% a.m.?

Resolução:

$$M = \frac{2500 \cdot [(1,02)^2 - 1]}{0,02} (1,02)^3 + \frac{3000 \cdot [(1,02)^3 - 1]}{0,02}$$

$$M = \frac{2500 \cdot [1,0404 - 1]}{0,02} 1,061208 + \frac{3000 \cdot [1,061208 - 1]}{0,02}$$

$$M = \frac{2500 \cdot 0,0404}{0,02} 1,061208 + \frac{3000 \cdot 0,061208}{0,02}$$

$$M = \frac{101}{0,02} 1,061208 + \frac{183,624}{0,02}$$

M = 5359,1004 + 9181,2

M = 14540,30

Quando há uma série grande de investimentos na resolução do exercício, necessita-se de uma calculadora, uma informação dada no problema ou o uso da tabela FAC.

2) Calcular o valor do montante de uma aplicação de R$ 1.000,00, por 18 meses, a uma taxa mensal de 3%, um mês após o último depósito.

Resolução:
C = 1.000
i = 3% a.m.= 0,03
t = 18
M = ?

$(1,03)^{18} = 1,702433$

$$M = \frac{C \cdot [(1+i)^t - 1]}{i}$$

$$M = \frac{1000 \cdot [(1+0,03)^{18} - 1]}{0,03}$$

$$M = \frac{1000 \cdot [(1,03)^{18} - 1]}{0,03}$$

$$M = \frac{1000 \cdot [1,702433 - 1]}{0,03}$$

$$M = \frac{702,433}{0,03} = 23414,43$$

Usando o valor da tabela FAC, tem-se $(1,03)^{18} = 1,702433$, logo, o montante da aplicação é de R$ 23.414,43.

Sistemas de Amortização e Financiamento

PRICE

PRICE (sistema francês): parcelas fixas.

Todas as prestações (pagamentos) são iguais.

Uso comum: Financiamentos, em geral, de bens de consumo.

A fórmula de pagamento pelo sistema de prestações iguais é dada por:

$$P = K \cdot Vd$$

Cujo:
> P = valor da prestação;
> K = constante PRICE;
> V = valor financiado.

E, também:

$$K = \frac{i \cdot (1+i)^t}{(1+i)^t - 1}$$

Cujo:
> i = taxa de juros;
> t = tempo (quantidade de parcelas).

Fique Ligado

Os juros sempre são calculados sobre o saldo devedor, e o valor amortizado será a diferença da parcela pelo juro.

Exemplos:

1) Um financiamento de R$ 20.000,00 que será pago ao final de 4 meses à taxa mensal de 4% a.m. com K = 0,2755 terá prestação de?

Resolução:

Considere: $K = \dfrac{i \cdot (1+i)^t}{(1+i)^t - 1}$

$P = K \cdot Vd$

$P = 20.000 \cdot 0,2755$

$P = 5.510,00$

Montando a tabela abaixo, compreende-se o que acontece com o financiamento:

	Sistema de PRICE			
t	Juros	Amortização	Pagamento	Saldo devedor
0	0	0	0	20.000,00
1	800,00	4.710,00	5.510,00	15.280,00
2	611,20	4.898,80	5.510,00	10.381,20
3	415,25	5.094,75	5.510,00	5.286,25
4	211,46	5.286,25	5.510,00	0
T	2.037,91	20.000,00	22.040,00	

2) Uma dívida de 11.000,00 será paga com 3 prestação iguais em 30, 60 e 90 dias. Qual o valor de cada prestação se a taxa de juros compostos praticada é de 2% ao mês.

Resolução:

$$Vd = \frac{P \cdot [(1+i)^t - 1]}{(1+i)^t \cdot i}$$

$$P = \frac{Vd \cdot (1+i)^t \cdot i}{(1+i)^t - 1}$$

$$P = \frac{11000 \cdot (1,02)^3 \cdot 0,02}{(1,02)^3 - 1}$$

$$P = \frac{11000 \cdot 1,061208 \cdot 0,02}{1,061208 - 1}$$

$$P = \frac{233,46576}{0,061208}$$

$$P = 3814,30$$

Fique Ligado

Em concursos recentes, existem informações, nos problemas, que exigem do candidato conhecimento além das fórmulas, como por exemplo: a matemática de potências.

SAC

SAC (Sistema de Amortização Constante): parcelas decrescentes.

A principal característica desse sistema é que as prestações vão diminuindo.

No sistema SAC, os juros são todos pagos a cada mês.

A prestação consiste na amortização mais os juros, sendo a amortização igual à dívida dividida pelo número de prestações:

» **Ex.:** será utilizado um financiamento hipotético de R$ 20.000,00 que será pago ao final de 4 meses à taxa mensal de 4%.

Amortização = 20.000/4 = 5.000

O devedor paga o Principal em n = 4 pagamentos, sendo que as amortizações são sempre constantes e iguais.

Sistema de Amortização Constante (SAC)				
t	Juros	Amortização	Pagamento	Saldo devedor
0	0	0	0	20.000,00
1	800,00	5.000,00	5.800,00	15.000,00
2	600,00	5.000,00	5.600,00	10.000,00
3	400,00	5.000,00	5.400,00	5.000,00
4	200,00	5.000,00	5.200,00	0
T	2.000,00	20.000,00	22.000,00	

Exemplo:

1) Um empréstimo de R$ 5.000,00 será pago em 4 prestações mensais, sendo a primeira delas paga 30 dias após o empréstimo, com juros de 2% ao mês sobre o saldo devedor, pelo Sistema de Amortização Constante (SAC). O valor, em reais de:
a) a terceira prestação;
b) todos os juros pagos.

Resolução: a)
$$\frac{5000}{4} = 1250$$

Cada prestação deve amortizar 1.250 da dívida;
Terceira prestação é igual 2% de 2.500 mais 1.250;
50 + 1200 = 1250

Resolução: b)
2% de 5.000 = 100
2% de 3.750 = 75
2% de 2.500 = 50
2% de 1.250 = 25

Total de juros 250.

SAM

Sistema **SAM**

Sistema misto: é a média aritmética entre a prestação pelo sistema PRICE e o sistema SAC.

Exercício Comentado

01. (FCC) *Um plano de pagamentos referente à aquisição de um imóvel foi elaborado com base no sistema de amortização misto (SAM) e corresponde a um empréstimo no valor de R$ 120.000,00, a uma taxa de 2% ao mês, a ser liquidado em 60 prestações mensais, vencendo a primeira um mês após a data do empréstimo.*

Nº de períodos	FRC
10	0,111
20	0,061
30	0,045
40	0,037
50	0,032
60	0,029

O valor da 30ª (trigésima) prestação é igual a:
a) R$ 3.320,00
b) R$ 3.360,00
c) R$ 3.480,00
d) R$ 4.140,00
e) R$ 4.280,00

RESPOSTA. "B".

SAC
$$\frac{120000}{60} = 2000$$
$$29 \cdot 2000 = 58000$$
$$120000 - 58000 = 62000$$
2% de 62000 = 1240
$$P_{30} = 2000 + 1240$$
$$P_{30} = 3240$$

PRICE
$$P = 120000 \cdot 0,029$$
$$P = 3480$$

Prestação
$$\frac{3240 + 3480}{2} = \frac{6720}{2} = 3360$$

SAA

Sistema Americano de Amortização **(SAA)**

No Sistema Americano de Amortização, os juros são pagos no final de cada período e o valor financiado só será pago no final do prazo, em um único pagamento.

A tabela do exemplo abaixo mostra os pagamentos mensais e o valor da última prestação.

Exemplos:

1) Um empréstimo de R$ 50.000,00 será pago por meio do sistema americano, no prazo de 5 meses, a juros mensais de 3% ao mês.

Resolução:

Mês	Saldo devedor	Amortização	Juros	Prestação
0	50.000,000	-	-	-
1	50.000,000	-	1.500,00	1.500,00
2	50.000,000	-	1.500,00	1.500,00
3	50.000,000	-	1.500,00	1.500,00
4	50.000,000	-	1.500,00	1.500,00
5	-	50.000,000	1.500,00	51.500,00
Total		50.000,000	7.500,00	57.500,00

2) Um empréstimo de R$ 12.800,00 será pago por meio do sistema americano no prazo de 4 meses, a juros de 1.5% ao mês. Qual o total de juros pagos na transação financeira?

Resolução:
Para calcular os juros pagos no sistema americano, basta calcular os juros como se fossem juros simples.
$$j = 12800 \cdot 0,015 \cdot 4$$
$$j = 192 \cdot 4$$
$$j = 768$$

No Sistema Americano de Amortização, os juros são pagos no final de cada período e o valor financiado é pago em um único pagamento no final do prazo.

3) Quanto se deve pagar, mensalmente, por um empréstimo de R$ 150.000,00 com liquidação após 3 meses contratado a juros de 2% ao mês? Além da taxa de juros, o banco cobra R$ 150,00 de taxa de administração de crédito mais 0,2% ao mês de IOF. Os valores dos juros e o IOF devem ser pagos mensalmente e a taxa de administração no ato do empréstimo.

Resolução:
> Como a taxa de administração deve ser paga no ato do empréstimo, o total do empréstimo é de R$ 150.150,00.
> Taxa de 2% ao mês mais 0,2% de IOF, logo, a taxa utilizada é de 2,2% a.m.
> Juros mensais a serem pagos serão de 2,2% de R$ 150.150,00
> Logo, deve-se pagar mensalmente R$ 3.303,30.
> Primeira prestação R$ 3.303,30.
> Segunda prestação R$ 3.303,30.
> Terceira prestação R$ 3.303,30 + R$ 150.150,00 = R$ 153.453,30

Fique Ligado

Características dos três principais sistemas de financiamento:

> *SAC - A prestação vai diminuindo com o tempo e são pagos os juros mais a amortização fixa todo mês, por exemplo;*
> *PRICE - A prestação é fixa, ou seja, prestações iguais durante todo o período do financiamento;*
> *SAA - A dívida é paga no final, e as prestações são só dos juros do período.*

Análise de Investimento

A análise de investimentos tem como objetivo permitir a comparação de investimentos financeiros para verificar qual a melhor opção, bem como estabelecer se um investimento é viável ou não.

TMA - Taxa mínima de atratividade

A TMA representa o mínimo que o investidor deseja ganhar para entrar em um determinado investimento.

Também é conhecida como taxa de baixo risco.

Fluxo de caixa

Contém as informações monetárias organizadas em diagrama ou tabela.

Método do valor presente líquido (VPL)

Tem por finalidade avaliar o investimento no momento presente, ou seja, avaliar hoje os eventos futuros do investimento.

Um projeto é considerado atrativo quando o VPL for positivo, logo, o projeto que apresenta o maior VPL é considerado mais atrativo.

$$VPL = -C + \sum_{t=1}^{n} \frac{FC}{(1+i)^t} \quad ou \quad VPL = -C + \sum_{t=1}^{n} FC \cdot (1+i)^t$$

Cujo:
> C = o capital investimento;
> FC = os retornos pelo fluxo de caixa.

Exemplos:

1) Considerando um investimento de R$ 220.000,00 que proporciona uma geração de fluxo de caixa de R$ 75.000,00 por ano, durante 5 anos, qual o valor líquido presente, sendo a taxa mínima de retorno esperada de 15%.

Resolução:

$$VPL = -220000 + \frac{75000}{(1,15)} + \frac{75000}{(1,15)^2} + \frac{75000}{(1,15)^3} + \frac{75000}{(1,15)^4}$$

$$+ \frac{75000}{(1,15)^5} = 31412 > 0$$

ou

$VPL = -220000 + 75000 \, (1,15)^{-1} + 75000 \, (1,15)^{-2} + \ldots + 75000 \, (1,15)^{-5}$

Como o VPL é positivo, o investimento é viável na taxa pretendida, tendo ainda um valor adicional ou margem de proteção de R$ 31.412,00.

Obs.: Em um exercício como este, pode ser informada a tabela com fator de valor presente de séries uniformes.

No exemplo, os retornos eram de igual valor, basta procurar, na tabela, 15% e tempo 5, multiplicando 75.000 pelo valor da tabela.

$VPL = -220000 + 75000 \cdot 3,352155$

Aproximadamente R$ 31.412,00.

2) Uma empresa tem taxa mínima de atratividade de 10% a.a. Essa empresa pretende efetuar um investimento de R$ 10.000,00 que tem retorno projetado da seguinte maneira:
> 1º ano R$ 2.000,00
> 2º ano R$ 3.000,00
> 3º ano R$ 4.000,00
> 4º ano R$ 4.000,00

Considerando para este exercício, $(1,1)^{-1}$, $(1,1)^{-2}$, $(1,1)^{-3}$ e $(1,1)^{-4}$, respectivamente 0,909; 0,826; 0,751 e 0,683, qual o valor presente líquido desse investimento?

Resolução:
> Diagrama de fluxo de caixa:

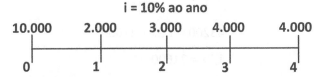

$VPL = -10000 + 2000 \cdot (1,1)^{-1} + 3000 \cdot (1,1)^{-2} + 4000 \cdot (1,1)^{-3} + 4000 \cdot (1,1)^{-4}$

$VPL = -10000 + 2000 \cdot 0,909 + 3000 \cdot 0,826 + 4000 \cdot 0,751 + 4000 \cdot 0,683$

$VPL = -10000 + 1818 + 2478 + 3004 + 2732$

$VPL = 32$

Taxa Interna de Retorno (TIR)

A taxa interna de retorno é a taxa que torna nulo o valor líquido presente, ou seja, o valor VLP deve ser zero.

Isso quer dizer que a Taxa interna de retorno (TIR), é exatamente a rentabilidade que um investimento irá proporcionar.

VPL = 0

A TIR pode ser calculada de um projeto isolado ou de alternativas de investimento.

Para analisar se um projeto é vantajoso financeiramente, pode-se comparar a **TIR** com a **TMA**:

> **TIR > TMA:** o projeto é vantajoso
> **TIR < TMA:** o projeto não é vantajoso

Quando a TIR é dada, o cálculo torna-se relativamente simples.

Exercícios Comentados

01. (FCC) O gráfico abaixo representa o fluxo de caixa referente a um projeto de investimento com a escala horizontal em anos.

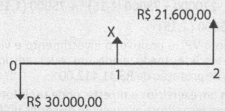

Se a taxa interna de retorno correspondente é igual a 20% ao ano, então, X é igual a:
a) R$ 21.600,00
b) R$ 20.000,00
c) R$ 18.000,00
d) R$ 15.000,00
e) R$ 14.400,00

RESPOSTA. "C".

$$VPL = -C + \frac{x}{(1+i)} + \frac{21600}{(1+i)^2}$$

$$VPL = 0$$

$$3000 = \frac{x}{1,2} + \frac{21600}{(1,2)^2}$$

$$3000 = \frac{1,2x + 21600}{(1,2)^2}$$

$$3000 = \frac{1,2x + 21600}{1,44}$$

$$43200 = 1,2x + 21600$$

$$1,2x = 21600$$

$$x = 18000$$

Calcular a TIR só é viável para exercícios com poucos retornos, ou se o cálculo sem a máquina ou sem tabela torna-se praticamente inviável.

02. (CESGRANRIO) A tabela abaixo apresenta o fluxo de caixa de certo projeto.

Valor (Milhares de reais)	-50	35	22
Períodos (anos)	0	1	2

A taxa interna de retorno anual é igual a:
a) 10%
b) 12%
c) 15%
d) 18%
e) 20%

RESPOSTA. "A".

$$VPL = -C + \frac{FC_1}{(1+i)} + \frac{FC_2}{(1+i)^2}$$

$$VPL = 0$$

$$0 = -50 + \frac{35}{(1+i)} + \frac{22}{(1+i)^2}$$

Substituindo-se $1+i$ por x, tem-se:

$$50 = +\frac{35}{x} + \frac{22}{x^2}$$

$$50x^2 = \frac{35x + 22}{x^2}$$

$$50x^2 - 35x - 22 = 0$$

Usando Bhaskara:

$$x = \frac{35 \pm \sqrt{(-35)^3 - 4 \cdot 50 \cdot (-22)}}{2 \cdot 50}$$

$$x = \frac{35 \pm \sqrt{5625}}{100}$$

$$x = \frac{35 \pm 75}{100}$$

$$x' = 1,1$$

$$x'' = -0,4$$

O valor negativo não serve, logo:
$$1 + i = 1,1$$
$$i = 0,1$$
$$i = 10\%$$

03. (CESGRANRIO) Com relação à taxa interna de retorno de um fluxo financeiro de recebimentos e pagamentos futuros, afirma-se que:
a) diminui quando a taxa de juros de mercado aumenta.
b) é sempre superior à taxa de juros de mercado.
c) é um critério para a comparação de fluxos financeiros alternativos.
d) é o único critério para a escolha entre fluxos financeiros alternativos.
e) é o custo de capital para o investimento correspondente àquele fluxo financeiro.

RESPOSTA. "C". É um critério para a comparação de investimentos.

04. (FEPESE) Geralmente, utiliza-se a TIR (Taxa Interna de Retorno) para análise e avaliação de projetos simples. Quando um projeto apresenta mais de uma mudança de sinais no seu fluxo de caixa, esse projeto poderá ter mais de uma TIR.

Analise a figura abaixo:

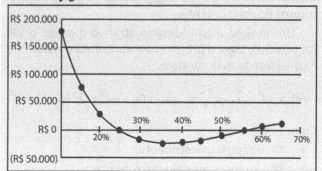

Assinale a alternativa que indica o número de TIR que o projeto representado nessa figura apresenta.
a) Uma TIR
b) Duas TIR
c) Três TIR
d) Quatro TIR
e) Cinco TIR

RESPOSTA. "B". O gráfico representa a variação do VPL com diferentes taxas. A TIR é a taxa que zera o VPL, logo, é só verificar quantas vezes o gráfico corta o eixo horizontal.

Fique Ligado

Quando se fala em taxa interna de retorno, a intenção é ganhar exatamente essa taxa, pois o VPL deve zerar. Geralmente, quando se pede TIR, o valor mais utilizado é 10%.

Anotações

CAPÍTULO 03
Tabelas

Tabela FAC, na qual está representado o valor de $(1 + i)^t$:

t/i	1%	2%	3%	4%	5%	6%	7%	8%	9%	10%	11%	12%	15%	18%	20%
1	1,010000	1,020000	1,030000	1,040000	1,050000	1,060000	1,070000	1,080000	1,090000	1,100000	1,110000	1,120000	1,150000	1,180000	1,200000
2	1,020100	1,040400	1,060900	1,081600	1,102500	1,123600	1,144900	1,166400	1,188100	1,210000	1,232100	1,254400	1,322500	1,392400	1,440000
3	1,030301	1,061208	1,092727	1,124864	1,157625	1,191016	1,225043	1,259712	1,295029	1,331000	1,367631	1,404928	1,520875	1,643032	1,728000
4	1,040604	1,082432	1,125509	1,169859	1,215506	1,262477	1,310796	1,360489	1,411582	1,464100	1,518070	1,573519	1,749006	1,938778	2,073600
5	1,051010	1,104081	1,159274	1,216653	1,276282	1,338226	1,402552	1,469328	1,538624	1,610510	1,685058	1,762342	2,011357	2,287758	2,488320
6	1,061520	1,126162	1,194052	1,265319	1,340096	1,418519	1,500730	1,586874	1,677100	1,771561	1,870415	1,973823	2,313061	2,699554	2,985984
7	1,072135	1,148686	1,229874	1,315932	1,407100	1,503630	1,605781	1,713824	1,828039	1,948717	2,076160	2,210681	2,660020	3,185474	3,583181
8	1,082857	1,171659	1,266770	1,368569	1,477455	1,593848	1,718186	1,850930	1,992563	2,143589	2,304538	2,475963	3,059023	3,758859	4,299817
9	1,093685	1,195093	1,304773	1,423312	1,551328	1,689479	1,838459	1,999005	2,171893	2,357948	2,558037	2,773079	3,517876	4,435454	5,159780
10	1,104622	1,218994	1,343916	1,480244	1,628895	1,790848	1,967151	2,158925	2,580426	2,593742	2,839421	3,105848	4,045558	5,233836	6,191736
11	1,115668	1,243374	1,384234	1,539454	1,710339	1,898299	2,104852	2,331639	2,580426	2,853117	3,151757	3,478550	4,652391	6,175926	7,430084
12	1,126825	1,268242	1,425761	1,601032	1,795856	2,012196	2,252192	2,518170	2,812665	3,138428	3,498451	3,895976	5,350250	7,287593	8,916100
13	1,138093	1,293607	1,468534	1,665074	1,885649	2,132928	2,409845	2,719624	3,065805	3,452271	3,883280	4,363493	6,152788	8,599359	10,699321
14	1,149474	1,319479	1,512590	1,731676	1,979932	2,260904	2,578534	2,937194	3,341727	3,797498	4,310441	4,887112	7,075706	10,147244	12,839516
15	1,160969	1,345868	1,557967	1,800944	2,078928	2,396558	2,759032	3,172169	3,642482	4,177248	4,784589	5,473566	8,137062	11,973748	15,407022
16	1,172579	1,372786	1,604706	1,872981	2,182875	2,540352	2,952164	3,425943	3,970306	4,594973	5,310894	6,130394	9,357621	14,129023	18,488426
17	1,184304	1,400241	1,400241	1,947900	2,292018	2,692773	3,158815	3,700018	4,327633	5,054470	5,895093	6,866041	10,761264	16,672247	22,186111
18	1,196147	1,428246	1,702433	2,025817	2,406619	2,854339	3,379932	4,717120	4,717120	5,559917	6,543553	7,689966	12,375454	19,673251	26,623333
19	1,220190	1,456811	1,753506	2,106849	2,526950	3,025600	3,616528	5,141661	5,141661	6,115909	7,263344	8,612762	14,231772	23,214436	31,948000
20	1,220190	1,485947	1,806111	2,191123	2,653298	3,207135	3,869684	6,108808	5,604411	6,727500	8,062312	9,646293	16,366537	27,393035	38,337600
21	1,232920	1,515666	1,860295	2,278768	2,785963	3,399564	4,140562	6,108808	6,108808	7,400250	8,949166	10,803848	18,821518	32,323781	46,005120
22	1,244716	1,545980	1,916103	2,369919	2,925261	3,603537	4,430402	5,436540	6,658600	8,140275	9,933574	12,100310	21,644746	38,142061	55,206144
23	1,257163	1,576899	1,973587	2,464716	3,071524	3,819750	4,740530	5,871464	7,257874	8,954302	11,023267	13,552347	24,891458	45,007632	66,247373
24	1,269735	1,608437	1,032794	2,563304	3,225100	4,048935	5,072367	6,341181	7,911083	9,849733	12,239157	15,178629	28,625176	53,109006	79,496847
25	1,282432	1,640606	2,093778	2,665836	3,386355	4,291871	5,427433	6,848475	8,623081	10,834706	13,585464	17,000064	32,918953	62,668627	95,396217

Tabela II: fator de valor atual de uma série de pagamentos iguais.

$$a_{n\neg i} = \frac{(1+i)^n - 1}{i \cdot (1+i)^n}$$

t/i	1%	2%	3%	4%	5%	6%	7%	8%	9%	10%	12%	15%	18%
1	0,990099	0,980392	0,970874	0,961538	0,952381	0,943396	0,934579	0,925926	0,917431	0,909091	0,892857	0,869565	0,847457
2	1,970395	1,941561	1,913469	1,886094	1,859410	1,833393	1,808018	1,783265	1,759111	1,735537	1,690051	1,625709	1,565642
3	2,940985	2,883883	2,828611	2,775091	2,723248	2,673012	2,624316	2,577097	2,531295	2,486852	2,401831	2,283225	2,174273
4	3,091965	3,807728	3,717098	3,629895	3,545951	3,465105	3,387211	3,312127	3,239720	3,169865	3,037349	2,854978	2,690062
5	4,853431	4,713459	4,579707	4,451822	4,329476	4,212364	4,100197	3,992710	3,889651	3,790787	3,604776	3,352155	3,127171
6	5,795476	5,601431	5,417191	5,242137	5,075692	4,917324	4,766539	4,622879	4,485918	4,355261	4,111407	3,784482	3,497602
7	6,728194	6,471991	6,230283	6,002054	5,786373	5,582381	5,389289	5,206370	5,032953	4,868419	4,563756	4,160420	3,811527
8	7,651678	7,325481	7,019692	6,732745	6,463213	6,209794	5,971298	5,746639	5,534819	5,334926	4,967640	4,487321	4,077566
9	8,566017	8,162237	7,786109	7,435331	7,107821	6,801692	6,515232	6,246888	5,995247	5,759024	5,328250	4,771584	4,303022
10	9,471304	8,982585	8,530203	8,110896	7,721735	7,360087	7,023581	6,710081	6,417657	6,144567	5,650223	5,018768	4,494086
11	10,367628	9,786848	9,252624	8,760477	8,306414	7,886874	7,498674	7,138964	6,805190	6,495061	5,937699	5,233712	4,656005
12	11,255077	10,575341	9,954004	9,385074	8,863251	8,383844	7,942686	7,536078	7,160725	6,813692	6,194374	5,420619	4,793225
13	12,133740	11,348374	10,634955	9,985648	9,393573	8,852683	8,357650	7,903776	7,486904	7,103356	6,423548	5,583147	4,909513
14	13,003703	12,106249	11,296073	10,563123	9,898641	9,294984	8,745468	8,244237	7,786150	7,366687	6,628168	5,724475	5,008062
15	13,865052	12,849263	11,937935	11,118387	10,379658	9,712249	9,107914	8,559478	8,060688	7,606079	6,810864	5,847370	5,091578
16	14,717874	13,577709	12,561102	11,652295	10,837769	10,105895	9,446648	8,851369	8,312558	7,823708	6,973986	5,954235	5,162354
17	15,562251	14,291872	13,166118	12,165669	11,274066	10,477259	9,763223	9,121638	8,543631	8,021553	7,119630	6,047161	5,222334
18	16,398268	14,992031	13,753513	12,659297	11,689587	10,827604	10,059087	9,371887	8,755625	8,201412	7,249670	6,127966	5,273164

Anotações

ÍNDICE

CAPÍTULO 01 .... **174**
  Noções de Administração de Vendas e Técnicas de vendas 174
    Elementos mais Importantes da Negociação 174
    Metas 176
    Técnicas de Vendas...176
    Os Quatro "Ps": Produto, Preço, Praça e Promoção.....................................178
    Vantagem Competitiva 180
    Noções de Imaterialidade ou Intangibilidade, Inseparabilidade e Variabilidade dos Produtos Bancários 180
    Manejo de Carteira de Pessoa Física e de Pessoa Jurídica 181
    Marketing e Relacionamento 181

TÉCNICA DE VENDAS

CAPÍTULO 01

Noções de Administração de Vendas e Técnicas de vendas

O processo de vendas inicia-se antes mesmo de as partes se encontrarem e continua após a separação delas. Dessa forma, a negociação constitui-se de várias etapas, dentre elas: planejamento, execução e controle de negociação, sabendo que elas auxiliam na sistematização do processo de venda.

Em linhas gerais, a noção de negociação pode ser definida como um artifício de procurar um contrato aceitável para os envolvidos. Se a entendermos como um processo, facilmente concluiremos que ela se dá em um determinado espaço do tempo, vinculando ao passado, ao presente e ao futuro. Por isso, identificaremos os elementos mais importantes da negociação como: o planejamento (que oferta a quem negocia uma perspectiva mais evidente do panorama que está para encontrar); a execução, que é dividida em partes menores, faz com que o negociador focalize forças de grau e natureza adequados a cada instante, evitando desperdícios de força de trabalho; por fim o controle, realizado de maneira metódica, auxilia na construção de bases da credibilidade por meio de instauração dos acordos, bem como, quando feito de forma analítica, concretiza o auto desenvolvimento durável, por meio do aprendizado adquirido em cada negociação.

Elementos mais Importantes da Negociação

Planejamento → Execução → Controle

→ São sete etapas para o processo de negociação:
01. Preparação.
02. Abertura.
03. Exploração.
04. Apresentação.
05. Clarificação ou manejo das objeções.
06. Fechamento.
07. Avaliação.

→ Para facilitar, podemos dividi-las da seguinte forma:

PLANEJAMENTO — PREPARAÇÃO

EXECUÇÃO/VENDA — ABERTURA, EXPLORAÇÃO, APRESENTAÇÃO, CLARIFICAÇÃO OU MANEJO DAS OBJEÇÕES, FECHAMENTO

CONTROLE — AVALIAÇÃO

Elementos mais Importantes do Processo de Vendas

Pré-Venda → Venda → Pós-Venda

→ São sete etapas para o processo de vendas, segundo Kotler:

01. Prospecção ou qualificação.
02. Pré-abordagem.
03. Abordagem.
04. Demonstração do produto ou serviço.
05. Superação das objeções.
06. Fechamento.
07. Acompanhamento ou avaliação.

→ Dividindo as etapas:

PRÉ-VENDA — PROSPECÇÃO OU QUALIFICAÇÃO

VENDA PROPRIAMENTE DITA — PRÉ-ABORDAGEM, ABORDAGEM, DEMONSTRAÇÃO DO PRODUTO, SUPERAÇÃO DAS OBJEÇÕES, FECHAMENTO

PÓS-VENDA — ACOMPANHAMENTO OU AVALIAÇÃO

Agora iremos detalhar as etapas:

Planejamento ou Pré-venda - Preparação para Vendas

A sistemática relacionada ao Planejamento de Vendas compreende um rol de passos específicos que devem ser observados para que se obtenha o melhor resultado no momento em que o plano de vendas for implementado.

Esse plano deve possuir uma relação coerente com a realidade do mercado e da empresa, precisa ser arrojado e desafiador, todavia deve ser possível de ser realizado.

O Plano de Vendas resulta da análise de várias estratégias menores construídas com base em nichos de mercado que se deseja atingir. A análise é fundamental para o planejamento de vendas, pois é com base nela que as decisões posteriores serão tomadas.

Para estabelecer um plano de vendas é necessário:

a) Identificar os possíveis consumidores de um determinado produto.
b) Determinar a organização e a distribuição dos produtos e dos serviços.
c) Oferecer suporte pós-venda.
d) Estabelecer planos de pagamento a serem oferecidos.
e) Identificar materiais de marketing específicos e seus custos.
f) Conhecer dos produtos.
g) Estabelecer argumentos sobre objeções que possam ser apresentadas pelos clientes.
h) Definição de margem negocial (objetivo ideal, ou seja, o que objetiva conseguir; e objetivo real, aquilo que é possível conseguir).
i) Planejar concessões no caso de haver resistência do cliente.

Encontra-se na fase do planejamento a etapa de prospecção ou qualificação, detalhada abaixo:

Prospecção ou Qualificação → Identificar os clientes potenciais

Nessa etapa é importante que o vendedor busque alternativas para captar e identificar novos potenciais clientes. Ações como solicitar indicação de nomes aos clientes; visitar as empresas, entre outras.

Após receber as indicações os vendedores deverão fazer uma pré-análise dos clientes, avaliando aspectos como situação financeira, volume de negócios, antes de decidir visitá-lo.

Depois de realizado o planejamento, o passo posterior é a execução, também identificado com o termo venda contendo as etapas, pré-abordagem, abordagem.

Pré-abordagem → Verificar as necessidades dos clientes potenciais

O vendedor terá que identificar as necessidades dos clientes, os desejos, quem é o responsável pela decisão de compra, estabelecendo objetivos de visitas que podem ser desde obter informações sobre o cliente ou concretizar uma venda imediata.

Outro aspecto a ser avaliado é o melhor momento e a melhor forma de se fazer a **abordagem**, quer seja por uma ligação quer seja uma visita pessoal, pois os clientes têm compromissos e nem sempre estão disponíveis para um atendimento.

Abordagem → Ouvir o cliente, fazer perguntas e iniciar a apresentação do produto

A abordagem é uma das fases fundamentais, porque aqui se inicia o contato com o cliente, sendo importante para um bom início de relacionamento uma ótima "primeira impressão", conversar sobre assuntos amenos, sempre explorando as preferências e costumes do cliente, pois a partir desse diálogo o vendedor irá mapear os principais produtos que se encaixam para aquele comprador. Orienta-se a tomar alguns cuidados, como não falar muito alto, chamar o cliente pelo nome, evitar críticas a outras pessoas ou entidades, ser cortês e prometer sempre o que pode cumprir.

Nessa ambientação toda, deve-se fazer a percepção da reação do cliente, bem como os sinais que indicam o nível de interesse e satisfação na conversa. Por exemplo, se o vendedor fez toda a explanação acerca do produto e o cliente fez perguntas, comparou taxas, anotou tópicos, significa que ele ficou interessado e o vendedor está no caminho certo.

O vendedor deve atentar-se ao modo de se vestir, ser cortês, simpático, aspetos estudados em atendimento. Na matéria de venda, o vendedor deverá ser ouvinte e prestar atenção às informações repassadas pelo cliente durante a conversa, é o momento de fazer os questionamentos, perguntas buscando aproximação com o cliente e compreender o que ele mais necessita.

Uma técnica relevante nessa etapa é o modo como efetuar as perguntas, sendo importante diferenciar entre as perguntas abertas e as perguntas fechadas.

Pois bem, o que seriam essas perguntas fechadas?

São aquelas que geralmente induzem o cliente a responder "sim" ou "não", e permitem um direcionamento mais exato àquilo que o cliente precisa, além do mais é o tipo de pergunta ideal para se fazer àquele cliente mais fechado, mais calado.

E quanto às perguntas abertas?

São as perguntas mais indicadas para a ampliação do diálogo, permitindo ao cliente expressar sua opinião, seus ensejos e necessidades. Um exemplo seria perguntar ao cliente como vão os negócios em sua empresa (em caso de cliente pessoas jurídica) ou como vão os preliminares para aquela viagem que ele vai fazer. Só nesse curto diálogo o vendedor já consegue descobrir várias necessidades do cliente, por isso é fundamentar deixar o comprador se expressar e ouvi-lo atentamente.

Apresentação e Demonstração → Apresentar o produto destacando suas vantagens e benefícios

Nessa fase o vendedor apresentará o produto ao cliente seguindo a fórmula AIDA (Kotler), Atenção (obter atenção do cliente); Interesse (captar o interesse), Desejo (despertar o desejo) e Ação (levar o cliente a agir adquirindo o produto). Na apresentação, o vendedor deverá destacar as vantagens e benefícios do produto, buscando satisfazer as necessidades do cliente. A demonstração pode ser auxiliada com apresentação de folhetos, livretos, slides, amostras de produtos, entre outros.

Durante a demonstração o vendedor pode usar cinco estratégias de influência, segundo Kotler:

→ **Legitimidade:** enfatiza características da empresa como experiência, reputação.

→ **Conhecimento especializado:** o vendedor é especialista no produto ou serviço conhecendo cada detalhe e também conhece as necessidades do cliente.

→ **Poder de referência:** o vendedor aproveita-se das características, dos interesses e dos conhecimentos comuns dos clientes.

→ **Agrado:** o vendedor concede agrados ao cliente como convite para almoço, brindes, para fortalecer o relacionamento.

→ **Zelo pela impressão:** o vendedor procura causar a boa impressão no cliente.

Superação das Objeções → Sanar as dúvidas e superar a resistência da compra

Durante a apresentação, os clientes costumam colocar objeções quando solicitado o fechamento do negócio. Essas objeções podem ser psicológica ou lógica. A resistência psicológica é a preferência por marcas estabelecidas, apatia, relutância em ceder a uma argumentação. A resistência lógica é a objeção por preço, prazo de entrega ou algumas características do produto.

Para superar as objeções o vendedor deve questionar o cliente de modo a descobrir a origem da dúvida e procurar saná-la da melhor forma possível.

Fechamento → Concretização do negócio

O vendedor deve partir para o fechamento do negócio, e pode se utilizar de algumas ações para auxiliá-lo nesse processo, como solicitar o pedido, condicionar uma venda a uma concessão (um benefício que será avaliado para o cliente), partir para a próxima etapa já verificando a melhor data para pagamento.

É importante ressaltar que jamais devem ser utilizados quaisquer métodos ou truques para ludibriar o cliente para acelerar a venda do produto. Nesta etapa é importante reforçar os benefícios do produto e finalizar com frases do tipo: "vamos aproveitar para fazer a adesão/simulação/contratação?" Há várias maneiras de se fazer o fechamento, como o fechamento por antecipação, em que o vendedor já pula para a etapa seguinte, como se a venda já estivesse concluída, emitindo perguntas como: "vamos ligar para o corretor agendando a vistoria em seu veículo?"

Existe ainda o fechamento condicionado, utilizado quando o cliente exige condições especiais para adquirir o produto, portanto, deve-se obter um compromisso de compra com o cliente, por exemplo: "se conseguirmos um desconto de 15% na cotação, podemos contratar o seguro do seu automóvel?".

Outra forma de fechar um negócio seria por meio do fechamento direto, na qual o próprio vendedor deve solicitar o fechamento, oferecendo a oportunidade para o cliente comprar o produto. Por exemplo, pergunte ao cliente qual é o melhor dia para pagamento das parcelas do seguro de automóvel, se no final ou começo do mês.

A última etapa da venda é a conclusão do negócio, entretanto, não basta apenas vender o produto ao cliente, é necessário conquistar a lealdade e fidelidade desse comprador, prestando uma assistência pós-venda. Pequenos gestos auxiliam nesse acompanhamento, como um telefonema de agradecimento, um convite a voltar para futuras negociações e o agradecimento pela preferência. O papel do vendedor não se restringe a apenas vender os produtos e atingir metas, mas sim conquistar os clientes, tornando-os fiéis, pois a reputação da empresa e um cliente satisfeito é uma das melhores formas de marketing.

Acompanhamento (Follow UP) e Manutenção → Assegura a satisfação e busca a fidelização do cliente

Última etapa do processo de venda, o acompanhamento nada mais é do que a tentativa de o vendedor assegurar a satisfação do cliente e também a prospecção de novas vendas. É um contato após a concretização do negócio, em que o vendedor avalia o grau de satisfação do cliente feito por meio de uma visita pessoal, uma ligação. Além de o vendedor manter um relacionamento ativo com o cliente evitando o esquecimento ou perdê-lo para o concorrente.

Metas

Afinal, quais são os escopos das metas e até que ponto são positivas dentro da empresa? As metas foram instituídas com base em reproduções de anseios próprios ou de terceiros. Quando queremos comprar algo novo, por exemplo, delineamos um objetivo, seja ele acumular dinheiro ou obter alguma outra fonte de renda, tudo para atender o objetivo.

As metas podem causar alguns efeitos indesejáveis aos gerenciadores de vendas, por exemplo, criar concorrências internas, deixando essa competição refletir no atendimento ao cliente. Outra dificuldade encontrada em empresas que colocam muitas metas é o conflito dessas, muitas vezes o cumprimento de uma meta acaba colidindo com outra, tornando-se algo impraticável, portanto a descrição ideal de meta seria aquela que traz a maior produção plausível dentro das particularizações e normas da empresa com uma relação custo - benefício imaginado.

No ambiente bancário, as metas influenciam abertamente na qualidade dos produtos e serviços comercializados. Como consequência tem-se o desperdício dos recursos financeiros, de tempo, de pessoas, sem mencionar o desgaste emocional sofrido pelos funcionários.

Técnicas de Vendas

A melhor maneira para ter sucesso na negociação é fazer um bom planejamento, e ter um bom preparo, ou seja, elaborar um plano de ação aumenta as possibilidades de um negócio bem sucedido.

Para uma venda de sucesso devemos, primeiramente, elaborar uma estratégia, sempre objetivando o mérito a ser conquistado. Para por essa estratégia em prática precisamos das técnicas ou táticas negociais, que são nada mais do que as ações empregadas para completar as estratégias. Esse planejamento estratégico é feito em uma das etapas de pré-venda e são utilizados 3 elementos de referência: poder, tempo e informação, que abaixo serão explanados.

Há vários fatores que influenciam na negociação, dentre os principais destacamos **Poder**, **Tempo** e **Informação**.

A variável **Poder** está ligada aos poderes pessoais e aos circunstanciais (cargo, função) e por meio desse fator podemos mudar a realidade e alcançar os objetivos almejados. A forma mais correta de utilizar essa variável é dentro dos limites, ou seja, basear-se em informações sólidas e ter autoconfiança de forma a realizar acordos satisfatórios entre as partes. É importante ressaltar que para que alguém mude é necessário que a influência por ele sofrida seja maior que sua capacidade de resistência.

Os poderes pessoais são aqueles inerentes ao indivíduo, e podem dividir-se em: **poder da moralidade, poder da atitude, poder da persistência e poder da capacidade persuasiva.**

No que tange aos poderes circunstanciais, podemos defini-los como aqueles que focam na situação, sofrendo influência do meio: poder do especialista (conhecer o objeto de negociação e com quem se negocia), poder de posição (ocupar determinado cargo ou função), poder de precedente (basear-se em fatos pretéritos para argumentar na negociação), poder de conhecer as necessidades (perceber as exigências do cliente) e poder de barganha (exercer influência para chegar ao objetivo).

Outro fator há de ser levado em consideração. É o fator TEMPO. Durante uma negociação essa variável deve ser levada em consideração, pois é válido falar em tempo limite e observar que as concessões são feitas geralmente próximas do tempo-limite, ou seja, quando o cliente está quase indo embora sem levar o produto o negociador faz uma concessão e resgata a possibilidade de negócio. Nem sempre é o ideal, pois quanto mais próximo do fim, maior é a pressão e tensão, e o acordo pode não ser satisfatório. Portanto, o vendedor até pode precipitar o desfecho da negociação e adiá-lo para outra data, sempre tomando os devidos cuidados para não perder a venda.

Devemos ainda atentar para a variável INFORMAÇÃO, que está intimamente ligada ao poder de conhecer o produto e o cliente para uma negociação bem sucedida e com resultado acertado. Deve-se colher informações antes de iniciar a negociação, principalmente das necessidades do seu cliente, e se não for possível uma prévia pesquisa, ouça o cliente com atenção.

Por meio das técnicas de venda bem aplicadas, podem-se eliminar os obstáculos e dificuldades encontradas no processo de negociação. E esses elementos que dificultam o processo de negociação são denominados de **objeções** e **impasses**, que muitas vezes são sanados com **concessões** pela parte do vendedor. Vamos explicar um a um esses elementos.

Objeções

As objeções podem ocorrer geralmente por desconfiança, desvantagens ou por falta de conhecimento do produto e do negociador. Dessa forma, é necessário que o vendedor atente para a origem dessa objeção para melhor tratá-la, basta ouvir o que o cliente pensa a respeito. As mais comuns são:

→ **Objeção por desconfiança:** ocorre quando o cliente não tem credibilidade no produto, negociador ou na própria empresa. O vendedor deve apresentar autoconfiança e apresentar provas sólidas sobre seus argumentos, como cartilhas, folhetos da própria empresa.

→ **Objeções por desvantagens:** geralmente acontece quando o cliente percebe uma certa desvantagem no produto ou no serviço oferecido, geralmente ocorre quando o vendedor não consegue identificar corretamente as necessidades do cliente ou esqueceu de ressaltar um benefício. Nesse caso o vendedor deve contra argumentar expondo outros benefícios.

→ **Objeção por desconhecimento:** ocorre quando o cliente é desconhecedor do produto. Para resolver esse problema basta prestar todos os esclarecimentos para eliminar as dúvidas, explicando de forma clara e objetiva os benefícios do produto.

→ **Objeção circunstancial:** acontece quando a negociação não é concretizada devido a circunstâncias como falta de tempo, condição financeira não atende aos requisitos etc. A solução para esse caso é agendar outra data com o cliente.

Dicas para dirimir objeções

> Não interromper o cliente.
> Não discutir.
> Não ria da forma como o cliente se expressa.
> Ouvir o cliente com atenção.
> Transforme as objeções a seu favor, convertendo-as em pontos de venda.

- **Impasses**

Durante o processo de negociação pode haver a presença de conflitos, que são originados das divergências na interação vendedor-cliente e geralmente ocorrem por falta de empatia entre as partes. Não se pode simplesmente largar a negociação por haver um impasse, existem alternativas para superar esse obstáculo, por exemplo:

→ Dar uma pausa na negociação, marcar outra data;
→ Chamar outro negociador para assumir seu lugar, como um gerente;
→ Tentar alterar as condições, se possível, dilatar prazos, oferecer outras vantagens;
→ Esteja sempre bem humorado e sorridente, não demonstre tanta preocupação e afobamento em fechar o negócio.

- **Concessões**

Diante desses obstáculos nem sempre se consegue contorná-los com as técnicas listadas anteriormente, então, deve-se tomar uma atitude mais decisiva: a concessão. Mas, afinal, o que é concessão?

Entende-se por concessão o processo, dentro da negociação, de ceder às exigências da outra parte. Lembre-se: perder um pouco é essencial para quem quer ganhar muito! O vendedor pode abrir mão do acessório para preservar o que é essencial no negócio e também para conquistar um bom cliente. Algumas dicas de como fazer as concessões de forma correta:

→ Deixe o cliente apresentar sugestões de negociação: "e se não tivesse essa taxa...?"
→ Evite conceder coisas que a parte não tenha solicitado, para o cliente não achar que o vendedor é muito flexível, e que tudo o que ele solicitar você concederá.
→ Se fizer uma concessão inadequada, volte atrás de forma discreta e educada.

Dicas para um bom negociador

> Competência.
> Confiança.
> Critério.
> Comunicação.

→ **O que um cliente espera do atendimento bancário?**

> Cortesia.
> Segurança.
> Confiabilidade.
> Facilidade de acesso.
> Prontidão.

Em suma, o cliente quer produtos e serviços que correspondam a sua necessidade e um tratamento adequado, a fim de que se sinta valorizado e respeitado.

→ **O vendedor deve:**

> Ter boa apresentação.
> Bom humor.
> Boa postura.
> Empatia.
> Saber ouvir o cliente.
> Ter disposição.
> Ser cortês.
> Ser eficiente.
> Ser honesto e sincero.
> Comunicar-se bem.
> Assumir compromisso com o cliente.

Motivação

A chave para a realização de vendas e a motivação. Para que os trabalhadores se sintam motivados a desempenhar as suas tarefas é preciso que se dê constante atenção a fatores como reconhecimento, responsabilidade e desenvolvimento individual, além da definição adequada da tarefa em si.

A teoria de Maslow tem sido utilizada para auxiliar a compreensão do fenômeno da motivação pessoal. Abraham Maslow definiu uma hierarquia e necessidades que devem ser satisfeitas para que o indivíduo possua vontade de atingir a autorrealização. Em uma breve descrição, pode-se resumir da seguinte maneira:

a) Necessidades fisiológicas: o abrigo, o sono, a excreção, a fome a sede etc.
b) Necessidades de segurança: desde a segurança em casa até o nível de estabilidade no ambiente de trabalho.

c) Necessidades sociais: aceitação no grupo em que vive, amor, amizade etc.
d) Necessidades de estima: reconhecimentos pelos membros do grupo de que faz parte.
e) Necessidade de autorrealização: em que o indivíduo se torna aquilo que deseja ser.

Ao passo que essas necessidades vão sendo satisfeitas, o indivíduo possui motivação para buscar mais altos níveis de realização.

Claramente, a empresa deve buscar alternativas para motivar seus vendedores, para que haja sempre um retorno positivo de seu trabalho. Uma das formas de motivação para vendas é a criação de grupos internos, que competem entre si por prêmios dados àqueles que tiverem melhor desempenho.

Dentre as teorias da motivação, existe a chamada teoria X e Y, de Douglas McGregor que, numa primeira visão, sugere que os gerentes devem coagir, controlar e ameaçar os funcionários a fim de motivá-los e, numa segunda visão, acredita que as pessoas são capazes de ser responsáveis, não necessitam de ser constrangidas ou controladas para ter um bom desempenho no trabalho.

Para a motivação, contemporaneamente muito se tem falado sobre *coaching*, técnica que visa a despertar o espírito de liderança e, por extensão, a capacidade de motivar as pessoas.

Exercício Comentado

01. *A teoria da hierarquia das necessidades parte do princípio de que as pessoas são motivadas continuamente pela satisfação de suas necessidades, que obedecem a uma hierarquia. As necessidades que têm relação com as possibilidades de desenvolvimento das capacidades e talentos das pessoas são conhecidas por:*
a) *Autorrealização.*
b) *Estima e prestígio.*
c) *Sociais.*
d) *Segurança.*
e) *Fisiológicas e de sobrevivência.*

RESPOSTA. "A". *A teoria das necessidades, desenvolvida por Maslow, é dividida em Fisiológica (necessidades básicas do organismo, comer, dormir), Segurança (Estabilidade familiar e no trabalho), Social (ser aceito no grupo o qual pertence), Estima (ser reconhecido), Autorrealização (desenvolvimento das capacidades e talentos das pessoas).*

Os Quatro "Ps": Produto, Preço, Praça e Promoção

Esse é um assunto interessante e importante para quem trabalha com o setor de vendas. Na verdade, são fundamentos que auxiliam o profissional a desempenhar suas funções.

Produto

Convencionou-se chamar "produto" tudo aquilo que se pode oferecer e que, de alguma maneira, possa satisfazer necessidades ou anseios de um mercado. Qualquer tipo de serviço ou bem, marca, embalagem pode ser identificado como produto. Evidentemente não há apenas produtos físicos, eles podem também ser caracterizados como serviços, ambientes, organizações, conceitos etc.

É preciso entende que quando se compra algum bem, também há a agregação de serviços e ideias a esse produto. Uma imagem de artista famoso, uma canção, um serviço qualquer pode estar anexo a esse produto. Um belo exemplo é a imagem dos atores que costuma ser utilizadas em propagandas de instituições bancárias. A ideia de confiabilidade do famoso passa ao produto imediatamente quando se opera a propaganda.

Antes de qualquer coisa, o produto deve ser aquilo que é desejado pelo consumidor, encaixar-se dentro das expectativas do público-alvo e, claro, satisfazer a necessidade do comprador.

Na criação de um produto, é importante ressaltar cinco itens fundamentais:

> O produto real (também chamado de produto esperado): aquilo que o consumidor geralmente está buscando.
> O produto ampliado: no geral, é o oferecimento de serviços e ou qualquer tipo de benefício adicional.
> O produto básico: efetivamente aquilo que o comprador adquire.
> O produto potencial: qualquer tipo de implemento que o produto pode sofrer durante o seu processo evolutivo provável.
> O benefício-núcleo: é o melhoramento elementar que é comprado pelo consumidor.

O produto é o mais importante dos elementos do mix de marketing, pois as decisões administrativas acerca dele são as mais relevantes para a política empresarial.

Preço

A soma de dinheiro que se cobra por um produto ou por um serviço é denominada como **preço**. Quando o consumidor compra determinado produto, ele paga um determinado preço, que é acordado na venda, e recebe os benefícios que lhe são cabíveis. Há, porém, outras variáveis incuitadas no preço de um produto: a rentabilidade, por exemplo. Quando se determina o preço de um produto, é preciso ter em vista que sua colocação no mercado visa ao lucro, por isso, no estabelecimento do plano de marketing, a definição do preço de um produto pode significar o sucesso da estratégia adotada.

Para que haja competitividade de um produto, é necessário que seu preço seja razoável, ou seja, nem tão alto que faça o consumidor perder a vontade de comprar; nem tão baixo que signifique prejuízo para quem o produz, quer seja pelo custo de produção, quer seja pela depreciação do produto no mercado. Em suma o produto não pode ser superestimado por seu preço, tampouco ser subestimado com um preço tão baixo, que o cliente pense haver algum problema com o bem adquirido.

É importante levar em conta, para a definição do preço, se a compra será realizada e qual é escala possível dessa compra; se haverá lucratividade nessa comercialização; se há possibilidade de mudança no preço do produto para se adequar com rapidez ao mercado. Finalmente, pode-se entender que o preço adequado a um produto é aquele que satisfaz o cliente, pois não se sente enganado, e gera dividendos para a empresa.

Praça

A praça compreende aquilo que se identifica também como o ponto de venda ou ainda o chamado canal de distribuição de determinado produto. A praça pode ser uma rede que executa a logística a fim de fazer o produto chegar a seu usuário final. A noção de acessibilidade é importantíssima para a identificação da praça.

O cliente deve poder adquirir o produto da maneira que lhe for mais conveniente, por isso é mister que a praça abarque canais eficientes de distribuição. Como variável, a praça representa parte significativa no processo decisório da empresa em seu planejamento de marketing.

→ **Dentre as várias formas de distribuição, podemos citar:**

I. **Direta:** em que o produtor fornece diretamente o seu produto ao consumidor ou presta seu serviço diretamente ao consumidor. Ex.: feirante que vende pastéis ou o dentista.

II. **Indireta:** em que o produto é levado ao consumidor por um distribuidor. Um exemplo comum é o mercado, pois dificilmente produz todos os produtos que comercializa, necessitando de fornecedores para abastecer seu comércio.

Promoção

PROMOÇÃO: São as ações de marketing aplicadas em organizações de serviços que oferecem incentivos e vantagens para determinado grupo de clientes, com a finalidade de incentivar a experimentação.

Há cinco elementos relevantes na determinação da promoção. São eles: promoção de vendas, propaganda, força de vendas, relações públicas, publicidade e marketing direto.

```
                    PROMOÇÃO
                       |
  ┌──────────┬─────────┬─────────┬──────────┬──────────┐
PROMOÇÃO  PROPAGANDA  FORÇA DE  RELAÇÕES  PUBLICIDADE MARKETING
DE VENDAS             VENDAS    PÚBLICAS               DIRETO
   |          |          |         |          |          |
Concurso  Informação  Trabalho  Obras de  Atividades  Comunicação
Prêmios   ao cliente  dos       caridade  veiculadas  por correio
Cupons                vendedores doações  sem custo   fax, telefone
Brindes
```

→ **Entendendo-os brevemente:**

Promoção de vendas: realizada por meio de concursos, prêmios, cupons, descontos pós-compras, amostras grátis, pacotes de preços promocionais, entre outros elementos que visam a estimular a atenção, o consumo e a realização da transação por parte do cliente. Os sorteios relacionados ao consumo de algum produto podem ser citados como exemplos;

Afirma Kotler que a promoção de vendas consiste de um conjunto diversificado de ferramentas de incentivo, em sua maioria a curto prazo, que visa a estimular a compra mais rápida e/ou em maior volume de produtos/serviços específicos por consumidores ou comerciantes.

Propaganda: utilizada para informar o cliente e ativar nele a necessidade de realizar a compra. Segundo Kotler, a propaganda é qualquer forma paga de apresentação impessoal e de promoção de ideias, bens ou serviços por um patrocinador identificado.

→ **Objetivos da propaganda:**

a) **Informar:** comunicar ao mercado sobre um novo produto; sugerir novos usos para um produto; explicar como o produto funciona.

b) **Persuadir:** desenvolver preferência de marca, encorajar a mudança para a marca, persuadir compradores a adquirir o produto.

c) **Lembrar:** lembrar os compradores que o produto pode ser necessário em breve, e onde comprar o produto.

Força de vendas: relacionada ao trabalho dos vendedores, durante o processo de venda pessoal. Deve-se fidelizar o cliente por meio de um contato interativo com o consumidor. A venda pessoal é o que une a empresa e os clientes. O vendedor é a ferramenta que, em muitos casos, se torna a própria estrutura para o cliente, sendo um mecanismo de divulgação e estratégia. Por isso, a empresa deve definir cuidadosamente os objetivos específicos que esperam atingir com sua força de trabalho. Sendo tarefas desempenhadas pelos colaboradores: prospecção: buscam os clientes potenciais; comunicação: informam sobre os produtos e serviços disponibilizados aos clientes; coleta de informações: realizam as pesquisa de mercado e reúnem informações em relatórios de visitas; entre outras.

Relações Públicas: consistem em impactar no consumidor por meio de estratégias como obras de caridade, históricos da empresa, eventos, notícias, publicações, palestras em que a empresa participa e desenvolve.

"Envolve uma variedade de programas destinados a promover e/ou proteger a imagem de uma empresa ou seus produtos", conforme o que afirma Kotler.

Publicidade: é o tipo de comunicação que não é financiada, ou seja, que não é paga para ser veiculada. Exposição por razão da boa qualidade ou do destaque do produto são exemplos de boa publicidade.

A publicidade significa em português "tornar público", a qual designa qualquer mensagem impressa ou difundida e todas as técnicas associadas, cujo objetivo seja o de divulgar e conquistar, com fins comerciais, uma ideia, um produto ou serviço, uma marca ou uma organização junto de um determinado grupo de potenciais clientes - o designado mercado-alvo. Utiliza como meio de divulgação a televisão, rádio, cinema, jornais, revistas, painéis publicitários, Internet e direct-mail.

Marketing Direto: é o conjunto de atividades de comunicação impessoal, sem intermediários, entre a empresa e o cliente, via correio, fax, telefone, internet ou outros meios de comunicação, que visa obter uma resposta imediata do cliente e a concretização da venda do produto ou serviço.

Segundo Kotler, marketing direto é um sistema interativo que usa uma ou mais mídias de propaganda para obter resposta e/ou transação mensurável em qualquer localização.

→ Os principais canais de marketing direto tradicionais são:

a) **Marketing por mala direta:** é a oferta, anúncio, sugestão ou outras ações que são enviados diretamente ao endereço do cliente. É um meio que permite alta seletividade do público-alvo, é direcionada, flexível e é modernizada. Ex: Envio de correspondência via fax, correio-eletrônico, via voz (voice mail).

b) **Marketing de catálogo:** Kotler define como a situação onde as empresas enviam um ou mais catálogos de produtos a clientes potenciais selecionados que possuem alta probabilidade de fazer pedido.

c) **Telemarketing:** usado em marketing de bens de consumo, como em marketing de bens industriais, o telemarketing vem crescendo e atingindo mercado diferenciados, obtendo-se resposta imediata e reduzindo os custos empresariais. Muito do sucesso do telemarketing é devido ao treinamento eficiente dos colaboradores e da estratégia adequada a cada empresa. Está sendo muito criticado devido ao abuso praticado pelas empresas com ligações em horários inadequados, insistência desnecessária, ocorrendo prejuízos. Portanto, a estratégia é fundamental para um bom resultado.

d) **Marketing on-line:** é o estabelecimento do contato direto com o cliente via Internet, ou seja, utilizando o computador e o modem. Destacam-se os canais de marketing online como: canais comerciais que são os serviços de informações e marketing acessados por assinantes; Internet para facilitar a comunicação através de e-mail, sítios para tirar dúvidas.

Tome muito cuidado para compreender que os quatro "P's" são variáveis a serem consideradas no mix de marketing. As questões buscarão testar seu conhecimento a respeito desse tópico, portanto, fique alerta!

Muito embora a maior parte das questões aborde a teoria dos 4 "P's", hoje já se fala em 8 "P's": pesquisa, promoção, personalização, planejamento, publicação, propagação e precisão.

Exercício Comentado

01. Ações de marketing aplicadas em organizações de serviços que oferecem incentivos e vantagens para determinados grupos de clientes, com a finalidade de fomentar a venda e incentivar a experimentação. Trata-se de
a) Venda direta.
b) Publicidade.
c) Propaganda.
d) Merchandising.
e) Promoção.

RESPOSTA. "E". O Mix de marketing envolve o processo dos 4P's – produto, preço, praça e promoção. O item responsável em fomentar a venda e estimular a experimentação é a PROMOÇÃO, sendo que esta pode dividir-se em promoção de venda (brindes), força de venda (potencial dos vendedores), marketing direto (telemarketing), propaganda, publicidade, relações públicas.

Vantagem Competitiva

Entende-se por vantagem competitiva a vantagem que uma empresa pode possuir em relação àquelas que são suas concorrente, usualmente ratificada pela análise do desempenho financeiro superior ao dos demais concorrentes.

Em linhas gerais, a vantagem competitiva é aquilo que demonstra a superioridade da estratégia de mercado adotada pela empresa em relação às demais que figura no mercado.

Para que um produto ou um serviço possua vantagem competitiva relevante, é necessário haver algumas características:

> Ser difícil de imitar;
> Ser algo único;
> Ser algo que possua sustentabilidade;
> Ser algo superior a qualquer tipo de competição;
> Ser facilmente aplicável a múltiplas situações.

É possível buscar a VC com medidas do tipo: foco específico no consumidor; maior qualidade do produto; grande distribuição; possuir um custo não elevado etc.

Apesar de haver muitos estudos a respeito do assunto, a melhor vantagem competitiva é possuir uma empresa ágil e antenada às mudanças do mercado.

Noções de Imaterialidade ou Intangibilidade, Inseparabilidade e Variabilidade dos Produtos Bancários

Sabe-se que atualmente o setor bancário é o responsável pelos maiores lucros líquidos no Brasil, uma vez que é o setor "movimentador" da economia, pois injeta no mercado grande capital, seja por meio de crédito direto e pessoal aos seus clientes ou apoiando o desenvolvimento nacional sustentável.

O lucro dos bancos advém, geralmente, dos juros, taxas e custos pela comercialização dos serviços.

Dessa forma, percebe-se que o fator lucrativo dos bancos está lastreado não na comercialização de produtos tangíveis e estocáveis, mas sim nos serviços prestados pelas instituições bancárias. Portanto, o marketing dessas empresas deve ser diferenciado e voltado para a Intangibilidade, Inseparabilidade e Variabilidades dos seus "produtos", que abaixo serão explicados.

Devido a isso, o processo de venda deixa de ser uma mera troca entre comprador e vendedor, pois a natureza dos produtos exige que o vendedor explore situações de vida do comprador, estabelecendo uma estreita relação humana. Por exemplo, na venda de um seguro de vida o segurado deve deixar claro para o vendedor quem serão os responsáveis por receber o "prêmio" em casos de falecimento do titular do seguro. Só nessa conversa o vendedor já consegue estar a par de vários detalhes da vida pessoal de seu cliente.

Por isso, como dissemos acima, o marketing bancário é diferente, pois como não se tem o produto palpável, aliás, o produto bancário não é material e palpável, deve-se investir em outros direcionamentos de marketing, como o contato pessoal e recursos físicos do ambiente, como a decoração e layout. Deve-se levar em consideração também a qualificação do funcionário atendente, bem como os treinamentos realizados e o preparo do funcionário. Importante ressaltar também o grande investimento direcionado a novas tecnologias para melhorar o relacionamento com seus clientes e superar a concorrência.

É em razão disso que o marketing de relacionamento surge como outro aspecto de importância relevante nesse setor, pois fará com que compradores e vendedores parceiros estabeleçam laços de confiança. Se as necessidades do comprador forem atendidas, conclui-se que poderá haver estabelecimento de um relacionamento que pode render ótimos frutos, o que fará com que o comprador fique satisfeito e haja uma fidelização desse cliente para essa instituição, se a venda for realizada corretamente.

Os serviços detêm uma quantidade de características que os costuma distinguir dos produtos, a saber: Intangibilidade, ou seja, diversamente dos produtos, os serviços não podem ser experimentados sensivelmente antes de o comprador os adquirir; Inseparabilidade: os serviços são vendidos e consumidos de forma simultânea, não podendo ser separados da pessoa que a oferece; Variabilidade: por depender de quem o executa, em razão da inseparabilidade e o alto nível de abarcamento, os serviços não podem ser prestados de forma homogênea. Cada serviço é singular, com alguma variação de qualidade.

Exercício Comentado

01. O atendimento bancário pode ser classificado como um tipo específico de SERVIÇO. Como tal, apresenta uma série de características que posicionam esse produto nessa categoria. A característica que NÃO pertence à categoria dos SERVIÇOS é a

a) intangibilidade.
b) estocabilidade.
c) inseparabilidade.
d) perecibilidade.
e) heterogeneidade.

RESPOSTA. "B". Questão sempre cobrada nas provas da carreira bancária, a característica que não pertence a categoria dos serviços é a estocabilidade, pois não se tem como estocar o serviço, guardá-lo para utilizar posteriormente.

Manejo de Carteira de Pessoa Física e de Pessoa Jurídica

No que tange ao manejo de pessoa física e jurídica, entende-se que a forma ideal de tratamento para esses clientes deve ser a diferenciada, uma vez que os produtos a serem destinados às pessoas físicas não serão os mesmos a serem direcionados para clientes administradores e proprietários de empresas. Por exemplo, enquanto um cliente pessoa física precisa de um crédito pessoal rápido para pintar sua casa, o cliente pessoa jurídica precisará de um crédito que lhe proporcione uma melhora do capital de giro ou um empréstimo que lhe forneça dinheiro para investimento em equipamentos.

A mesma regra se aplica aos investimentos e aos seguros, pois para um cliente pessoa física devemos oferecer um seguro de automóvel, enquanto para a pessoa jurídica podemos oferecer um seguro da frota de veículos, quando houver.

Marketing e Relacionamento

Define-se por marketing de relacionamento o processo de assegurar a satisfação e a fidelização contínua daqueles que foram ou que são consumidores da empresa, ou seja, assegurar a satisfação dos clientes.

Para que isso ocorra, é necessário conhecer o perfil dos clientes, fazer um controle de qualidade do atendimento, para perceber como um cliente é ouvido e respondido.

Há diversas ferramentas que podem ser utilizadas para atingir os objetivos intentados pelo marketing relacional. Como exemplo, pode-se citar criação de uma página informativa na internet com mecanismos de análise de satisfação do cliente.

As características mais sensíveis do marketing relacional são:

> **Personalização:** tratar o cliente de uma maneira não mecânica, valendo-se, até mesmo de mensagens distintas para cada consumidor.

> **Memorização:** qualquer ação deve ser registrada, identificado características, preferências, particularidades as atividades mantidas com o cliente.

> **Interatividade:** o cliente pode interagir com a empresa, quer seja como receptor, quer seja como emissor das comunicações.

> **Receptividade:** a empresa deve buscar ouvir mais o cliente. Aliás, ele deve ser quem decide se quer manter o relacionamento com a empresa e como o fará.

> **Prestar orientação ao cliente:** focalizando suas necessidades.

O marketing de relacionamento serve como um termômetro para a empresa decidir quais ações podem surtir maior impacto nas vendas.

Criação de Estratégias

Em linhas gerais, há que se construir uma tática de negócios, visando à construção de relações permanentes entre uma empresa e seus clientes. O objetivo deve ser melhorar o desempenho da organização para com seus clientes, o que permite atingir a sustentabilidade dos resultados.

A definição da estratégia deve levar em conta o perfil do cliente, a fim de identificar seus anseios, os produtos que melhor fitariam para o perfil desse consumidor, bem como a identificação de serviços oferecidos e seus agregados, buscando o melhor equilíbrio entre custo/benefício.

A definição da estratégia de negócio e crucial para a empresa adquirir vantagem competitiva em relação aos seus concorrentes. Há destaque ainda para a tentativa de manter a clientela pelo sentimento de confiança, segurança, credibilidade que deve ser passada pela organização. Um atendimento ágil e motivado é a chave para conquistar esses objetivos.

Uma poderosa ferramenta para consultar a satisfação do cliente ou mesmo ofertar produtos ao cliente é o telemarketing. Ele é o canal de marketing direto aplicado em organizações de serviços que utilizam tecnologia de telecomunicação de forma planejada, estruturada e controlada, para estabelecer contatos de comunicação, serviços de apoio e venda de produtos diretamente a clientes finais ou intermediários da organização.

Satisfação do Cliente

O pós-marketing serve de ferramenta para mensurar a satisfação do cliente. Isso serve para dar o feedback em relação aos produtos e serviços da organização, com a finalidade de identificar os melhores posicionamentos para eventuais alterações e melhorias.

As técnicas que são utilizadas para mensurar a satisfação dos clientes deixam mais claro qual é o valor percebido pelo consumidor em relação àquilo que é ofertado pela empresa.

Ao passo que se desenvolve o marketing relacional, a empresa pode começar a apostar em produtos e serviços de ordem mais personalizada, o que permite o desenvolvimento e a implementação de novos produtos e serviços no mercado.

Interação entre Vendedor e Cliente

Nesse ponto vamos estudar os principais aspectos no relacionamento entre a empresa e o cliente no momento da venda.

Qualidade no Atendimento

O diferencial em relação à concorrência é a qualidade no atendimento ao cliente. Para que a empresa busque excelência no atendimento, é preciso:

> Que o profissional entenda que sua imagem se identifica com a da empresa.
> Que o profissional se comprometa com o trabalho da empresa.
> Que o profissional não tenha um histórico de trabalho ruim (demitido várias vezes, viciado etc.).
> Que o profissional entenda que seu papel é fazer a empresa progredir e não regredir.
> Que o profissional seja proativo em suas funções, buscando integrar-se com a sistemática da empresa.

Algumas empresas, visando a compreender como seus funcionários estão desempenhando as funções de atendimento se valem da chamada **compra misteriosa**, a qual é a **técnica de pesquisa** de compreensão da satisfação dos clientes, em que a empresa contrata pesquisadores para utilizarem seus serviços, pesquisadores estes que não serão identificados pelos atendentes de marketing. Com os resultados obtidos por esse processo, a empresa pode decidir como tomar as medidas necessárias para melhorar seu atendimento e conseguir melhor satisfação dos clientes.

Os bancos aderiram às técnicas de vendas para enfrentar a enorme concorrência hoje existente. Os gerentes de vendas estão diretamente ligados ao público. São eles que fazem que os produtos bancários tenham penetração no mercado. Com as técnicas de vendas, caminham em paralelo o marketing de relacionamento, a motivação para vendas, as relações com clientes, o planejamento de vendas e outros tantos mecanismos que têm o objetivo de aumentar as vendas dos produtos bancários, reter clientes (satisfeitos com os serviços do banco) e, consequentemente, gerar mais lucro para o banco.

O especialista em marketing tem a função de levar o produto ao mercado, preocupando-se com a imagem e a credibilidade da instituição perante os consumidores.

Valor Percebido pelo Cliente

Pode-se entender como valor percebido pelo cliente, a imagem que ele possui da empresa. Geralmente, a frase do senso comum que diz "a primeira impressão é a que fica" faz sentido nesse aspecto, portanto, a empresa deve zelar para que o valor percebido seja, em seu conjunto (produtos e serviços), positivo.

→ **Eis algumas estratégias para melhorar o valor percebido pelo cliente:**

> **Comunicação eficaz:** e empresa precisa falar com o consumidor.
> **Um setor de ouvidoria eficiente:** que consiga resolver os anseios do cliente.
> **Acessibilidade:** basicamente consiste na facilidade de obter algum serviço. Como exemplo é possível imaginar a quantidade de caixas eletrônicos em um banco.
> **Atendimento às solicitações dos clientes:** buscando minimizar quaisquer insatisfações que possam ocorrer.

Anotações

Referências Bibliográficas

Kotler, Philip. Administração de marketing: análise, planejamento, implementação e controle / Philip Kotler, tradução Ailton Bomfim Brandão - 5. ed. 9 reimpr. - São Paulo: Atlas, 2011

COBRA, Marcos. Administração de vendas. 4ª Edição. São Paulo: Atlas S/A, 1994.

PARABÉNS!

Você agora tem **disponível** conteúdo *ONLINE GRATUITO*, aproveite para continuar seus estudos, com o preparatório que mais aprova no **Brasil!**

- **Plano de Estudo por carreiras!**
- **Exercícios comentados em vídeo!**
- **Dicas para melhorar seus estudos!**

Entre agora no site:
www.alfaconcursos.com.br/codigo
e utilize o código abaixo, é **GRÁTIS!**

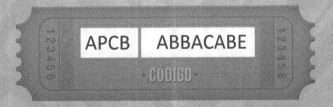

POR QUE ESCOLHER O ALFACON?

Plano de Estudos
O plano de estudos é uma estratégia idealizada pela equipe AlfaCon para fazer com que você consiga focalizar o que é mais importante para a sua preparação. O direcionamento correto que o plano de estudos fornece é a chamve para você maximizar seu desempenho em provas de concurso.

Videoaulas + PDF
Videoaulas sincronizadas com o material em PDF. O AlfaCon utiliza uma metodologia de ensino inovadora que proporciona ao aluno o aprendizado por diversas mídias.

Cusos Regulares, Exercícios, Eventos e Simulados
O curso regular direciona você para a parte teórica das disciplinas dos editais. Com as turmas de exercícios, você aprenderá a técnica coreeta para resolver as questões de provas. Com os Eventos, você relembra os tópicos mais importantes. Finalmente, os simulados proporcionam o treino necessário para ter um bom desempenho na prova.

Comodidade e flexibilidade no seu ritmo.
Estude online, faça seu próprio horário, e avance de acordo com seu tempo de aprendizagem.

Entre agora no site:
www.alfaconcursos.com.br